中国百村调查丛书

『九五』国家社会科学基金重点项目

『十五』国家重点图书出版规划项目

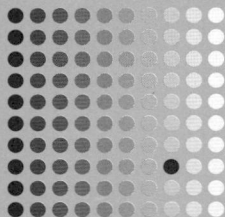

中国古村调查

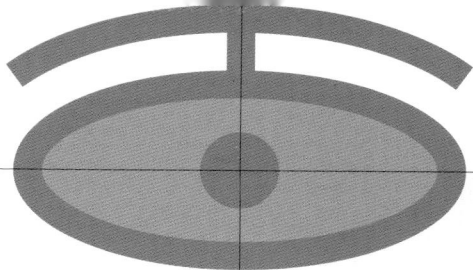

中国百村调查丛书·后石村

和谐渔村

Harmonious Fishery Countryside

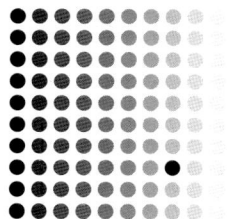

同春芬
王书明
曲彦斌等／著

社会科学文献出版社
SOCIAL SCIENCES ACADEMIC PRESS (CHINA)

出 版 资 助／ "985工程"哲学社会科学创新基地

教育部人文社会科学重点研究基地

中国海洋大学海洋发展研究院

课题资助单位／ 大连市后石实业总公司

课题研究单位／ 中国海洋大学法政学院

辽宁社会科学院民俗研究所

大连大学经济与社会发展研究中心

课题总负责人／ 曲彦斌

课 题 负 责 人／ 同春芬　徐世玲　王书明　陈玉圭

沈火田

课 题 组 成 员／ 师颖新　李培文　柳中权　徐海燕

何燕侠　阎保平　张玉霞　舒红霞

祁咏梅　董丽娟　郑　燕　于传玲

温向丽　王晓莱

课题技术支持／ 数据统计分析　　单艺斌

附 录 整 理　　同春芬　沈火田

图　　　　片　　沈火田　张玉霞

制　　　　图　　祁咏梅　沈火田

统　　　　稿　　同春芬　王书明

本 书 著 者／ 第一章　同春芬

第二章　祁咏梅　同春芬　沈火田

第三章　同春芬　柳中权　沈火田

师颖新　王晓莱

第四章　同春芬

第五章　何燕侠　温向丽

阎保平　舒红霞

第六章　徐海燕　董丽娟

第七章　王书明　同春芬　张玉霞

第八章　李培文　同春芬　侯小娟

第九章　师颖新　郑　燕　同春芬

于传玲

第十章　同春芬　杜小丽　李　慧

后石村农民旧住宅

现后石村农民住宅区

坐落后石路的金州湾大桥 ←

运输公司 →

老年健身运动

后石小学

后石小学同学去参加爱国主义教育路上

亚洲、美国43国研究女性文化的
专家学者们来后石参观访问

后石村幼儿园

总　　序

　　中国百村经济社会调查，是继全国百县市经济社会调查之后，又一项由中国社会科学院组织协调的大型社会调查研究项目。进行这项大规模调查研究的目的，是为了加深对我国国情的认识，特别是为了加深对我国现阶段农民仍占总人口70%的农村社会的认识。

　　1988年初，中共中央宣传领导小组提出，为了拓宽拓深对社会主义初级阶段理论的认识，要进行国情调查。中国社会科学院接受承担了这项工作，指派专业人员进行策划、拟定开展国情调查的方案，并于1988年4月在全国社科院院长联席会议上，向全国社会科学界发出了"开展县情市情调查"的倡议，得到了各省、市、自治区社会科学院、党校、高校和政策研究机构的响应和支持，并得到国家社会科学基金会的资助，被列为"七五"国家哲学社会科学重点课题（以后又列为"八五"国家哲学社会科学重点课题），从此，此项大规模的国情调查就在全国31个省、市、自治区开展起来。

　　1988年8月，在全国范围内选定了41个县市作为国情调查的第一批调查点。8月在郑州召开了首次国情调查协调会议，会议主题是讨论如何开展此项调查，怎样选点、怎样调查、调查内容和调查方法，与会代表对此项国情调查的重要意义目标作了进一步的讨论，还就如何组建调查专业队伍等问题交流经验；会议还讨论修定了统一的县、市情调查提纲和调查问卷。

　　1989年5月24~25日在南京召开了第二次国情调查协调会议。会议是在南京师范大学校园里开的，由当时中国社科院分管政法社会学片的副院长郑必坚同志主持，会议集中讨论了本次国情调查成果的编写方针问题，与会者结合已写成的《定州卷》等初稿，进行了热烈争论。最后确定，国情丛书的编写方针是，以描述一个县（市）1949 年以来，特别是改革开放以来的政治、经济、社会、文化的发展状况为主的学术资料性专著。实事求是，以描述为主，要具有科学研究价值、实用价值。会议还决定，本丛书正式定名为《中国国情丛书——百县市经济社会调查》。

1990 年 8 月在北京西郊青龙桥军事科学院招待所召开了第三次国情调查协调会议。出席这次会议的有总编委会的主要成员和各地分课题组的负责人共 80 余人。会前中国社科院党组决定了总编委会的组成人员，主编丁伟志，副主编陆学艺、石磊、何秉孟、李兰亭，何秉孟和谢曙光为正副秘书长。经过多方协商，丛书由中国大百科出版社出版，出版社总编辑梅益等领导同志给予了极大的支持，并于 1991 年成立以谢曙光同志为主任的中国国情丛书编辑部，专事于这套丛书的编辑出版工作。该编辑部后来成为总编委会事实上的日常办事机构。

本次会议的主题是研讨如何定稿。丁伟志同志在会上提出了这套丛书要在坚持正确的政治方向的同时，坚持严肃认真的科学态度，从实地调查到写作、定稿都要贯彻真实、准确、全面、深刻的方针，并为此作了详细的阐述。经过讨论，大家一致通过这个方针，认为这是实现这项大型经济社会调查既定目标的保证，也是检验每项调查、每本书稿的标准。为了保证丛书的质量，会议还确定，各地的书稿定稿后，先送总编委会，由总编委会指定专家进行审阅，通过后再交出版社编辑出版。本次会议还就第二批调查点的布点问题作了认真部署。

青龙桥会议以后，各课题组对初稿按总编委会的要求进行了认真的修改，第一批书稿陆续送到北京。经何秉孟同志为首的专家审稿组的认真审阅，丛书编辑部编辑加工，第一本《中国国情丛书——百县市经济社会调查·定州卷》在 1991 年 4 月正式出版。20 世纪 30 年代，社会学家李景汉教授曾写过《定县社会概况调查》，定州卷则是描述了 30 年代以来特别是 1949 年以后 40 多年的经济社会的变迁状况。

1991 年 4 月，总编委会在河北省香河县中国科学院大气物理所的工作站召开了第四次国情调查协调会议。其时，国情调查的第二批点 21 个县市的调查已在各地展开，会上总结了国情调查 3 年来的经验和教训，对第一批点还未定稿的几个县市作了如何扫尾的安排，对第二批点的调查和写作提出了规范化的要求，特别强调从第二批点开始，都要求对城乡居民进行 500～700 户的问卷调查，今后问卷由总编委会统一印制，抽样、调查方法由总编委会数据组统一规定。经过大家讨论，认为强调县市调查要有居民家庭问卷调查，这是使本项调查更加科学规范，并能获得更深层第一手资料的保证。大家一致同意，从第二批调查点起，没有城乡居民家庭问卷调查及其数据分析的，不能通过评审和出版。会议上总编委会对第三批调查作了部署。

1991 年 9 月总编委会在中国社科院报告厅举行了《中国国情丛书——百县市经济社会调查》定州卷、兴山卷、诸城卷、海林卷、常熟卷首批 5 卷成果发布会。丛书总编委会顾问邓力群、中国社科院副院长刘国光、著名学者陈翰笙等专家学者与上述 5 卷的主编和调查点的党政负责同志共百余人出席了会议。著名经济学家董辅礽、文献专家孙越生等学者对丛书首批成果作了评述。专家们对这项大型国情调查首批出版的成果都表示了充分的肯定和赞赏。从此，这套丛书就在国内外公开发行。

1993 年 7 月，总编委员会在中央党校召开了第六次国情调查协调会议。在会前，考虑到此项国情调查已经进行了 6 年，各地涌现了一批从事此项调查的专业骨干，他们都有继续长期进行国情调查，并作进一步研究的希望和要求，为了便于交流和研讨问题，经过酝酿并得到中国社会科学院的批准，决定成立中国社会科学院国情调查研究中心，由陆学艺任主任，何秉孟、谢曙光为副主任，北京和各地的一部分专家（多数是从事此项调查的）为研究员，聘请丁伟志、邢贲思为顾问。在协调会议期间国情调研中心举行了成立大会。此次协调会主要是研究讨论并解决调查点的调研、写作中的问题。考虑到前两批点，调查已经完成，但由于研究分析和写作、统稿等方面的原因，有些卷的质量达不到要求（有连续三次退回修改的），而调查的材料已有 3～4 年了，所以会议要求，第一、二批点未完成写作任务的，都要求再做新的调查，要把近几年的变化写进去。会议还布置了第四批点的调查。

到 1994 年底，有约 50 个县市完成了调研和写作，出版了 30 余卷。就全国范围说，100 个县市调查的布点工作已经结束，但各地的课题组仍在继续进行调研和审稿工作。开始时总编委会商定，每个省市自治区根据人口区划的不同，部署 2～5 个调查点，要求选取不同经济发展程度，不同类型（山区、丘陵、平原等）和有各种代表性的县市，以求全面、准确的反映整体国情。1995 年以后，总编委会根据各地调研的实际情况，又陆续批准了一些新调查点，以求填平补齐，使布点尽可能达到合理。另外还有一些是由于丛书出版以后，社会反响很好，有些市、县的领导主动要求列为调查点，如新疆的吐鲁番市、广东的珠海市等，总编委会根据总的布局平衡，也批准了一些新点，所以到最后全国一共布点 108个。

1994 年以后，总编委会的几位同志曾先后到湖北、新疆、广西、辽宁、山东、广东、江苏、云南、江西、海南、黑龙江等省区，同当地社科院、党校的同志一起走访了这些省区被调查点县市的领导和群众，听取他们对丛书的意见，也参加一部分书稿的评审会或出版后的发布会。各地对本丛书调研、写作和出版都很重视，给予了很高的评价，有不少卷被当地评为社会科学优秀著作，得了奖。

从 1988 年 2 月，中国社会科学院开始酝酿组织这项大型国情调查时起，直到 1998 年 10 月到最后一卷出版，历时 10 年零 8 个月，终于完成了这项国情调查任务，这是中国自 1949 年以来进行的少数几次大规模经济社会调查之一。先后共出版了 105 卷，总数 4000 多万字。后来，经过总编委会和国情丛书编辑部的同志开会评议、协商，从中减去了五本。所以，最后送交全国社会科学基金会作为最终成果的是一百本。当时预定的目标，是希望通过对 100 个县市经济社会政治文化等方面的调查，对 1949 年以后特别是改革开放以来所取得的成就以及现代化建设中面临的各种矛盾、问题进行全面系统的调查研究，从多种角度、各个层面来提供第一手的真实准确的资料和数据，以便进一步摸准摸清我国的基本国情，拓宽加深对于社会主义初级阶段理论的认识。可以说，这个目标是基本实现了。这 100 本国情丛书，每一本都是以描述一个县（或市）的历史和现实发展状况为主的学术资料性专著，它既可以作为制定政策和发展战略的依据，也可以作为全面研究基本国情或研究社会科学某一方面专题的资料，亦可作为进行国情教育的基础参考书，所以这套丛书既具有实用价值，又有科学研究价值。因为它是在 20 世纪 80 年代 ~ 90 年代真实记录分布在全国 31 个省市自治区的各种类型，各种发展水平的 100 个县（市）的实际状况和发展轨迹，这些资料来之不易，十分珍贵，所以这套丛书又具有保存价值，历史愈悠久，其价值愈可贵。

国情丛书出版以后，受到国内外学术界的欢迎，认为这是社会科学界的一项很重要的学术资料基本建设，具有十分重要的学术价值。广东省社科院的一位领导说，将来这套丛书的资料和数据能培训一大批博士、硕士出来。实际工作部门的同志也很欣赏，诸城市委的领导，在读了《诸城卷》之后，认为这部书是诸城的百科全书，应该是诸城干部特别是市委市府的领导干部必读的书，对熟悉市情，对做好工作，以及对外交流都很有意义。中国社会科学院在建院 20 周年，评选建院以来优秀成果时，给《中国国情丛书——百县市经济社会调查》颁发了特别荣誉奖。

国情丛书总编委会原来有个设想，在 100 个县市情调查告一段落以后，要组织相应的课题组，对这 100 个县市调查提供的资料和数据，分门别类，进行纵向的专题研究，写出如农业、工业、社会、文化、教育、科技等专题研究专著，最后进行综合研究，写出集大成的国情分析报告。90 年代中期曾经启动过几项专题研究，但因人力、财力等各方面的原因，此项研究计划并没有付诸实施，这是美中不足的一个方面，有待以后弥补。

1996 年当百县市调查基本告一段落的时候，课题组内外的一部分专家提出，百县市经济社会调查是一项重大的学术成果，对认识国情有很重要的价值。但一个县市，上千、几千平方公里，几十万、上百万人口，所以，对县市经济社会的调查，总体上属于中观层次的调查。对农村基层情况的调查还是比较少。而中国是一个农民占绝大多数的大国，改革开放以后，农村率先改革，这 20 年，农民变化最大，农村基层社会变化最深刻，这是决定中国社会主义现代化命运的基础，是弄清国情必不可少的。如能在百县市情调查的基础上，再做 100 个村的调查，从微观层次上对这些村、乃至村里的每个农户在改革开放以来的变化状况加以调查，经过分析，全面系统地加以描述，形成村户调查的著作，这就更有意义了。百村调查是百县市经济社会调查的姐妹篇，两者结合起来研究，将相得益彰，对加深认识中国的基本国情，就更加完整了。对此建议，总编委会的几位同志经过几次研究，认为这个意见很好，而且很及时。于是做了两件工作：一是组织一个课题组，到河北省三河市行仁庄进行试点调查，形成村的调查提纲，调查问卷和写作方案，以便为将来开展此项调查作准备；二是在 1997 年 7 月写出了《中国国情丛书——百村经济社会调查》的课题报告，向国家社科基金会申请立项，基金会的领导同志认为这个创意很好，很有价值。但因为此时国家社科基金"九五"重点课题都已在 1996 年评审结束，立项时间已过，不好再单独立项。后来经过总编委会同国家社科基金会反复协商，基金会考虑到百县市经济社会调查课题组很好地完成了任务，考虑到再作一次百村调查是百县市国情调查的继续，很有必要。所以，于 1998 年 10 月特殊批准了百村经济社会调查这个课题，补列为国家社科基金"九五"重点项目，并专门下批文确认，批文为 98ASH001 号。

"百村经济社会调查"立项后，就受到各地社会科学界，特别是原来进行百县市经济社会调查的单位和专业工作者们的欢迎，至今已经有 30 多个单位组织了课题组，并已陆续选点、进点，开展了村情的调查。

"百村经济社会调查"的目的，同样还是为了加深对全国基本国情的认识，特别是要对全国农村、农民、农业的现状和发展有一个科学的认识。"不了解中国农民，就不了解中国社会"至今仍不失为至理名言。现阶段的农民境况到底怎样？他们在做什么？想什么？特别是他们将来会怎样变化？中国的农村将怎样实现社会主义现代化？不同地区的状况是不同的。我们要通过对不同地区、不同类型、不同发展程度的农村进行调查研究，来描述反映中国 50 年来农村、农业、农民变化的状况。

行政村是中国农民世世代代繁衍生息的最基本的地域单元，也是构成中国农村社会最基础层次的政治单元。80 年代中期以后，农村实行了村民自治，由全体村民直接选举村长和委员，组成村民自治委员会。实行民主选举，民主决策，民主管理，民主监督。10 多年来，中国的村民自治已经做出了很大的成绩，积累了很多经验，造就了农村社会安定有序的政治局面，所以，党的十五届三中全会称赞村民自治是中国农民的又一个伟大创造。

行政村还是一个事实上的经济实体。它的前身是人民公社下属的生产大队。原来在政社合一体制下，既有组织生产经营的经济功能，又有行政功能。改革以后，农村实行家庭联产承包责任制，在生产大队一级组织村民自治委员会。法律规定，村委会是土地集体所有的承担者，是土地的发包单位。这些年实践的结果有多种情况，一种是有些集体经济比较雄厚的村，在村民自治委员会以外，还组建有农工商公司或（合作）经济委员会，同受村党支部（或党委）领导，村是一个比较完整的经济实体，但这类村是少数。现在全国绝大多数村的状况，村已不是完整的集体经济、生产经营单位，村作为集体所有土地的发包单位，把土地（包括山林等）分包给农户，农民家庭成为自主生产经营的实体。其中的一部分行政村，还有一部分经济职能，对农业生产实行统一灌水排水、统一机耕、统一供种、统一植保等社会服务。而在经济不发达和边缘山区，行政村连这类社会化服务也办不到，只是一个基层的行政单位和土地发包单位。

农村实行家庭承包责任制以后，已经 20 多年了，总的发展是好的，农村有了很大的变化，但各地区村庄的发展过程和发展状况千差万别，农户分化的状况也是千差万别。我们这项百村经济社会调查，就是要通过对这 100 个村及其农户的调查，对这些村自 1949 年以来，特别是改革开放以来的政治、经济、社会、文化的变化过程、变化状况"摸准、摸清"，经过综合分析，通过文字、数据、图表把这个村过去和现在的状况如实地加以描述，既能通过这个村的发展展示农村 50 年、20 年来发展的一般规律，也能展示这个村特有的发展轨迹。

现在展示在大家面前的是一套与《中国国情丛书——百县市经济社

会调查》有着天然联系的关于现实中国农村的调查研究成果，经与制版者反复酝酿，最后定名为《中国百村调查丛书》，后缀所调查的村名。每本书有一个能概括该村庄内在特质的书名，如行仁庄是一个内发型村庄为基本特质的村落类型，我们就把这一卷定名为《内发的村庄》。

《中国国情丛书——百村经济调查》同样是一项集体创作、集体成果。参加这项大型国情社会调查的，有国家和各省、市、自治区的社会科学院、大学、党校以及党政研究机构的社会科学工作者，同被调查地区的党政领导干部相结合，并得到他们的支持和帮助，并且要由被调查行政村的干部和群众的积极配合，实行专业工作者，党政部门的实际工作者和农民群众三结合，才能共同完成这项科学系统的调查任务。

《中国百村经济社会调查》

总编辑委员会

2000 年 12 月

目 录

目　录

目　录

第一章　秩序类型与治理模式

本研究课题选择我国东北地区辽宁省大连市一个初步具有现代化雏形的新渔村——后石村，作为中国百村经济社会调查的一个个案，从最微观的层面对后石村的经济社会发展状况进行深刻剖析，挖掘其中的内在品质和外在表现，并在社会学、人类学、民俗学、经济学、政治学和心理学结合的基础上，阐释我国沿海渔村由传统社会向现代社会转型的一般轨迹以及由此引发的一系列社会问题。从而为正确认识中国渔村社会提供微观层次上的系统资料，进而成为中国农村社会学学科的资料建设和队伍建设的基础组成部分。

第一节　研究对象·主题·分析方法

中国社会的根基在底层农村、在农民，中国社会的发展问题主要是农村社会发展问题，而中国现代化发展的主要内容也正是中国乡村社会的变迁。这不仅因为在区位结构上乡村占绝对的多数，而且因为乡村生活模式和文化传统的任何细微变化都显示了现代性因子在乡村社会的扩展。所以工业化、城市化进程，本质上也仍是乡村社会变迁的过程。在社会学发展史上，社会变迁来源于西方发展社会学和现代化理论，是社会学理论中较有代表性的理论之一。"社会变迁"在社会学中主要是指社会结构的整体性、根本性变迁，它不是指社会某个领域的变化，而是指社会生活具体结构和发展形态的整体性变迁。如果我们把社会结构理解为社会生活和社会制度的规律性的（相对）稳定状态，那么社会变迁即可称为社会结构、社会关系、社会生活、社会观念、社会制度的变化。并且这种变化的实现不是通过暴力的强制手段或大规模的群众运动，而是通过发展生产力和确定新的社会经济秩序来完成的。

一 研究对象与主题

社会变迁理论认为，"从农业社会向现代产业社会转型过程中，地域社会最基本的变动是在农业社会形成的共同体的解体"（富永健一，1986）。也就是说，随着社会分工的发展，农村人口流动量增大，生产活动和生活活动空间扩展，从而打破了农村社会内部的封闭性，降低了村落内部同质性和自给自足的程度，村落共同体的基础解体，无偿的劳动互助组织将被各种功能组织取代，合理化程度得到提高；教育的普及带来机会的大众化，村落的制约力减弱，个人的自由度增大；社会资源分配均等化，个人和家庭的平等化程度提高。村落社会从地域性较强和共同关心程度较高的状态向异质性较强的复合社会分化，从共同社会向利益社会即功能分化的、个人更加自由平等、合理主义占主导的状态转变。如果对改革开放以来中国农村发展的特征进行概括的话，课题组认为至少有一个重要特征是应该予以强调的，那就是中国农村发展的方式（也就是人们通常所称的所谓"模式"或"道路"）明显地从单一性走向多样化，也就是说从单一的集体农业经济模式转换为多样化的发展方式。这一点在村庄发展层面上表现得尤其突出、明显。①

社会学意义上的村落社区，是指聚居在以自然村或中心自然村带范围内的人们所组成的社会生活共同体，是相对于城市社区的特定生活空间。它是在中国农村广阔地域上和历史渐变中的一种实际存在的最稳定的人类生活共同体。作为紧密联系的小群体，它也是在社会内部互动中构成的一个有活力的传承文化和发挥功能的社会有机体。本课题选择我国东北地区辽宁省大连市一个初步具有现代化雏形的新渔村——后石村，作为"中国百村经济社会调查"项目的子课题，其主要研究视角就在于此。后石村主要是通过发展非农产业而致富的。本课题组从微观的层面上对后石村的经济社会发展状况进

---

① 胡必亮：《多样化的中国村庄发展道路模式》，《中国经济周刊》2005 年 9 月 30 日。

行深刻剖析，具体阐述其外在表现，挖掘其内在品质。

后石村在行政区隶属于辽宁省大连市金州区大魏家镇。其位于金州西海岸，三面环山，一面临海，距大连市 35 公里，双跨渤海、黄海。全村面积 11.22 平方公里，截至 2005 年底，全村 1023 户，3123 人。有良田 900 亩，果树面积 2421 亩，各种果树 18 万株。海岸线长 6 公里，有渔船 60 余条。滩涂养殖面积 2500 亩，对虾养殖场 1500 亩。后石村以集体经济为主，村实业总公司拥有第一、第二、第三产业企业 26 家，资产总额 2.7 亿元；外引内联的非集体企业 23 家，资产总额 1.9 亿元；村个体工商户和私营企业 140 家，资产总额 1000 万元。2005 年，全村社会总产值 138158 万元，利税总额 8480 万元，出口供货额 70017 万元，村可支配财力 1900 万元，人均收入 12068 元。20 多年来，后石村先后被评为"全国出口创汇先进乡镇企业"、"全国最佳经济效益乡镇企业"、大连市"乡镇企业综合经济实力强村"，被中国农村小康建设促进会和辽宁省政府认定为"小康示范村"。在发展经济的同时，后石村特别注重生态环境的维护和建设，坚持对山水林田路综合治理。他们提出：有害于生态环境的项目，再大也不上；有可能影响生态环境的企业排污，再好也要做好预先治理。现在，后石村的森林覆盖率达 67%，人均绿地 20 平方米，水土流失控制率达 71%。被评为"全国造林绿化千佳村"、金州区"国家级生态示范区建设先进单位"。后石村还注意完善民主制度，创造良好的社会、文化氛围，是一个经济社会协调发展的典型渔村。

本课题研究人员先后对后石村社区概况、经济结构、非农产业、社会结构、婚姻家庭、居民生活、社区组织、社区精英、社区民俗、公共事业等进行了详尽的调查，调查对象涉及该村所有的干部村民，调查遍及全村每个角落。

本课题研究的基本框架为三个部分：背景资料（文献、地方志资料）；定性研究（在自然情境下对当事人"日常生活"的研究）；定量研究（在对大量的调查问卷分析中客观描述并予以理论阐释）。总之，课题组采用了完全在自然情境下进行访谈和调查的方法，主要通过自己亲身的体验和实际观察对村民的"日常生活"以及村级社会组织的日常运作做出解释。"在自然环境下，使用实地体验、开放型访谈、参与型和非参与型观察、文献分析、个案调查等方法对社会现象进行深入细致和长期的研究；在当时当地收集第一手资料，从当事人的视角理解他们行为的意义和他们对事物的看法，然后在这一基础上建立假设和理论，通过证伪和相关检验等方法对研究结果进行检验；研究本人是主要的研究工具，其个人背景和被研究者之间的关系对研究过程和结果必须加以考虑"。① 在研究方法的选择上，主要以社区观察和调查的方法，对后石村实地进行人类学意义上的田野调查，同时，并辅之以文献分析法。在研究过程中尽可能做到文献资料与实证研究相结合，当事人的主观感受与研究者的客观观察相结合，事件描述与理论阐释相结合。

二　分析方法

经典现代化理论有两个基本的观点：第一，现代与传统是相对立的；第二，传统社会向现代社会的转变是"单线式"的进化，"传统"与"现代"是根本对立的两极。以现代化理论为学术基础，运用我国沿海渔村社会变迁的本土经验材料，可以揭示我国渔村社会发展的基本规律和特点。而通过走进中国传统文化主要载体"村落"的日常生活，倾听渔民的声音，了解渔民的生活，理解村落与国家互动的历史轨迹，可以让我们有更多的底气应对强势话语权力，为中国乡土经验和学术理念的构建探索一条新的道路。从微观角度研究沿海渔村以村落为中心辐射到社会各个方面的生活方式及其社会关系网络特征，把具体的村落研究上升到对整体中国的认识，从而在"地方性知识"和"整体社会知识"之间找到一个结合点，建立起具有广泛解释能力的分析框架，是本课题研究试图努力的一个方向。我们的研究所遵循的学术理论原则有以下几个方面。

1. "社会事实"的原则

法国社会学家迪尔凯姆强调社会事实对社会学研究的重要性，他在其著名的《社会学方法的准则》一书中说："把社会事实视为物这个命题，是我的方法的基础。"② "我们对社会事实作如下界说，这个定义就包括了它的全部内容：一切行为方式，不论它是固定的还是不固定的，凡是能从外部给予

---

① 陈向明：《旅居者和"外国人"——留美中国学生跨文化人际交往研究》，湖南教育出版社，1998，第373页。

② 迪尔凯姆：《社会学方法的准则》，狄玉明译，商务印书馆，1999，第二版序言。

个人以约束的，或者换一句话说，普遍存在于该社会各处并具有其固有存在的，不管其在个人身上的表现如何，都叫做社会事实。"① 按照迪尔凯姆"把社会事实作为物来考察"的思路，课题组将研究的根基建立在坚固的"社会事实"的基础上，而不是建立在已有的概念、理论或规则上。"我们从最便于进行科学研究、最能体现'社会事实'的渔民日常生活的方面着手研究村落社会，再通过循序渐进的作业，逐渐把研究推向深入，抓住很难为人们所完全掌握的这个社会现实"。② 本课题组实际上是将后石村的社会事实绘成一幅图画展示给读者。其中既有社会事实本身复杂、密集、浓缩的"质"，也有研究者个人合乎逻辑的意义解释。

2. 新型的政治社会秩序

"关于社会秩序的获得，历史上有两种取向，即国家（政府）取向和社会取向。政府取向又称政治取向，主要通过国家政权力量实施统治，遵循恐怖和强制原则，社会取向则是通过社会自身力量达到社会秩序和幸福，具有自发性、契约性。后石村的政治社会秩序属于后一种，我们暂且称之为新型的村庄政治整合方式"。③ 后石村村庄政治整合的特点是以集体经济为主，后石村的政治组织除党组织、自治组织外，其中最大的是后石实业总公司，村民通过实业总公司被组织起来，而党委和村委会则实行对实业总公司组织和个人的管理。在这一组织里，党的组织是领导机构，企业化组织则是联结个人的中介，国家通过中介组织管理社会。国家权力进入社会的途径如下：国家政治输出传递给企业化组织，再由企业化中介组织传递给个人。这种政治整合方式深刻地改变了渔村社区的面貌。①通过专业分工将村民结合在一定的生产活动中；②通过集体福利满足村民的物质文化生活需要；③通过对住宅和基础设施建设的规划，改变了渔民居住环境；④通过兴办村庄教育、文化、娱乐事业改变村庄生活环境；⑤通过对村庄的社会风气、治安管理保证村庄安定等。因此，后石村村民的生产、生活方式已具有城镇化的特点。但是，这种政治整合方式仍有一些不成熟的地方，如过分依赖魅力型的村庄

---

① 迪尔凯姆：《社会学方法的准则》，狄玉明译，商务印书馆，1999，第34页。
② 杨建华：《日常生活：中国村落研究的一个新视角》，《浙江学刊》2002年第4期，第84页。
③ 谢志岿：《公社后体制下的乡村政治：变迁与重建》，中国选举与治理网，2002年8月30日。

领袖，财产（产权）、人事和管理制度还不够明确规范，群众自治组织发挥作用不够等。

3. 社会变迁的理论

根据社会变迁理论，"我们现在生活在一个变迁、转型的社会，一个片刻不停地变化着的社会，一个流动、迁徙、消费模式变幻无常的社会，一个在不断追求创新、成就、全球一体而又不断向归属、民族、族群、宗教、地方、性别和家庭的认同回归的社会。"[①] 国外社会学界特别是欧美等国的社会学界关于农村社会变迁研究起步较早，微观实证性理论成果非常丰富。但是对于中国作为发展中国家在 20 世纪 50 年代以来的乡村社会变迁进程，特别是乡村工业化、城市化、市场化、村落居民身份变更、阶层变化、社会流动、国家力量在村落中的作用以及在乡村现代化进程中影响的研究，限于关注兴趣或研究条件，尚未有充分、厚重的实证研究以及在实证研究基础上的理论归纳。至于"对中国的城市化与乡村工业化、市场化过程中的村落经济重组、社区变迁的研究、传统文化资源在现代化进程中的作用、促进农村发展的社会结构因素、村落社会结构对村落发展的作用、国家对村落社会介入的方式和程度、在国家社会关系格局中还有没有传统村落社区的生存空间、国家政权扩张对村落权力结构的影响、地方政府等外生权力与村落中的内生权力是怎样结合的、地方政府对村落发展所起的作用、村落文化对村落变迁的作用等等，应该说基本阙如。"[②] 就本课题拟讨论的问题而言，一些具有相关性的研究存在两个不足：第一，有一类研究比较缺少经验事实分析的基础，以及在此基础上体现中国区域特色的理论解释和政策选择研究；第二，另一类研究虽然从经验事实的采集、分析为起点，但整个研究却未涉及村落基层，特别是对近年来城市化和农村工业化加速的背景下的乡村社会重建、村落经济重组、日常生活变革等，未予以足够重视。我们的研究将从构成渔村社会的主体的角度出发，重点讨论村落中的群体、家庭、社区、组织、市场、文化以及经济重组特征，我们力图通过对渔民日常生活的直接观察，描

---

① 杨建华：《日常生活：中国村落研究的一个新视角》，《浙江学刊》2002 年第 4 期，第 84 页。
② 杨建华：《日常生活：中国村落研究的一个新视角》，《浙江学刊》2002 年第 4 期，第 81 页。

写他们的日常生活，展示他们生活的基本样式及其变化，从而揭示村落社会变迁的历程和轨迹。

　　总之，我们这项课题研究是以社会事实为基础，以村落政治整合方式和村民日常生活为研究视角而描述、解释一个"和谐"渔村社区的发展历程及其实现现代化的途径。我们的研究方法是文献分析、个别访谈、实证研究、社区观察的有机融合。

第二节　秩序类型与治理结构

　　村落，是一个基层社会的空间设置，这个设置当然不完全是国家设置的，它是自然而然形成的村庄秩序，诸如公共设施和社会服务等不是由国家提供而是由村庄自己提供的。因此，研究村庄秩序本身的可能性，具有重大现实意义。对村落进行类型划分是一种理想型研究方法。对此，已有不少学者进行了多方面的努力，也取得了不少有价值的成果，但一个明显事实是，已有的村落类型研究因为划分标准不同而对村落类型有不同的界定。这种状况，一方面反映了农村社会的复杂性，另一方面也意味着村落类型研究仍有待深化。

一　渔村村落类型

　　村落研究虽然进入调查对象比较容易，但也存在两个重大缺陷，就是类型比较上的困难和概括具有更广泛对话能力的类型上的困难。费孝通先生很早就意识到，村落研究中存在个案解释力的局限问题，他一直在探索乡村社区研究的现实类型比较方法，试图通过这种类型比较，走出村落个案的局限。为了走出这种局限，一些学者也在试图提炼某种村落比较的理想类型或象限图示。1988 年，杜赞奇利用日本南满洲铁道株式会社调查部 20 世纪上半叶在河北、山东主要是 6 个村庄的调查资料——《中国农村惯行调查》，出版了《文化、权力与国家：1900 ~ 1942 年的华北农村》一书。杜赞奇根据村落是相对富裕还是贫困，是宗教还是宗族原则构成社会的更重要组织原则，与主要都市中心的相对距离来探讨村落类型三个变数，将南满洲铁道株式会社调查过的 6 个村落分为宗族型社区与宗教型社区 （lineage community and religious community）。杜赞奇认为后两个变数是相互关联的，宗教型社区紧邻大都市中心，而宗族型社区则远离这样的大都市中心。杜赞奇在他的书中，画了一个当时国内学者还较少使用的村落分类象限图，横坐标是生活的富裕或贫穷，纵坐标是邻近城市、宗教社区或远离城市、宗族社区，调查的6个村庄，被分成4种理想类型，放在4个象限里。1990年，王汉生等人以农村工业化为背景，试图概括出村落变迁的解释模式。很难说王汉生等人这种构架村落理想类型的思路，是否受到杜赞奇的影响，因为当时多数中国学者还未看到杜赞奇的书，他们似乎更可能受到贝尔在《后工业社会的来临》一书中提出的分析框架的影响，该书当时在中国颇为流行。贝尔以代表生产力的技术为横轴，以代表社会关系的财产关系为纵轴，构成一个十字坐标，技术横轴划分的是工业化程度，财产关系纵轴划分的是集体化程度，这样就出现了四种配合：工业资本主义的，工业集体主义的，前工业资本主义的和前工业集体主义的。贝尔认为，并不存在唯一的社会变迁解释构架，可以有不同的社会发展图式：如封建的、资本主义的和社会主义的，或者前工业的、工业的和后工业的。随后，黄宗智则从区域的角度对村庄进行类型划分。他将村庄分为长江三角洲农村和华北农村，并从居住形态、社会活动圈和村庄的政治组织等方面比较了这两种类型的村庄之间的差别（黄宗智，2000）。王汉生主持的北京大学社会分化课题组依据工业化水平和社区集体化程度的不同，将中国农村分成四种类型：一是高集体化、低工业化类型（改革开放前人民公社时期的农村）。二是低集体化、低工业化类型（我国目前大部分农村地区）。三是高工业化、低集体化类型（如温州地区）。四是高工业化、高集体化类型（如苏南地区）。王沪宁在一项当代中国村落家族文化研究中，对村落家族中的族老结构进行类型划分，并依此概括出四种类型的村庄权力结构：荣誉型、仲裁型、决策型、主管型。王晓毅在《血缘与地缘》中以经济发展水平为横轴，以村组织的管理程度为纵轴，将20世纪90年代初期的农村分为四种类型：第一类是集中的同质社会（如传统的农业社会），第二类是集中的异质社会（如苏南模式），第三类是分权的同质社会（如山区农村），第四类是分权的异质社会（如温州模式）。

　　李国庆认为，划分村落类型应该首先以村落内部的社会结构为依据，并主张从家庭、家族集团和村落三者结合原理的角度具体分析村落内部社会结构形成的原因。他以村落与家庭相互关系的强弱为横轴，以村落内部是否形成了宗族组织为纵轴，将村落划分为四种类型：第一种类型——村落内有宗族集团，同时以宗族集团为单位组成了行政组织力量强大的村落，宗族与村落相比，村落组织占主导，这类村落主要是中国南方地区的宗族村落。第二种类型——村落行政力量强大，集体经济发达，承担着村内主要功能，村内没有宗族集团存在或实际作用不大的村落，这一类型主要是经济较为发达的农村地区。第三种类型——以家庭为基本单位的村落，这种村落没有宗族集团或强大的村落组织，形成了多元的权力分配格局，在经济发达地区，拥有专业功能的组织正在发育和形成之中。第四种类型——宗族集团的力量大于村组织的村落，族长处于村落权威的核心，村落活动以宗族的规范和制度为基础。在做了上述分类后，李国庆还认为，在农村产业化和城市化急剧发展的阶段，结构类型相同的村落经济和社会发展水平可能处于不同层次，社会结构不同的村落经济发展可能处于相同水平，即村落经济发展水平并非仅仅取决于村落社会结构，于是，李国庆又将市场的影响加入到上述分类框架中，将原先的四种类型进一步扩展为八种。

不难发现，上述研究者基本上是从传统性（文化性）和现代性（市场化、工业化、经济社会分化）出发对村落进行类型划分的，他们或者以传统性为标准，或者以现代性为标准。以不同观察维度的交叉来构成具有理想类型意义的分析框架，这比简单的横断面的现实类型比较似乎在理论上前进了一步，但象限图示的复杂化也带来新的问题，它越来越成为无血无肉的干枯骨架。至少从目前来看，在利用象限图示的理想类型分析具体村落方面，还没有人比杜赞奇做得更为成功。

贺雪峰与仝志辉在《村庄社会关联——兼论村庄秩序的社会基础》一文中，以社区记忆强弱和经济社会分化程度二维因素将村庄划分为四种理想类型。文章认为，总的来说，社区记忆受到持续市场化和现代传媒冲击会趋弱化，但在短时期内，社区记忆仍然与地域传统文化和其他一些特殊原因密切联系在一起，与市场化程度不可化约。在有些情况下，正是高度市场化带来的大量经济资源，复活了传统文化和传统的人际关系，从而强化了社区记忆。一般情况下，经济发展程度越高，村庄内部的经济社会分化（职业分化和收入分层等）就越明显，村庄生活对富裕者的吸引力越大。在东部和城郊农村，村庄内部的经济社会分化较中西部地区明显。不过，经济社会分化毕竟是村庄内部的指标，不可简单与区域经济发展程度进行化约。

以社区记忆强弱和经济社会分化程度高低二维因素对村庄做理想类型的划分①（见表1-1）。

表1-1　社区记忆强弱和经济社会分化程度对比

类　别	经济社会分化程度低	经济社会分化程度高
强社区记忆	A	D
弱社区记忆	B	C

A类村庄——强社区记忆、经济社会分化程度低；B类村庄——弱社区记忆、经济社会分化程度低；C类村庄——弱社区记忆、经济社会分化程度高；D类村庄——强社区记忆、经济社会分化程度高。从理论上讲，A类村庄不具有建立起现代型社会关联的能力，但有着较强的传统社会关联；B类村庄既缺乏传统的社会关联，又缺乏建立起现代型社会关联的能力；C类村庄传统社会关联力量较弱，但具有建立起现代型社会关联的可能性；D类村庄则不仅具有强的传统社会关联，而且具有建立起强有力的现代型社会关联的能力。这样，从村庄社会关联的强度来讲，D类村庄因为传统型社会关联和现代型社会关联密集而有很高的村庄社会关联度；A类村庄因为有着可靠的传统社会关联而具有较高的村庄社会关联度；C类村庄因为有着建立现代型社会关联的潜力而在村庄社会关联强度上较D类村庄次之；B类村庄则因既无建立现代型社会关联的潜力，传统的社会关联又已消失，而使村民处于原子化状态。②

以上理想类型的划分，可以为我们的研究提供两种路径。第一，从横截

---

① 这是对过去一种理想类型的改进，原理想类型的划分。参见贺雪峰《村庄精英与社区记忆：理解村庄性质的二维框架》，《社会科学辑刊》2000年第4期。

② 贺雪峰、仝志辉：《论村庄社会关联——兼论村庄秩序的社会基础》，《中国社会科学》2002年第3期。

面看，可以结合实证材料，判断当前中国农村村庄的类型，特别是这些类型的区域分布，从而可以判断不同区域村庄社会关联的强度。结合这种截面的村庄类型的分区域研究，可以通过对农村社会治安、纠纷调解、地痞状况、农民负担、乡村关系、村级组织制度状况、农民自组织能力及状况、农业产业化等诸多指标分区域状况的研究，建立起与以上理想型村庄社会关联度的谱系关系。① 第二，从纵向上看，随着时间的推移，村庄社区记忆会越来越弱，而经济社会分化程度难以预见，这样，在村庄社会关联强度方面，总的趋向是由 D、A 类高强度村庄社会关联向 C、B 类低强度社会关联的演变。这种演变将对村庄社会产生重大影响。

与此同时，贺雪峰与仝志辉在《村庄社会关联——兼论村庄秩序的社会基础》一文中认为，村庄秩序大致包括五个方面的内容，即：获得经济的协作、保持社会道德、抵御地痞骚扰、一定程度上抗衡乡镇的过度提取和保持村庄领袖在主持村务时的公正与廉洁。归结起来，这些秩序具有两种功能，即建设性功能和保护性功能。建设性功能即可以增加村庄和村民收益的功能，如经济的协作、道德的保持，它可以降低村民生产生活中的交易成本；保护性功能即保护村庄和村民合法权益不受侵害的功能，如抗御地痞骚扰和与上级讨价还价的能力，它可以保护村庄与村民的基本权利，维护村庄和村民的既得利益。该文认为获得村庄秩序大致有五种途径：一是习惯法，如宗族制度；二是现代司法体系，即依托国家强制力的法律控制；三是国家行政的强控制，典型如人民公社制度通过政社合一，将国家行政权力一直延伸到村庄社会内部；四是建立在高度社会分化基础上的精英控制；五是民主自治。道德和意识形态力量则是每一种途径不可或缺的基础条件。②

运用上述理论分析后石村的村庄秩序，本课题组认为，后石村在改革开放以后，选择了一条发展集体经济，走共同富裕的道路，村庄社会成员的社

---

① 董磊明：《传统与嬗变——集体企业改制后的苏南农村村级治理》，《社会学研究》2001 年第 1 期。

② 贺雪峰、仝志辉：《论村庄社会关联——兼论村庄秩序的社会基础》，《中国社会科学》2002 年第 3 期。

会关联度较高，因而具有强社区记忆的特征。另一方面，后石村在发展集体经济的同时，又与时俱进地选择了走多元经济共同发展的道路，实行以集体经济为主体的集体、三资、联营、私营、个体、股份六轮同转的经济运行机制，经济发展程度高，村庄内部经济分化与职业分化明显。由此可以认为，后石村的村落类型属于 D 类村庄，即强社区记忆、经济社会分化程度高。从理论上讲，后石村不仅具有强的传统社会关联，而且具有建立起强有力的现代型社会关联的能力。

二 渔村治理结构

改革开放以后，中国农村进入了一个前所未有的快速转型时期。与此相适应乡村社会的改革，最直接的目标和最重要的结果就是对"集权式乡村动员体制，即以行政强制为特征、以政治运动方式推动经济发展的乡村政治结构的否定"[1] 由国家主导乡村权力结构的一级格局被打破后，以国家行政权力和乡村自治权力相分离为基础的"乡政、村治"体制随之产生。在这一体制中，"乡政"是主导力量，"村治"才是基础。如果说"乡政"体现的是国家权力，那么，"村治"体现的则是社区权威。社区权威，从本质上来说，是一种地方权威。因为，这种社区权威已经有了一个较为明确的边界，它的作用范围、表现形式一般都与行政区划有关，是与一定正式组织相联系的影响力。在此，我们所研究的主题是后石村的村治结构，即以社区权威所决定的村庄权力结构与治理结构。

依靠发达的集体经济，渔村社区的权利组织结构呈复合"金字塔"型，村党委、村民委员会及其主要载体村实业总公司处于塔尖的位置，自上而下的对渔村政治、经济以及社会生活等领域实施治理。

最能体现后石村社区权威的是村级正式组织，包括：后石村党委、后石村民委员会、后石实业总公司、村民小组和群团组织。村党支部 1982 年改为党总支，1992 年改建党委，下设 10 个党支部，共有党员 116 人。村民委员会现为第七届，分为四个村民小组，村委会下设治安调解、科技经济、社

---

① 于建嵘：《岳村政治——转型期中国乡村政治结构变迁》，商务印书馆，2001，第 310 页。

会福利、医疗卫生和计划生育五个部门，有村民代表 69 人。渔村还建有工会、妇联、共青团和民兵等群团组织。后石实业总公司是全村的集体经济组织。有 1 名总经理和 4 名副总经理。此外，渔村还有老年协会、个体劳动协会、人口与计划生育协会、红白事管理协会等非正式组织。这些组织在渔村治理体制的基本结构如图 1 - 1 所示。

第一，村党委是村级权力组织的核心。后石村党委作为党的基层组织，是党在渔村社会基层中的战斗堡垒，是党的全部工作和战斗力的基础。按照中国的政治管理体制，村党委要对村庄实行政治、思想和组织领导，实际上

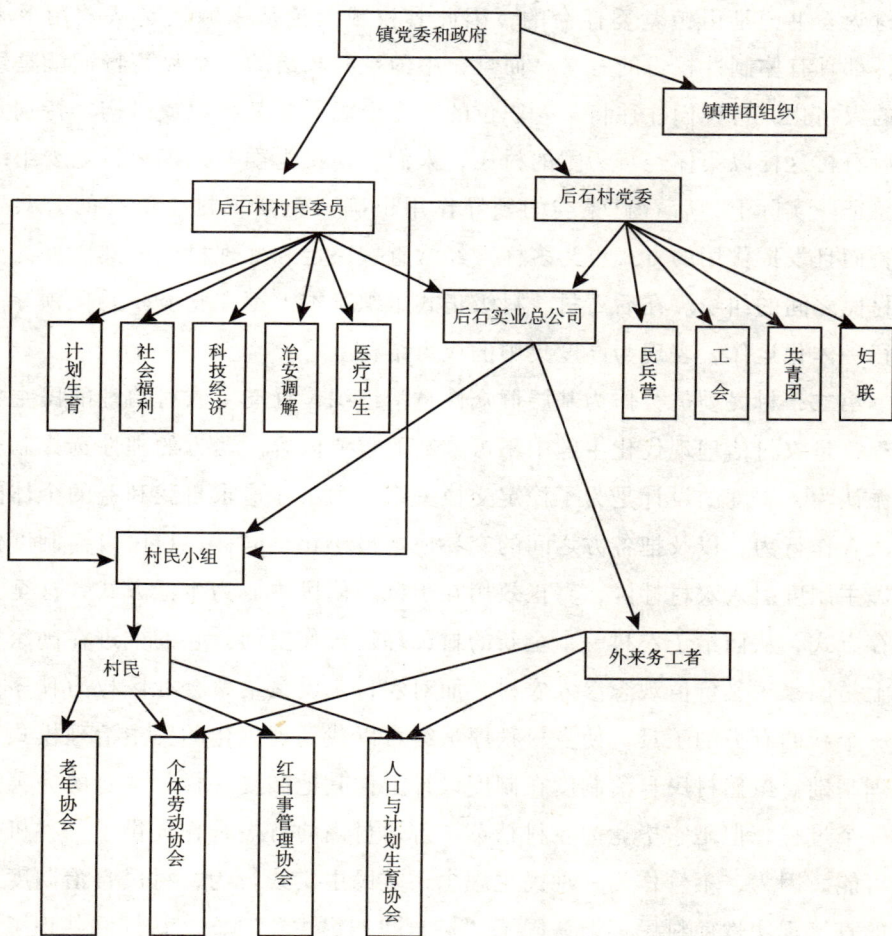

图 1 - 1　后石村村庄治理结构示意图

成了村庄公共权力的核心，对村庄事务具有决定性的权力。从理论上讲，村党委是中国共产党在乡村社会的最基层组织，对村庄事务并不具有明确的制度性权力。在我国现行的《宪法》和其他相关法律中，虽然有有关执政党的领导作用的一些规定，但从来没有明确授予执政党特别是基层组织以社会管制等公共权力。但中国政治传统却在事实上赋予了执政党组织远高于同级行政组织和权力机构的社会管制权。因此，村党委在事实上成为一种制度性的公共权力组织，掌握了渔村社会的主要公共权力，并在村级正式组织中处于核心地位。在村党委的组成成员中，村党委书记是具有绝对权威的角色。由于村党委书记是由镇党委任命的，因此其权威无论从来源还是从效用上来说，都具有体制性权力的意义。而且，中国乡村政治的一个显著特征就是组织的人格化，村民们往往将某一职位的人完全等同于某组织或机构。特别是像后石村这样以集体经济为主的村庄，人们往往将党委书记视为村党委组织的象征。实际上，后石村党委的领导作用也确实包括了村庄所有的公共事务，而且发挥作用的方式更为多样，经常直接决定和处理村庄公共事务甚至是村民之间的纠纷。在后石村，村级正式组织基本上都在党委一元化领导下实行一体化运作，表现为高度集中的权力结构。

第二，村民委员会作为基层群众性自治组织，推动了农村治理的民主化进程，是农村治理现代化主题中不可或缺的重要内容。西方的理性选择制度学派认为，制度的设计是为了稳定交换关系，为了在追求自我利益的个体间引入合作行为，以及把各方之间的交易成本最小化。同样，村民自治制度作为民主制度引入农村社区，真正效用在于试图使民主成为生活方式，甚至是生存方式，从而给予农村一个全新的村民理性合作空间。它的推进在国家层面上是国家主义价值观念渗入农村，而对农村来说是给整合社区权力秩序提供一个新的有力的工具。使乡村秩序最终可以找到理想化的民主治理模式和法理基础。虽然村民自治制度在制度设计上像其他制度一样，本身的完善需要一个过程，但是它毕竟为乡村精英与普通村民的有效合作提供了一种机会和可能。因为，不管作为一种民主理念还是民主实践行为，村民自治制度实践的直接现实性使村民逐渐认同了"三自我四民主"理念，认同和熟识了民主规则、民主程序，村民民主观念、民主能力的提高自然成为必然的趋势。

更为重要的是，"村民代表会议"这种民主行为实践有效地（至少是部分地）解决了村民自主能力低下、政治态度冷漠的问题，提高了他们一致行为的能力，使得已缺失的村庄共同利益感得以重建。从而，在利益意向趋于一致的基础上强化了建构和谐村庄秩序的预期目标。同时，村民代表会议这种民主决策机制使作为普通村民利益代表的非体制精英加强了与普通民众、体制精英的双向互动，它可以为处于弱势地位的村民提供表达利益和意愿的渠道，有效地调节或整合利益冲突，更能有效地防止精英对权力的滥用。在这种情况下，和谐村庄秩序的确立将不仅仅是一种理想模式，更具有转化为现实性的预期。在现实生活中，村党委长期以来是村级权力组织的核心，但是，由国家发起的作为"规划性变迁"的村民自治，试图通过农村治理精英带领广大村民的自我管理来逐步改变国家权力从农村退出后出现的农村社会的无序状态。这种制度的有效运行不仅改变了农村社会的权力布局，同时，长期以来的"村支书自治"局面得到了改善。村委会成为农村的法人代表，二元化的权力格局吸纳了更多的精英，多数人参与了管理；同时民众可以利用选举制度优先选择那些能力强、品德好、有才识的村干部；由于重新确定了村干部的权力来源，选票的巨大力量决定了村干部不仅要对上级领导负责，更要增强服务意识，对普通村民负责，村干部综合素质的提高在一定程度上实现了高效管理。

第三，村民公共参与意识增强与民主理念的产生。公共参与是公众通过自己的政治行为影响和改变政治过程的活动，同时也是一种合法性制度赋予和规范的权力。① 在传统乡村社会，家庭才是法定的政治单元。广大农民作为皇权下的"子民"，在村庄事务中，只有通过他们家族或宗族组织进入公共领域，其活动只不过是家庭或宗族组织行为的外化或代表，个人在社区事务中不具有独立的政治身份。民国时期，虽然农民的"国民"身份得到了确认，但在严格的保甲体制中，农民作为"保丁"承担更多的是对国家和社区的义务，而且是一种与社区"连坐"的强制性义务。中华人民共和国成立以后，在集体化时代的"集权式乡村动员体制"下，农民成了"社员"，社员

① 张厚安、徐勇、项继权等：《中国农村村级治理》，华中师范大学出版社，2000，第67页。

对集体经济组织在经济和人身上的依附也就决定了其公共参与权力的有限性，法律规定的"社员"参与集体经济组织决策和管理的一切"权力"是一种虚置的权利。只有在实行家庭联产承包责任制和"乡政村治"体制之后，农民成为了"村民"，获得了经济上的自由。在此基础上，公共参与也就成为村民在事实上可能实现的一项法定权利。

后石村村民公共参与的主体可以分为管理者、特权者和被管理者。其中，管理者是指作为一种体制性安排而掌握社区公共权力的成员。如村党委成员、实业公司总经理与副总经理、村委会成员、团支书、村妇联主任、村民小组长等。他们既是乡村公共参与的主体，又是社区公共事务的代表者；特权者是指虽然他们并不具有法定的掌握公共权力的身份，但在事实上，他们在社区管理中具有一定的并得到体制确认和保护的权利。在后石村，目前主要有老干部、老党员、经济能人和外聘专家。他们是后石村村庄政治的当然参与者，而且，他们拥有的不仅仅是一种自在的权威，而是一种与体制相联系的权力。被管理者是指在渔村社会接受公共组织管理的渔村居民和外来务工人员。从理论上来说，作为一种社区参与，所有社区成员应该是当然的参与主体。但是作为一种政治性参与活动，又是与参与者的行为能力与责任能力相联系的。从这个意义上来说，渔村社区的全体成员并不一定都能成为渔村公共参与的实际性主体。实际上，后石村和我国绝大部分农村一样，村民的公共参与还只是停留在初始阶段，这方面需要走的路还很长。

一般而言，民主理念并不是凭空产生的，而是由行为主体在民主实践中对经验加以总结、概括，或者由外部力量对行为主体的灌输、宣传和引导从而形成的。中国农民的民主化理念属于后一种类型，是由外部输入的，而不是内生的。以1989年颁布的《村民委员会组织法》（试行）为标志，国家在制度层面运用行政力量、新闻媒体、舆论力量等策略性手段加强对乡村的渗透，使民主理念逐渐为村民所熟知。人们也或多或少地了解到一些基本知识，但也存在诸如宣传不到位、过于粗略化等问题。这一点可以从我们对后石村的调查中得到证明。据调查，在后石村有60%～70%的农民通过各种渠道知道《村民委员会组织法》这部法律的存在，但是几乎80%的村民不知道它的具体内容。究其原因，课题组认为村民自治作为一项由国家发起的

"规划性社会变迁"，就决定了其无论是作为一种精神理念，抑或是作为一项政治和法律制度，从总体上仍然是一种高于传统农村社会原有发展逻辑的外置之物。而人民公社解体后，以政治运动为基础的意识形态宣传不但失去了对基层组织的约束作用，而且在传统文化遭受建国后历次政治运动的打击后不可避免地衰落，同时，在新文化呈现多元的特征而无法确立起来的情况下，农村社会文化领域出现了暂时性、特殊形态的"文化缺失"。由于农民受教育年限较短等因素的影响，他们的科学文化素质比较低。面对夹杂着民主理念的各类文化，他们缺乏一定的文化承受能力和抗干扰能力，不可避免地陷入了文化选择的困惑。要想改变这种境况，促使村民自治制度与各种原生性的农村政治形态和文化的互渗与相互转化，确保以民主化为核心价值的村民自治理念真正成为村民的理性选择，当务之急就是要通过各种途径提高他们的素质，进而使他们的素质与多元的文化相适应。比如，一是修正农村面向城市办教育，为城市服务的教育理念，避免出现农村人才资源"学而优则跳农门"大量流失的困境，为农村基层民主政治建设找到具有现代化理念的人才资源的支撑；二是搞好教育的一些配套改革，在"科教兴国"、"科教兴农"发展战略指导下，统筹安排农村基础教育、职业技术教育和成人教育的布局，努力完善农村三教结合的教育体系，不断培养和造就一批具有创新能力和熟练生产技术的知识化农民，为农业现代化和农村现代化的实现提供现实的可能。

通过对后石村社区权威与乡村治理的分析，课题组能够得出以下结论：和谐的村庄秩序既是渔村现代化不可或缺的前提，同时也是渔村现代化或者渔村治理现代化追求的终极目标；作为其实践主体的村民既是和谐的村庄秩序建构者，也是其受益者；制度性力量在一定程度上提高了村庄的社区权威，在此意义上，具有现代民主理念的村民是决定渔村治理现代化程度和水平的最基本力量。

第三节　"后石模式"的内涵及特征

中国农村地域广阔，人口众多。"十里不同天，三里不同俗"，村与村之间的经济基础、自然条件、传统习惯千差万别。如果我们对改革开放以来中国农村发展的特征进行概括的话，那就是中国农村的发展模式明显地从单一性走向多样化。以后石村为例，他们所创造的"坚持巩固发展集体经济，鼓励支持非集体经济发展，注重渔村政治、经济、教育、文化、卫生等事业和谐发展"的新渔村建设模式，摆脱了全国一盘棋、一条路的单一发展模式的窠臼，创造了一种不同于其他地方的建设模式，被广泛誉为"后石模式"，并以"发达的工业和农（渔）业、优良的自然和人文环境、和谐而富裕的渔村、文明而朴实的村民"而享誉海内外。

一 "后石模式"的形成及内涵

所谓模式是指"某种事物的标准形式或使人可以照着做的标准式样"。[①]它具有模型、原型、样式、模范、典型、榜样及款式等多种含义。建设社会主义新渔村就是让村民尽快富裕，任何事情如果仅靠一种或有限的几种模式，没有创新，没有发展，没有因地制宜的实施，那么即使暂时成功了，也不会久远。在建设新渔村的道路上，应该鼓励创建更多的新模式，每个村都应该根据自己特殊的情况创建各自的发展模式。我国农村发展模式就是中国农村既有的、能对现实产生示范效应和影响而又不同于外国农村发展的典型模式。后石村在发展过程中的经验是后石所独有而中国境内其他地方所不具备的典型经验，因此被称为"后石模式"。对"后石模式"的梳理、总结和实证分析研究，对于探索新的历史条件下中国农村的发展道路、建设社会主义新农村都具有非常重要的意义。

党的十一届三中全会以来，以家庭联产承包责任制为主要内容的农村经济体制改革取得了举世瞩目的成效。在我国广大农村，土地集体所有、家庭分散经营的统分结合的双层经营体制，成为新时期农村的基本经济制度。这种制度在改革中不断完善，在发展中不断创新，有效地推动了农村经济的发展。改革之初，在因地制宜、充分尊重群众意愿的思想指导下，各地的改革不拘一格，一些经济比较发达、基础条件比较好的村组，坚持以集体经济为

---

① 中国社会科学语言研究所：《现代汉语词典》，商务印书馆，1981，第791页。

主，加快改革发展的步伐，成功地走出了各自的发展道路。如江苏省的华西村、北京市的韩河村、河南省的南街村等，都是以集体经济为主的双层经营典范。后石村也是如此。1982 年，后石村面临着一个严峻的考验——是顺势而行解散集体经营模式，还是因地制宜坚持以集体经营为主体。在这种情况下，后石村的领导班子发动群众进行讨论，他们从实际出发，实事求是地分析了渔村集体所有制的利弊，认为当时的农村集体所有制形式是吃大锅饭，其弊有二：一是只吃大锅饭，不作大锅事，整个群体和社会都没有积极性；二是吃大锅饭又砸大锅，锅破饭漏。其原因，前者是政策问题，后者是管理问题。但是集体家大、业大、力量大，运用好了就会大发展，快发展。后石村当时的情况是集体经营已经走出了比较成型路子，而且村领导班子有能力领导集体经营，同时多数群众也要求坚持集体经营模式。如果能把"联产承包到户"的政策思维方法和私营企业管理办法引进到集体所有制中来，就可以兴利废弊，既不违上，也不违民。所以，后石村的领导班子在充分征得群众同意的前提下，大胆地做出了坚持以集体所有制为主体的选择。

选择确定后，后石村的领导班子积极实行激励政策，利用利益驱动的杠杆，在农业上先搞小组承包，联计计酬制。而后成立农业公司，实行利润分红制，大大调动了发展农业的积极性，使农业从单一的粮油生产中解放出来，发展规模化、产业化大农业。如今，后石村农业公司栽培了 3400 亩苹果、梨、桃、大樱桃等共 18 万株，而且用先进技术生产名优水果。后石村成为东北地区最大的绿色果园。在工业上先实行定额计酬、超额奖励、计件工资制，而后又实行租赁承包制、招商引资奖励制等，大大调动了发展工业的积极性，提高了工业经济效益，加快了工业产业的发展。如今，在后石村的经济总量中，第一产业占 7%，第二产业占 63%，第三产业占 30%，工业产业在三个产业中占据了绝对优势比重。①

另一方面，实行严格管理，通过严格审查账目和物资流向，堵住钱、财、物在生产经营过程中的浪费和流失；通过采取审计、反腐倡廉等手段，打击腐败行为。村两委班子和村办企业厂长等坚持"六不"、"三退避"等

---

① 路声：《后石村为何如此"厚实"》，《中国合作经济》2004 年第 12 期。

廉政行为："六不"就是在公物面前不张口、不伸手，在村民之间不吃请、不收礼，在对外交往上不收受贿赂，在贸易往来中不吃回扣；"三退避"就是孩子问题退避徇亲，房子问题退避官嫌，票子问题退避贪欲。另一方面坚决打击违者，决不手软。所以，后石村的集体所有制企业建一个成一个，成一个就能稳定保留下来，而且还能不断巩固和扩大，没有一个因为管理不善而垮掉的。

20 世纪 90 年代中期，后石村集体所有制企业是一枝独秀。由于没有非公有制企业，就没有竞争，没有对抗，更没有其他经济成分对集体所有制经济补充，所以单一的集体经济不但显示不出其主体作用，而且只能平平淡淡地发展，甚至有点走不动了，渔村经济发展陷入了新的困境。为了冲出困境，后石村的领导班子通过转变观念，寻求新的途径，走以公融私、以公补私、助公、促公的路子，开始集体、三资、联营、私营、个体、股份六轮同转，主体经济和非主体经济协调发展，互助互利，让非公有制经济为公有制经济补血，其具体做法如下。

第一，吸引私营企业与集体企业合资，让私营成分成为集体经济的投资者和经营伙伴，实行紧密合作，充实集体经济的能量。集体经济有产品品牌优势、生产技术优势、资源优势，很有吸引力，这也是集体经济能成为主体的内在因素。后石村利用集体经济的优势吸引私营企业合资。比如，村办造纸厂以产品优势吸引了私营企业主投资 4000 多万元，进行了扩大改造，使经济效益成倍增加。村办海参养殖场以资源优势吸引私营企业主投资 3000 多万元，拦海 1200 亩，投石 75 万立方米，建成海参养殖圈并新建 10000 立方米水体的海珍品育苗及工厂化养鱼场，使原村办养殖场生产规模扩大了 5 倍。特别是土地使用权都在集体手里，所以利用土地发展经济十分方便，就是这个优势资源，引来了一个又一个合资者、合作者和独资企业。如松源集团在后石村规划设计的项目包括：成立国际游艇俱乐部，建设一座迪尼斯乐园，一座威尼斯水城，计划三年投资 15 亿元。[①]

第二，用集体企业做龙头牵动私营企业和农户进行配套合作，让私营企

---

① 张树安、李大山：《社会主义新农村集体经济成功模式分析》，《经济师》2006 年第 12 期。

业和农户成为集体经济的外协，实行松散型合作，实现产、供、销一条龙的经营链，以求共同发展。例如，集体投资建了海参加工厂，带动周边10个私营企业主投资上亿元建设海参养殖场，使之成为海参加工原料供应基地。

第三，以集体经济作为主体吸收村民的股份，发展集体性质的村民股份制企业。随着村民收入积累的不断增加，村民都有投资办企业做生意的欲望，但苦于找不到项目而不能如愿，根据这一实际，村里鼓励村民在自愿的原则下出资与集体合股办企业，从建厂到管理都由村集体负责，村民参与监督。全村1023户，自愿投股建厂的有1000户左右，98.6%的农户得以受益。

第四，大力发展独资、私营、个体等非公有制经济。近十年来，后石村引进食品业、木制业、医药业、制造业、彩印业、旅游服务业、商业餐饮业等大型独资、合资、私营企业12家，发展个体户300多个。让非集体经济先进的市场观念、先进的管理办法、先进的竞争手段，对集体经济进行影响和渗透，进而促使其不断改进和完善。

在市场经济大潮中，由于原有的行政体制和管理机制不能马上解除，企业行为无法与市场接轨。而且，由于企业主管部门指令性运作没有转变，企业难以直接进入市场，更不能自主经营。对此，后石村把集体企业快速推向市场，让企业到市场上找项目、找产品、找销路、找管理手段，生产什么、销售什么、怎样管理都由企业自己决定。生产、经营权100%放给企业，让企业自主。为了发挥市场作用，后石村成立了后石实业总公司，用公司的机制管理村办企业。后石总公司下设农业公司、工业公司、运输公司、渔业公司，都是实体，以实体管理实体，顺理成章，减少村行政和村党委对企业生产、经营的干预。村党委和村委会对企业通过人事、财务、廉政、审核、奖罚等制度进行宏观控制，依法监督来实现对企业的领导，使集体企业既能放出去，又能管起来。现在后石的集体企业通过长期市场运作，私营企业能办到的，他们都能办到，私营企业办不到的，他们也能办到，公有制的活力得以实现。

尽管如此，后石人的探索仍然没有止步。从2002年开始，后石村通过城乡共建模式，与经济实力和科技力量较强的城市街道、科研单位结成共建对子，在互助互利的原则下，以双赢为目的，形成一种新的政治和经济关系。如后石村与大连水产学院共建的万亩海珍品养殖基地等，就形成了新的公有制资产和运作模式。

目前，后石村正按照"走出去、引进来、争政策、强自己、谋提升、图长远"的发展思路，以投资 30 多亿元的特大项目为推动力，开发旅游资源，加快经济发展，提高政治、经济、文化、社会建设标准。后石村领导班子的目标是，到 2007 年，实现利税 1 亿元，村可支配财力 2300 万元，人均收入1.5 万元，60% 的家庭住上别墅小楼，20% 的家庭拥有小轿车，基本建成经济兴旺发达、民主法制健全、文化事业繁荣、村民生活富有、生态环境优良的现代化新农村。

综上所述，所谓"后石模式"，即"新集体经济模式"，其主要内涵包括：坚持走以集体经济为主体，多种经济体制共同发展的道路，在改善村民生活质量、提高社会福利的同时，注意营造和睦、协调、融洽、有序的人与人、人与自然和谐发展的氛围，最终使后石村走上了生产发展、生活富裕、生态良好的经济与社会、环境可持续发展之路，村民安居乐业、和睦相处、村庄安定有序、充满活力。

二 "后石模式"的主要特征

在构建和谐社会的伟大事业中，后石村按照"民主法治、公平正义、诚实友爱、充满活力、安定有序、人与自然和谐相处"的总体要求，扎实推进和谐渔村建设。生产发展、生活富裕、生态良好的三位一体发展思路，推动渔村迈入和谐发展之路。生产发展是前提，生活富裕是目的，生态良好是保证，三者互为依存、相互促进，使渔村在更高层次上实现了率先发展、科学发展、全面发展、和谐发展的结合。"后石模式"的主要特征有以下几方面。

第一，以科学的发展观为指导，坚持以人为本，实现人的全面发展和经济、政治、文化、社会各个领域的全面发展，是"后石模式"的重要特征。党的十六届三中全会第一次明确提出了以人为本，全面、协调、可持续的科学发展观。科学发展观是适合中国国情和顺应时代潮流的发展观，它包括系统而丰富的内容，是适合中国国情和顺应时代潮流的发展观，它是人们对发展问题的总体认识和根本观点。坚持以人为本是科学发展观的本质和目的，坚持以人为本，就是以实现人的全面发展为目标，把人民利益作为一切工作的出发点和落脚点，不断满足人们的多方面需求和促进人的全面发展，从而使人民群众成为发展的动力。具体地说，就是要在经济发展的基础上，不断提高人民群众物质文化生活水平和健康水平，逐步实现共同富裕；就是要尊重和保障人权，包括公民的政治、经济、文化权利；就是要不断提高人们的思想道德素质和科学文化素质；就是要创造人们平等发展、充分发挥聪明才智的社会环境；就是要尊重劳动、尊重知识、尊重人才、尊重创造，充分发挥人民群众的积极性、主动性和创造性。坚持以人为本，体现了马克思主义的基本观点。马克思曾经说过，未来的新社会是以每个人的全面自由发展为基本原则的社会形式。后石村之所以能够成为我国新农村建设的典型，其根本的一条就是坚持以人为本，一切依靠村民，一切为了村民，尊重村民意愿，维护村民利益，增进村民福祉，充分体现了以人为本的本质要求。与此同时，全面发展还包括经济、政治、文化、社会各个领域的发展，既包括生产力和经济基础问题，又包括生产关系和上层建筑问题。全面发展就是社会各个方面都要发展，是经济发展、社会发展、人的全面发展的统一，是物质文明、政治文明、精神文明的统一。经济发展是指在生产力发展的基础上，提高人民的物质生活水平，改善城乡人民的生活条件；社会发展既包括实现政治民主、社会正义、司法公正、市场公平等，又包括发展教育、科学、文化、卫生、体育等；人的全面发展，包括人的知识文化教育、从事生产活动的能力和本领、思想道德素质修养和人格品质的塑造等。强调经济、政治、文化的全面发展，还要重视人与自然的和谐发展，重视经济效益、社会效益和生态效益的统一。因此，全面发展不是单一目标的发展，而是一个多层次综合目标体系的发展。对于后石村这样的先进村而言，落实科学的发展观，就要建立一个高度物质文明、高度精神文明、高度政治文明、高度生态文明的和谐发展格局，实现村民的全面发展和渔村社会的全面进步。后石村的领导者懂得，树立和落实科学发展观，发展是第一要务，不发展不行，发展慢了也不行。实现渔村社会全面发展，始终坚持发展第一要务不动摇，选择科学的发展模式，纠正发展存在的问题，是建设和谐渔村的应有之意。建设现代化的社会主义新渔村，就要在尊重劳动及劳动权的基础上，在渔村建立和睦、协调、融洽、有序的人与人之间的社会关系；在承认收入差别基础上追求共同富裕；在公正与效率的关系上公正优先；为全体村民提供更多更好的社会公共福利等；既可促进渔村经济社会发展，又可为渔村社会和谐奠定坚实基础。

第二，以可持续发展观为理念，坚持和谐发展，实现人与自然、人与人、人与社会以及人、社会与自然的和谐统一，是"后石模式"的本质特征。可持续发展观是对全球生态危机及人、社会与自然不可持续发展的积极回应，是一种划时代的全新的价值观、发展观。可持续发展的本质含义应当是"在满足当代人生存发展需要的同时，不损害后代人生存发展需要的能力；在满足人类自身生存发展需要的同时，不损害非人类生命物种满足其生存发展需要的能力的发展"①。可持续发展，就是要实现经济发展与人口、资源、环境相协调，坚持走生产发展、生活富裕、生态良好的文明发展道路。为此，经济社会发展要充分考虑人口承载力、资源支撑力、生态环境和社会承受力；既要考虑当前发展的需要，又要考虑未来发展的需要；既要满足当代人的利益，又不能牺牲后代人的利益；要控制人口、节约资源、保护环境、加强生态建设，在更高水平上实现人与自然协调互动，保证一代接一代地永续发展。可持续发展不仅是人与自然的协调发展，而且是人与人的协调发展和人与社会的协调发展，而实现可持续发展，核心问题是实现经济社会和人口资源环境的协调发展。这种发展，必须是物质文明、政治文明、精神文明、生态文明的协调发展和可持续发展。所以，可持续发展是农村和谐社会模式的内在属性，这就决定了构建农村和谐社会，就是要推进整个农村社会的全面发展与协调发展，实现农民可持续生存与发展。在这个意义上说，农村和谐社会模式又叫农村可持续社会模式。它是指发展既能够保障当

---

① 方时姣、刘思华：《论农村和谐社会模式与农业发展的终极目的》，《农业经济问题》2004 年第 6 期，第 58 页。

今农村"生态——经济——社会"复合系统多要素、多结构的全面协调发展，又能够为未来社会多要素、多结构的全面协调发展提供基本条件，是一种可以长时期促进社会公正、文明、安全、健康运行的农村全面协调发展与可持续发展。正是基于上述认识，对一些党员干部中存在的"经济硬无比，人口小问题，资源、环境没在意"等模糊意识，渔村领导者采取摆事实、讲道理的方法，让他们看到经济与人口、资源、环境的内在关联性，使他们认识到发展渔村经济，离不开后石村的所有劳动者。人作为生产者，创造物质财富；人作为消费者，消费物质产品。一定时期一定量的物质财富，只能富裕一定时期一定量的人口。这就要求经济增长与人口增长相协调。人是生产的主体，人的综合素质越高，其生产效率就越高，经济发展的速度就有可能越快，这又要求经济发展与人口质量的发展相协调。而且，经济的快速增长要求人口的低生育、零增长、负增长和高素质。后石村之所以一直保持着比较快的经济增长速度，这和 20 世纪 70 年代以来渔村内部成功的计划生育工作有关。另外，村级领导结合渔村经济社会发展的实际，使党员干部懂得，发展村域经济离不开土地、山林、海水、滩涂等自然资源和生态环境。没有土地，就没有村庄绿色食品向有机食品转化的红富士苹果，就没有不断扩大规模提升企业素质的工厂群；没有海水、滩涂，就没有村庄的有机海参养殖和滩涂养殖业的兴旺发达；没有山林绿化和对自然的保护，就没有村庄山清水秀和海蓝的自然环境。通过这样的一些系列引导和教育，使党员干部们深切认识到："经济发展是硬道理，控制人口是事关经济发展的大道理，节约资源、保护环境是与硬道理、大道理密切相关的理中理。"经济、人口、资源、环境的统一体，要求促进人与自然的和谐，实现经济发展和人口、资源、环境相协调，坚持走生产发展、生活富裕、生态良好的文明发展道路，保证一代接一代地永续发展。后石村可持续发展的实践充分说明，人与自然的关系和人与社会的关系，是现代人类社会的两种基本关系，他们相互联系、相互制约，是密不可分的统一整体。因此，人、社会与自然之间的相互交融比他（它）们之间的相互区别更为重要，农村与农业的生态革命和生态文明建设，就是重塑人、社会与自然这个有机统一的整体，实现人与自然、社会与自然这个有机统一的整体，实现人与自然、人与人、人与社会的和谐统一。只有这样，我们才能最终创造出一个农村可持续发展的社会。

第三，树立正确的政绩观，坚持协调发展，实现经济社会持续、快速、协调、健康发展，是"后石模式"的根本特征。树立正确的政绩观，离不开科学的发展观。科学的发展观引导和支配正确的政绩观，正确的政绩观体现和保证科学的发展观。在发展观上出现盲区，往往会在政绩观上陷入误区；缺乏正确的政绩观，往往会在实践中偏离科学的发展观。从根本上说，科学发展观是正确的政绩观的基础和前提。在新形势下，科学发展观所要求的政绩，是坚持以人为本，全面、协调、可持续发展的政绩。适应全面发展的要求，领导干部在创造政绩时，既要大力搞好经济建设，又要积极促进社会进步；既要重视物质文明建设，又要狠抓精神文明建设；既要加快经济发展步伐，又要让人民群众得到实惠。适应协调发展的要求，领导干部在创造政绩时，既要注重集约型、内涵式发展，正确处理经济增长的数量和质量、速度和效益、速度和结构的关系，又要正确处理改革、发展、稳定的关系，协调好改革和发展中的各种利益关系，调动一切积极因素，促进经济社会发展的良性循环。适应可持续发展的要求，领导干部在创造政绩时，要立足当前、考虑长远、统筹兼顾。在发展经济的同时，充分考虑资源、环境和生态的承受能力，保持人与自然的和谐发展，实现资源的永续利用和社会的永续发展。总之，树立科学发展观和正确政绩观，是为了更好地解决发展什么和怎样发展的问题。按照科学发展观去指导发展，使经济社会发展得更好，这本身就是更大的政绩。这样创造的政绩，才是党和人民需要的政绩，才是全面建设小康社会需要的政绩。

长期以来，后石村始终坚持用科学的发展观创政绩、看政绩。一是用全面发展的观点创政绩、看政绩。领导干部创政绩，首先不能一手硬、一手软，也不能以点盖面，以俊遮丑，要创经济、政治、文化一体化的政绩。看政绩，要看经济总量扩张，看利税总额增长，看村庄可支配财力增强，看人均收入水平的提高；要看民主选举和民主监督的作用，看法治和村规民约的功效，看社会治安状况的进一步改善，看村民、员工之间的团结和谐；要看人们思想政治和道德风尚的展现，看劳动者科学技术的掌握和运用，看爱护公物、尊老爱幼风气的传承；既看看得见、摸得着的明显政绩，又看长远才能显效的潜在政绩；既看主观努力的程度，又看客观效果的好坏。只有这样，才能有效推进经济、社会的全面发展。二是用协调发展的观点创政绩、看政绩。村庄两委会班子成员创政绩，很重要的是要创统筹经济社会发展、统筹物质文明、政治文明、精神文明建设和党的执政能力建设的政绩。看政绩、要从经济运行顺畅不顺畅，劳动者积极创造性发挥的充分不充分；从群众对经济体制、分配机制及两委会的决策拥护不拥护、赞成不赞成，看生产力和生产关系、经济基础和上层建筑是否相适应；看"三个文明"建设的实际效果，看"三个文明"建设与执政能力建设是否相适应。这样，就能确保其相互间的协调发展。三是用可持续发展的观点创政绩、看政绩。党员领导干部创政绩，不能"只顾当代人奔富路，不管子孙后代的活路"，也不能"只图后石村全面小康，不管邻村是否遭殃"，必须创造人口零增长、资源利用良性循环、环境不断优化的政绩。土地、山林、海水、滩涂资源，要靠一代接一代珍惜爱护而世代永继传承；蓝天、白云、山清水秀和纯净的空气，也要靠一代接一代加倍保护而世代拥有和享受。因此，看政绩时，要看水土流失没流失，施肥、用药科学不科学，节水型灌溉应用合理不合理，生产出的有机食品质量好不好；要看原材料有无浪费，治理排污措施失效没失效，机器设备维护保养的好不好。只有这样，才能使人与自然相协调，人口增长与经济发展相协调。四是用以人为本的观点创政绩、看政绩。渔村党员领导干部创政绩，说到底是要创村强民富的政绩，创为村民服务政绩。任何时候都不能靠搞"形象工程"而图"官运"、捞"名声"，更不能损害群众利益，肥自己腰包。要把满腹心思、浑身劲头都用在千方百计为民办实事、与时俱进为民做好事、一心一意为民解难事上。看政绩时，最根本的是看人均收入有无增加，住房条件有无改善，家庭生活有无难处；看考上大学的孩子有无上不起学的，患急难重症的人有无不及时就诊的。要把村民拥护不拥护、赞成不赞成、高兴不高兴、答应不答应，作为衡量政绩的根本标准，把为广大村民谋利益作为创政绩的出发点和归宿点，真正做到胡锦涛同志所说的"情为民所系，权为民所用，利为民所谋"，才能创造出党和人民群众真正满意的政绩。

总之，从后石村20多年坚持集体经济，走共同富裕的道路可以得出结论，建设社会主义新渔村，必须准确把握科学发展观的内涵和本质要求。作为建设社会主义新渔村的典范,后石村可以说是经济建设、政治建设、文化建设、社会建设和党的建设协调发展的新渔村,是富裕、民主、文明、和谐的新渔村,是尊重村民意愿、维护村民利益、增进村民福祉的现代化新渔村。

三 "后石模式"的启示

后石村的成功经验充分表明:坚持发展集体经济,增强村级经济实力,有利于实行产业化经营,充分发挥"统"的功能,使村庄中一家一户办不了、办不好的事情得到解决;有利于增进村民福祉,减轻村民负担,让村民休养生息;有利于进行资金积累,增加农业投入,改变落后的生产、生活条件,兴办公益福利事业,进行现代化建设;有利于增强基层党组织的凝聚力和向心力,密切党群、干群关系,促进农村社会稳定。具体地说,从后石村的发展中可以得到以下启示。

第一,集体经济是新时期我国社会主义新农村建设的重要路径选择。目前,我国广大农村在党和国家一系列正确农业政策引导下,由农民自愿自由联合而建立的农村集体经济合作组织大量涌现,已经显示出强大的裂变效应,不仅有力地促进了农业的专业化、产业化和集约化,有力地促进了农村的生产发展和生活改善。而且更为重要的是,围绕解决目前我国农村普遍存在的医疗问题、教育问题、社会保障、基础建设等重大基本问题,正发挥着不容忽视的巨大的作用,有效地缓解了目前国家社会保障体系对农村鞭长莫及的瓶颈压力问题。以大连市后石村为代表的农村集体经济,在我国广大农村都具有普遍的适用性,应是当前及今后一定历史时期,我国实现农业"第二次飞跃",全面推进农村社会保障体系,加快建设社会主义新农村的一项重大战略举措。

第二,发展农村集体经济应当从实际出发,坚持与时俱进,坚持因地制宜和因时制宜。建设社会主义新农村没有固定的模式。集体经济作为农村自我繁荣、自我发展的一条途径,也没有固定的模式,也应当积极寻求新形势下新的模式,不能简单地重复原来的老路。传统集体经济改革模式、股份合作社模式、专业合作社模式、专业协会模式、农村集体经济组织引导龙头企业与农民联姻模式、农村集体经济组织对农民土地返租倒包模式、农村集体经济组织鼓励种粮大户或专业户实行规模经营模式以及鼓励农民互助解决资金、农业耕作、销售和加工等问题的形式，都应是新时期探索和推进农村集体经济发展的有效形式。乡邻村集体之间要形成合力，优势互补，以强村带弱村，发展"村域"经济，进而促进县域经济发展。只要我们坚持与时俱进的思想路线，坚持共同富裕的基本方向，就一定能够走出一条适合于当地实际发展情况的农村集体经济的光明大道。

第三，农村集体经济是大有作为的广阔平台，只要科学构建合理的体制机制，就能成为集中和造就市场经济优势人才的新舞台。后石村通过发展集体经济实现共同致富，关键是靠一个好的带头人，并进而形成了一整套较好的经营、管理、分配等体制和机制。但是，要从较大层面上推广农村集体经济，则必须把建立健全科学的经营管理体制和机制放在首位。以此为前提，集体经济就能够成为广泛集中和造就市场经济优势人才，广泛集中和造就市场经济的优势要素，农村"能人"辈出并带领广大农民共同致富的新舞台。

第四，集体经济作为社会主义新农村建设的一种有效形式，需要各级党委和政府的广泛支持。建设"生产发展、生活宽裕、乡风文明、村容整洁、管理民主"的社会主义新渔村，仅仅依靠农民集体的自身力量是远远不够的，各级党委和政府必须研究新情况，制定新政策，在政策、资金、规划、项目、基础建设等方面给予必要的帮助和支持。应当以村集体经济为依托，重点研究和逐步建立农村集体财政统筹机制，采取集体经济统筹一块，各级财政返还一块，村内其他所有制经济补偿一块的办法，稳定和增加村级财力，专门用于农村集体的基础保障和基本环境建设，同时配合集体经济体制机制建设，相应建立和完善村集体经济的监督约束机制，真正让"和谐社会"和"小康社会"建设能够尽快地惠及广大农村和农民。

第二章　村落背景与自然状况

　　后石村，一个中国普通的沿海渔村，犹如一颗璀璨的明珠，镶嵌在渤海湾畔。改革开放以来，这里发生了巨大的变化，传统意义的村落已不再是昔日人们观念中的模样，而是成了具有很强经济实力和竞争能力的后石实业总公司，非农经济几乎完全取代了传统农业。他们创造的"坚持巩固发展集体经济，鼓励支持非集体经济发展，通过工业化带动渔村政治、经济、社会、文化、卫生等事业的综合发展，推动经济、文化、社会和谐发展"的新渔村建设模式，被广泛誉为一种"后石模式"。

第一节　金州历史与现状

　　大连市在行政区上隶属于辽宁省。大连地理环境优越，自然资源较为丰富，位于辽东半岛南部，东临黄海，西濒渤海，南隔渤海海峡与山东半岛相望，处在北纬 38°34′至 40°12′、东经 120°38′至 123°31′之间。北依广袤的东北大地，与营口市的盖州、东北与鞍山市的岫岩、丹东市的东沟县接壤。面积 12574 平方公里，市区面积 2414 平方公里。大连三面环海，海岸线曲折，岛礁星罗棋布，多港湾。海岸线全长 1906 公里，约占辽宁省海岸线总长的 73%，其中海岛岸线长 618 公里，占辽宁省岛屿岸线的 93%。陆岸线长 1288 公里，约占辽宁省陆岸线的 66%。大连湾、大窑湾、旅顺口是著名的港湾。大连下辖中山、西岗、沙河口、甘井子、旅顺口、金州 6 区；瓦房店、普兰店、庄河 3 个县级市和长海县及大连经济技术开发区。人口 517.7 万人（市区人口 239.6 万人）。我们调查的村庄位于大连市金州区大魏家镇，了解金州的历史与发展状况对于研究后石村具有重要意义。

一　金州地名的由来

关于金州地名的由来，有两种说法：一说源于明洪武年间修筑的金州卫城，实际上最早出现的金州地名是在金贞祐三年（1215 年）；二说以地濒金州湾而得名。

自战国时期到秦统一六国以后，金州就是辽东郡的辖境。西汉时期属辽东郡，在境内曾设置沓氏县。东汉时期因之。三国时期，改沓氏县为东沓县。西晋时属辽东郡平郭县（今熊岳镇），直至东晋安帝元兴三年（公元404 年）高句丽割据辽东。唐高宗总章元年（公元 668 年），属安东都护府积利州。辽天显元年（公元 626 年）这里设置苏州，治来苏县，属东京辽阳府。金皇统三年（1143 年）改苏州为化成县，隶属复州。金贞祐四年（1216 年）升化成县为金州，金州之名始于此。元世祖至元二十一年（1284年）设金州万户府属辽阳行省。明洪武四年（1371 年）设定辽都卫。洪武八年（1375 年）设金州卫。清雍正十二年（1734 年）改金州为宁海县，属奉天省。道光二十三年（1843 年）改宁海县为金州厅。光绪二十四年（1898 年）被沙皇俄国强行租借。光绪三十年（1904 年）日俄战争后，被日本帝国主义侵占。

民国二年（1913 年）金州改为金县，隶属奉天省，但由于日本的侵占，未能行使行政权力。直至 1945 年 8 月日本投降后，金县解放，才实行县治，1946 年 1 月建立了人民民主政权金县人民政府。1946 年 10 月～1949 年 9月，金县先后隶属旅大行政联合办事处、关东公署、旅大行政公署。1947 年属关东公署。1949 年 4 月 27 日划归旅大行署区。1950 年 12 月属中央直辖旅大市。1955 年属辽宁省旅大市（1955 年 6 月旅大市代省管理金县），1959年 1 月 5 日划归旅大市领导。1966 年 3 月 16 日（6 月 12 日正式交接）改隶辽南专区；1968 年 12 月 26 日再归旅大市（也有说是 1965～1968 年属辽南专区）。1981 年 2 月属大连市辖县。1981 年 4 月，金县召开第九届人代会，决定将金县革委会改为金县人民政府。

1987 年 4 月 21 日，经国务院批复，撤销金县建制，设立大连市金州区，同年 5 月 20 日，举行撤县改区成立大会，从此，大连市金县更名为大连市金州区。

二 行政区划及人口

至 2005 年末，金州区辖 1 个乡（七顶山满族乡）、9 个镇（亮甲店镇、向应镇、登沙河镇、杏树屯镇、华家屯镇、三十里堡镇、石河镇、二十里堡镇、大魏家镇）、6 个街道办事处（先进街道、站前街道、光明街道、中长街道、拥政街道、友谊街道）。乡镇、街道辖村民委 131 个、社区居民委 38 个。

2005 年末，全区总人口 471719 人（含流动人口）。户籍人口 471719 人，其中非农业人口 245765 人，占 52.1%；农业人口 225954 人，占 47.9%；男性人口 235859 人，占 49.9%；女性人口 235860 人，占 49.9%。全区人口出生率为 5.04‰，人口自然增长率为 0.77‰，计划生育率为 99.50%。

三 自然地理

金州区位于辽东半岛南部。东临黄海，西濒渤海，南靠大连市甘井子区，北接普兰店市。陆地南北最大纵距 46.13 公里，东西最大横距 55.13 公里（最小横距 5 公里）。总面积约 1390 平方公里。

金州属低山丘陵区，地形总体呈南北带状，以小黑山至大黑山一线山脉为中心轴部，另以大黑山至大李家城山头沿黄海近岸一线山脉为东部分支轴部，向两侧倾斜，构成中部高、两翼低的阶梯状地势。全区分为 3 个区域：中部低山丘陵区，东部丘陵漫岗区，沿海河流冲积小平原区。中部低山丘陵区为长白山系千山余脉的延伸，南部大黑山为区内群山之首，主峰海拔663.1 米。东部丘陵漫岗区，呈南北走向垄状分布，海拔在 20～50 米之间，属前震旦系形成的地层。沿海河流冲积小平原区，沿河平原区按河流走向，展延至黄海和渤海海滨，地势平坦，海拔在 15～30 米，主要分布于沈大铁路以西地带及大黑山至太山山麓以南地带。三部分区域地势分明，特点突出，分别是：奇峰突起，岩石裸露的山岭；坡度平缓，土层较厚的丘陵；零星分布，地表平坦的平原。河流多为季节河。由于地势呈中部高两翼低的趋势，并且无客水入境，雨旱季节分明，降水集中，故河流流程较短。全境独流入海的河流 11 条，总长 204 公里，流域面积 950 平方公里。全区最大河流为登沙河，它发源于向应镇小黑山及普兰店市二龙山，流入黄海，总长 26 公里，流域面积 229.2 平方公里。

金州地处黄海和渤海之间，海岸曲折、港湾相连、滩涂广阔、岩礁密布，海岸线总长 161.23 公里。面积大于 1 平方公里岛礁 8 处，较大岛屿是渤海的蚂蚁岛，较大港湾金州湾位于金州城西部约 2 公里的渤海水域，北至大魏家荞麦山、葫芦套一带，南至友谊南山村西海，因距金州城较近而得名。港湾呈椭圆形，纵约 28 公里，横约 15 公里。水深自东向西递增至 10 米。岸边至湾内 1000 米，水深不足 2 米。

金州地处北纬 38°～40°之间，冬无严寒，夏无酷暑，气候宜人。温和湿润，四季分明，风光旖旎。城郊大黑山素有"辽东半岛南部最高峰"之称，位于金州地峡之北，面海耸峙。大黑山西麓有瑶琴泉涌的响水观；东麓有静谧清幽的观音阁；山腰有古色古香的唐王殿；峰巅有气势磅礴的卑沙城。金石滩海滨旅游区集南秀北雄于一地，海水碧蓝清澈，沙滩柔软洁净，是理想的海水浴场。沿岸散列"大鹏展翅"、"鲤鱼跳水"等岩礁，鬼斧神工，栩栩如生。举世罕见的"龟裂石"不仅具有观赏价值，还具有很高的科研价值。境内的小石棚、梦真窟、挂符桥等古迹，以及连绵 260 多公里的海岸风光，引人入胜。

金州物产丰富，素有"聚宝盆"、"金银滩"、"花果山"之称。地下矿藏丰富，有花岗岩、石灰石、石棉矿，"东北红"、"大连黑"理石等。近海水域 600 多平方公里，盛产鱼类、贝类、虾蟹类、藻类 210 余种。早在明代，金州地区就设有煎盐军，专门烧煮海盐。至今，金州沿海已开辟盐田 60 万亩，年产海盐近 30 万吨。得天独厚的土壤和气候条件，使金州成为著名果乡，盛产苹果、桃、梨、葡萄、樱桃、杏、枣等果类百余种。

四 历史沿革

金县境内已发现的新石器遗址有四五处。奴隶社会古墓葬——小石棚，至今保存完好。它标志着早在四五千年之前，我们的祖先就渔猎农耕、繁衍生息在这块土地上。在社会的演进中，随着中原政权对东北边陲的开发，金县随之成为沟通中原与东北的桥梁，其战略地位日渐突出，受到历代统治者的重视。春秋战国以后，这里便成为战争频发地区。在几次大规模民族征战中，中原势力北进松辽，都是先占金县而后挥戈北上；北方势力跨海南下，也是以金州殿后，转而逐鹿中原。

春秋霸主齐桓公，曾一度把势力由山东延展到辽东半岛。战国七雄的燕国，驱东胡，占辽东，置郡守，将金县地区纳入燕国领地。秦始皇统一中国后，划天下为 36 郡，金县地区正式进入中央王朝版图。汉代在此建立沓氏县，首开金县历史上县置的先河。它是汉代对辽东的统治已趋稳定的标志，其后人口渐多，交通渐拓。

公元 238 年，曹睿派司马懿征讨公孙渊，战火遍及辽东。第二年，吴主孙权遣将孙怡泛海于沓渚登陆，与魏军激战，沓氏首当其冲。战后，大批沓渚黎民被吴军劫持南下，余者纷纷逃往山东。沓氏家园惨遭破坏，几乎变成荒地。东晋时，中央王朝鞭长莫及，无力对辽东实施有力统治。辽东南部成为鲜卑、高句丽等少数民族涉足之地。至公元 404 年，沓氏被高句丽占据，与中原隔绝 265 年之久。

隋末唐初，两朝先后 10 次征高丽。公元 614 年，隋将来护儿曾率舟师渡海攻陷大黑山卑沙城。31 年后，唐将张亮再次率舟师夜袭卑沙城。668 年，唐征灭高句丽。713 年，唐鸿胪卿崔忻奉旨出使渤海国，册封靺鞨首领大祚荣。回程经都里镇（今旅顺口）时，于黄金山下凿井刻石，为唐中央王朝与东北渤海国之间交往的历史见证。

10 世纪初，契丹兴起，将辽东半岛纳入其势力范围，建立辽国，于辽南置曷苏馆，将渤海国的强宗大户移往金县旧地一带，设苏州安复军，以控制异族的反抗。为了阻隔东北诸部族与宋朝的往来，辽在苏州地峡竖木为栅，"其南来舟楫，非出此途不能登岸"。世人称之"苏州关"（哈思罕关）。经 200 余年休养生息，苏州已成为拥有数万人口的富庶之乡。

1117 年，女真人建立的金国占据辽东半岛，于苏州旧地置化成县。第二年，化成一带的契丹人和奚人 10 万余众起义抗金，遭到血腥镇压，金州一带尸横遍野，"河水为之不流"。20 余年后，金朝廷又将化成遗民"尽驱以行"迁往山东。直至金末，化成县经济方有起色，金贞祐四年（1216 年）化成县升为金州。金州名源于此。

元初，蒙古军几度进占金州。元军最后占领金州时，这里已成荒野一片。元世祖忽必烈先后 4 次派遣军户到金、复州屯田戍边，金、复州人烟渐稠。

明代金州卫是金州地区封建时代最昌盛的时期之一。洪武四年，朱元璋派都指挥使马云、叶旺率师从登莱泛海，屯兵金州，并在辽东首建金州卫。后挥兵北进，扫除残元势力，收复辽东。金州与中原经济和文化交融日甚，成为辽东半岛政治、经济和文化中心。金州卫在辽东的战略地位愈加显赫。永乐年间，总兵官刘江率部修建了以金州城为中心，东通红嘴堡、九连城，南通柳树屯、旅顺，北通复州、辽阳的烽火墩台网络和驿道。在望海埚修建了城堡。金州卫墩台相望，驿道相连，形成首发尾应之势。永乐十七年（1419 年），刘江率金州卫军民于望海埚，一举全歼犯境倭寇 1599 人，声威远震。此后百余年，倭寇不敢再犯辽东。社会的稳定，促进了金州卫经济的繁荣。万历年间建筑的"挂符桥"，其结构之精巧、用材之考究，标志着当时的生产力已发展到较高水平。

l7 世纪 20～30 年代金（史称后金）势力南下，八旗兵先后 3 次攻占金州。明清争夺之战，使金州再陷"荒城废堡，败瓦颓垣，沃野千里，有土无人"的境地。为重新开发金州，清顺治、康熙年间在辽东实行招民垦荒政策，同时分拨八旗兵员来金州戍边。清雍正十二年（1734 年）改金州为宁海县，属奉天省。在这期间，鲁豫等地连年遭灾，贫民涌入金州，移民披荆斩棘，历尽艰辛，百余年后，旷土尽辟，桑柘满野，耕织岁滋。到了乾隆时期，不仅农耕初具规模，海运贸易也兴盛一时，成为东北与中原海运贸易物资的集散地。后道光二十三年（1843 年）改宁海县为金州厅。进入近代，清北洋水师在旅顺、大连湾修建海防工事，并加强金州城防建设，使金州成为旅大的后路锁匙。同时，各路匠人云集金州，为金州的手工业和民族工业的发展，提供了先进的生产力。

近代，由于清政府的腐败无能、卖国求荣，金州先后沦为沙皇俄国和日本帝国主义的殖民地近半个世纪。金州人民饱经忧患和苦难，1840～1860 年间，英国军舰数度入侵金州沿海，搜罗情报、窥测地形、拆毁民房、占地露营。甲午战争后，沙俄侵占金州 7 年。俄军横行乡里，奸淫烧杀，无物不税，横征暴敛，给金州人民带来无尽灾难。日本侵占金州后，在政治上实行残酷镇压。殖民当局层层设置法西斯统治机构，豢养一批"鹰犬"，严密监视人民群众的一言一行。以"政治犯"、"思想犯"的罪名投监或杀害者不计其数。殖民当局随意征夫抓丁为其建衙署、修工厂、筑工事。劳工们吞橡子面、披麻袋片，当牛作马，受尽折磨。仅在修建龙王庙"日本陆军医院"及老爷庙机场几处工地，被打死、饿死、折磨死的劳工达 1.5 万多人。在经济上实行野蛮掠夺，日本殖民当局在金州城乡建立各种"会社"、"组合"，垄断工农业产品，并向金州地区大肆移民，使用廉价劳动力开工厂、办农场，强取豪夺、霸占民田。殖民当局还采用倾销日货，辅以苛捐杂税之手段，将我刚刚兴起的民族工业扼杀于摇篮之中。在文化上推行奴化教育，鼓吹"日满一德一心"，把日本语强纳为国语，不准中国学生说中国话，并搜罗爪牙，实施以华制华，妄图亡我中华。

侵略者踏上金州土地之时，就是金州人民反抗侵略之始。在近半个世纪里，金州人民前赴后继，用生命和鲜血保卫着这块土地。英国军舰入侵金县沿海时，人民群众自发组织起数千人的队伍，以大刀长矛为武器，奋起自卫，将英军驱逐出境，为反抗沙俄的残酷统治，刘家店一带 2000 多农民揭竿而起，举行了声势浩大的暴动。暴动群击毙匪兵、捣毁"按站"，迫使沙俄撤销据点，免收当年的地亩税。甲午战争时，在日军进犯金州途中，曾有两位铁匠基于民族大义，夜潜敌营，刺杀日酋山地元治，虽未如愿且身遭杀戮，却使日寇为之胆寒。在金州城保卫战中，金州城郊广大民众，同爱国将领徐邦道所率清军紧密配合，浴血奋战，严惩了骄横不可一世的侵略军，出现许多撼天动地的壮举：王记室冒死突围投送告急文书，被俘后以头撞墙，壮烈殉国；曲氏满门妇女为维护中华女性之威严，一家十人同扑一井；阎世开大义凛然，痛斥日寇，宁做刀下断头鬼，不给日军带路。1906 年，七顶山农民吕永发拉起一支抗日武装，火烧日本"小衙门"，处决了恶贯满盈的日本警察和汉奸，威震群魔。

民国建立后，金州虽然已改名为金县，隶属奉天省，但由于日帝国主义的侵占，民国却未能行使实际的权力，而中国共产党的诞生，才给金县人民真正带来光明和希望。在全国反帝斗争浪潮推动下，金县广大工人、农民、学生通过抗捐抗税、怠工罢课等形式同侵略者进行斗争。一些进步青年关致祥（向应）、万毅、唐宏经、董秋农（万丰）、辛培源等，先后背井离乡，共赴困难。

太平洋战争后，日本帝国主义不断强化法西斯殖民统治。在金县最黑暗的年代，中共胶东区党委大连党支部派遣中共党员李彭华、于志和来金县从事党的地下工作，积蓄革命力量，以待时机，为推翻殖民统治和建立人民政权奠定了基础。1945 年 8 月，苏联红军出兵东北，配合东北民主联军向日寇发起猛烈进攻，迫使日本帝国主义无条件投降。8 月 22 日按《中苏友好同盟条约》，苏军进驻旅大。金县人民结束了近半个世纪的亡国奴生活，回到祖国的怀抱，并迅速建立起人民民主政权。

1945 年末，国民党发动全面内战，并对旅大地区实行严密的经济封锁，金县处于极其困难的境地。金县人民在中国共产党的领导下，积极开展生产自救，全力支援解放战争，粉碎了国民党的经济封锁，胜利渡过难关。与此同时，在金县开展轰轰烈烈的减租减息、反奸清算、锄奸剿匪运动。金县人民在政治上翻身做主，在经济上摆脱压榨剥削，兴利除弊，重建家园。

1950 年 12 月 1 日，金县改属旅大市人民政府。1966 年 3 月 31 日，改属辽宁省辽南专署。1969 年，辽南专署撤销，金县复归旅大市。1981 年 2 月 9 日，旅大市人民政府改为大连市人民政府，金县属之。

1987 年 4 月，国务院批准金县撤县改区，同年 5 月 20 日，举行撤县改区大会，从此，大连市金县更名为大连市金州区。

五　国民经济和社会发展

改革开放以来，金州区国民经济和社会发展取得了举世瞩目的成绩。2005 年金州区坚持以科学发展观统领全局，紧紧抓住东北老工业基地振兴和市委、市政府支持金州加快发展的双重机遇，加快"经济强区、和谐金州"

的建设步伐，推动了全区国民经济和社会各项事业全面发展。全区实现生产总值233.2亿元，按可比口径计算比上年增长21.4%。其中，第一产业增加值18.7亿元，增长19.1%；第二产业增加值155.1亿元，增长23.4%；第三产业增加值59.4亿元，增长17.2%。三次产业增加值占全区生产总值的比重为8.0%、66.5%和25.5%。地方财政收支增势强劲。地方财政一般预算收入7.15亿元，比上年增长39.7%，增幅比上年提高23.1个百分点，其中，区本级收入2.8亿元，增长55.6%，占39.5%；各项税收完成6.4亿元，占地方财政收入的89.0%，增长68.4%。营业税、增值税、企业所得税、契税、城市维护建设税、房产税和个人所得税等七大主体税种均呈增长态势，合计形成财政收入5.8亿元，占地方财政收入的81.5%。地方财政一般预算支出11.0亿元，增长25.4%，其中，城市维护费、文教行政等事业费、各项支农支出和科技三项费分别增长31.1%、17.0%、36.8%和9.3%。国税局和地税局共组织实现各类税收15.4亿元，按可比口径增长30.6%。国税局完成税收7.6亿元，增长25.6%。地税局完成税收7.8亿元，增长35.9%。实现区级税收财力5.3亿元，增长34.5%。

全区完成农林牧渔总产值40.4亿元，比上年增长16.4%，其中，农林牧渔业总产值37.4亿元，增长15.4%，占92.6%；农林牧渔服务业总产值2.95亿元，增长30.6%，占7.4%。

在农林牧渔业总产值中，农业产值11.9亿元，增长9.1%；林业产值0.34亿元，增长129.9%；牧业产值15.8亿元，增长26.7%；渔业产值9.3亿元，增长5.4%，分别占31.8%、0.9%、42.4%和24.9%。全区粮豆总产量13.5万吨，比上年下降9.0%，其中，玉米产量12.2万吨，下降6.7%，大豆产量6334吨，下降34%。蔬菜总产量48.6万吨，比上年增长0.3%。水果总产量7.13万吨，比上年增长0.3%，其中，苹果产量3.5万吨，下降3.4%。肉类总产量8.6万吨，比上年增长21.0%。禽蛋产量3.9万吨，比上年增长6.7%。牛奶产量3.6万吨，比上年增长3.6%。

《大连市国民经济和社会发展第十一个五年规划纲要》将金州区确定为城市"北进"的重点地区，也是新城区的重要组成部分。对此，金州区政府及时提出了经济社会发展的"五个统一"的构想：一是把经济增长的速度与质量统一起来，突出强调提高经济运行质量；二是把扩大经济规模和优化经济结构统一起来，突出强调优化经济结构；三是把促进经济增长和提高发展能力统一起来，突出强调提高发展能力；四是把经济发展和社会全面进步统一起来，突出强调经济社会的协调发展；五是把眼前利益和长远利益统一起来，突出强调保持经济社会可持续发展。

第二节　渔村历史回眸

话及后石村，追溯历史，浓缩锤炼，可成十六句"四言"：

文化悠久，源远流长。

沧桑变化，是成文章。

旷世苦难，时日凄怆。

喜遇救星，拨云见光。

改天换地，气吐眉扬。

探寻富路，甜涩兼尝。

人生感悟，永世难忘。

若成诗篇，荡气回肠。

一　古老的传说

1991 年春，中日考古工作者一行五人，其中，辽宁省沈阳市和大连市各一人，日方三人，带着考古仪器和用具，兴致勃勃地来到后石村，对村西南渤海湾边的王宝山进行了为期一周初步而精心的发掘考察。确认这海拔 46 米、南北长约 300 米、东西宽约 15 米的山梁上，有 8 座距今 3600 年的古墓。从而证实了这样一段古老的传说……

几千年前，一群炎黄子孙，就在后石这片土地生息繁衍。人死了，趁着海水落潮时刻，送上离陆地最近的小小"宝岛"，在山梁上刨坑，用石块泥土掩埋。久而久之，一个家族形成一个墓地，每个墓地合葬着家族故去的成员。这就是现今考古工作者称之为的"世属积石墓地"。

沧海桑田，时光飞逝。也不知过了多少个世纪，这小小的"宝岛"变成了海边陆地的小山。也许是山梁上埋葬着这片土地的上古先人，后人把这小山取名为"王宝山"。王宝山的"宝气"庇佑这片土地上的世世代代延续下来。

倏转到盛唐时期，唐王东征，使得这方土地上的臣民北迁，留下的只是北山坡上那座座祖辈的坟茔。唐王东征后，又一群臣民在这里定居。多少代以后，这群臣民在北山坡建起了雕梁画栋、肃穆庄严的关公庙，祈求长久的安定太平。可后世续留下来的，却只有这座庙宇和厅堂里面威立的泥像关公。

及至清太祖努尔哈赤起兵时期，厌于战乱的"八旗"成员，由长白山麓，四散南移。其中隶属正黄旗和正红旗的四户满族人家移至此地，一户落脚西头，三户落脚南头，成为这里的"占山户"。以后，相继有王姓和刘姓的山东人户，分别移居西头和南头，渐渐发展延续，逐年扩展。到道光、咸丰年间，渐渐人丁兴旺的四户满族人家里，属正红旗的三户改为汉族的唐姓和赵姓，属正黄旗的一户改为汉族的白姓。后西头王姓居多的一片人家称为王屯，唐姓居多的一片人家称为唐屯。南头唐姓、白姓和赵姓并行发展，后因赵姓在南山与邻村前石灰窑窑址相对的北坡，首先建起了烧石灰的泥窑，这片居户人家就取名为后石灰窑。后石灰窑平原较为广阔，地理位置比较优越，发展前景也较为广大，而且屯大，基本与唐屯、王屯相连接。后来划定农村基层行政单位时，便合三为一，舍弃唐屯、王屯名谓，省略后石灰窑的"灰窑"二字，定名为后石村。

自此，后石村的村名便习惯地固定下来。

而今，后石村的村名已经扬名海内外！

二 翻身的喜悦

后石村的悠久历史，留在后石人记忆里的是世代食不果腹、衣不保暖、房不遮雨的苦难史。据一些七八十岁的老人讲，20世纪三四十年代，后石村的穷苦百姓外受日本侵略者的奴役，内受城里豪绅、屯里富有者的欺压和剥削。全村 300 多户，1500 人左右，拥有的 200 多公顷耕地，80% 被 15% 的富有者和城里几户豪绅占有。另外，85% 的人家，一个很大的指望，是上山拾树枝、割野草，下海抠蚬子、拣海螺，好进城卖两个养命钱，可日本人还要出来干涉和限制。有 150 户左右的人家，凭着一双勤劳的双手，租种富有者的土地，尚能勉强维持茅屋挡风霜、糠菜半年粮的日子。还有百十来户的人家，只能靠给富有者扛长活、卖短工来凑合。每当青黄不接的时候，一些内当家的妇人还得拖儿带女出外讨米要饭来接济。其中的十来户人家，连个固定的"窝"都没有，今天借住亲友处，明天挤在邻里家，再不就住宿场园地的窝棚里，有的甚至在南河沿的沙包旁抠洞藏身。

后石村的劳苦大众就这样一直在黑暗中挣扎，在苦难中煎熬……1945 年的 8 月 15 日，日本天皇裕仁在世界反法西斯战争和中国人民全面抗战节节胜利的形势下，迫不得已以广播《终战诏书》的形式宣布无条件投降。但他的日本关东军仍不肯放下武器。直至 8 月 22 日，苏联红军进驻旅顺、大连和金县地区，日本关东军才乖乖地缴械认降，遭受日本帝国主义统治 40 余年的旅大随之光复。后石村的劳苦大众欢声笑语，奔走相告，争相传颂着自编歌谣："'八·二二'，不能忘，苏联红军威力壮，日本鬼子交了枪，旅大人民得解放"，以此喜庆后石人的新生。

1949 年后，党和政府鉴于当时全国尚未全部解放和苏联红军驻守大连的特殊情况，先把日伪时期在后石村占有的部分"官地"分给无地村民耕种，富人家的土地暂时没动。

1949 年 1 月，党组织在后石村发展了第一批党员（3 名），成立了后石村最早的党支部。后石人第一个加入中国共产党的吴凤歧任支部书记，共产党员张世贵出任村长。

毛主席站在天安门城楼上庄严宣告中华人民共和国成立后的 1949 年的冬天，是后石人最最高兴的时期。这一时期，以崔世家为支部书记的党支部，在上级组织派来的工作组指导下，发动群众划定成分，调剂土地，实行固定中农的原有土地，没收地主、富农的大部分土地，均分给贫下中农土地的具体政策，实现了后石人世代梦寐以求的"耕者有其田"的夙愿。地主、富农家的部分房屋和车马农具也分给了贫下中农，使四五十户贫苦家庭结束了缺少房屋或无房居住的历史。

转过年的阳春三月，真正成为后石这方土地主人的村民们第一次感受到了春天的温暖，感受到了大地复苏时的生气涌动。他们牵着自家的牛，扛着自家的犁，用自己的双手，在自己的土地上播下希望的种子，再以自己的经验智慧和辛勤的汗水，换得第一个完全属于自己的丰收。秋去冬又来，冬尽春即至。喜获丰收后的村民们，第一次扬眉吐气、笑逐颜开地迎来了没有旧日忧愁、舒心欢愉的新春佳节。各家的正屋北墙都端挂着毛主席和朱总司令的画像；大门两侧都张贴着"华夏天地乐降福，神州日月喜生辉"和"翻身感激共产党，幸福敬颂毛主席"的楹联。除夕之夜，不少人家第一次高高兴兴地守岁；大年初一，好多户人家第一次吃上了有肉香味的饺子。相互间拜年时，首出吉言的还是那句老话："恭喜发财"，回敬的祥语却一改"同发、同发"的旧话，道出的是："托共产党的福"，"感毛主席的恩"。人人眉宇间绽现的，是翻了身的喜气，个个脸颊上显露的，是解放了的甘甜。曾抠洞藏身的朱老大见人就说："是共产党把我从漆黑潮湿的土洞里救出来了，过上了正常人的日子。"多年靠扛活、要饭度日的侯学春逢人便讲："没有毛主席，就没有我种自家土地养活自家人的今天。"

是啊，从黑暗中走出来的人最知阳光的宝贵。挣脱枷锁的人最懂得自由的分量。受尽奴役和欺压的后石百姓堂堂正正地成了当家理财的主人，又怎能不由衷地高兴呢！

三 合作化历程

翻身解放了的后石人，经过两年一家一户的个体发展，开始拉开了距离，显出了差别。劳力少的、缺少种地经验的、车马农具欠缺的，尤其是那老弱病残的，到手的粮不丰，钱不厚，甚至收不抵支，只有借钱养家，卖地堵窟窿。劳力多的、经验比较丰富的、车马农具比较齐全的，收获的粮、钱就比较丰厚，积蓄也渐渐增多，放贷置地的便随之产生。为了不重走旧社会穷的穷、富的富的老路，在党的政策指引下，部分贫下中农有了走互助合作道路的要求。曾出任第一任党支部书记的吴凤歧领头把南屯几户有走互助合作道路要求的贫下中农组织起来，成立了后石村第一个互助组。这十几户人家，劳力强的和弱的、车马农具全的和不全的，相互帮助，相互合作，土地拾掇得好，庄稼苗长得好，二三十个男女劳动者一同下地，一同收工，那团结向上、亲密和谐的整体气氛，为愈来愈多的人所羡慕、所向往。这时，南屯的共产党员孙佐家和西屯的共产党员王福一，分别牵头，相继搞起了互助组。随后，又有两三个临时互助组应运而生，使参加互助组的农户达到全村农户的1/3多。

互助组运行发展了三年，其成员户已经由初期的贫下中农发展到中农、上中农，总户数增至全村的60%。1955年，吴凤歧、孙佐家、王福一领导的3个常年互助组自愿申请，经过上级审批，成立了半社会主义性质的初级农业合作社，分别取名为灯塔社、新兴社和英明社，共有社员50多户。吴凤歧、孙佐家、王福一为3个社的社主任。这3个社名寓意深刻的初级社，以其头一年社员积极性的大调动和粮食产量大提高的成功实践显示了党指引农民走合作化道路这个"灯塔"般照耀的光辉作用，展示了后石"新兴"事业的远大前程，更证实了党领导农民朝着社会主义方向大步前进的无比"英明"，要求入社的新农户逐月增加。1956年，按党的合作化政策和各级政府的要求，由3个初级社过渡为1个高级社，全村所有农户，包括四五十户地主、富农，几天之间都成了社会主义性质的高级社的一员。这个新生的合作社不仅要传统地下地抓农业，还要开创性地置船下海搞渔业，而且不只是组织近海撒网，还要发展远洋捕捞。为体现这样的构想，高级社便定名为远洋社。年轻有为的孙佐家出任社长，兼任支部书记。他决心不负重托，要带领社员扬帆远洋，去开创后石村社会主义事业的崭新篇章。

1957年秋，一只扯着白帆的小船从30海里外的蚂蚁岛驶进后石村海岸靠稳，只见一个英俊而充满朝气的小伙子，先是一脸微笑地挽掬着端庄漂亮、手拎衣服包的少妇和两个孩子下船登岸，而后回身挑起装有铺盖卷和锅碗瓢盆的藤筐，精神抖擞地向后石村走来。这就是乡党委郭书记引荐到后石村落户的陈玉圭及其爱妻王春梅和两个走路还不太稳的儿子。支部书记孙佐家只知道陈玉圭是共青团员、党的积极分子，是海洋社管委会委员、民兵连长、出海捕鱼的骨干。见面一看，这小伙儿中等身材，英姿勃发，一张黝黑透红的脸庞，一双炯炯有神的眼睛，纯朴老成，壮实剽悍。言语不多，但说起话来，字正腔圆，声音洪亮。简单交谈，便知是个有志青年，是把干事业的好手。陈玉圭立足未稳，后石村唯一能"放流网"（顺着海水潮流放网）的船，交给了他，让他当了船长。这是一条"破烂"船，凡使用它"放流网"的人，都费力没捞着好（创利）。可到了陈玉圭手里，头一次出海就捞回了金州第一的好收获。孙佐家慧眼识珠，第二年成立渔业队时，就让陈玉圭当了渔业队的代理队长。

陈玉圭不是"天桥把式"——只受看，而是渔民功夫——最叫硬。他公私分明，没有贪便宜的习惯，有一股自愿奉献的精神。他吃苦在前，长于以自己的身体力行带动船员。他有 10 年的海上经验，什么季节出什么鱼，哪片海区鱼虾多，都心中有数。他水性特好，憋口气，能潜到六七米深的海底"碰"海参，"拿"鲍鱼。他善于组织决策，当渔业队代理队长一年，业绩突出，群众称赞。1958 年，他加入了中国共产党，1960 年，被推选为公社化以后的后石大队副大队长，兼任渔业队队长。由于他的组织领导，后石的渔业由几条船的渔业组发展到十几条船的渔业队，又由帆船到机帆船，由近海捕捞到远洋捕捞，由不足 2 万元的总收入，发展到占全大队总收入 1/3 的10 多万元。后石的渔业，闻名于金州地区、旅大市。

四 "文化大革命"的十年

1966 年下半年，后石村也毫不例外地卷入了史无前例的"文化大革命"。后石北山坡那座几百年历史的关公古庙作为"破四旧"的对象被拆掉。这年年末，进入林彪、"四人帮"乘机煽动起来的"打倒一切，全面内战"的高潮期。这时候，前后当了 8 年支部书记的孙佐家调动工作，陈玉圭接任支部书记，与当了 7 年大队主任的刘宗财搭档，但很快就被"造反派"夺权，勒令下队劳动，随时接受批判。大年三十晚上，几个"造反派"的一个"革命行动"，9 次检查都不过"关"的陈玉圭，在唇枪舌剑的攻势下，继续交待执行"资产阶级反动路线"的罪行。陈玉圭弄不懂什么叫"资产阶级反动路线"，也不可能作出叫"造反派"通过的检查交代。缄口不言，便是他最好的选择。"造反派"呵斥他，让他站在毛主席像前反省，他抬头望望毛主席像，心里想到眼前的这几个人过去并不地道如今却成了响当当的"革命派"，内心感慨万千，思绪翻涌。他很想说，"毛主席呀，毛主席，我一心跟着您老人家搞社会主义，怎么落得让这帮玩意儿来折腾的地步呀！"但他知道，真若说了出来，可就是对抗"革命"，"罪"上加"罪"了。他没有说出来，"造反派"们也不放过他，一直让他站了三四个小时，深夜 11 点多钟，才放他回家。盼望半宿的妻子，见到丈夫回来了，不知是欢心、伤心，还是揪心，热泪怎么擦也擦不干。80 多岁的老父亲含泪对儿子说："玉圭，不干不行吗？咱们回蚂蚁岛吧。"陈玉圭深情地望了望妻子，而后深沉地对老爸说："爸，儿子听您的，咱回岛打鱼去。"老人满意地点了点头。但老人明白，这不是儿子的心里话，而只是一种安慰式的搪塞。

1967 年，正月一过就应验了。为了稳定农村，发展农业，驻军响应毛主席和中央军委的号召，派出支农宣传队到后石村，帮助搞政治建队。陈玉圭所在的二队，召开选举队领导班子的群众大会，通知陈玉圭参加选举。全家人领会其中的意义，死活不让陈玉圭去。陈玉圭深知，用嘴说服全家人是不可能的，没办法的办法就是拿腿撑。全家人也清楚，靠说，是挡不住的，管用的招儿，就是扒掉他身上的棉衣，数九寒冬，让你只穿件薄绒衣，看你怎么去开会！陈玉圭往外走，全家人老的小的齐动手，硬是把棉袄给扒掉了。去心似箭的陈玉圭急了，穿着薄绒衣也往外奔。正在这时，解放军宣传队的同志从会场来了，见此情景，急忙脱下身上的大衣。陈玉圭心领神会，接过大衣往身上一裹，就奔向选举会场。会场上的人见陈玉圭来了，格外高兴，一致举手，选他当了政治队长。

陈玉圭为群众对他的信任和支持而深受感动。他不再寻思"造反派"对他曾采取过的"革命"行动，他仍像抓全大队工作那样上心用劲，积极配合曾当过两年支部书记的生产队长王天宝，抓紧备耕工作。春耕时节为了贯彻落实毛主席"抓革命，促生产"的指示，陈玉圭被全村人民拥戴出来工作，他自己也按捺不住正常工作的心情。农民总不能扔下土地一味地闹什么"革命"吧。不说国家需要粮食，自己也得吃饱肚子啊！认准造陈玉圭反的"造反派"盯着陈玉圭，陈玉圭则认准这些人是瞎起哄，毫无顾忌地组织群众抢季节、抓农时、施肥、播种、间苗、锄草，整天在地里，一身泥土，一身汗水。1968年成立大队"革命委员会"时，陈玉圭当了"革委会"主任，兼任党支部书记，在党中央、毛主席关于"农业学大寨"的号召下，挺直腰板，放开手脚，组织村民会战，治山治水，大搞农田基本建设。1969年，一些"造反派"继续在陈玉圭身上打主意，硬说新中国成立前穷得叮当响的陈玉圭家是大地主，形势出现反复。然而，历史事实不能改变，群众也不相信那些"造反派"的"揭露"。1970年，他又进了村领导班子，继任支部书记，年轻、耿直、爽快、朝气蓬勃、敢作敢为的四队队长唐成国出任大队长。从此，大队领导班子稳定下来。尽管也受到这样那样的干扰，学大寨的群众性活动仍深入展开。

1975年，邓小平同志主持中央日常工作，着手全面整顿，后石村的农业生产出现前所未有的好形势。修梯田，挖鱼鳞坑，打井，修渠，设管道，垒塘坝，实行山顶绿化，山腰栽果树，山下（丘陵地）种玉米，平原种蔬菜，粮食总产由"文化大革命"初期的50多万公斤，增产到120多万公斤。在1974年的基础上，社会总产值增长60.4%，达到110多万元，人均收入增长91.4%，达到157元。

1976年10月，中央政治局执行党和人民的意志，毅然粉碎了"四人帮"反革命集团，结束了"文化大革命"这场灾难。后石人欢呼雀跃，庆祝这一历史性的伟大胜利。令人遗憾的是，后石村的经济运行，由于众所周知的历史原因，此后的一段时间，又滑入了低谷期……[①]"文化大革命"后期中国农村经济处于崩溃的边缘，农民的收入极低，生活改善不大，广大农民主观上要求改变生活状况，农村的经济现状要求出现一种新的生产经营体制。但是，由于人民公社生产管理过分集中，分配平均主义，"以粮为纲"单一经营，农业产量处于长期徘徊状态，增长缓慢。

1978年12月党的十一届三中全会的召开，犹如汹涌澎湃的大潮，冲击

---

① 中央政策研究室、农业部农村固定观察点办公室主编《金州湾畔——辽宁省大连市后石村》，中国农业科技出版社，1998，第1～10页。

着神州每一个角落。在这滚滚大潮面前，后石村的领导班子很快统一了认识，并以"一切本着求实精神，一切为了经济发展，一切奔着国富民强，一切为了早日过上不愁吃、不愁穿的好日子"[①] 为目标，迈开了求实的脚步，使昔日贫穷、落后的小渔村从此走上了富裕、和谐的文明之路。

第三节　渔村基本概况

大连市金州区大魏家镇后石村地处大连金州渤海岸旅游度假区黄金地段。这里以集体经济为主体，各种所有制经济共同发展，创造性地走出了一条成功的集体共同致富之路。在新渔村建设中，后石村发展生产、增加投入，整治村容村貌，完善民主制度，坚持发展集体经济，带领村民共同致富，全村政治、经济、文化、社会协调发展。

一　自然条件与自然资源

1. 自然条件

后石村位于大连市金州区北部的大魏家镇。全村面积 11.22 平方公里，分南、西两个自然屯。后石村西临渤海金州湾，依山傍海。地势东、北部高，西南部临海。南沙河向西南流入大海。后石村地理位置得天独厚，河口两岸地势平坦，土质肥沃，河流入海处有万亩养殖滩涂，近海有范家坨子岛礁。距大连周水子国际机场 25 公里，距大连经济技术开发区 15 公里，距大连港 35 公里。后石村具有海洋性气候特色，四季分明，气候温和，空气湿润，降水集中，季风明显，属暖温带湿润半湿润季风气候，年均温度为9.63℃，无霜期 185～201 天，年平均降雨 592 毫米，是一个风景秀丽、美丽迷人的现代化渔村。

2. 土地资源

全村总土地面积 16825 亩，其中耕地面积 5452 亩，人均 1.8 亩。耕地

---

① 中央政策研究室、农业部农村固定观察点办公室主编《金州湾畔——辽宁省大连市后石村》，中国农业科技出版社，1998，第 12 页。

面积中粮田菜地面积 3031 亩，大多为漫岗地；果树 48 个品种 18 万株，占地 2421 亩，多在丘陵坡地（见表 2-1）。

表 2-1　后石村土地利用结构表

单位：亩

总 面 积	16825	河道、道路	398
果 园	2421	住宅、厂房	796
粮田菜地	3031	滩 涂	1700
林 地	6479	军用占地	2000

3. 水资源

后石村水资源贫乏。受地形、地质限制，地表无法建库蓄水。地下水由于海水倒灌，水质盐化，无法饮用。1993 年，后石村在 9 公里外的刘家村打 3 眼百余米机井，铺设专用供水管道，并修建 6 座储水量为 40000 吨的高位封闭水池，日供水量 1800 吨，解决村内所需的生活用水、工业用水和农田灌溉用水。

4. 生物资源

后石村有大小 20 个山头，近 7000 亩荒山，已经全部绿化，森林覆盖率达到 67%。主要林木为槐树、侧柏、杨树、核桃。山林中主要野生动物有狐狸、獾、山鸡、野兔等，野生动物的数量近几年有明显增加的趋势。

5. 海洋资源

后石村有海岸线 6 公里，滩涂约 113 公顷。近海滩涂以养殖杂色蛤为主，村里建有杂色蛤育苗室 1 处；海虾养殖场约 96 公顷；有 2000 平方米的牙鲆鱼养殖场和 1000 平方米的梭子蟹养殖场；有冰库容量为 900 吨的两处水产品加工厂；有从事外贸运输的 950 马力冷冻冷藏运输船及各类捕捞船 90 余只。因此尽管渤海湾水产资源日见贫乏，而且山东渔场前景也不甚看好，但依靠本村育苗室、养殖、捕捞、加工、外贸运输"一条龙"作业，水产业仍体现出强劲的发展势头，被农业部命名为水产出口商品基地。

6. 旅游资源

后石村依山傍海，有得天独厚的旅游资源。为了发展生态旅游项目，后石村不但建造了一批旅游设施，而且在海边开发建造了一片具有乡村特色的别墅；不但专门配备了接待车随时迎送游客，而且培训多户农家全面周到地接待游客。游客不但可以住农家舍、吃农家饭、睡农家炕，享受农家庄园的无穷乐趣，而且沿海多处设立的钓鱼点和建立的游泳池也可以为游客提供垂钓、畅游大海的无限乐趣。除此之外，后石村还在距离陆地 1000 米的鲍鱼岛上建立起了旅游度假区，岛内风光秀丽，风景迷人，周围海水清澈，波微浪小；海底的电缆通电送水，海上的多只大小船艇，都使得这个度假区成为一处令人留恋的旅游胜地。

二　环境质量状况

后石村生态环境质量总体上较好，突出表现在绿化荒山和农田基本建设上。近 7000 亩荒山全部绿化，果树 2421 亩，全部建成网格式梯田，一定程度上控制了水土流失。全村农田灌溉面积达到 3700 亩，其中果园达到 80%、大田达到 20%，并且 1400 亩为节水型管灌和喷灌。

虽然后石村在环境保护方面做了大量的工作，但影响环境质量的一些因素尚未从根本上加以解决，这些因素主要有以下几个方面。

1. 水土流失

后石村三面环山，一面临海，地势从东北向西南倾斜，耕地面积中坡度在 10 度以上的占 70%，虽经封山育林，实行林、灌、草植被覆盖，修建网格化水平梯田，但水土流失问题仍没有彻底解决。

2. 农药、化肥使用

后石村每年使用各种农药 9 吨，化肥 180 吨，除部分被土壤吸收外，其余通过各种途径融于地下水中，最终流入大海。

3. 生活垃圾

后石村企业及居民生活垃圾日排放量在 10 吨以上，村里安排 6 名劳动力、两台机动车专门负责垃圾清运，并设东、西两个排放场，但未经过处理，是一个较大的有机污染源。

4. 生活污水

生活污水主要来自合资企业宁日食品厂的废水，其次是 22 家饭店、酒楼废水和村民生活废水。这些污水总的日排放量 60 吨,夏天排放至西海甸地,经芦苇塘过滤排入大海,但由于露天明渠排放,夏季气味难闻。

5. 海水情况

后石村有小型渔码头一个,停靠船数十只不等,有少量残油及含油废水入海,尚无回收措施。

6. 空气质量

后石村工业企业大都以电为动力,无大型锅炉排放烟尘,故大气质量在 Ⅱ 级以上。

三 经济与社会事业发展状况

1. 经济发展

后石村以集体经济为主体,各种所有制经济共同发展,创造性地走出了一条成功的集体共同致富的路子。截至 2005 年底,全村共有集体企业 26 家,资产总额 2.7 亿元;外引内联的非集体企业 23 家,资产总额 1.9 亿元;村个体工商户和私营企业 140 家,资产总额 1000 万元。2005 年,全村社会总产值 138158 万元,利税总额 8480 万元,出口供货额 70170 万元,村可支配财力 1900 万元,人均收入 12068 元(见表 2 - 2)。

2. 人口及素质

目前后石村共有 1023 户,3123 口人,其中劳动力 1523 人(不含 2000 名外来务工人员),外来人口 3000 多人。1949 年,后石村人口不足千人,至 1969 年猛增至 2800 人,1969 年后实行计划生育,二十多年仅增加 300 余人。全村青壮年中无文盲。本村人口中具有大专以上学历的 4 人,中专以上的 52 人,获各种技术职称的有 80 余人。

3. 教育、文化与科技

村内有幼儿园一所(另在西屯有一分室),教学楼占地面积 600 平方米,保育人员 10 名,为大连市乡镇中心幼儿园,全村 3 ~ 6 周岁幼儿入园率达到 100%。村内有小学一所,占地 13100 平方米,拥有一座美观的建筑面积为 2600 平方米的太阳能教学楼,被评为大连市标准化学校。在校学生 400 余人,教职工 20 余人。后石小学毕业生 100% 到镇中学接受初中阶段教育。村

表 2 - 2 后石村 1978 ~ 2005 年经济发展一览表

单位：万元，%

年　度	社会总产值		利　税		出口供货额		人均收入		村可支配财力（万元）	集体固定资产（万元）
	总　量（万元）	增长率（%）	总　额（万元）	增长率（%）	总　额（万元）	增长率（%）	总　额（万元）	增长率（%）		
1978	134	—	22	—	22	—	167	—	18	550
1979	196.2	46.4	42.0	90.9	22	—	275	64.6	32.2	—
1980	207.7	5.9	50.0	19.0	24	9	253	-8.0	43.2	—
1981	240.7	15.9	47.0	-6.0	26	8.0	339	34.0	38.5	—
1982	290	20.5	56.3	19.8	28	7.7	405	19.5	45.3	850
1983	871	200.0	63.3	12.4	160	471.0	1066	163.2	54.3	
1984	1167	34.0	77.6	22.6	182	13.8	1381	29.5	66.1	
1985	1533	31.4	211	172	260	42.9	1708	23.7	209.8	
1986	2102	37.1	206	-2.3	310	19.2	1800	5.4	171	
1987	2817	34.0	258	25.2	980	216.0	1761	-2.2	221	
1988	3328	18.1	472	82.9	2200	124.0	2397	36.1	367.4	
1989	4054	21.8	281	-40.4	200	18.1	1868	-22.0	172	2900
1990	4510	11.2	494	75.8	4650	78.8	2198	17.7	214.1	3100
1991	5608	24.3	515	4.3	6900	48.4	2453	11.6	331	
1992	10061	79.2	723	40.4	7900	13.0	2760	12.5	411	
1993	20125	100.2	2612	261.0	10588	35.7	3241	17.4	380	6697
1994	25053	24.5	3568	37.0	15000	41.6	4153	28.1	561	7864
1995	33511	33.8	4106	15.0	19800	32.0	4915	18.3	787	10051
1996	42885	28.0	4513	10.0	27296	37.9	5718	16.3	926	10183
1997	50648	18.1	5504	22.0	31268	14.6	6178	8.0	996	10380
1998	56400	11.4	5642	22.0	34705	11.0	6610	7.0	1096	12632
1999	65725	16.5	5725	2.0	39228	13.0	6889	4.2	800	12694
2000	73218	11.4	5782	1.0	33815	-14.0	7234	4.98	800	—
2001	85368	16.6	5823	2.0	48408	43.0	8029	10.9	1050	
2002	97128	13.8	5999	3.0	51976	7.0	8752	9.0	1050	15975
2003	112018	15.3	6146	2.0	57756	11.0	9540	8.0	1400	16105
2004	120019	10.7	6352	3.0	61005	6.0	10971	15.0	1500	21712
2005	138158	15.7	8480	34.0	70170	15.0	12068	15.0	1900	

里备有通勤大客车一辆，专程接送初中生上、下学。全村小学、初中入学率均为 100%。

村里建有农民文化技校一所，主要用于对农民进行实用技术培训。1992 ~ 1999 年的 8 年间，后石村与大连财经学校联合举办会计专业班，全村有 40

人取得中专毕业资格。

村里建有村史展室、荣誉室、图书室，其中图书室藏书 2000 余册。村里设有线电视转播站和闭路电视系统，并建有广播站。后石村拥有 120 人的鼓镲队，内有东北第一鼓——直径 2.3 米大鼓一个，以及一支有 80 人的老年舞蹈队，均长年坚持活动。后石村每年举行一次盛大的体育运动会，并举行篮球、长跑等单项比赛。每年的"六一"、"十一"、元旦，村里还举行文艺会演，文化活动比较丰富。

后石村的果树、水产养殖等产业一直外聘高级农艺师等专家前来指导，是金州区科技示范村，全村共引进与推广科技成果 22 项。

4. 村容与公共事业建设

随着集体经济的发展，后石村不断加大村容与公共事业建设的力度，累计投资 3000 多万元，做到了精神文明建设软件、硬件一起上，改善了全村的生态环境，提高了村民的生活质量。

一是饮水自来化。由于海水倒灌，后石村地下水严重盐化，不仅人畜不能饮用，工农业生产也不宜使用。为此，村里在 9 公里外的刘家村买地，先后打 3 眼深水机井，铺设管道，村内建起六座高位封闭水池，使村民饮用标准的自来水，同时满足了工农业生产的需要。

二是道路柏油化。早在 1987 年，村里就投资 300 万元，将贯穿全村的 2 公里主干道改造为黑色路面。1998 年，村里又将主干道东段由原来的 14 米拓宽改造为 24 米，路两边有 2 条彩色方砖铺成的人行道，道内有两条 2 米宽的绿化带，安装庭院式路灯，地下设管道排水系统，沿路两旁设灯箱、广告和公用电话亭。同时，主干道又向西延伸 1200 米直达后石码头，村内 6 条主要支路一并柏油化，现在，村内支路已有 20 条实现柏油化，就连精品果园的主干作业道也实现了柏油化，全村人均黑色路面达到 40 平方米。

三是电视闭路化。1992 年，村里先后投资 70 余万元，安装了闭路电视系统和有线电视转播系统，村里的重大新闻、外地的先进经验、文艺会演的盛况等，可以通过闭路电视直接传输到村民家里。后石村民可以收视 20 多个频道的电视节目。

四是电话程控化。村里程控电话装机容量为 1000 门，现已安装 800 余门，村民家庭电话基本普及。

五是住房宽敞化。全村人均住房面积超过 33 平方米，有近 170 户村民建起了漂亮的别墅式居民楼和四合房。1998 年，村里又在村东建起四座四层商品楼，卫生间、厨房设施一应俱全，仅以每平方米 650 元的价格售给本村村民。新一代后石村民，将告别千百年来住民房的历史，阔步走向城市化。

六是公益设施标准化。村里投资建设的后石村小学、后石村幼儿园现代化设施齐全，后石小学的教学大楼采用先进的太阳能设施取暖，办公条件一流。村里中心建有占地 51 亩的福清公园，这座公园以本村村民抗美援朝特等功臣王福清烈士的名字命名，内有王福清烈士塑像，已被定为金州区国防教育基地。园内建有老年活动中心、游泳馆、旱冰场、门球场、网球场及室外健身器材等，有 45 米长的苏州式长廊，有电动小火车、小飞机等大型游艺设施，还建有假山景点。西屯还建有两处凉亭，后石村办公楼内建有村史馆、荣誉馆、产品馆等。这些公共设施，既起到了教育村民，陶冶村民情操的作用，又起到了服务于村民的作用。

七是村屯园林化。后石村周围大小 20 个山头，近 466.7 公顷荒山，经多年植树造林、封山育林，这些荒山全部绿化。10 多公里的公路两侧，全部绿化，各企业厂区、村民庭院，都讲究绿化。结合退耕还林，在西海旅游区内还栽植了一批观赏树木。全村森林覆盖率达到 67%，人均绿地 20 平方米。1989 年，后石林场被评为"全国先进林场"，1995 年，后石村被评为"全国造林绿化千佳村"，2001 年成为金州区"国家级生态示范建设先进单位"。

八是村屯卫生化。全村两户有机动车的村民承包全村的主干道清扫及垃圾清运。后石村建立了企业包街、包户的卫生责任制。党员通过义务奉献日清除卫生死角，基本上做到了街门前无猪舍、无草垛、无粪堆、无厕所，屋顶无堆积物，使整个村屯整齐、洁净，给人以清新的感觉。后石村因此被评为"卫生甲级模范村"。

在社会建设上，竭力解决村民经济、政治、文化和生态环境的基本需求，村民的满意度不断提升，党群关系、干群关系、邻里关系和社会各阶层关系融洽和谐，社会安定祥和。

第三章　新集体经济发展模式

　　后石村在 1982 年全国普遍推行家庭联产承包责任制时，结合本村集体固定资产质量较好，专业化生产已初具规模，村内自然条件不适宜开展分散经营等实际情况，在充分尊重群众意愿的基础上，选择了坚持"统一经营、集体专业承包、实行多种责任制"的经营模式，并用市场化、工业化、专业化、集约化的理念来谋划村集体经济的发展，创造性地走出了一条成功的集体共同致富的路子，推动了经济社会事业的全面进步，基本实现了"生产发展、生活宽裕、乡风文明、村容整洁、管理民主"新渔村建设目标。后石村作为全国全面建设小康社会"百佳示范名村"，已经成为社会主义新渔村建设的先行者和成功实践者。

第一节　公有制为主体的多元集体合作经济

　　改革开放以来，后石村大胆引入市场竞争机制，逐步把从种植业总结出来的"小段包工"、"定额管理"的经验放大，全面实行"专业集体大承包，村民个人小承包"的生产经营体制。渔村两委会一班人特别欣赏焦裕禄的一句话："吃别人嚼过的馍不香。"就因为有这么一个共识，在经济发展模式的选择上，后石人不唯书，不唯上，也不跟风随潮，而是把功夫下在动脑子分析村情、探索有后石特色的发展思路上。20 多年来，陈玉圭和他的两委会班子在村庄定位和引导经济发展方面上立下了汗马功劳。

一　专业集体承包的经营管理体制

　　中国改革从农村起步，由土地承包入手。家庭承包经营的普遍实行，确立了农户在农业生产经营中的主体地位，激发了农民的生产积极性，这一基本经营制度在启动和推动改革中发挥了巨大作用，为农业和农村经济发展做出了重大贡献，同时受到广大农民的普遍拥护，使农村改革与发展取得了令世人瞩目的巨大成就，并表现出强大的生命力和广泛的适应性。但是，改革进入20世纪80年代中期，随着农村改革的深入和商品经济的进一步发展，现行的经营体制从不同侧面和不同角度暴露出某些不适应，使深层次矛盾逐渐凸显出来：一是分散的农户小生产与大市场之间的矛盾；二是农户经营规模狭小与实现农业现代化的矛盾；三是农业比较效益低的问题日趋明显，农民收入增长缓慢，城乡居民收入差距重新扩大；四是农业剩余劳动力转移与就业门路狭小之间的矛盾；五是城乡分割的二元结构体制严重阻碍了中国现代化社会转型和农业现代化进程。

从我国农业和农村经济发展状况以及适度规模经营应具备的条件看，农业适度规模经营发展模式大体可分三类：第一类，集体经营型。这种类型主要集中在沿海发达地区和大中城市郊区，如北京顺义和苏南的一些乡村等。这些地区集体经济实力很强，实行分工分业，土地经营以专业队（组）为主，实行农场制或车间制，这种类型对条件要求较高。第二类，家庭经营型。这种类型适用于各类地区，主要通过承包、接包、入股、联营等方式形成种田大户、家庭农场、合作农场等。这种类型取决于土地资源的拥有量和土地流转机制的建立程度，其进程是缓慢的，但发展潜力大，从长远看，可能成为我国农业适度规模经营的主体形式。第三类，公司带动型。这种类型是通过公司带大户、企业带农户、基地带农户等形式形成的，以产业化为特点，这也是适合我国国情的规模经营的重要形式。后石村属于第一种类型。

1978年12月，中共十一届三中全会制定了《关于加快农业发展若干问题的决定（草案）》和《农村人民公社条例（试行草案）》，实事求是地指出了我国农业的落后状况，认真地总结了20多年来我国农业正反两方面的经验教训，要求各地认真地贯彻按劳分配原则，加强劳动管理，建立健全生产责任制。这两个文件的试行，推动了各种形式的农业生产责任制的恢复和发展。到1979年底，全国一半以上的生产队实行包工到组，1/4的生产队实行包产到组。

借着十一届三中全会的东风，时任后石村党支部书记的陈玉圭激动地说："往后，我们就是沿着三中全会指引的方向，一切本着求实精神，一切为了发展经济，一切奔着国富民强，一切为了早日过上不愁吃、不愁花的好日子，去开创后石人美好的明天。"① 1979～1982 年，后石人按陈玉圭"四个一切"所表述的思路，迈出了求真务实的第一步。

三中全会以前，后石村同各地农村一样，实行三级所有队为基础的所有制，老百姓出工劳动，按工分付报酬。村里领导班子心里明白，劳动者出工一天，不讲体力强弱、出力大小和实效的好差，上工等"点儿"、干活混"点儿"、收工盼"点儿"的现象司空见惯，"大锅饭"带来了"大糊弄"，大家早就习以为常。为了改变这种现状，陈玉圭与村领导班子想出了新招：春季挑水抗旱时，仿效城里工厂的"计件工资"模式。劳动者的日工分，不分男女，也不论成年非成年，一律以实际挑水担数为计量标准。可没几天，少数"大锅饭"养成"大糊弄"毛病的劳动者投机取巧，以半担水冒充整担水，群众的高涨积极性渐渐下滑。路途往返的步伐放慢了，中途歇肩的人也多了起来，村里及时变查担数为斤数，改论担记分为论斤记分，个别习惯混钟点的人随之也采取半道往水桶里放石头的损招。

这迫使村领导班子坐下来思考问题，研究改进办法，采用什么样的办法才能真正兑现按劳分配原则。大家认为"计件工分"出现的问题不在其本身，而在大兵团式的"大呼隆"。甩掉"大呼隆"要在"包"上下功夫，把劳动者干活出力与他们的经济收益挂起钩来。陈玉圭提出了一套"小段包工"、"定额管理"的设想，得到了大家的一致赞同。

此后，后石村大田队的播种、间苗、锄草、铲稔、施肥、灭虫、收割、打场；果树队的剪枝、刻牙、环剥、拉枝、授粉、喷药、摘果、装箱，都搞起了"小段包工"。村里定劳力，定任务，定工分，一包到队。各队则按季节、活路特点，适应到组的，包到组；适应到人的，包到人。渔业队还实行了有别于种植业的专业承包。

① 中央政策研究室、农业部农村固定观察点办公室主编《金州湾畔——辽宁省大连市后石村》，中国农业科技出版社，1998，第 12 页。

　　后石人按上述做法"包"了三年，包出了甜头，基本上"包"掉了"大锅饭"的弊端，"包"治了少数村民投机取巧的毛病。随之而来的，也"包"出了群众的劳动热情，"包"改变了后石村经济前 20 年低速徘徊的旧局面，三年迈出了前十年迈出的脱贫步伐。社会总产值由 134 万元增至 240 万元，人均纯收入由 167 元提高到 339 元，口粮标准也由 250 公斤上升为 300 公斤。后石人缺粮缺钱的穷日子大为改观。①

　　1982 年，在大连地区全面推行以家庭联产承包责任制为主要形式的生产责任制高潮中，后石村的经济体制改革面临新的抉择，一方面现有的责任制形式还存在很多不足，小锅粥在各业体中还程度不同地存在，群众的生产积极性还没有最大限度地调动起来，另一方面，几年来的经济发展，全村的集体经济实力和产业结构已明显表现出不同于周围大部分地区的新气象。生产力水平不同，改革就不能用一种模式。村党支部一班人不盲目改变集体承包，也不武断排斥包干到户，更不急于自我决策，而是认真领会党的农村政策，冷静地分析村情，科学地总结集体承包实践，理智地寻求符合渔村实际的新路子。他们用了一个多月的时间，学习中央 1 号文件，组织党员讨论，发动村民"百家争鸣"。这期间，全局性的包干到户好像成了不可走偏的大方向，周边村屯的一致行动无形中给了后石村决策者们一种政治压力。社会上一些关心后石而不理解后石人的同志劝陈玉圭识时务、顺潮流，不要干违背中央基本政策的傻事。一些随意评说后石的人更是直率和坦诚，有的说："陈玉圭的胆儿太肥了，竟敢同党中央唱对台戏。"受这种舆论的影响，村领导班子内部分成员也沉不住气了，觉得包干到户是村民自己的创造，是成功实践的总结，不学人家的成功实践，是农民不尊重农民。甚至认为，全国农村都看好的路子我们弃而另选，是标新立异。

　　陈玉圭不是经不住舆论影响而坐不住"金銮殿"的人。社会上的议论促使他全面思考问题，班子成员中的不同反映提醒他下气力统一思想认识。他和班子的主要成员深入群众，分别召开各类人员的座谈会，倾听各种不同意

---

　　① 中央政策研究室、农业部农村固定观察点办公室主编《金州湾畔——辽宁省大连市后石村》，中国农业科技出版社，1998，第 12～16 页。

见。在党员座谈会上，党员们开始的时候都默不作声，后来见老书记真想听大家说心里话时，才都把憋在心里的话倒了出来："你叫我们怎么说哩。赞成包干到户吧，我们不舒心。不赞成吧，你若真的因此犯了错误，我们不忍心。"党员们的直言和真实愿望，更加坚定了陈玉圭书记坚持专业集体承包的决心，并说出了令人信服的理由。

第一，党中央提倡多种形式的生产责任制。中央 1 号文件写道："目前实行的各种责任制，包括小段包工定额计酬，专业承包联产计酬，联产到劳，包产到户、到组，包干到户、到组，等等，都是社会主义集体经济的生产责任制。不论采取什么形式，只要群众不要求改变，就不要变动。"[①] 并明确指出，有些人认为，"责任制只是包干到户一种形式"，"这完全是一种误解"，"各级领导干部在指导群众确定生产责任制形式时一定要下苦功夫向实践学习，尊重群众的创造精神，真正做到因队制宜。切不可凭主观好恶硬推、硬扭，重复'一刀切'的错误"。[②]

第二，贯彻落实党的政策和上级指示，不能当"传声筒"，要当"变压器"。党的政策和上级指示是宏观指导，其基本精神必须贯彻落实。但是，中国农村这样广大，千差万别的情况不可能都用一种模式来解决。当好"变压器"，生产责任制形式才能百花齐放，多种多样。只当"传声筒"，上下一般粗，就只能是"一刀切"。

第三，党的政策和上级指示的基本精神是要调动群众的劳动积极性，发展社会生产力。改革开放前 20 年，后石村的社会总产值和人均收入年均增幅不足 10％和 7％。1979～1981 年，我们由小段包工过渡到专业集体承包，年均增幅提高到 22.7％和 30.3％。现在我们吸收包干到户的长处，改"定额报酬"为"联产计值计酬"，发展完善专业集体承包，我们的发展速度肯定会更快。

最后，陈玉圭以他把握党的思想路线、抓住党的农村政策实质的充分自信结束他的讲话："总的结论，我们是实事求是地贯彻落实党的农村政策，

---

① 《三中全会以来重要文件选编》下，人民出版社，第 1063～1064 页。
② 《三中全会以来重要文件选编》下，人民出版社，第 1064～1065 页。

真真实实地与党中央保持思想政治上的一致，我们取包干到户之长，补专业集体承包之短，这是我们后石村村民对创造包干到户这种好责任制形式的村民最切实的尊重。有人说我陈玉圭胆儿太肥。后石村有与我陈玉圭心心相通的近百名党员和1500多名劳动者，我有什么怕的！艺林中人讲艺高人胆大。作为人民赋予决策权力的领导干部是识高人胆大。不是有个'胆识'的词语吗，胆和识是相连的。识是胆的根基，胆是识的自然流露。无识必无胆，识高胆自大。这个识，包括无产阶级世界观、彻底唯物主义精神。有了这样的'识'，不怕风险，不虑名利，胆子大就不足为奇了。党的事业至上，人民的利益至上，何怕之有！"①

陈玉圭的一席话感染着每一个党员，教育了每一个党员，也感染着村子领导班子的所有成员，统一了决策层的思想。坚持和发展完善专业集体承包的选择，选择适合本村实际的统一经营、专业承包、联产联值责任制的道路就这样确定下来了。包括以下主要内容：

统一经营：以村为主体，经营上实行"五统一"，即统一使用生产资料、统一核算、统一使用劳力、统一积累、统一分配。

专业承包：全村12个行业划分为31个承包单位，定劳动力，定总收入，定利润，定工资，实行超欠奖罚，分别向生产单位实行承包。各承包单位内部对指标进行分解，层层承包到组、到人。承包指标，基本上是以各行业前三年完成任务的平均值为基础确定。

联产联值计酬：承包方式决定分配办法。如渔业队和运输队采取包干到船（车）。单船（车）核算；虾场采取"包干到组，联产计酬"；粮食生产是"联产到组，包干到劳，定额补贴，超产归己"；石矿、基建、果树队采取"定额计酬"。这些计酬办法有两个共同点：首先确定基本工资收入，对受自然条件等客观因素影响而未完成指标的，保证基本收入，避免大红大白，保护生产积极性；其次超利润按不同比例分配，体现村民、企业和村集体三者利益的有机结合。

---

① 中央政策研究室、农业部农村固定观察点办公室主编《金州湾畔——辽宁省大连市后石村》，中国农业科技出版社，1998，第31页。

从实行上述生产责任制的实践效果看，生产关系的变革适合了本村生产力和经济的特点，从而推动了经济腾飞，因此，产值、利润都比 1981 年成倍增长。但是，渔村的经济改革并没有止步。进入 1985 年，随着农村第二步改革的开始，他们对经济管理体制又进行了相应的改革。（1）成立村实业公司，在公司以下，按行业成立农业、水产、建材、食品贸易、运输五个分公司。各承包单位分别纳入五个分公司之中，初步构建了工业化经济管理体制框架，以适应商品生产的需要。（2）改变承包计酬方法，由原来以产量、产值划分和统一日值的工分制，改为按行业工种确定的工资制，使业体之间收入差距明显，与劳动者利益直接相关联，管理方便。（3）调整承包单位规模和补贴办法。果树队由原两个队划为六个小组，贻贝养殖由一个队划为四个小组，使生产者和经济利益结合得更加紧密。粮油补贴由承包地亩改为承包产量，使补贴发挥了更大的作用。（4）加强质量管理。果树队对间果、打药、刮腐烂病等进行数量和质量的全面考核，使管理与承包指标配套，避免掠夺性经营。

这种从本地实际出发，不断完善的"统、专、联"责任制，具有四个特点：（1）与客观经济条件相适应。后石村之所以选择这种责任制形式，是与当时的经济条件分不开的。①集体经济已有相当规模。②村办企业的经济力量已占优势。③专业化生产有了一定发展。④耕地面积少，水资源严重不足，粮食产量低，且占用大量的劳动力。如果将土地分包到户，势必捆绑大量劳动力，影响第二、第三产业的发展。基于上述现状，后石村经济管理体制一个显著特点，就是与生产力发展水平相适应，与本村的经济特点相适应，与广大干部和人民群众的要求相适应。（2）经营形式的统分结合。后石村的生产责任制是通过统一经营、分工、分业和层层承包，最后把生产责任和经济利益落实到人的形式。因此，在统分关系上不是此消彼长，而是紧密结合，互相促进，同时强化。这样既避免重复过去统得过死，压抑生产者积极性的僵化模式，又防止了某些地方的过散，致使破坏生产力的逆反效果出现，既有效地发挥了集体经济的优越性，强化了"统"的层次，又赋予各承包单位一定的自主权，发挥了"分"的层次的积极性。（3）生产体制的专业化。实行统、专、联责任制，使全村的经济活动，纳入专业化的经营体制中。经过几年来的补充完善，全村的产业结构形成专业化的"三条龙"。①育苗、养殖、捕捞、加工、贮藏、运销组成的水产一条龙；②开采、加工、运销组成的建材业一条龙；③生产、加工、贮藏、运销组成的水果业一条龙。同时，在专业化体制下形成了配套生产群，如贻贝养殖、饵料加工与对虾养殖配套；渔业生产中的捕捞与修造船配套；苗圃育苗和造林、绿化配套等，使全村经济走上集约化、商品化的经营轨道。专业化的生产体制，促进了生产要素的优化组合，较大限度地挖掘了人的潜力。在后石村，人人都能各得其所，各尽所能。（4）集体经营与家庭经营共存的格局。后石村推行的统、专、联责任制，并没有使该村形成集体经营的一统天下，他们在充分发挥集体经营作用的同时，适当保护和发展了家庭经营。具体做法包括：把能包到人的塑料厂、机床、修车、铆焊、粮食加工，以及铁匠炉等生产项目，全都承包到人，既发挥了个人生产积极性，又增加了集体收入；建立家庭服务中心，提供技术、信息、物资等方面服务，发展庭院经济。1985年以来，全村家庭栽葡萄树6457棵，平均每户栽7棵，村年产量10万公斤，年收入10万余元，户均收入110元。集体还把不便管理的40亩零散地，分包给村民，每亩收120元资源费，并鼓励村民利用房前屋后的自留地、空闲地，发展蔬菜大棚生产，总计150亩，每亩收入2600元，总收入39万元，户均收入400元，给个体经济一定的发展空间。对个体经营者政治上不歧视，经营上提供统一结算等方便条件，在集体统筹安排下，允许自主经营，以发挥个体劳动者的积极性。①

二　强村富民的经济腾飞之路

专业集体承包模式的选定，顺民心，合村情。然而，有没有理论依据和"尚方宝剑"，这对于陈玉圭和村两委会一班人至关重要。为了从理论中寻找解开困惑之锁的钥匙，弄清楚后石村承包模式的是或非。后石村举办了为期半年的全村党员干部参加的学习班，每周学习两个半天，由大连陆军学院的教官主讲，学习《政治经济学》、《邓小平理论》和《农业经济学》。在军校

---

① 沈火田、乔兴义主编《后石村·昨天·今天·明天》，大连理工大学出版社，1992，第109~113页。

教官的启发下，陈玉圭及其一班人，从生产力决定生产关系、生产关系必须适应生产力状况的基本原理出发，对后石村的专业集体承包作了一番严肃而深入的理论探讨。各种生产责任制乃是经济管理体制的不同形式，属于生产关系的范畴。后石村究竟采取什么生产责任制形式，应从生产力的实际状况中去寻找其客观性。后石村的生产力状况要求集体组织管理生产，而不适宜搞包干到户。生产专业化和小企业显示出的优势，要求专业发展。分田到户，势必捆绑大量劳动者的手脚，冲击专业力量，影响多种经营的发展。初现规模经济的实力、有威信有能力的管理班子具有较强的凝聚力和吸引力。拆散集体组织形式，实行包干到户，必然影响群众的情绪，削弱集体经济。

结合学习邓小平同志的《关于农村政策问题》的重要文章，陈玉圭及其班子成员内心深处更透亮了。邓小平同志讲，大包干是一种低水平的集体化。一旦"实现以下四个条件"，"低水平的集体化就会发展到高水平的集体化"。"第一，机械化水平提高了，在一定程度上实现了适合当地自然条件和经济情况的、受到人们欢迎的机械化。第二，管理水平提高了，积累了经验，有了一批具备相当管理能力的干部。第三，多种经营发展了，并随之而来成立了各种专业组或专业队，从而使农村的商品经济大大发展起来。第四，集体收入增加而在整个收入中的比重提高了。具备了这四个条件，目前包干到户的地方，形式就会有发展变化"。[①] 后石村终于找到了坚持专业集体承包的理论依据，找到了认准专业集体承包不变的"尚方宝剑"。

1990 年 3 月，邓小平同志在同几位中央负责同志谈话时，提出我国农村"要有两个飞跃"的著名思想。他说："中国社会主义农业的改革和发展，从长远的观点看，要有两个飞跃。第一个飞跃，是废除人民公社，实行家庭联产承包为主的责任制。这是一个很大的前进，要长期坚持不变。第二个飞跃，是适应科学种田和生产社会化的需要，发展适度规模经营，发展集体经济。这又是一个很大的前进，当然这是很长的过程。"[②] 这一思想的核心内容，就是指出了中国农业的发展道路和最终目标，即农业发展的道路是规模

---

① 《邓小平文选》第二卷，人民出版社，1993，第 315～316 页。

② 《邓小平文选》第三卷，人民出版社，1993，第 65 页。

经营，最终目标是集体经济与共同富裕。因此，可以说，这两个飞跃，实际就是农村的两种共富模式：即分户致富的共富模式和集体致富的共富模式。前者为绝大多数农村实践的现实模式，后者是长远发展的方向模式。现实模式，是中国现阶段生产力基本水平所决定的必然模式。方向模式，则是全国农村迟早要实现的模式。① 就全国绝大多数的农村来说，分户致富和集体致富这两种模式，是两步走的模式。先走第一步，实现"第一个飞跃"，后过渡到第二步，实现"第二个飞跃"。何时过渡，一要条件成熟，即邓小平同志1980年在《关于农村政策问题》一文中讲的，要具备"三提高一发展"的条件。二要农民愿意，即邓小平同志在1992年审阅党的"十四大"报告时讲的，如果农民不提集体化的时候，也不要急。要等农民自愿再搞。像后石村这样的少数村，"三提高一发展"的条件基本具备，农民也愿意，两步走的模式，则一步到位，既反映这些渔村的客观必然，也可以对其他农村起示范和榜样作用。②

　　正是由于后石村选择了集体致富、强村富民之路，渔村在20世纪80年代就已经通过大唱"山海经"，实现了第一次经济腾飞。所谓"山海经"就是在北山坡的石堆子里，放炮炸石，抠出几万个果树坑，栽上新品种果树，使全村果树由2万株猛增到7.5万株，确立了果树业在第一产业中的骨干地位，近几年，这些果树每年都向村里提供近100万元利润。另一个是拦海筑坝，苦战两个冬季，在西海修起一条长1200米的拦海大坝，动用土石方50万立方米，建起1500亩的对虾养殖场，截至20世纪80年代中后期，养殖场每年都能获得几百万元利润，促使后石村的经济登上一个大台阶。1985年，后石村第二次经济腾飞开始了，这一年，他们认真学习陈云同志关于"无农不稳，无工不富，无商不活，无才不兴"的重要讲话，结合后石村的实际开展大讨论，认识到调整产业结构的必要性和重要性，认为不能总在第一产业的圈子里打转转，要大力发展乡镇企业，于是提出了"千方百计上项

---

①　中央政策研究室、农业部农村固定观察点办公室主编《金州湾畔——辽宁省大连市后石村》，中国农业科技出版社，1998，第38页。

②　中央政策研究室、农业部农村固定观察点办公室主编《金州湾畔——辽宁省大连市后石村》，中国农业科技出版社，1998，第38~39页。

目，千言万语引资金，千家万户请人才，千山万水跑市场，千辛万苦做奉献"的发展思路，仅 1985 年一年就建起 8 个企业，村里的福利包装材料厂、运输队、金刚石厂等骨干企业，大都是在 20 世纪 80 年代中后期建立起来的。尽管有一些企业后来根据市场经济变化做了调整，但毕竟奠定了第二产业的骨干地位，全村的产值及利税的 2/3 来自第二产业，实现了后石村经济的第二次腾飞。

1990 年前后，村党委在总结工作中发现，不论是自己和自己纵向比较，还是和全国一些先进村横向比较，后石村经济发展的速度减缓了。究其原因，是外向型经济没有真正打开局面，而造成这种现象的原因，是思想不够解放，观念有待于更新。当时，有些同志对发展外向型经济心存疑虑。他们说，香港、澳门还没有收回来，我们又向外出卖或转让土地，对吗？和外商合伙做生意，挣的钱让外人分走一大块，这不是肥水流到外人田了吗？不久，村党委一次又一次组织学习邓小平同志的南方谈话，大家联系后石村的实际，联系自己的思想，学会了用"三个有利于"标准观察问题，使思想有了一次大解放，观念有了一次大更新，外向型经济发展的新局面迅速打开，后石村的经济开始步入快车道，经济又一次腾飞。

随着经济的快速发展，后石村先后荣获"全国最佳经济效益乡镇企业"、"全国乡镇企业出口创汇先进单位"等奖项，辽宁省政府授予后石村"小康示范村"牌匾，大连市政府授予后石村"大连市乡镇企业村级综合经济实力强村"和"大连市乡镇企业外向型经济强村"称号。

在成绩面前，后石村没有止步。1999 年年底，村党委提出了"拼搏 10 年，把后石村建成经济兴旺发达，社会全面进步，人民生活富有，民主法制健全，村民素质优化，生态环境优良的社会生义现代化新渔村"的奋斗目标，后石开始了向新的更高目标攀登。

2000 年春，江泽民同志的"三个代表"的重要思想，给正在为建设现代化渔村而奋力拼搏的后石村党委和广大群众以极大的鼓舞。在"三个代表"重要思想指引下，在大连市第九次党代会提出的"大连要率先基本实现现代化"目标的鼓舞下，后石村党委修改了规划，决心提前两年，于 2007 基本实现现代化。

2000 年以来，后石村经济开始了新的腾飞。一是精品果业不断地做强做大。最明显的成绩就是农业品牌的成功树立，别的不说，从其所产的富硒红富士苹果目前已经成为享誉国内外的名优产品就可以看出这种强势。二是海产养殖业不断地做强做大。后石先后投资 300 万元，建成 3000 平方米的陆基牙鲆鱼养殖场，投资 200 万元，改造 300 亩虾池用于养殖海参，投苗 100 万尾。2003 年春，又在海上建成总长 2230 米的拦海大坝，动用土石方 60 万立方米，建成 900 亩的海参养殖基地，已投苗 400 万尾，仅海参养殖一项，每年即可为村里增加 2500 万元利润。与此同时，又投资 300 万元，成立后石海珍品有限公司，通过产品深加工进一步实现增值。三是外向型经济不断地做强做大。在"三个代表"重要思想指引下，在建设"大大连"提供的良好机遇中，后石村加快了外向型经济发展步伐，全村 23 家外引内联企业，有 8 家是 2000 年以来引进的，而且规模越来越大，科技含量越来越高、原先引进的企业，如天宇制药厂、金和产业公司等，也都投巨资扩建了厂房，引进了新项目、新设备。四是村属工业企业的技改力度不断加大。2001 年，投资 250 万元为后石福利包装材料厂新上一条瓦楞纸流水生产线，2002 年，投资 200 万元为金刚石厂更换全部压机，由过去的 23 强体增至 26 强体，产量翻一番。五是第三产业有了长足的发展。运输队连年保持全村赢利首户的地位，金州湾大酒店海滨浴场和范家堆子海水浴场设施日益完善。海鲜一条街的集体、个体餐饮业生意兴隆，并有居民办起了农家旅游。金州区又成立了金渤海岸旅游开发小区。后石村在位于金渤海岸旅游区的黄金地段，按照小区开发总体规划，已在西海岸建成 30 余栋设计美观、造型别致的别墅楼群。①

总之，后石村的领导和百姓在创造性地贯彻落实家庭联产承包责任制的过程中，既吸收家庭联产承包责任制的长处，又保留了村级经济实体，走出了一条统一经营、分工协作、专业承包、包干分配、定额上交的新路子。

---

① 于书今、公德俊等著《世纪观察：十二个村 15 年发展变化样本分析》，沈阳出版社，2003，第 303～304 页。

三　新型集体合作经济发展模式

所谓集体合作经济是指在农村个体化经营色彩比较浓厚的传统农业生产模式的基础上，转变经营思路，走个体农民之间的集体联合、合作经营的农业经济发展模式，是一种适应市场经济发展而产生的新型集体经济。其主要特点是能够把分散的农业生产经营者联合起来，形成一个利益共同体，提高农民生产经营的组织化程度，增强市场的竞争能力。在社会主义市场经济条件下，发展农村合作经济，必须摒弃计划经济时期行政指令的做法，以市场为方向，以服务为切入点，以利益共赢为目的，在自愿、平等、民主的原则下，把农民联结在一起，形成整体比较优势参与市场竞争。

如前所述，后石村在 1982 年全国普遍推行家庭联产承包责任制时，结合本村集体固定资产质量较好，专业化生产已初具规模，村内自然条件不适宜开展分散经营等实际情况，在充分尊重群众意愿的基础上，选择了坚持"统一经营、集体专业承包、实行多种责任制"的经营模式，并用市场化、工业化、专业化、集约化的理念来谋划村集体经济的发展，创造性地走出了一条成功的集体共同致富的路子，推动了经济社会事业的全面进步。

1992 年以来，后石村启动、发展了非公有制经济，扭转了集体经济一轮独转的旧格局。形成了集体、联营、三资、个体、私营、股份合作六轮联动的各种所有制经济共同发展的优化体制。1993 年将"二一三"的产业结构调整为"二三一"的产业结构，至 2005 年底，在经济总量中，第二产业占 63%，第三产业占 30%，第一产业占 7%。全村现有集体企业 26 家，资产总额 2.7 亿元；外引内联的非集体企业 23 家，资产总额 1.9 亿元；村个体工商户和私营企业 140 家，资产总额 0.1 亿元。2005 年，全村社会总产值 138158 万元，利税总额 8480 万元，出口供货额 70017 万元，村可支配财力 1900 万元，人均收入 12068 元。

在短短的二十多年间，后石村有了如此巨大的变化，村党组织领导的坚强有力，带头人的勤政奉献，老书记陈玉圭"一生无所求，甘当社会主义老黄牛"的精神和全体村民的艰苦奋斗、拼搏创新，是他们取得成功的奥秘所在。但还有一个重要的因素，就是后石村的内在经济关系变革的路子正确，也就是不断完善农村新型合作经济制度符合当地实际，促进了生产发展。那么，后石村是怎样发展新型集体合作经济，盘活村庄经济活力的呢？

第一，创新经济制度，提高经济效益。1978 年十一届三中全会前后的几年间，后石村在党支部的带领下，调动农民的积极性，搞起了多种经营，拓展了农业经营领域，形成了初步的分工分业生产组织。在全国广大农村普遍推行家庭联产承包制时，而他们却从当地实际出发，实行的是专业承包制。由各个专业实体直接进行经营承包，其基本方式，与家庭承包制相似：搞了"两权"分离，搞了统分结合，承包单位具有相对独立的经营地位，使劳动者与土地等基本生产资料在生产经营活动中紧密结合。但他们在专业承包中，为适应专业生产社会化程度较高、有机构成较大的特点和村级经济实力较强等情况，实行这种结合不是简单地将所有权与经营权截然分离，或将分散经营与统一经营机械分开，而是双方互有交织、互为促进，相辅相成，而且这种情形在专业化、社会化程度不等的单位，也是不一样的。正因为这样，后石村专业化生产越向前发展，其双层经营的机制活力就越旺盛。双层经营中村级经济组织是起主导作用的。包括对全村劳动力的使用和对全村自然资源及基本生产资料的使用都是由村进行统一配置和组合的；由村实行统一经济核算，各承包单位收益分配是与承包任务直接挂钩；还进行统一提留作为扩大再生产积累等。这是后石村专业承包的一大创造，充分体现基本生产资料集体所有制和村级实力强劲的优越性。后石村专业承包制是对生产资料集体所有制的一种自我完善，它的实质是在新的层次上集体合作关系的重构，是农村合作制的延续、完善和创新。

第二，提高经济效益的同时坚持公平。实行激励政策，运用利益驱动的杠杆，在农业上先搞小组承包，联产计酬制，之后成立农业公司，实行利润分红制，大大调动了发展农业的积极性，使农业从单一的粮油生产解放出来，发展规模化、产业化大农业。在工业上先搞定额计酬、超额奖励、计件工资制，后又搞租赁承包制、招商引资奖励制等，大大调动了发展工业的积极性，提高了工业的经济效益，加快了工业产业的发展。另一方面，实行严格管理，通过严格审查账目、物资和资金流向，堵住钱、财、物在生产经营过程的浪费和流失，通过审计、反腐倡廉等手段，堵塞腐败行为的渠道。近些年后石村专业生产门类增多、规模扩大之后，内部权益关系也日趋复杂。针对这一新情况，他们运用村级统筹的职能，通过完善合同，不断调整双方的收益分成比例，将一些非劳动所得的级差地租收入全归村集体所有，同时对一些自然风险较大或经营容易出现大赚大赔的单位，分别采取补贴制和建立设备基金制（基金从单位超额奖中提取，只用作以丰补歉，其实质削掉当年高额奖金部分），使之各方合理的权益关系理顺了。后石村提高村民人均纯收入，村民70%以上的收入是从集体企业按劳分配所得，其余为劳动所得或经营收入及按资分配所得。由于村民家庭劳动力的多寡不同、劳动者的素质差异、所在企业的效益高低的不同，劳动者年实际工资存在一定差别，细化到每个家庭的人均纯收入，必然出现明显的不均衡。为此，他们重视工资和经营收入的第一次分配，使村民之间贫富差异的程度一直处在比较合理的范围内。同时，也注重运用村可支配的财力，为退休村民发放养老补助金，为特困家庭发放解困补助金的第二次分配以及组织社会捐款扶困救急的第三次分配，使渔村社会和谐、稳定。

第三，创新乡村治理模式提高自治能力。在社会主义市场经济条件下，发展农村合作经济组织，必须培养和造就一支高素质的农村管理干部队伍。必须提高农村基层管理干部的政策水平和领导驾驭农村社会主义市场经济发展的能力。现阶段，广大农村基层管理干部长期工作在农村，农村改革和建设的各项任务的实现，农村社会管理工作的进行，农村社会治安、社会秩序的维持，农村社会主义精神文明建设、民主法制建设，都需要广大农村基层干部的艰苦努力、敬业奉献。而且，在市场经济条件下，大力发展农村合作经济组织，在很大程度上也有赖于广大农村基层干部队伍素质的提高。后石村有以老书记陈玉圭为代表的优秀集体，有一个坚强而团结的领导班子，特别是他们"甘当社会主义老黄牛"的精神，才实现了经济持续快速健康的发展。一群优秀的党员带头人，一个团结向上的集体，正是后石村创新发展的关键所在。同时他们也十分注重培育草根民主法治建设。在民主决策方面，凡事关百姓切身利益的大事，都让村民知情，让村民参与讨论、参与决策，尤其是经济发展模式亦即经济体制的选择。1983年，周边村屯实行包干到户，后石村的专业集体承包受到挑战。他们用一个月的时间发动村民"百家争鸣"，结果众口一声，认同自主创新的求实选择。近年来，在集体财产私有化的压力下，村民代表投票表决，坚持维护集体经济，选择共同富裕之路，体现了新一代农民的维权意识和民主自治能力。在民主监督方面，包括村民对集体财务的监督，对两委会为民办实事的监督，还包括村民对党员干部的廉政监督等。村民对党员干部的廉政监督包括：一是公设检举箱，定期收取检举信件，鼓励村民检举揭发党员干部的腐败行为。二是实行"四不"，即检举信件、揭发情况不下转，检举揭发人姓名不外露，表扬检举揭发人不指名道姓，事实有出入不指责。严守"三必"，即有举必查，一查必清，查清必处。"三个确保"，即确保群众举报揭发有可靠渠道，确保检举揭发者人身受到保护，确保监督有明显效果。实践表明，这样做，既调动和保护了群众监督的积极性，也起到了抵制腐败、确保廉政的作用。在依法治村方面，后石村一方面依照国家有关法律治理村庄，另一方面，特别注意发挥"村规民约"的作用。众所周知，中国社会向来以幅员辽阔、民风各有殊异为其核心特征。差异的民风营造出差异的地方秩序进而形成了各地特殊的社会规范体系，这些规范体系又被称为"乡规民约"，这不是指国家法体系意义上的正式法律制度，而是在地方上极为有效的规条以及数代沿袭下来的习惯。这些规条和习惯在一个地方不仅有效而且起着与法律一样的约束人的行为的作用。为了充分发挥这一古老制度的社会约制作用，后石村从20世纪80年代开始，采用村民代表大会讨论通过的"后石村村规民约"规范村民的行为。谁犯规处罚谁，村规民约逐渐深入民心，违规受罚者逐年减少。1984年受罚的有上百人，至2000年不足10人，最近几年下降为零。同时，注重村规民约的科学性，每年一次村民代表大会讨论修订时，去掉过时条款，增加适应新情况的新条款，调整不恰当的条款。较好地解决了村民自治需求，规范了村民的文明行为。

综上所述，后石村创造了"坚持巩固发展集体经济，鼓励支持非集体经济发展，以当地基础条件为出发点，以发展渔村工业化为契机，通过工业化发展壮大带动渔村政治、经济、教育、文化、卫生等事业的综合发展。同时，渔村在土地、水域、劳动力等资源整合的基础上又进一步促进工业的发展，探索出一条工业化发展与渔村融为一体、经济与社会和谐发展"的新渔村建设模式，并被誉为"后石模式"。

第二节　农业品牌战略与农业发展

随着农业和农村经济发展进入新阶段，农产品供给由长期短缺变成了总量平衡，丰年有余，农业正由数量型、粗放型向质量型、效益型转变。从市场上讲，由于市场经济体系的形成，市场对农业的发展起着主导作用，特别是加入 WTO 后，农产品市场竞争日趋激烈，原来的生产决定消费已转变为消费决定生产。消费者对农产品质量追求的提高，使人们更愿意为值得信赖的高质量产品付高价，而无品牌农产品进入市场后则受到无情的排斥。农业品牌战略已成为当前农业发展的必然选择。

一　以市场为导向的农业品牌战略

品牌就是区域产品标识，就是核心竞争力。实施品牌战略的重要性可概括为：一是促进传统农业向现代农业转变的重要手段。农业品牌化是现代农业的一个重要标志，实施农业品牌战略，有利于促进农业生产标准化、经营产业化、产品市场化和服务社会化，加快农业增长方式由数量型、粗放型向质量型、效益型转变。二是优化农业结构的有效途径。实施农业品牌战略，以市场为导向，以满足多样化、优质消费为目标，引导土地、资金、技术、劳动力等生产要素向品牌产品优化配置，有利于推进资源优势向质量优势和效益优势转变，有利于推进农业结构调整和优化升级。三是提高农产品质量安全水平和竞争力的迫切要求。实施农业品牌战略，重点培育和打造农业品牌，有利于农产品质量安全整体水平的提高，有利于形成一批具有竞争力的农产品。四是实现农业增效、农民增收的重要举措。品牌是无形资产，打造品牌农产品的过程就是实现农产品增值的过程。大力发展品牌农产品，有利于拓展农产品市场，促进农产品消费，实现农业增效、农民增收。

发展品牌农业，既是推动农业结构调整的有效手段，也是促进农业由"传统型"向"贸易型"转变的客观需要。发展品牌农业，既要做好做活

"借鸡生蛋、无中生有"的文章，更要做足做优"人无我有、人有我精、人精我特"的文章，整合资源，发挥优势，夯实品牌农业发展的基础。近年来，后石村坚持以市场为导向，以村民增收为目标，以农业结构调整为主线，大力实施农业品牌战略，在助推渔村经济与社会发展方面取得了明显成效。

后石村地域面积广，非耕地面积多，村内的 4000 亩荒沟坡和瘠薄地宜于栽植果树。1978 年，后石仅有果树 17800 株。1982～1987 年，集体投资 27 万元拓荒植果，新发展的果树数量等于前 30 年总和的 3 倍。此后，后石村的果业在种植业的发展中，就一直是唱重头戏的。为了创建精品果业，从 20 世纪 80 年代中期至 90 年代末，村里先后投资 30 多万元 5 次进行新品种批量引进。同时，后石根据市场需求变化，确定了发展精品果业的战略，即苹果不再扩大栽植面积，梨、樱桃、澳大利亚李、优质桃成为优先发展的果品，明确提出果业发展要实施三个转变战略，即以苹果为主向以苹果杂果并重转变；以晚熟果为主向以中早熟果为主转变；以单纯的露地栽植向以露地、保护地栽植并举方向转变，从而使得从每年的 4 月底起至 11 月中旬，早果、伏果、早秋果、晚秋果就相继上市了，而夏秋两季也有多果成熟。后石村果业的主导产品红富士苹果年产 1000 多吨，1998 年获辽宁省金奖，被 1999 年中国农业国际博览会评为名牌产品，中国绿色食品发展中心认定为"绿色食品 A 级食品"，许可使用绿色食品标志。2000 年，中国村社发展促进会授予后石村"中国农业精品村"。近几年，后石村在果树生产中大打"名牌战略"，实现了集体增效、果农增收。2001 年，全村套袋果 70 万个，2002 年猛增至 300 万个，2003 年购进了 2 台制袋机，计划套袋 600 万个，大幅度增加绿色果品的产量。同时，2003 年还购进 1 台选果机，集清洗、烘干、选个、选色、打蜡为一体，使后石村水果质量再上新台阶，打入超市，进而打进国际市场。为了进一步发展后石村的精品果业，2003 年，村里又投资 400 万元，建起了 1000 亩大樱桃园，栽植了近 20 个优质新品种大樱桃；改造老果园 2000 亩，完成了灌溉管网改造、老井房改造、水泵更新等工程，同时又投资 70 万元建成"后石节水灌溉自控系统"，使后石村的精品果树生产实现灌溉自动化，极大地改善了果树的生产条件。2006 年，后石果业公司被列入国家质量监督检验检疫总局公布的新增输往墨西哥苹果果园、包装厂名单。

后石村打造精品果业，实施农业品牌战略的启示有以下几点：第一，依靠集体经济，培育特色优势产品，是夯实品牌农业发展的基础。在大宗农产品中，特色优势农产品在培育发展品牌农业中具有投入少、见效快、周期短的有利条件。所以，农业品牌的培育首先应从具有区域特色优势的农产品入手。加强优势特色农产品的区域布局规划，以市场为导向，以基地建设为载体，把培育农业特色主导产业与区域经济发展结合起来，坚持突出重点、突出效益、突出可持续发展，努力在产品质量、产品功能开发、赋予产品更多的文化功能上下功夫，从而构建起优势产业群，推进产业升级。第二，树立产业经营理念，增强农业品牌意识等是构建品牌农业发展的载体。农业发展正处于从传统农业向现代农业过渡的新阶段，因此面临许多新情况、新形势。一方面，国内农产品从数量不足转为区域性、结构性过剩，卖方市场转为买方市场，农产品质量不高、竞争力不强成为影响农业效益进一步提高的关键因素；另一方面，我国加入WTO后，农产品国内市场国际化，市场竞争日趋残酷、激烈，对农产品的生产和经营提出了更高、更严的要求。因此，发展品牌农业是农业发展到新阶段的必然要求和必然选择。过去，由于受传统计划经济的影响，人们对市场经济条件下特别是对加入WTO以后农产品市场竞争日趋激烈的认识不足，缺乏以创新和质量求生存的危机感，以致品牌意识淡薄，缺乏全方位推进品牌战略的胆识和措施。因此，必须加强对实施农业品牌战略重要意义的宣传，引导广大企业经营者和农户转变思想观念，树立现代生产经营理念和正确的品牌意识；另外加强农业生态资源优势和品牌资源优势的建设，促进潜在优势转变为现实优势，资源优势转变为竞争优势和发展优势，不断推进品牌农业的发展和壮大。第三，依托先进科技，规范质量标准，是增强品牌农业发展后劲的保障。品牌农业的科技含量大大高于一般农业，农业品牌的竞争实际是科技的竞争。必须牢固树立科技是农业发展第一生产力的思想，依托科技的有力支撑，提高农产品科技含量，提高农产品质量安全水平，增强品牌农业发展的后劲。质量是农产品的生命线，是农产品创品牌的根本，是消费者产生信任感和重复购买的最直接因素，是品牌农业不可动摇的根基。提高农产品品质，关键在于实行农业标准化，即通过制定和实施农业产前、产中、产后各个环节的工艺流程和衡量标准，使生产过程规范化、系统化，符合国家标准和国际市场标准，突破市场准入"瓶颈"。要突出抓好农业质量标准体系、农产品质量监督检测体系和农业标准化技术推广三大体系建设，大力推行产地标识管理、产品条形码制度，做到质量有标准、生产有规程、产品有标志、市场有监测，从而构筑农产品质量安全屏障，保持品牌信誉，在市场竞争的大浪淘沙中立于不败之地。总之，发展品牌农业，不但符合科学发展观的要求，而且是实现农业增长方式从数量型、粗放型向质量型、效益型转变的有效途径，是促进农业增效、农民增收最具活力的生长点和重要突破口。可以预见，品牌农业的发展，必将有力地促进农业现代化进程。

二　渔村农业发展的现状与问题

后石村自改革开放以来，一直以经济补贴的方式，向农业倾斜，保证了农业的稳步发展，近年来，又逐渐加大对农业的投入，为农业发展创造了较好的环境。在农业生产结构上突破了单一的农产品生产模式，实行多种经营；在农业组织方式上实行工分制，采取集体承包制，充分发挥集体经济的优势，注意协调集体经济和家庭经济之间的关系。在农业发展道路上，大力发展"高产、优质、高效"农业，重视农业社会化服务体系建设等。总之，后石村在农业发展方面坚持走"工农互补，互为基础"的现代开放型发展道路，农业步入健康发展轨道。

在农业基础设施建设方面：后石村一贯重视提高农业物质装备水平，改善村庄生产生活条件。由于大连地区干旱少雨，后石村的土地又很瘠薄，抗旱能力差，水利尤为重要。村里在 20 世纪 90 年代初期就向农业投资 60 多万元，在大魏镇打井引水、修管路、设管网、安装微喷管头，采用节水型的微喷技术，对 1500 多亩果树，实施地下喷灌。在 1992 年又投资 300 万元，修建三个蓄水天池，使 2000 亩果园受益。2003 年，完成了灌溉管网改造、老井房改造、水泵更新等工程。同时，又投资 70 万元建成"后石节水灌溉自控系统"，共由 32 个电子阀组成，通土壤湿度传感器，在自控中心即可对全村每一块果园的墒情掌握得一清二楚，保证果园及时灌溉，后石村的精品果树生产灌溉自动化的实现极大地改善了果树的生产条件。

在农业机械化和科技化方面：农业机械化可以减轻村民的负担，提高劳动生产率，可以有更多的劳动力从事其他非农产业，创造更多的物质财富。后石村对农业的投入，主要用于添置农业机械，逐渐使农业由劳动密集型产业向技术密集型产业转化。现在，渔村已经初步实现了翻地、耕地、压地、喷药、运输、脱粒全部机械化，补种部分机械化。村里决定根据以后经济实力，继续购置比较完备的现代农业机械，因地制宜地实现农业生产全过程的机械化。与此同时，渔村把科技兴农摆在了十分显著的位置，引进、推广了一批农牧渔业的优良品种，如铁丹8等杂交玉米品种，北斗、玉林等优良苹果品种，海湾扇贝、日本车虾等海产品新品种；引进了一些实用科学技术，如树矮化密植、蔬菜地膜覆盖栽培、林木轮伐、水立体育苗、对虾高产养殖等，收到了良好的经济效益。从1991年起，村里筹划将现有120个沼气池里的沼气水进行无菌、高肥效的回收、利用，建立大连地区第一个无菌蔬菜基地。另外在1992年投资建立的鸡、猪饲养场，这样沼气池中的沼气可以充当家用能源，沼气水和饲养场的废物可作为农业肥料，饲养场盈利以后再用来增加农业投入，发展农业机械，形成了一个现代的生态农业系统。

在农业社会化服务方面：渔村为了完善统一经营、分工协作、专业承包、包干分配、定额上交的经济体制，为了从根本上调动群众的生产积极性，在大力发展集体经济的同时，也没有忽视村民发展庭院经济，而二者的关系是互益互助的。庭院经济的发展为集体经济的发展奠定了一定的基础，同时，集体经济的发展也为庭院经济的发展提供了较为完善的社会化服务。进行社会化服务，加强集体经济实力，搞一些适度的规模经营或家庭农场等，使现在后石村的集体经济实力得以加强，庭院经济也因此而十分红火，全村户均庭院经济的年收入可达2000多元。农业社会化的服务既有利于后石村集体经济的发展，又有利于全村人的共同致富。后石村没有大河，三面环山，打井海水倒灌，可修蓄水池、鱼鳞坑等。要减轻村民的劳动强度，就要多搞农田机械，每年有计划地改造现有的瘠薄地，植树造林。只有这样，农业才有后劲，农业机械化才能实现。

　　然而，由于诸多因素，后石村农业发展还存在着一些亟待解决的问题，这些问题主要有：第一，农业发展的资金来源问题。建设现代化、高标准的新渔村，首要的问题是合理调整国民收入分配格局和财政支出结构。后石村财政支农投入渠道虽然较多，但是资金分散、使用效率低。而且，外部民间的资金很难进入到农业领域中。第二，劳动力和人力资源问题。后石村面临的又一个较为严峻的问题就是劳动力和人力资源的比例结构问题，在后石村的劳动力之中，本村人口并不占绝大多数，相反的，由于后石村近些年发展比较快，很多外地的劳动力拥了进来。但是后石村当地的劳动力并非已经得到了很好的充分利用，其中也存在着当地人口资源并未完全地转化为人力资源，因此，后石在把人口负担转变成人力资源优势工作方面仍有待改进。第三，农业科技创新能力与科技成果推广应用不足。一方面，后石村农业基础研究和应用基础研究薄弱，原始性创新能力不足，主要农作物的育种水平、良种化率与国际先进水平有较大差距；另一方面，先进成熟技术的集成配套和中试转化能力薄弱，推广体制不顺，经费不足，科技人员知识结构老化，难以满足村民对科技的需求。上述问题，都会影响现代农业的发展和农业现代化的实现。

三　渔村农业现代化的实现途径

　　农业现代化是指把农业建立在现代科学技术的基础上，用现代科学技术武装农业，用现代工业装备农业，用现代管理方法和手段组织、管理农业，把落后的传统农业逐步改造成为具有世界先进水平的、可持续发展的现代农业的过程。对于后石村这样富裕的村庄而言，应在深化改革的基础上，用现代物质条件装备农业，用现代科学技术改造农业，用现代产业体系提升农业，用现代经营形式推进农业，用现代发展理念引领农业，用培养新型农民发展农业，提高农业水利化、机械化和信息化水平，提高土地产出率、资源利用率和农业劳动生产率，提高农业素质、效益和竞争力。具体地说，应解决好以下问题。

　　（1）关于农业资金来源问题。一是建立健全以政府投入为主导、金融外资投入为辅助、集体经济组织投入为主体的多元化农业资金投入体系，资金稳定增长的机制。二是鼓励社会资金投向农业。积极开展招商引资，吸引民间资本、工商资本、外商资本投向农业领域。三是对现有的资金、项目进行整合，确保重点农业项目建设，解决资金使用分散、效率低下问题。

（2）关于劳动力和人力资源问题。一是大力发展职业技能教育。尽管后石村在青少年教育方面已取得卓有成效的成绩，但是，现有的主要劳动力和人力资源大多为中青年，其大部分为初中毕业即进入劳动力市场，不具备应有的职业技能。二是建立和完善劳动力职业技能的教育和培训体系，按照市场需求，扩大社会办学的范围，积极发展职业教育、电视教育、函授教育等多样化的继续教育项目，通过多种形式的教育和培训，鼓励和帮助村民学习掌握新技能，提高劳动力的素质，提升人力资本含量。

（3）关于农业集体经济与家庭经济的关系问题。要注意处理好三种关系：一是正确处理集体经济和家庭经济的关系。后石村在大力发展集体经济的同时，鼓励农民发展庭院经济，集体经济为庭院经济的发展提供较完善的社会化服务。二是正确处理集体和个人的关系。村里按劳动力的年龄、文化、技术构成和从业愿望安排就业，把责权利具体落实到人头，把能力和对集体作出的贡献与个人年终报酬挂钩，从而保证了村民的劳动积极性，确保了人人有责任，人人有稳定的收入。三是正确处理村内各行业、行业和行业的利益关系。后石村建立的农业、水产、工业、运输、食品贸易等五个专业公司。各专业公司分别对村集体负责，每年与村上签订承包合同，村里本着统筹兼顾、协调发展、充分调动每个行业积极性的原则，制定年度承包计划，把握资金流向，确定生产项目。各行业减分也不分家，既有竞争，又有相互协作。

（4）关于发展现代农业与实现农业现代化的问题。在农业现代化的路径选择上，既要鼓励发展生物技术，集约利用土地、水等农业资源，又要鼓励发展农业机械技术，集约利用劳动力资源，促进现代农业要素的生成和发展。其一，增强自主创新能力。以农业公共研究机构为主体，加速构建后石村农业科技创新体系。通过扶持和加强基础研究，增强自主创新能力。提高农业科技创新的效率，为现代农业发展提供有力的技术支持。其二，提高农业科技推广应用能力。通过政策和技术诱导，提高农业科技的推广应用程度。为此，要建立健全新型农业技术推广体系，要形成科技指导到户、良种良法直接到田、技术要领直接到人的机制。同时，开展多层次、多渠道、多形式的技术培训，提高村民接受农业科学技术的能力。其三，加快实施农业机械化。要根据农业涵盖农、林、牧、渔各产业，生产、加工、流通多环节的特点，扩大农业机械的作业和服务区域，满足消费者多样化需要。要注重提高农业机械产品质量，适应对农机具的综合性、节约型、高效性、适用性和安全性要求，提高农业机械的技术进步效率。其四，提供更多的农机具补贴。当前，应把加大农机购置补贴作为鼓励发展农业机械的重要政策，提高补贴标准，扩大补贴范围，不断满足消费者的需求。

（5）关于合理利用和保护农业资源的问题。首先，需要提高认识。必须充分认识到，尽管我国是人口和农业大国，但农业人均资源占有量低，特别是耕地、水资源的非再生性和经济发展对农业越来越多的经济和非经济需求，都决定了我们必须强化人口众多、资源不足的忧患意识；强化经济发展、社会进步和可持续发展的和谐意识；强化节约资源、循环利用的消费意识；强化经济指标、人文指标、资源指标和环境指标全面发展的政治意识。要以提高农业资源利用效率为核心，以节地、节水、节肥、节约、节能等农业资源的合理利用和发展循环利用为重点，从体制、政策、技术、管理各方面，推进农业可持续发展。其次，合理开发和综合利用土地和水资源。一是珍惜和合理利用土地，千方百计地保护耕地资源。在城市化进程中，严格按照土地利用总体规划和有关法律法规，控制农用土地转为非农用地，确保土地作为最基本、最重要的资源得以永续利用。二是珍惜和合理利用水资源，千方百计提高水资源利用率。三是要大力发展循环经济。循环经济从本质上改变了传统经济呈现的"资源——产品——废物"的线形增长方式特征，表现出"资源——产品——再生资源"的循环发展模式特征，是以有限资源支撑人类社会无限增长的必然趋势。发展循环经济反映了现代农业发展的内在要求，是保护农业生态环境和有效利用农业资源的有效手段，也是实现农业可持续发展的重要途径和建设节约型社会的基本方向。农业循环经济发展要按照"无害化、低排放、零破坏、高效益、可持续、环境优美"的思路，统筹规划农业各产业发展，找准农业循环经济的突破口。在农业资源利用方面，实行节约化利用；在农业废弃物处理方面，实行资源化利用；在农业产业延伸方面，实行清洁生产。四是要转变农业增长方式。第一种方式是大力调整农业经济结构，积极采取先进适用技术改造传统农业，转变低效率的农业增长方式。第二种方式是充分考虑不同区域的农业资源特征和资源禀赋，调整农业产业结构，优化经济布局，形成各具特色、整体协调的农业产业布局。第三种方式是利用价格、税收等经济杠杆，建设水资源等稀缺要素资源市场，通过市场优化配置资源，反映资源真实成本，让资源使用者和浪费者承担相应费用，支付合理的社会成本，从而减少资源浪费，避免环境被破坏。

第三节　渔村非农产业发展

非农产业是指农村中的工业、建筑业、交通运输业、批发贸易业、餐饮业和服务业与林业。长期以来，后石村坚持以集体经济为主，通过发展非农产业，改变了传统依赖农业种植、养殖的发展道路。与此同时，后石村坚持深化改革，创新体制，不断加大企业的改革力度，发展多种经济成分、多种经营体制的企业，其经营体制由最初单一的集体统一经营、专业承包、分业管理、责任到人的经营体制，逐步发展成为集体、联营、三资、个体、私营、股份合作等共同发展的混合经济模式。后石村所创造的"以工促农、以农养工"的成功实践，对于我国大多数农村都具有借鉴价值。

一　渔村非农产业概况

后石村的第二、第三产业是在 1964 年"四清"运动之后，由各生产队的副业生产到"五小工业"逐步发展起来的。1975 年前后，当时的后石大队，为了人民生活水平的提高，为了壮大集体经济，把民间和各生产队分散的铁匠、木匠、瓦匠全部组织起来，成立了副业队、建筑队，并购买了小车床，加工标准件螺丝，为大工业提供服务。与此同时，他们聘请了大连有色金属铸造厂的技术工人来指导铸造生产。由此，渔村的工副业生产雏形已形成。后来，他们又先后建起了南石矿、西石矿、理石矿和多个制板厂，为以后的第二、第三产业发展积累了经验，并打下坚实的物质基础。

改革开放以后，后石村的非农产业以高于农业数倍的速度增长。20 世纪 80 年代中期，在后石村产业结构中，非农产业已得到迅速发展，但总体仍处在由农业向工业过渡的时期，工业化水平还是初级的。而对于产业结构调整重要性的认识是在 1985 年。后石村在 1981 年总收入 240 万元，人均收入 339 元的基础上，1982 年总收入 290 万元，人均收入 405 元；1983 年总收入 551 万元；1984 年总收入 687 万元；1985 年突破了千万元大关！一年一大步。至 1986 年，已有 639 名劳动力从农业种植业行业转移到第二、第三产业，改变了祖祖辈辈从土地里刨食的历史。

为了适应生产力的发展，渔村及时调整了组织机构。1986 年 3 月 3 日成立了后石实业总公司，1991 年 8 月 28 日更名为后石工业公司，1993 年恢复了后石实业总公司名称。利用内引外联，招商引资，引来合资、独资、民营企业 24 家，形成了生产、加工、运输、销售一条龙配套生产。村办企业还采取了"滚雪球"的发展战略，使部分企业形成规模发展。如后石运输队，由 1985 年仅有 22 马力、28 马力和 60 马力的三台拖拉机的机耕队，发展到目前拥有 17 辆大型运输汽车、53 辆东风牌拖挂车、6 辆东风半挂汽车的初具规模的运输公司，同时运输公司还有自己的加油站和液化气站，是大连地区远近闻名的先进企业。

在第三产业发展方面，渔村自 1984 年开始就注重对旅游业及餐饮业的开发。到 2001 年已建起了海滨浴场、金州湾大酒店等民营餐饮业 50 余家。村办的滨海酒楼已被国家旅游部门指定为旅游饭店，第三产业得以迅速发展。到 2001 年，后石村社会总产值达到 119368 万元，全社会总收入 110405 万元，其中第二、第三产业收入达到 106892 万元，占社会总收入的 96.8%，是 1978 年 1340 万元社会总收入的 82 倍，人均收入达到 8029 元，是 1978 年人均收入 167 元的 48 倍。全村有 947 名劳动力在第二、第三产业就业，占本村总劳动力的 62%，实现了本村劳动力的就地转移。不仅如此，由于后石村各类企业数量不断增加，对劳动力需求日趋扩大，吸引了大批外来人口就业。据初步统计，包括三资企业在内，目前在后石村就业的人员，南到四川，西至河南，北至黑龙江，外来就业人员超过 3000 人。

后石村经济富裕了，村民的生活质量也大大提高了。自 1998 年以来，村里累计投资 2000 多万元，总体改造了村镇。村里先后在滨海森林公园栽植各种观赏树木 13 万株，全村森林覆盖率达到 67%，同时村主干道扩建延长加宽，支路全部柏油化，人均黑色路面超过 40 平方米。许多农家用上了三格式冲水厕所，村里所有污水都采取暗渠排放。在福清公园内，继老年活动中心、游泳馆、旱冰场、休闲长廊后，新建了网球场、门球场，还有相关的娱乐设施。另外，渔村还拿出村可支配财力，为退休村民发放养老补助金，为特困家庭发放解困补助金，组织社会捐款以扶贫救助。老年人可领到村里发放的养老金，孩子可在新建的高标准幼儿园里读书。后石村这些年先后获得全国"小康示范村"、"造林绿化千佳村"、"农业精品村"等十项国家奖励。

2003 年以来，后石村第二、第三产业经济的发展又有了新的腾飞。第三产业有了长足的发展。运输队连年保持全村赢利首户的地位，金州湾大酒店海滨浴场和范家坨子海水浴场设施日益完善。海鲜一条街的集体、个体餐饮业生意兴隆。近几年，以渔家民俗风情为主的农家旅游也悄然兴起，海上垂钓、海边购物、水果采摘、做一天渔民、民俗表演等特色旅游项目的开发吸引着越来越多的旅游观光者。在这里，豪华的别墅建筑和古朴的渔家老宅共同展示新渔村的风采，既有超出想象的新渔村印象，又能感受到浓厚的乡土气息。

至 2005 年，全村拥有 182 家企业，其中集体企业 19 家，资产总额 26802 万元，占全村资产总额的 57.1%；私营企业 14 家，资产总额 11396 万元，占 24.4%；个体工商户，140 家，资产总额 1137.1 万元，占 2.4%；合资合作企业 3 家，资产总额 1215 万元，占 2.6%；外商独资企业 6 家，资产总额 6328.5 万元，占 13.5%。全村社会总产值 138158 万元，利税总额 8480 万元，出口供货额 70170 万元，村可支配财力 1900 万元，人均收入 12068 元。通过不断努力，后石村非农产业的企业表现出强劲的增长势头，后石村的经济成为典型的以集体经济为主体，各种所有制经济共同发展的"混合经济"。

二 渔村非农产业的经济特征

在市场经济条件下，单一的集体经济为什么显得十分不利，没有活力，甚至被非公有制经济逼得无路可走。其根本原因有二：其一，行政体制和管理机制不能马上解除，企业行为无法与市场接轨；其二，企业主管部门指令性习惯未能转变，企业难以直接进入市场，更不能自主经营。对此，后石村把公有制企业快速推向市场，让企业到市场上找项目、找对路的产品、找销路、找管理手段，产什么、销什么、怎么管理都由企业自己决策。生产、经营权100%放给企业，让企业自主。为了适应市场经济的要求，渔村适时地成立了后石实业总公司，用公司的机制管理企业。总公司下设农业公司、工业公司、运输公司、渔业公司，都是实体，以实体管理实体，顺理成章，减少村行政组织和党组织对企业生产、经营的干扰。村党委和村委会对企业通过人事、财务、廉政、审核、奖罚等制度进行宏观控制，依法监督来实现对企业的领导，使集体企业既能放出去，又能管起来。现在他们的集体企业通过长期市场运作，非公有制企业能办到的，他们都能办到，非公有制企业办不到的，他们也能办到，公有制的活力得以实现。

后石村在充分发展集体经营非农产业的同时，适当保护和发展了个体私营经济。1986年从事个体私营经济非农产业的劳动力585人，个体、私营收入89万元，比1984年增长11.2%，人均289元，占人均总收入的13.7%。他们的具体做法是：把能包到人的塑料厂、机床、修车、粮谷加工，以及铁匠炉等项目，全都承包到人，发挥了个人生产积极性。给个体经济以一席之地。与集体企业不同，个体、私营企业产权明晰，业主自主决策，自主经营，自担风险，成果独享，因而创业的内在动力强烈，能够最大限度地降低企业经营成本。对个体经营者政治上不歧视，给予足够发展空间，发挥个体劳动者的积极性。后石村非农产业的经济总体特征包括以下几个方面。

（1）集体经济成分和收入占主导地位，对村民有很强的吸引力。随着生产力水平不断提高，后石村经济出现巨大变化：一是在产业结构上由一元结构向多元结构发展。1978年，全村劳动力90%从事单一的种植业生产，1989年从事种植业的劳动力下降到19%，而从事非种植业的劳动力却上升到81%。其中，从事渔业劳动力的占2.08%，工业劳动力占34%，第三产业劳动力占13%。现在，这些产业已成为渔村的经济支柱。1989年全村拥有现代化的劳动工具价值达1680万元，占渔村固定财产总值的70%。现代化的劳动手段不断提高，为抗御自然灾害和改变农业生产提供了物质基础。二是在商品经济发展上，由内向型向外向型扩展。1978 年生产的产品绝大多数属于原料产品，基本是自食和国内自销。改革开放以来，他们对原料产品进行精加工，把产品变为商品，进而打入国际市场。1985 以来，平均每年出口创汇（供货额）600 万元，人均出口创汇 2600 元。村民看到集体经济蒸蒸日上，对他们有很强的吸引力、凝聚力和向心力，他们也从心眼里感受到靠集体过日子有靠头，有奔头。

（2）实行专业承包经营，促使生产经营走向专业化。后石村根据生产资料 "两权" 统一的特点，确定专业承包的经营形式，从而使生产关系符合生产力发展的要求。在不同的业体中，根据产品经营工序的简繁，实行专业组（厂）承包经营。如种植业生产周期长，按粮菜果建立专业组，村里对承包组实行联产付酬，定额补贴，超产奖励的责任制形式；工业产品周期短，实行厂长负责下的超利润分成责任制；渔业丰欠难测，实行上缴利润大包干责任制。由于实行专业承包经营，促使生产经营走向专业化。一是农业资源走向区域化。为了充分开发利用本地农业资源，他们经过 10 年来的艰苦创业，已把昔日的荒山、荒水治理成为城市加工、生产副食品的基地之一。二是生产走向专业化。他们以发展商品生产为轴心，不断发展原料产品业、贮藏业和加工业。这些新兴产业的形成，内部要求分工分业更细，从而使生产走向专业化。

（3）坚持生产资料集体所有，实行所有权和经营权的统一。改革开放初期，后石村认真分析本村人多地少、山多地薄、地濒沿海的自然地貌类型。他们认为，如果把土地均包到户，实行所有权和经营权分离，形成户自为战，不利于改造和开发山坡瘠薄地；如果把原生产队形成的固定财产变卖到户，不利于发展生产和开发沿海滩涂。为了发展生产力，他们坚持从实际出发，实行生产资料归集体所有，搞 "两权" 统一，把原生产队的生产资料由村集体统一接过来，然后再统一安排承包经营。使集体经济始终占据了全村经济的主导优势地位，成为支撑全村生产发展和生活宽裕的主要支柱。

（4）坚持公平分配，走共同富裕道路。在后石村，始终没有出现贫富差距，在集体经济主导下，基本实现了共同富裕。1988 年，渔村人均收入实现

2397 元。1989 年遭受自然灾害，人均收入还保持在 1839 元。为了实现共同富裕，村党支部顶住了社会上一度出现的超前高消费的思潮，坚持公平分配。首先是坚持提留集体积累。在保持各类提留与村民收入同步增长的前提下，合理提留积累，不断壮大集体经济实力，增强自我改造和自我发展的能力。1981～1989 年的 9 年间，提留积累 1400 多万元，占纯收入的 35%，平均每个劳动力提留积累 9300 元。其次是进行行业平衡，以工补农。随着商品经济的日益发展，后石村的产业结构不断完善，经营门类较多，由于受物价上涨等因素的影响，经营粮食生产效益比较低下。为了调动务农劳动力的积极性，稳定和巩固农业的基础地位，采取了以工补农，施行行业平衡的措施，保证粮农的收入。从 1986 年以来，每年从渔业、工业等高收入产业中，提取 11 万多元补贴农业，保证务农劳动力的年收入达到渔村劳动力的平均水平。

三 渔村非农企业改革面临的问题

近年来，后石村坚持以改革求生存，求发展。以股份制改革为主要内容，加快企业产权改革步伐。村两委会根据实际情况和群众的意见，坚持因地制宜，因不同企业采取不同改革模式的原则，继续以股份制改造为主，采取集体资产折股的办法，以村集体控股，企业员工持股，村民参股的多元复合型股份合作模式为主要内容，对集体企业实施产权改革，并将村实业总公司改为股份集团公司。对这项改革方案，一些人提出质疑，持有不同的观点。有些人认为，集体企业产权模糊，管理落后，应彻底置换产权，一步到位。有些人认为，企业产权关系模糊，管理落后，并不是企业的集体性质所决定的，集体企业的产权改革，也不一定非要把企业的产权卖掉，对集体企业实施股份制改革，也是明晰产权关系的一种有效方法。而 90% 的村民代表和 85% 的企业职工不同意把企业产权卖掉。一致认为，农村改革以来，后石村坚持以集体经营为主，经过 20 多年的艰苦奋斗和开拓创新，走出了一条具有自身特点的共同发展的路子。村里的建设和经济发展主要靠集体企业来支撑，村民的收入也主要来自于集体企业，如果把企业卖掉，无法保证村里的发展和村民的收入。从调查情况看，后石村集体企业产权改革存在的意见分歧，不是改与不改的问题，而是"卖"与"不卖"的矛盾碰撞。这个矛盾的产生，可能存在理论认识上的误区，也有对客观事物的发展取向如何把握的问题，值得探讨。

企业的产权改革，是实现企业现代化管理和推动企业有效发展的推进器。这种改革是一种制度创新，既需要有果敢的决策勇气，还需要有审慎的行动智慧。一个企业产权改与不改，或者选择什么样的改革模式，既要充分尊重企业的选择，更要看是否能推动生产力的发展，这才是企业改革的真谛。集体经济是村民自治组织的经济实体，是我国公有制经济的一种表现形式，其集体企业，对经济发达的乡村来说已成为重要的支撑力量，在现实社会中形成特殊的群体。对这样一个特殊群体的产权改革，要不要一步到位？或者采取什么样的改革模式更有利于企业的发展？这些问题都值得探讨和商榷。

第一，集体经济作为我国公有制经济的一种表现形式，同样有生存和发展的权利。乡镇企业产权制度改革的核心是要明晰企业的产权，目的是要启动企业的发展活力。明晰企业产权关系，并不是一味要求改变所有制，也不是化公为私，将集体所有制改为个人所有制；而是通过产权制度改革，探索集体所有制有效实现形式，通过制度创新和企业经营机制的转换，建立崭新的现代企业制度。这就是说，集体企业产权改革的目的，也是要通过改革，转换企业经营机制，启动企业发展活力，推动企业有效发展。而对那些经营不好、效益差的集体企业，彻底置换产权或把产权卖掉，仅仅是一种改革形式而已。

第二，对于一个企业，无论是什么性质的企业，其产权改与不改，卖与不卖，关键是要看是否有利于生产力发展。如果说，一个企业由于产权关系模糊，造成管理混乱，效益下滑，成为地区经济发展的包袱，那么，通过改革，明晰产权关系，或者采取出售产权的办法，卸掉包袱，无疑是正确的选择。如果通过改革，将置换下来的资产用于发展更大项目，或者用于有利于地区经济发展的其他产业，也是值得的。但为了赶时髦，或仅仅为了某一方面的原因，强行将集体企业资产置换掉，有违实际，也将失去改革的实际意义。以后石村为例，该村集体企业比重比较大，经济比较发达。长期以来，他们坚持以集体经济为主，坚持以改革求生存，发展多种经济成分、多种经营模式的企业或产业，取得明显的效果。其集体企业不仅管理有序，且效益不断提高，支撑着全村的财力和公益事业建设。对这样一个村的集体企业，如果单纯选择卖掉产权的改革取向，是不切实际的。再者，在该村发展规划中，也不存在靠置换集体资产来发展更大、更好项目的规划。所以，从实际出发，选择有利于推动企业发展的改革模式，更为实际，更为可行。

第三，集体企业的产权改革与国有企业等其他企业的产权改革是相通的，可通过不同模式或方法，进行改革、改组。既可将企业的产权一次性卖掉，也可采取撤并的办法重组或合作，又可引用股份合作制模式，明晰企业的产权关系。但与其他企业不同的是，集体企业的主人多层化。村级组织是宪法规定的村民自治组织，其集体资产又是历史形成的，村民人人有份，所以集体企业的主人不仅是企业的职工，村民也是企业的主人。因此，集体企业的产权改革触及多方面的利益，其改革无论选择什么样的模式，采取什么样的方法，都应尊重村民的意愿和企业的选择，任何强加于企业的改革，都将付出更多的成本。

因此，对于后石村的集体企业改革，应从实际出发，给予一定的自主权，发挥内在的优势，开创性地开展企业转制工作，努力从各个方面塑造更加完美的典型。

第四章 渔村社区终身教育体系

　　社区教育作为终身教育的基本形态已经成为许多国家构建终身教育体系的一项重要策略，它是指利用本社区经济、政治、科技以及人文资源，如风土人情、民俗习惯、生活方式等对社区成员以潜移默化的影响，增强社区成员的归属感和凝聚力的教育活动；就是将教育实施于人生即从小到大，由生到死的人生旅途的全过程。后石村在建设社会主义新渔村的实践中形成了"迎接好生的，培育好小的，引导好少的，教育好大的，照顾好残的，敬养好老的，安置好死的"这样"一条龙"终身教育模式，全方位、全过程地教育和关怀着每一位后石人，对于全体村民接受其所在社区的文化与规范，成为该社区合格成员的过程具有重大的意义。

第一节 "一条龙"终身教育体系的基本模式

　　从社会学视角看，社区最基本的含义是指传统的、地域性的民间社会，是该区域内共同生活的人相互影响并形成的个体与群体间的联盟，也是一个特殊的"生活圈"。社会成员在这个生活圈中休养生息，在这个生活圈中接受熏陶和教育。事实上，我们每个人总是生活在一个个具体的社区里，各种社会文化现象和各种社会组织形式也都是存在于一个个具体的社区之中，几乎所有的社会生活现象都在社区里得以表现。所以说，社区并不单单是人们休养生息的地方，同时也是人们通过终身教育、终身学习、与时俱进，实现人的社会化的大学校。社区教育在人的社会化过程中的作用包括：传递社会文化，认同社会规范；指导社会生活，养成社会文明；培养社会角色，适应社区发展；激发潜在能力，促进个性发展。依据上述理论，从 1981 年开始至今，后石村在社区教育中构建了适合渔村特点的、通俗易懂的以"迎接好生的、培育好小的、引导好少的、教育好大的、照顾好残的、敬养好老的、安置好死的"为内容的"七好"社区教育体系，20 多年来常抓不懈，营造了社区男女老幼之间、健康人与残疾人之间、本村人与外来人之间的和谐氛围。其教育体系的具体内容包括以下几方面。

一 迎接好生的

"迎接好生的"是指计划生育，优生优育。1949 年，后石村的人口只有 1000 人，1969 年猛增至 2800 人。为了控制过快的人口增长，1973 年，党委书记陈玉圭和村委会主任唐成国的爱人带头做了绝育手术，从此，渔村的计划生育步入健康轨道，人口自然增长率保持在 1‰ 以下，有的年份还呈现负增长现象。此后，渔村还专门设立了计划生育领导小组，党委书记陈玉圭同志兼任领导小组组长、党委副书记兼妇代会主任，同时，村里还配备一名计划生育专职干部，具体负责全村计划生育工作。1969 年至今，全村人口仅增加 300 余人。1989 年，后石村被评为"全国计划生育先进集体"。次年，村党委书记陈玉圭同志光荣地出席了"全国计划生育工作先进代表会议"，受到了江泽民等党和国家领导人的亲切接见。

不仅如此，由于村民不懂优生优育，智障儿童的出生率有增无减。后石有一位女村民，20 世纪 60 年代在生了三个孩子后又怀孕了，她为了不再增加家庭负担就服药堕胎，结果失败后生下一个痴呆孩子；还有一个 60 多岁的男村民，年轻时从外地娶回一个智力有缺陷的女人为妻，结果生了四个智障儿，这样的生育严重地影响了后石的人口质量。为了提高人口质量，为了子孙后代的繁荣兴旺，村里安排了 4 名保健医生、两名心理咨询医生、两名接生员、10 名大嫂队长，派一名专职干部负责优生优育工作。在广大农村，生儿育女本来是每个家庭的"私事"。在计划生育的国策下，生几个孩子受到一定限制，不过，什么时候生孩子由自己决定，生个什么样的孩子则完全是靠运气，所有养育的责任也由家庭来承担。但后石村把生育作为"公事"来关注：从胎儿的孕育做起，实施优生优育；把"迎接好生的"，作为"一条龙"教育措施的基础；把生育作为村里的公共事务来推进。

此外，后石村在落实"迎接好生的"这项教育内容时，还做了大量工作：①宣传科学婚恋，避免近亲结婚，杜绝精神病妇女做母亲。②组织村民学习人口理论，讲解计划生育国策，落实计划生育措施，使晚婚率和生男孩的夫妇只要一个孩子的报名率达到100%。③办孕妇学习班，讲优生课，传授孕期保健知识，实行胎教指导。通过教育指导使孕妇懂得，胎教就是在妊娠期间，孕妇除了要重视自身的健康和营养条件外，还要重视周围环境的影响，努力培养积极的心理状况和情绪体验，以便让胎儿在胎内环境中受到良好的感应，使他们出生后健壮而聪明。④进行孕期体检，介绍育儿经验。新婚夫妇婚前接受培训，孕妇接受孕期保健教育。通过宣传、组织学习、教育指导等种种工作，使孕妇们改变了观念：原来只求吃饱喝足，至于健康与否、聪明呆傻完全听天由命；学习以后，她们开始注意孕期保健——讲究饮食营养，有意识地多吃蔬菜、水果，少吃药，保持心情愉快，适量运动……以促进胎儿健康发育。正因为村领导重视优生优育，做了大量工作，后石村自1985年以来出生的700余名婴儿各个发育健壮，无痴呆，无夭折。

对于独生子女，是男孩的，集体拿钱为其办独生子社会保险。属于献出第二胎指标的，（国家允许农村生女孩的夫妇，再生一胎）村里出资为独生子女及其父母办家庭社会保险。长期在村子打工的外来务工者，有的在后石村安了家，对于这类人群的计划生育工作，后石村也坚持常抓不懈。从2001年至今，常年居住在村里的外来务工者家属大约260人，对于这些外来务工者的计划生育工作，由村治保、卫生、计划生育等部门负责，每季度进行一次检查，一旦发现问题，追究用工单位的责任。

总之，在优生优育方面，村子倡导注重母亲的营养、生活环境、情绪调适；强调孕妇要禁烟禁酒，讲究卫生与孕期保健等。这完全有助于给生育者和社会一个健康活泼的孩子，符合优生的要求。

二　培育好小的

"培育好小的"即重视幼儿的早期教育和智力开发。在后石村，牙牙学语的幼儿和上小学的儿童都统称为"小的"。俗话说："三岁定终身"，"三岁看八十"。幼儿教育是人生的基础，这个阶段的教育决定幼儿的未来。我国著名的教育家陶行知曾经说过："人格教育，端赖六岁以前之培养。凡人生之态度、习惯、倾向，皆可在幼稚时代立一适当基础。"[①] 他在《创设乡村幼稚园宣言书》一文中更明确指出："六岁以前是人格陶冶最重要的时期。这个时期培养得好，以后只要顺其自然，自然成为社会的优良分子；倘使培养得不好，那么，习惯成了不易改，倾向定了不易移，态度决了不易变。这些儿童升到学校里来，教师需费尽九牛二虎之力去纠正他们已成的坏习惯、坏倾向、坏态度，真可算为事倍功半。"[②] 而在我国广大的农村，多数孩子根本无人照看，更谈不上教育，尤其是在农忙时，农妇异常忙碌，既要种田，又要做饭，还有其他的家事，因此通常无人照顾他们。六岁以下的孩子成为父母们的负担，无奈之下父母往往只有让年龄稍长的儿女辍学回家陪伴、照顾弟弟妹妹，这种情况既不利于幼儿的早期教育，又耽搁了年长些孩子接受学校的正常教育。

这一切后石村的领导们都看在了眼里，为了减轻家长的负担，使村里的儿童能够从小受到良好的教育，早在 1975 年，村里就办起了幼儿园。只不过那时的出发点是解放妇女以便增加劳动力。幼儿园当时的条件十分艰苦，一间四壁通风的小平房，一张一摇三晃的小方桌，几把一落座就嘎吱嘎吱响的小方凳，小朋友坐的，是从自己家里带来的小板凳，几名被抽上来的年轻女劳力做小"幼师"，而教材则是她们脑瓜里现成的一些农家知识。

直到 1982 年，村里投资 20 万元，新建了 660 平方米的幼儿园，购置了大型玩具和整套的教学设备。同时为了提高幼儿教育质量，村里择优录用初高中毕业生当幼师，选派得力妇女干部管理幼儿园。上至院长，下至幼师，都分期分批去大连幼儿师范学校进修，严格遵循国家颁发的幼儿教学大纲，上好语言、计算、体育、美术、音乐、常识、游戏等 7 门课程，开发幼儿智力；生动活泼地进行爱党、爱祖国、爱社会主义、爱集体、爱劳动和尊师敬业、团结互助、勤俭节约的教育；诱导幼儿讲卫生、不偏食、讲风格、不任

---

① 陶行知：《幼儿教育的理论与实践》，四川教育出版社，1987，第 29 页。
② 陶行知：《幼儿教育的理论与实践》，四川教育出版社，1987，第 32 页。

性；开展"红花幼儿"评比活动，鼓励幼儿在家听爷爷、奶奶和父母的话，在幼儿园听老师的话，长大以后听党的话，做社会主义新渔村的好孩子。在教学方法上，他们采用：①唱歌法，即把数字编成歌曲。②方块纸法，即用方块纸把数字一、二、三等或1、2、3等写在方块纸上，比赛谁认得多，认得快。③看图识字法，即在方块的一面画图，一面写上数目字。教学时，先叫幼儿看图，后叫儿童识数目字，把图的数目和数字结合起来识忆。④用穿珠子、拍球或踢毽子的方法训练儿童从一数到一百。先进的教学设施和灵活的教学方法吸引着村里所有的适龄儿童，连续多年来，全村适龄儿童入园率为100%。2000年，村里又投资100万元，易地新建了890平方米的新幼儿园。新幼儿园设计新颖，造型别致，功能齐全，是全区村级幼儿园的一个示范窗口。幼儿园还定期召开家长会议，宣传幼儿教育的基本知识，使幼儿园教育和家庭教育更好地结合起来。

在幼儿期结束的时候，儿童已养成一套行为习惯，并且个性倾向性和个性心理特征已初步形成。一般来说，已经形成的行为动向是很难被破坏的。正因为幼儿期是智力发展和个性形成的关键期，所以在儿童的初期，开展丰

幸福快乐的后石村一代

富多样的游戏活动和进行形象化的教育，通过这些活动使幼儿学会控制自己的情绪和欲望，并培养幼儿与同伴友好合作、相互谦让、为别人着想、讲礼貌等优良品德是至关重要的。因此，为幼儿提供丰富而适宜的智力玩具，耐心热情地回答幼儿提出的各种问题，经常结合幼儿的生活实际向他们提出一些智力问题，培养他们从小爱思考、爱观察的习惯；还要通过听故事、讲故事以及各种文化课培养幼儿言语表达能力、丰富词汇量，发展连贯性言语；在完善句子结构的同时，可以考虑有计划地学习一些书面语言等，这些都是幼儿教育的内容。

重视幼儿教育，从小培养儿童的自信心、责任感和荣誉感，是后石村幼儿教育的重要特点。而培养幼儿的个性和品质，让他们在幼儿阶段就从家庭成员、邻里及幼儿园教师身上接受道德、精神和心理等方面的熏陶，逐步形成善与恶、真与假、好与坏、是与非的最初概念；学会如何正确对待周围的人和事，知道应当做什么，不应当做什么，是后石村幼儿教育的根本所在。

在后石村的领导者看来，只有幼儿教育是远远不够的，科技的飞速发展要求每一个村民都必须进一步接受良好的教育。"经济的发展靠科技，科技的掌握在教育。只有培养出较高科学文化素质的人，才会有国家现代化的视线，才会有后石村美好的明天"。"建一座21世纪不落后的小学校，给后石的子孙后代造福"成为后石领导人重视教育的实际见证。20世纪90年代的第一春，后石的土地上终于矗立起一座采用太阳能取暖技术的现代化新校舍——后石小学。后石小学建立后，以"一流的设施、一流的教育，培育一流的学生"为办学理念，在围绕提高教学质量，促进学生在德、智、体、美、劳等全面发展这个中心的指导下，教师们潜心研究教学，精心设计课程，用心讲好每门知识，开展了各种寓教于乐的课外活动，全面地提高了学生的综合素质。

从理论上讲，儿童到了6~7岁，他们的生活环境发生了一次大变动，儿童要进入学校开始系统地接受正规的学校教育。一下子从备受家长和成人保护的幼儿成为需要独立完成学习任务，承担一定社会义务的小学生，这种社会角色的变化、承受环境压力的变化，都促进儿童心理品质产生质的飞跃。在学习过程中，教师虽起主导作用，而学生是学习的主人，小学阶段是打基础阶段，是培养学生的学习品质、养成良好学习习惯的关键期。所以必须重视学生学习品质的培养，这些品质包括：①学习的目的性和方向性；②学习的主动性和计划性；③学习的广阔性和深刻性；④学习的灵活性和批判性；⑤学习的实践性和创造性。这五个方面的学习品质分别是从学习动机理论、知识结构理论、学习迁移理论、学习内部矛盾转化理论，以及理论和实践的关系等一系列的规律提炼出来的，其中最重要的品质是学习的主动性。学生一旦具备了良好的学习品质，才能真正成为学习的主人。

与此同时，儿童道德品质的形成也在小学阶段。著名的心理学家皮亚杰通过的大量研究，将儿童道德发展大致分成两个阶段：在 10 岁前儿童对道德行为的思维判断主要是依据他人设定的外在标准，称为他律道德；10 岁之后，儿童对道德行为的思维判断依据自己内在标准，称为自律道德。小学儿童品德发展有如下特点：①逐步形成自觉运用道德认识来评价和调节行为的能力。②自觉纪律的形成和发展在小学儿童品德发展中占有相当显著的地位。③小学三年级下学期是小学儿童品德整体发展的转折期，即小学儿童品德发展的"关键年龄"。由于人类的道德认知发展是先他律而后自律，因此要培养儿童的优良品德，应先教儿童遵守既定的行为规范，教他们在适当场合表现适当的行为。对于年幼儿童来说，无论他们在家庭还是在学校，教育者都要制订出明确可行的道德规范和行为准则，让儿童照着去做。随着认知发展成熟，儿童只有具备了判别是非的自律性道德认知能力的时候，才能懂得人类的道德含义。

在后石小学，每一个学生都必须以科学、敬业、为国作贡献的华罗庚精神和刻苦钻研的钉子精神抓学习，以无私奉献做工作的雷锋为榜样，努力培养良好的学习品质和道德品质。

三 引导好少的

"引导好少的"即关注青少年的成长和教育。20 世纪 80 年代初，后石村出现了一批又一批的中学生辍学的情况。据统计，至 1982 年初，在后石村这个小社区内，就闲散着 134 名青少年，这些辍学青少年三三两两，无所事事，东游西逛，成为浪迹社会、偷桃摘李、打架斗殴的"野孩子"。对此，后石村的领导们看在眼里，急在心里。如何教育、引导这样一群青少年，成为当时村里最大的事情。经过认真分析，村里果断采取了两项措施：一是对村民强制规定，凡初中辍学者一律不安排工作，还要罚扣其家长当年报酬的10%，同时，对于继续就读的学生给予奖励。二是开办文化技术学校，将青少年引入正途。一方面从心灵上扶正除歪，使他们的思想脉搏跳动在"文明村"的线谱上；另一方面花大力气帮助他们补习文化课，使其达到初中文化水平。村里将60多公顷养殖蚬子的近海滩涂作为教学实践基地，用技术知识吸引他们，使其懂得，有知识、懂技术就是才干，有才干才能为建设新渔村出力；用奖学金激励他们，使其明白，奖学金是对学习成绩的肯定，被肯定才是好少年；用纪律和制度约束，使其懂得，遵守社会规范是最基本的社会化法则，热爱劳动，不怕吃苦才能成就大事；用社会主义的道德规范他们，使其懂得，尊老携幼、助人为乐、为人清正是社会主义新农民应有的美德，歪风邪气、伤风败俗为社会所不容等等。在社会化过程中自我意识发展的关键期，后石人给了所有后石村民以均等的受教育机会。青少年时期是人生的关键期，也是人从童年向青年的过渡时期，是半成熟、半幼稚，独立性与依赖性并存的交错时期，在这个时期，生理上的急剧变化和学习活动的变化，使少年期的自我意识有新的觉醒，从一定意义上说，是个体的"第二次诞生"。此时少年会提出：我是一个什么样的人？我从哪里来？我要到哪里去？我应该怎样走？即意识到要客观地解剖自己，分析自己人格形成的原因，确定自己的发展方向并拟定自己的人生计划及实现措施。少年期能意识到人生道路上的四个问题，其重要意义正如苏联心理学家维果斯基所指出的："自我意识的发展是过渡年龄的精髓和主要成果。"① 它对个性在青少年期乃至整个人生历程的发展具有深刻的影响，是制约人格形成、发展和重建的关键。

在少年自我意识发展的关键期，应尊重少年的独立性、自尊性，充分调动少年工作、学习的积极性和创造性，利用少年自我意识发展的有利条件，引导学生自己教育自己，也可以利用现实生活中和艺术作品中的优秀形象来

---

① 黄希庭：《心理学》，上海教育出版社，1997，第 120 页。

教育少年学生，逐步完善他们的个性，帮助他们健康地实现人的社会化过程。

与此同时，青年初期是社会化过程中价值观、人生观形成的关键期。价值观是个体对自然、社会、人生问题的带有根本性的观点。它的形成是由人的知识水平、生活环境等方面决定的，同时受人的情感、意志、理想动机、立场态度等个性因素所制约。心理学家的调查表明，小学阶段的儿童已经开始对人类、自然及社会现象产生兴趣与疑问，但尚未形成价值观。到少年期开始对人生意义做一些零散的具体的探索，价值观有了萌芽。到青年初期（14～18 岁）是价值观形成的关键期。学生进入高中阶段后，随着社会接触面的扩大，生活阅历的积累及文化知识的增长，自我意识逐渐发展、理论思维逐渐形成，会产生对自我在社会中应肩负的历史使命的认识，从而不断加深对人生观的思考，经常把社会中所接触到的现象提高到社会价值和社会意义上来衡量，并为此不断地开展争论，表现为对理论问题产生越来越浓厚的兴趣。高中生的价值观的核心是人生意义问题，他们也逐渐学会将个人的生活目标与社会发展的总体方向相联系。

价值观的确立在青年初期的学习、生活中有巨大作用。童年、少年比较单纯的好奇心在作为学生的学习动力上已失去支配地位，代之以信念和理想。而信念和理想最终还是受其人生观的制约。正确的人生观、价值观会使学生树立远大理想、坚定信念，并进而转化为强大的学习动力，能将近期计划和远期规划较好地结合起来，朝着预定的崇高目标奋进。而缺乏正确人生观、价值观的学生就容易随波逐流，稍有干扰就失去了继续前进的动力和目标。

为了把握青年初期人生观、价值观形成的这一关键期的教育，一方面，应进一步提高青年思维的逻辑性、独立性和批判性，从"经验型"的抽象概括上升到"理论型"的抽象概括，同时培养学生的自学能力，扩大知识面，坚定正确的价值取向；另一方面，通过理想教育、学习动机教育以及日常的思想品德教育，不断增强学生自身的社会责任感，使他们更加自觉地把工作和学习以及祖国的腾飞和社会的发展联系起来，并不断引导学生经常按照社会化的目标来评定自己的个性，塑造自己的良好个性。

为了使当时的那群特殊少年走上正途，渔村文化技术学校除了说服教育以外，还利用树立典型的方法引导他们。后石村的赵，原来嘴馋身懒，逞强好斗。经过一段时间的半农半读，使他懂得雷锋精神的可贵、文化技术的重要，从此发奋学习、勤奋劳动。在一次参加集体劳动回家的路上，他发现一个 6 岁的女孩掉进 3 米多深的水塘里，正哭喊着挣扎。他毫不迟疑地跳进水中把女孩救了出来，受到群众称赞。"蔫淘鬼"白，曾是闲散游荡中的"骨干成员"。进入文化技校初期，还钻进当地驻军的坦克里，把驾驶员的头盔大摇大摆地拿回了家。在考算术时，他不会答题，也不写自己的名字，却在试卷后面写上"作者安娜路易斯"。经过校领导和家长的耐心引导，他不仅把头盔送还了解放军，承认了错误，还为"安娜路易斯"一事向老师交了书面检讨，逐渐变成了遵守纪律、热爱学习、爱护公物的好少年。他毕业后分配到虾场工作，通过努力工作，被任为虾池的池长，成为养虾行业的得力干将。"歪点子"崔德春，曾是一群"闲散子弟"的"谋士"。每到"尝鲜"季节，他就相约"蔫淘鬼"，伙同"闲散子弟"们，"分工协作"，"巧袭"苹果园。一伙围着看园的伯伯、大爷套近乎，拉家常，另一伙则肆无忌惮地东摘西装。一声呼哨，满载而归，分而食之，美餐一顿。在村组织的正确引导下，崔德春懂得心眼应往正地儿使，不然，心眼越多对集体事业危害越大。文化技校毕业后，分到貂场，他在科学饲养上动心思、想点子，是有名的养貂能手。貂场解散后，他从事个体经营，做事灵活精明，通过实干加机遇，使他渐渐发展成为腰缠万贯的大款。前几年，他听说村里要建东北农村第一公园，一出手就捐了价值 5000 多元的急需水泥。1982 ~ 1986 年，后石村半农半读学校先后培训了 136 名"少的"，他们中的 100% 获得过奖学金，15 人加入了共青团。毕业时，村里按学习成绩、劳动态度和思想表现进行工作分配，其中，71% 分到村办企业工作，6% 干农业，23% 当上了小会计、小保管员和化验员，他们中的绝大多数后来都成为村里各行各业的骨干。

"引导好少的"是后石人构建终身教育体系中关键的一环，它的成功实践，不仅弥补了学校教育的不足，而且为后石村培养出一茬又一茬重知识、爱学习、积极向上的好少年。

四 教育好大的

"教育好大的"即重视对成年人的继续教育。法国社会学家涂尔干曾给教育下过这样一个定义，即"教育是年长的几代人对社会生活方面尚未成熟的几代人所施加的影响……教育在于使年青一代系统地社会化。"[①] 涂尔干所说的教育虽然是针对儿童和青年人的，但对于成年人仍然适用。从理论上说，人的社会化是伴随终生的持续发展的过程。从纵向发展历程看，它是一个持续终生的学习过程。孔子曾说："吾十有五而志于学，三十而立，四十而不惑，五十而知天命，六十而耳顺，七十而从心，所欲不逾矩。"[②] 这是个体社会化纵向发展过程的最早论述。荀子认为人的社会化是不断"化性成伪"的终生学习过程。《礼记·学记》认为人的社会化是一个"教学相长、化民成俗"的过程。从横向社会关系看，社会化是个体与社会交互作用的融合调适的过程。个体社会化是个体与社会交互作用的双向过程。一方面，个体通过进入社会生活，从而建立社会关系，接受社会经验，掌握社会规范；另一方面，个体通过积极的社会活动对社会产生反作用影响力。它体现了人与社会，主体与客体的辩证社会关系。

人们通过社会参与、社会实践，积累社会知识，熟悉社会生活，掌握社会技能，并进而把先进的社会观念、社会规范内化为自己的行为准则。一句话，人的社会化程度是动态的，决不会一直停留在一个水准上。在"一河之隔，老死不相往来"情况下的人，自然也是社会人，可那是低级社会化的人。今天，由于"天堑变通途"，由于交通的发展，"千里江陵"不用一日就能往返好几趟；由于通讯工具的发展，"海内存知己，天涯若比邻"的浪漫主义诗句正在变成光辉的现实。人在社会上的辐射面显然已是今非昔比了。客观世界的发展，相应的要求人必须不断地继续社会化。对此，后石人有着比较清醒的认识，而"教育好大的"也正是后石人构建终身教育模式的着重点。

---

① 埃米尔·涂尔干：《教育及其性质与作用》，载张人杰主编《国外教育社会学基本文选》，华东师大出版社，1989，第8~9页。

② 《论语·从政》。

　　据统计，后石村 18～49 岁的青壮年，占全村人口的 51%，占总劳动力的 91%。他们是发展商品经济的中坚者，是建设社会主义新渔村的主力军。这部分人的思想素质、精神面貌和现实表现，直接关系到后石村的村风民俗，决定着后石村经济的发展速度。为了打造终身学习的良好氛围，村里实行多层次、多渠道、全方位的教育体系。例如，通过各种职业技术培训，提高职业技能；通过政治理论学习，提高政策和认识水平；通过开展找对象"是选脸蛋、图家财，还是挑人品、图感情"的讨论，引导青年树立正确的婚恋观；通过"母范学堂"，教导妇女掌握育儿知识，校正育儿偏误，当好孩子的第一任老师；通过开展"好婆婆"、"好妈妈"、"好媳妇"、"好妯娌"和"好邻居"的评选活动，引导她们尊老爱幼、互助互敬，做一代新人，开一代新风，等等。关于教育的具体内容，概括起来，主要有以下几个方面：

　　第一，坚持不懈地在全体村民中进行爱国主义教育，强化村民爱国、爱党、爱集体的思想意识。由于后石村一直坚持发展集体经济，走邓小平同志倡导的"高水平集体化"道路，村领导班子非常重视对村民进行集体主义的教育。1982 年，村里成立政治夜校。从 1988 年开始，利用闭路电视，请老党员、老革命讲述日本统治大连 40 年期间后石村人民受奴役、受欺压的屈辱历史，讲述抗美援朝中后石村王福清烈士的英雄事迹，并于 1989 年，在村子中央矗立起王福清烈士的大型雕像，将此作为全村村民的爱国主义教育基地。与此同时，村里还经常聘请大学教师为村民讲解政治经济学、农业经济学，并组织村民集中学习《邓小平文选》，教育村民爱国、爱社会主义、爱后石村、爱他们自己选择的集体经济。二十多年来，在社会上有人议论"谁发家谁光荣，谁穷谁狗熊"的时候，后石人却坚定地选择集体专业承包致富的路子；在社会上有人热心"投机钻营挣大钱，损人利己捞外快"的时候，后石人却默默地坚守集体经济阵地，坦然地做着各自本分的事；在社会上风行"单干自由发家快，个体模式大款多"的舆论时，后石人就是认准集体经济不动摇，咬定"青山"不放松。养虾场党员赵明达，在养虾事业兴旺、劳动报酬丰厚的时候，亲戚朋友羡慕他摊上好职业。在近几年连续遭受天灾、工资收入微薄的时候，朋友劝他脱离虾场搞"单干"，他摇头拒绝；

承包建筑工程发了大财的亲戚让他到其工程队当小头头，他婉言谢绝；亲戚要给他一台汽车雇人运料坐地赚钱，他还是不动心。赵明达决计要与虾场共损共荣，从组长升任场长后，他更是铁了心地要在集体经济发展中作出应有的奉献。在解放军大学校学得一手好技术的微机操作员、共产党员汤爱平，落户后石村后，靠自学掌握了复印、传真、摄像、摄影、闭路电视转播、家电安装与维修等多门知识技术。一家三资企业老板想用住房、工资的优厚条件"挖他"，他谢绝；大连万达集团愿以一套住宅和高薪聘他，他也不去。汤爱平看好了后石村这个先进集体，立誓要为后石集体经济贡献自己的聪明才智。

第二，坚持不懈地进行革命光荣传统教育，激发后石人艰苦奋斗和无私奉献的精神。为了继承和发扬老一辈后石人艰苦奋斗、无私奉献的传统，村子投资建起村史展室，出版了《后石村·昨天·今天·明天》，拍摄了《后石的路》和《今日后石村》等两部录像片，利用这些文字图片和音像教材，弘扬后石人的光荣传统。村里充分利用每年的半年和年终总结，大力宣扬和表彰艰苦创业和甘愿奉献的先进个人，通过这些作法，后石村的村民成为艰苦奋斗的接力者和无私奉献的传棒人。负责石坑供水的王天贵，孩子被车子轧坏，住进大连市内某医院，他安排老伴去护理，自己一直顶班供水。孩子住院4个月，领导和同志们几次劝他去医院，他一次也没离开岗位去看看。50多岁的电工王云祥，在新建厂房吊杆时，不慎碰断了左手小指，中指和无名指也鲜血直流，他到医院包扎并打好了石膏后，继续忙个不停。同志们劝他休息，他硬是不肯。由于带伤工作，影响断指复位愈合，时间长了，左手小指都长弯了，他也不在乎。负责承包科技果园的崔世坤，不言苦累，不计报酬，一年四季全身心地扑在科技园里。幼树栽培时，为防外来人偷树，他一天到晚守在园内，连饭都顾不上回家吃；为了及时治疗罕见虫灾，他日夜想办法，寻计策，用药不灵就组织全组人员顶着烈日用手抓，从而使树体得以茁壮生长；为发挥微喷技术的作用，他细心琢磨改进，精心维护管理，使近万棵优良品种的苹果树适时挂果。1995年，他加入了中国共产党，并被提拔为果树队副队长。在后石，像这样一心为集体的好村民比比皆是，这也充分说明后石人构建的终身教育模式是后石村宝贵的精神财富。

第三，坚持不懈地进行社会主义新风尚的教育，培养村民破旧俗，树新风的道德风尚。为了树立良好的社会风尚，村里首先组织大家开展"文明村的村民应该有什么样的道德风尚"的大讨论，并利用广播、闭路电视进行宣传，批评旧习俗，引导村民做文明人，办文明事，建文明家庭，以高尚的文明心境抵制不良风气的影响，以优良的村落小环境影响不尽如人意的社会大环境等一系列宣传教育活动，收到了满意的效果。过去自称"成仙得道"、能"跳神"医病的女村民改过从新，往日曾有的求仙讨药的现象早已绝迹。村民曲承东领工资时，发现多出 1000 元，他如数退还。拾金不昧、乐于助人，已成风气。原先白喜事挂幡超度，红喜事大操大办的陋习也彻底改变。从 1987 年起，年轻人结婚一直坚持集体举办婚礼，村里食堂代办婚宴。按后石人的生活水准，一次婚宴一般不超过 10 桌，一桌不超 10 人，总花销不过 3000 元。婚礼上，村领导到场祝贺，但不参加宴席。1993 年起，村里购置了摄像机，为村民结婚录像，只收成本费，不要额外钱，为集体举行婚礼增加了喜庆气氛。

第四，坚持不懈地进行法制教育，不断增强村民的法制观念和守法意识。后石领导班子在注重对村民思想教育的同时，还特别注意培养村民的法制观念。他们聘请市、区司法部门的专家讲各种法律知识，教育村民用法律条款约束自己，做知法守法的社会主义好公民。当村里出现集体和个人的经济纠葛，出现个别人损害集体经济利益的行为时，村领导班子在动之以情、晓之以理的前提下，适时请求法律介入，通过法庭裁决，理断纠葛，维护集体经济利益，使当事人认识到法律的威严，使广大的村民接受现实的法制教育的洗礼。随着渔村经济的迅速发展和对外交往的日益广泛，社会上拖欠渔村货款的问题也日渐突出，合同纠纷时有发生。在一次索债和多次协调解决无效的情况下，村领导班子适时诉诸法律，请求有关经齐法庭出面调查。依据司法判定，先后收回 100 多万元的债款，保护了村民的财产和权利，也使村民从中学会了用法律保护自己，立志做保护集体，做知法守法又会用法的现代公民。

第五，坚持不懈地进行文化科技培训，提高村民的科学文化知识和技能。村里在 20 世纪 80 年代就办起了文化科技学校，向村民开设经营管理、农业机械、果树栽培、林业测绘和蔬菜技术五门课程，聘请农业科学家任教。村里还派 5 名技术人员到日本学习水产养殖技艺，派 6 名药剂人员到相关院校和工厂见习深造。自 1991 年，村领导愈来愈强烈地意识到科学技术在生产力发展中的地位和作用，择优选定部分具有初高中文化程度的村民去省、市有关大专院校接受培训。村里开办大连财经学校后石分校，组织 40 多名村民参加每周两天的脱产学习，既攻读中专文凭，又学习经济管理知识。10 多年来，全村共培训经济管理人才 70 多名，蔬菜技术人员 20 名，果树技术人员 50 多名，水产技术人员 50 多名，林业技术人员 5 名。其中，47 人获市、区主管部门评定的初级技术职称，2 人取得高级技术职称。[①]

教育好大的，为后石村教育出一批又一批爱集体、钻研科技、艰苦创业、甘愿奉献的青壮年。

五 照顾好残疾人

"照顾好残疾人"即对社区弱势群体实施的社会福利方略。由于种种历史原因，后石村有 56 名残疾人。在他们当中，有的肢弱，有的体残，有的神经错乱，有的瘫痪在床。为了体现社区教育的公平性，使每一个村民都能共享终身教育的好处，后石人对村内的残疾人悉心照顾，使残疾人感受到生活在后石这个大集体中的温暖。在实践中，后石人针对不同类型的残疾人采取不同的"照顾"方略。对有劳动能力的，优先安排力所能及的工作。比如村里专门建有福利包装材料厂，凡有劳动能力的残疾人，都安排在该厂从事劳动，鼓励他们自立自强，跟上共同富裕的步伐。后石的残疾人先后有 41 人进了该厂，像城里工人一样按时上下班，年均收入 2000～6000 元。另外还有 12 人从事会计、门卫、广播员、售货员、缝纫工和书报投递员等工作。对生活不能自理、家庭又比较困难的，村里每年发给一定数额的生活补助费，协助照顾。个别年岁大的，村里出资送往镇敬老院，在那里安享天年。

---

① 中央政策研究室、农业部农村固定观察点办公室主编《金州湾畔——辽宁省大连市后石村》，中国农业科技出版社，1998，第 72～79 页。

与此同时，村里还组织青年保护服务小分队，为瘫痪在床者扫地、打水、洗衣、种菜、送粮，解决具体的实际困难。于长富是后石村的困难户，20 世纪 80 年代初，他一家 7 口，老伴傻，3 个儿子智障，养家糊口全指望他自己。家里两床"油炸糕"似的棉被破烂不堪；3 间祖辈留下的矮草房难挡风寒，一件唯一的家具——破板箱，里面还是空的。全家人年年吃救济粮，还欠下生产队 2000 多元钱。1985 年，村里组织人力、物力为其盖起了 5 间比较讲究的砖瓦房，三个儿子两个进了福利厂，一个在果树队。于长富本人年龄大、体质弱，村里安排他干些轻活，一家人过上了吃、用不愁的好日子。如今的于家可变样了，破板箱早当柴烧了，"油炸糕"似的棉被也早扔了。大儿子和三儿子各有三间新房，新式家具、彩电、录音机、几铺几盖、皮鞋西装，一般村民家有的于家都不缺。家不像家的于家早已成为人们记忆中的过去。特别的关爱，特殊的政策，使后石的弱势群体各得其所，各尽其力，各有所养。他们充分感受到了生活在后石的温暖和幸福。

中华民族有五千年的文明史，素有"礼仪之邦"的美称，扶残助弱是中华民族的传统美德，建设和谐社会的核心就是要处理好人与人、人与社会的关系。要强调人与人之间的团结、友爱、互助，要尊重人、关心人，发挥人的潜能。每个残疾人都可能有一个辛酸的故事，每个残疾人生活都不容易，尊重、关心残疾人，为残疾人等弱势群体提供一些关爱和特殊福利，是建立和谐社会应该也必须付出的成本，无论是个人还是社会团体，都应该自觉地为以残疾人为代表的弱势群体献上一份爱心，这样，世界才能充满爱，社会才会和谐、安宁。

让我们尊重每一个残疾人的人格，承认他们存在的价值，承认他们生命的价值，真诚地关心他们，爱护他们。

六　敬养好老的

"敬养好老的"即倡导"敬老养老"的社会风习。敬老养老是中华民族悠久的文化历史积淀下来的传统美德，以"孝"道为核心的敬老养老道德观念，有文字记载至少有三千多年的历史。孔子曰："今之孝者，是谓能养。至于犬马，皆能有养，不敬何以别乎？"孟子提倡"老吾老以及人之老，幼吾幼以及人之幼",既要敬养老人,也要爱护小孩。家庭作为社会有机体的"细胞",家庭和谐是社会和谐的基础。解决好养老问题,也是构建和谐社会的一项重要内容。"百善孝为先",孝的含义,狭义上讲,是指子女要孝敬报答父母;广义上讲,是指国家、社会要回报反哺老年人。

敬养老人是我国家庭伦理、道德特定的法规和准则。《中华人民共和国老年人权益保障法》也详尽地规定了赡养人对老人诸多方面的关心、照料及赡养的义务。就是说,赡养权是我国每一个公民的权利和义务。农村老人与城市退休老人的养老不可同比。城市老人退休后靠退休金维系晚年生活,而农村老人却没有太多的生活保障,他们把自己的子女养大成人,到了晚年自己却无劳动能力了。所以说:"我养你小,你养我老"的伦理观念是农村特定的道德规范。

基于此,后石人响亮地提出了"敬养好老的"的口号。由于老年人健康衰退、收入减少、对物质生活的满足方面要求降低,所以老年人的继续社会化可以帮助成年人包括老年人适应社会的发展变化,并对减少变革时期的社会震荡、维护社会正常秩序具有重要意义。后石人从两个方面入手,探索农村社区教育的新途径:一方面,推行退休养老制度。从 1982 年起,生活在后石的年满 55 岁的女性村民和年满 60 岁的男性村民一律实行退休制度,由村里统一发放工龄补贴和养老补贴。另一方面开展有益的老年活动,让老年人开心地安度晚年。1996 年,村里在福清公园内建起 700 平方米的二层楼作为老年活动中心,内有图书阅览室、综合活动室、健身房和棋牌室。随后又建成 45 米长的苏州式长廊,建起了门球场,在西屯建成两处凉亭,为老年人提供休闲场所。与此同时,后石村还在村民中树立了一批"尊老养老"的先进典型。后石村村民裴淑芝从嫁到后石第一天起,就以一颗纯朴的孝心,为年迈多病的公婆开小灶,洗衣服。后来终身未娶的大爷公从渔业队退休了,她主动和丈夫商量,又把大爷公接到家里。公公孤僻爱唠叨,大爷公古怪爱叽叽,老哥俩吃饭不能同桌,还经常吵吵嚷嚷。婆婆是急性子,嘴也厉害,稍不顺心就骂个没完。裴淑芝这边劝公公、大爷公别争吵,那边劝婆婆莫生气,常把三位老人劝笑了。老人年岁越来越大,病也越来越多,婆婆一年至少住一次院,大爷公三天两头不舒服,公公也经常闹病,一个招呼要喝

退休老人在老年活动中心健身房健身

水，一个急着要吃药。裴淑芝左右伺候，毫无怨言。几年前，婆婆病重，卧床不起，她几乎日夜守护，为婆婆喂水喂饭，洗脸梳头，端屎端尿。婆婆逢人便说，"我亲生闺女也没有儿媳妇好。"裴淑芝的高尚行为，引来更多做儿媳的仿效。女村民刘秀梅，17年不和婆婆说话，也不负担婆婆的生活费。在当时妇女主任苍淑英的耐心开导和裴淑芝实际行动的教育下，终于认识了错误，主动找婆婆检讨，诚心诚意地把婆婆从哥嫂家接回来。婆婆年岁大，腰腿不好，她让婆婆睡炕头，还经常做好饭菜给婆婆吃。老人感慨地说，"没想到儿媳妇能变过来，还是共产党教育得好啊！"

后石人的老人就是在这种环境中安度晚年的。

七　安置好死的

"安置好死的"即提倡移风易俗，丧事从简。人生礼仪中的最后一个环节是丧葬礼俗，丧葬仪式表示一个人最终脱离社会，标志着人生旅途的终结。中国人向来把死与生看得同等重要，民间相信人的灵魂不死，死人能投胎转世还有来生。人死之后家人进行隆重的丧葬仪式，不但对生者有利，对死者也有利。旧时，后石村办丧事有多道程序，要做道场、烧灵屋、唱夜歌等等，还要用白纸写对联，所以在民间办丧事也俗称"白喜事"。一般说来，这种传统的丧葬礼仪具有两大特征：一是大操大办；二是愚昧迷信。亚圣孟子曾说："养生不足以当大事，惟送死可以当大事"①。受此观念的影响，再加上有钱有势者想通过大办丧事来炫耀自己，而穷苦人家也不愿因办丧事而丢了面子，因而，丧事大操大办之风盛行不衰。新中国成立前一些有钱人家挖空心思调动场面，有的丧事操办时间延续长达七七四十九天，请僧道和吹鼓手诵经吹打、喧闹非凡，出殡长龙连绵数里。官僚仕族、地方乡绅无不利用丧礼极尽比奢斗富之能事。如果当地同时有两家实力相当的人家办丧事，那就更热闹了，往往形成攀比打擂的局面。1949 年成立之后提倡移风易俗，办丧事逐渐简化，火葬的方式逐渐被人们所认可，但是在我国农村广大地区，人们仍然相信所谓"入土为安"的"古训"，因此传统的丧葬形式仍然比较流行。这种传统的丧葬礼仪不仅造成人力、物力和财力的巨大浪费，使丧家不堪重负，而且迷信风俗的宣扬，导致精神污染、腐败滋生、民心离散。为了改革这种陋俗，从 1975 年开始，后石村下大决心对此进行改革。首先，村里领导班子对老人百年后的安置有着清醒的认识：安置好死的，为的是教育和安慰活着的人们，所以，村党委极为重视村里老人"百年后"的安置。每位老人故去，村干部代表都要前去吊唁，缅怀他生前为后石村作出的贡献，同时安慰家属，并根据老人去世前医疗费支出情况，对困难户给予一定的补助。送葬时村里派一辆车，火化后骨灰统一安放在祭祀堂中。这个祭祀堂，是村里组织了几十名退休老人，在北山脚下选一块向阳坡地，建起的 100 多平方米的祭祀堂和 100 多平方米的候祭堂，前面栽松柏，两侧栽槐树，显得庄严肃穆。村里老人死了，都要在这里举行追悼会，置放死者的照片和写有死者姓名及生卒年月的骨灰盒。每逢清明节，村里的共青团、少先队组织青少年到此凭吊，死者亲属前去祭奠。

---

① 《孟子·离娄下》。

第二节　"一条龙"终身教育体系的价值取向

终身教育思想古已有之。我国古代教育家孔子主张"有教无类"，[①]说的是教育对象不分类别，自然也包括不同年龄的人。从《史记·仲尼弟子列传》可以看出，孔子的学生有不少是成年人。北齐的颜之推在其《颜氏家训·勉学篇》中说："幼而学者，如日出之光；老而学者，如秉烛夜行，犹贤乎瞑目而无见者也。"以此勉励人们"终身学习"。宋代的欧阳修主张人要不懈地学习和实践，因为"学之终身，有不能达者矣。于其所达，行之终身，有不能至者矣。"[②]古代希腊著名的哲学家苏格拉底、柏拉图都十分关注教育，他们认为人的一生接受的教育不是一次性的，而是连续不断的。例如亚里士多德就主张"儿童和需要教育的各种年龄的人都应受到训练"，最好使全城邦的公民都"受到同一的教育"。[③] 1789 年法国大革命时期颁布的教育法案，第一次明确提出通过发展"公教育"来满足人们终身学习的需要。并指出："若认为教育仅仅是限定于儿童和年轻人的活动，那绝对是社会的偏见"。康特路赛提出的"公教育"的计划书，就强调了终身教育的必要性："就教育而言，人类必须通过年龄的各个阶段来获取知识的全体系，并且任何人都可以通过终身的学习来确保知识的获得。"1960 年，加拿大蒙特利尔市举行的国际成人教育大会，阐明了将成人教育纳入整个人生教育范畴的必要性，倡导"成人教育"向"终身教育"发展。

1965 年，联合国教科文组织成人教育计划处处长，法国成人教育专家保罗·郎格朗，向国际成人教育促进委员会提供了一份关于终身教育构想的提案，该委员会讨论并肯定了他的提案。提案指出：数百年来，社会把人的一生机械地分为学习期和工作期，前半生的时间用来积累知识，后半生一劳永逸地使用知识，这是毫无科学根据的。他提出教育应当贯穿于人的一生，成为一生不可缺少的活动。因此，他要求建立一个新的一体化教育体系：应当

---

① 《论语·卫灵公》。
② 《答李翊书》。
③ 《终身教育——21 世纪的生存概念》，阿远教育网，http：//ayuan. blogdriver. com。

使教育从纵的方面贯穿于人的一生，从横的方面连接个人和社会生活的各个侧面，使今后的教育在每一个人需要的时刻，随时都能以最好的方式提供必要的知识技能。[①] 保罗·郎格朗对"终身教育"这一概念的阐释以及对"终身教育"理论与实践的倡导，在世界许多国家引起了强烈的反响。1970 年联合国教科文组织第 16 届会议通过一项决议，授权当时的总干事勒内·马厄成立国际教育发展委员会，其任务是研究世界教育形势和改革，并要求提供一份研究报告，供联合国教科文组织及各会员国在制定教育策略时参考。以埃德加·富尔为首的国际教育发展委员会经过一年多的努力，于 1972 年 5 月完成了一份题为《学会生存——教育世界的今天和明天》的研究报告。该"报告"指出"终身教育"这个概念，从个人和社会的观点来看，已经包括整个教育过程，"终身教育变成了由一切形式、一切表达方式和一切阶段的教学行动构成一个循环往复的关系时所使用的工具和表现方法"。教育的功能不再"局限于按照某些预定的组织规划、需要和见解去训练未来社会的领袖，或想一劳永逸地培养一定规格的青年"，而是要面向整个社会成员；受教育的时间也不再局限于"某一特定年龄"，而是向着"个人终身的方向发展"[②]。从此，终身教育的理念开始在世界各国广泛传播并深入人心。我国政府于 1995 年 3 月 18 日颁布的《中华人民共和国教育法》第 11 条规定，国家要"推进教育改革，促进各级各类教育协调发展，建立和完善终身教育体系"，确立了终身教育在我国的法律地位。

总之，终身教育是人们在一生中所受到的各种教养、教育和训练的总和，它既是一种先进的思想体系，又是一种崭新的制度体系。其中心问题乃是实现教育的一体化。终身教育在纵向上，体现上下的连续性和一贯性，强调婴幼儿教育、青少年教育、成人教育和老年教育的结合，强调各级教育在组织和内容上的一体化；在横向上，它要求打破各类教育相互孤立隔绝的状态，整合社会所有形式的教育资源，使普通教育和成人教育相互沟通、相互渗透，正规、非正规教育相互补充，学校教育、家庭教育、社会教育相互结

---

① 〔法〕保罗·朗格朗：《终身教育导论》，华夏出版社，1988，第 51 页。
② 〔法〕保罗·朗格朗：《终身教育导论》，华夏出版社，1988，第 53～54 页。

合，同时，各级各类教育要根据终身教育体系的要求，明确职责，各有侧重，兼顾各自承担的任务整合统筹，形成上下一贯、左右沟通、纵横整合、内外一体、相互联系、协调发展的大教育体系。[①]

按照党的十六届五中全会描绘的"生产发展、生活宽裕、乡风文明、村容整洁、管理民主"的标准建设社会主义新农村，关键在于农村人力资源的开展和农村劳动力综合素质的提升。马克思主义认为，人是生产力中最具有决定性的力量，人是社会赖以生存的诸要素中之"第一要素"。建设社会主义新农村，农民是主体，其素质的高低是建设社会主义新农村的先决条件。必须用教育去唤醒人们沉睡的需求意识，提高接受教育的程度，使农民不断产生新的需求意识，并内在地产生进取精神，这需要一个完整的教育体系。后石人所创造的"一条龙"的社区终身教育模式正是这样一个完整的教育体系，他们坚持20多年，使渔村的每一位村民从生命开始到生命结束的全过程都能够享受到平等的受教育机会，在终生学习过程中实现人的社会化的持续发展。他们所构建的立体化终生教育体系，激活了社会化的运行机制，具有"纵向贯通、横向联结、结构耦合"的效应。所谓"纵向贯通"，就是教育的终生化、全程化，即从婴幼儿教育到儿童、青少年教育一直延伸到成年人教育、老年教育，持续长远，伴随终生；所谓"横向联结"，就是教育的多层次、全方位，即从日常琐事，到生活大事，无一不受到影响；所谓"结构耦合"，就是教育的高质量、高品位，即从提高社区成员的综合素质，促进人的社会化，到全面提升社区文明程度，真可谓全面、细致。这一终身教育体系的价值取向体现在以下方面。

一　创造人力资本优势

人力资本是通过对人力资源的开发而形成的，即通过对教育、卫生保健和劳动力流动的投资及其运用而形成的。也就是说，人力资源是就人口的数量方面来说的，人力资本是就人口的质量方面来说的。著名的美国经济学家舒尔茨认为，人力资本即凝聚在劳动者身上的知识、技能及其所表现出来的

---

① 陈乃林、孙孔懿：《知识经济与终身教育》，《教育研究》1999年第4期，第30页。

能力，是生产力增长的主要因素，是带给个人和社会富足的源泉，是促使社会发展的强大力量。舒尔茨还认为，人类的未来不取决于空间、能源和耕地，它将取决于人类的智力开发。毫无疑问，要把后石村建设成文明、民主、富裕、和谐的新渔村，就必须依靠这里的每一位劳动者。从新渔村建设的需要来看，无论是产业发展、基础设施建设，还是精神文明建设、社会事业发展，无论从当前着眼，还是从长远考虑，都需要强大的智力支持和人才保障，都需要千方百计提高村民素质，把村民培养成为有文化、懂技术、会经营的新型农民。因此，培育新型农民是新渔村建设最为迫切的要求，也是新渔村建设最核心的内容，其关键是强化渔村人力资源开发，提高人力资源内在质量，使人力资源转变为人力资本。人力资本表现为人的能力和素质，即人力资本是内含于人本身的知识和技能的存量，构成人力资本的核心是劳动者的健康状况、价值观念、知识存量、技能水平，这四方面的素质越高，人力资本的含量越大，所具有的生产能力也越大。对于这一点，后石村的领导人早就有比较清醒的认识，他们在实践中形成的"一条龙"终身教育体系，着重从健康投资和智力投资两个方面入手对渔村人力资源进行投资，创造渔村的人力资本优势。

1. 健康投资

健康投资适用于修复和维护身心健康及预防有损于人身健康的不测事件而支出的费用，包括医疗、卫生、保健和人身保险等支出。常言道：健康是人类最大的财富。有了健康，我们才可能去追求自己的事业。因此，干任何事情都需要健康的体魄，因而健康投资是创造渔村人力资本优势的前提和基础，它包括能维持人体机能正常运转的基本需要投资和随着社会的发展而形成的医疗保健与休闲享受需要方面的投资。北京大学光华管理学院刘国恩教授曾在 1997 年调查万名农民健康与收入，发现健康良好者年均收入 1600 元，较好者 1400 元，一般者 1200 元，不好者 1000 元，证实了世界银行总结全球卫生发展的论断："良好的健康状况可以提高个人的经济生产力，提高各国的经济增长率。因此投资于健康是加快发展的一种方式"。[①] 健康对

---

① 《健康投资——最有价值的投资》，http：//www.1831.com.cn，2006.11.14，10：13。

于依靠体力创造财富的农民兄弟来说，其重要意义是不言而喻的。对村民进行健康投资，就等于在保护渔村最广大的劳动生产力。为了使社会成员具有健康的体魄，渔村从 1982 年起，就修建了青年公园、灯光球场、旱冰场、游泳馆等；建立了渔村卫生管理制度，派专职清扫员负责清扫街道、运送垃圾；建立渔村卫生所，购买先进的医疗设备，定期为村民体检身体，做到小病不出村。从 1998 年起，渔村为 800 余名集体劳动力办理了养老保险、住院医疗保险、重大疾病保险。2004 年村规民约进一步明确规定，集体劳动力参加医疗保险和人身安全保险。为了推动全民健身活动，村里每年举行一次体育运动会。开幕式上，村民仪仗队、运动员、裁判员要接受检阅，村民们参加各种体育比赛项目，并有大型团体操和集体舞表演，一年一度的体育运动大会也成为村里盛大的体育节日。此外，村里还常年举办篮球比赛、越野长跑比赛、游泳比赛等等。这些有意义的体育锻炼和比赛活动，不仅增强了村民的身体素质，又丰富了村民的文化休闲生活。

2. 智力投资

智力投资是人口投资的一个方面，是由劳动力培养费用中教育费用构成的。智力投资是为开发智力资源而进行的投资，其中开办学校发展教育事业是主要的。它的主要作用是培养熟练劳动力（包括专家和计算工作者）。培养教育人的非物质生产部门，虽然不能直接提供物质产品，却能提供积存在劳动者身上的知识技能，它是现代化物质生产所必需的。开发人们的智力资源的投资不是单纯的消费性支出，而是一种收益很大的，能从各个方面促进生产力高速发展的生产性投资。随着现代化科学技术在生产技术中的应用，依靠人们的智力，发展科学技术越来越成为提高生产力的主要因素。那么，什么是智力？所谓智力是指人认识客观事物并运用知识解决实际问题的能力，也就是观察、思维、决策、判断等方面的能力。简言之，智力是获得知识和运用知识的能力，即人的创造力，包括思维能力和科学决策、领导、管理、科技开发、项目运行与执行等方面的操作能力和管理能力。这些能力是怎么取得的呢？这是在掌握人类知识、经验和从事实践活动中发展起来的，是先天素质、参与社会实践活动、学校教育的影响相互作用的结果。归根结底，这是通过教育培训，开发了智力，提升了的能力。对于后石村这样一个以集体经济为主的，经济与社会协调发展的村庄而言，通过"一条龙"终身教育体系，形成了一整套社会规范和奖惩手段对全体村民进行教育培训和智力开发，这是一项具有深远意义的创举。后石的具体做法包括两个方面：一是自己培养。后石村同日本枥木县盐谷町建立了友好往来关系，每年选送一批青年赴日参加水产品加工，花卉栽培方面的研修；他们还选派优秀青年去大专院校定向培训；他们同大连财经学校合办的"企业管理专业"培训班，使村里40名财会人员经过四年培训达到中专毕业水平；村农民文化技校分别组织各种类型的实用技术培训，不断提高劳动者的素质。这些年来，后石村先后涌现出一大批冒尖人才，如在激烈的市场竞争中稳操胜券的"车老板"——运输队长、副村长崔德权；久负盛名的锦州地区"水氏一杰"——加工厂厂长、村党委委员苏君文；深谙市场竞争法则的"纸箱王"——纸箱厂厂长卫作斌；志存高远、老当益壮的高级工程师——土地管理员刘毓政；备受赞赏的果队好当家——果一队队长白克升；技高一筹的果业生产骨干——果一队组长董文林；崭露头角的蔬菜经营能手——菜队组长姚文江；科学养猪的女强者——种猪饲养承包人范红媛等等。二是不惜重金外聘专家。十多年来，渔村先后聘请了十多位有业务技术专长的人来渔村工作，他们当中既有管理型的企业家，又有技术型的业务骨干，既有理论型的专家学者，又有实用型的乡土人才。与此同时，渔村近期村民教育培训规划的目标是：到2010年，渔村劳动力平均受教育年限要由现在的8年提高到10年，35岁以下的青年，达到高中毕业的比例要达到90%，农民普遍实行绿色证书制度和技术等级制度，职称和他们的报酬挂钩。其培训构想是：通过教育培训，在提高村民整体素质上造就出具有高中、中专文化程度的新型劳动者500人，具有专业知识的大专、本科毕业生100人；通过职业培训或进修，培养高素质的现代经济管理人员100人；通过重金招聘和礼遇邀请，汇集各类专业技术人员和高科技专家、学者、教授100人；形成各行业、广领域、多层次的人才网络，推动后石村展翅高飞。

二 创新组织管理体系

后石村构建"一条龙"终身教育体系，是一项复杂的系统工程，其中的七个要素，显示着七种不同的教育对象，它们相互独立、互有侧重，同时又相互关联、互相衔接。"迎接好生的"，是这一终身教育体系的必要准备。不做好这种准备，生下弱智儿和呆傻儿，就是再下功夫，也保证不了人口质量，提高不了人口素质。"培育好小的"，重在开发幼儿智力，是这一终身教育体系的起步。起步不好，必将影响下一个要素的功能。同样，如果"少的"引导不好，会削弱终身教育体系中"大的"教育作用，"大的"教育不好，反过来会影响"小的"、"少的"和"老的"。"死的"安置不好，会影响"老的"，"老的"敬养不好，"大的"会有后顾之忧。因此，渔村领导者考虑、安排"一条龙"时，既要将七个要素当作独立部分来看待，一个要素一个要素地设计，强化各自的功能，又要把这些要素当作一个整体来看待，把各要素部分综合起来进行筹划，突出整体效益。在具体实施中，他们将终身教育体系中的七个要素当作七个环节，每个环节都有专门的组织负责，并有相应的阵地和活动场所。如计划生育领导小组负责"迎接好生的"，主要抓优生优育，其活动载体是孕妇学习班；渔村幼儿园和小学负责"培育好小的"，主要抓幼儿教育和智力开发，其活动载体包括幼儿园、母范学堂和后石小学；各村民小组和全体村民都有"引导好少的"的义务，着重引导青少年健康成长，其活动载体是渔村半农半读学校；其他的四个环节，则分别由村民所属的党支部负责，但都有其活动载体。"教育好大的"的活动载体是后石村农民夜校、大连财经学校后石分校、后石村文化技术学校；"照顾好残的"的活动载体是后石村福利包装材料厂；"敬养好老的"的活动载体是老年活动中心；"安置好死的"的活动载体是置放骨灰盒的祭祀堂。与此同时，渔村还注意把七个环节放在"一条龙"终身教育的有机整体中去思考，强调分工下的协作与合作。这就明确了各自任务的独立性，便于各负其责、各尽其职，抓好各环节的局部效益，又照顾了相互之间的衔接，避免了教育层次上的断档，避免了年龄结构上的断层，保证了村民教育的的全员性，保证了人生教育的全面性。但是例如，"培育好小的"，年龄结构在 3~6 岁的幼儿和上小学的儿童，而 3 岁以前的幼儿不在其列，这就出现了断层。再比如，有的孩子的爸爸和妈妈工作在外地，他们对孩子的教育和影响问题，村里就不好管。这又出现了某种意义上的断档。还有，个别村民在集体之中表现不错，有时回到家就酗酒吵架，影响家庭和睦，对这些个别人问题的解决，往往难以照顾周到。这也是一种意义上的断档。为此，渔村党委从"一条龙"终身教育的总体出发，设立精神文明奖项，即通过开展"五好家庭"和"好家长"的评比活动解决上述问题。如孩子娇生惯养、调皮任性，父母对孩子关心教育不够、家人不和，就评不上"五好家庭"和"好家长"，自然也评不上"精神文明奖"，还要受到一定数额的经济惩罚。这些评比竞赛活动的有效开展，不但弥补了各环节之间的一些疏漏，而且把村里提出的吃、穿、烧、住和喜、悲、乐、行八个字的内容要求，都纳入"一条龙"教育之中。在集体经济不断增长、村民收入水平不断提高的条件下，后石村的年轻人，开始穿衣讲式样，饮食讲营养，住房讲宽敞，用的讲高档，死人的悲事想办得气派，婚嫁喜事想张罗得排场，娱乐追求新颖多样，交通工具追求豪华漂亮。村党委认为，适度的讲究是允许的，也是应该的，要不，怎么体现出后石村经济的发展水平，反映出社会的发展进步？但不能超前消费，更不能搞铺张浪费。而评选"五好家庭"和"好家长"的一项重要内容就是要永远发扬艰苦创业的精神，反对铺张浪费。通过这样一些评选活动，增强了"一条龙"教育的总体效益。

为了使"一条龙"终身教育体系不流于形式，村里安排专人来负责调控。"一条龙"终身教育体系，是要通过学习宣传，不断解决不同年龄层次的人的思想认识，提高精神文明建设的水准。不同年龄层次的人的思想认识，千差万别，又总是处在不断变化之中。因此，"一条龙"教育又是一个复杂的动态系统。为了确保各要素部分的功能作用，有效地促使村民由一种科学的思想认识，向另一种新水平的思想认识转换，所以必须由懂得思想政治工作，又具有研究问题、解决问题能力的人负责，来把握动态，适时进行调控。如果一班人交叉作业，你管我管，大家都管，结果谁也管不了，管不好。只有在集体领导下，分工专人，给予充足时间，拿出充分精力，下专功、用专劲，才能驾驭动态，取得最优化的教育效果。后石村党委安排一名党委副书记和一名副村长专门负责"一条龙"终身教育体系，并聘请退休的小学校长协助，与下属各单位政治工作骨干配合，形成调控网络。一是实行计划调控。即把党委决策的年度或季度教育计划，及时传达给被调控单位，让下级组织心中有数，以便上下一心，预先考虑。所下达的教育计划力求粗而不细，活而不死，可以随时根据形势的发展、思想认识的转换和气候的变化，调整时间和内容，使计划适应变化，变化服从计划。二是实行目标调控。就是将每个时期的教育任务、开展每项活动所要达到的目标及其验收标准，交给下级组织，让下级组织按其所处状态，决定自己的行动。实行目标控制时，不是盯住下级组织是"怎样抓的"，而是注重下级组织"抓的怎样"，允许下级组织依据具体情况改变行动方案。形成自动控制，发挥各环节功能的适应性。三是实行反馈调控。专管人员，随时深入下级组织，收集被控单位的具体作法、教育效果和存在问题，抓信息反馈，总结实践经验，提出解决问题的办法。再输入给下级组织，指导各环节的思想教育，起更好的调节、控制作用。

三　推动社区总体营造

后石村的"一条龙"社区教育体系，立足于农村社区的经济和社会发展的需要，着眼于农村人口整体素质的提高，致力于使学习者具有适应未来学习、生存与发展需要的良好文化基础和适应农村生产生活的实用技能，为社区培养多方面多层次的留得住、用得上的实用人才。根据提高农村人口整体素质和培养实用人才的需要，采取能够适应学习者学习与发展需要以及能够发挥学习者自主性和创造性的学习途径和学习方式。注重各种学习途径和学习方式的结合，特别是强化以下"三个结合"：教育与劳动、生产相结合；学校教育与家庭教育、社会教育相结合；正规教育、非正规教育与非正式教育相结合。

后石村的"一条龙"社区教育体系与台湾文化教育委员会于1991年提出的"社区总体营造"理念，具有许多相似的内涵。其核心理念包括：强调现代社区应以民众为主体，形成全民共识与全民参与的局面。社区发展的过程，应当是民众自觉、自发、自己组织起来，共同解决自己的问题的过程。台湾的社区总体营造，涵盖"社区、总体、营造"三项核心概念。其一指出了社区总体营造以社区为主体，并以社区居民为对象；其二则将社区视为一个系统，总体内容涵盖社区的软硬件设施、社区的精神与物质等层面；其三则强调社区总体营造是一种动态化历程，需要持续的创造与经营，进而凝聚社区意识、生命共同体与社区文化，以发展现代化的优质社区。社区总体营造的意义在于：社区营造是透过文化手段，去塑造一个新的社会、一个新的文化、一个新的人，达到工作追求"质量"，生活具有"品味"，为人有"品德"的人。借着居民对公共事务的参与，培养社区人的"公民意识"与"社区共同体意识"。培养社区自我觉醒的能力。让社区有能力自我发现问题、解决问题。因此，社区总体营造是以社区意识为前提，透过民众积极参与社区公共事务，凝聚社区共识，经由社区的自主能力，并结合社区有关的组织与资源，使各社区建立属于自己的文化特色，以达到全面性、整体性的社区营造工作，培养社区居民"公民意识"与"社区共同体意识"，提升社区生活质量为目标。

尽管后石村的实践与台湾的"社区总体营造"有一定的距离，但我们依然可以透过"社区总体营造"的内涵，概括出后石村的社区终身教育体系的主要特征包括以下几方面。

第一，终身性。也称"全程性"，全程性是指终身教育是从人的生命开始到人的生命结束的全过程教育。正如陶行知先生在半个多世纪前所言："差不多从出世到老，与人生为始终。""出世便是破蒙，进棺材才算毕业"，要"活到老，学到老"。① 这就是说，只有突破传统教育固着于人生某一特定阶段的模式，才能使教育成为贯穿人生始终的活动。后石村的"一条龙"社区终身教育体系正是如此，它突破了正规学校的框架，把教育看成是人一生中连续不断的学习过程，是人们在一生中所受到的各种培养的总和，实现了从学前期到老年期的整个教育过程的统一。后石村的"一条龙"终身教育体系，立足于渔村社区经济和社会发展的需要，着眼于社区人口整体素质的提高，致力于使学习者具有适应未来学习、生存与发展需要的良好文化基础和适应渔村社会生产、生活的实用技能，为社区培养多层次的留得住、用得上的实用人才。根据提高社区人口整体素质和培养实用人才的需要，采取符合教育者学习与发展需要以及能够发挥教育者自主性和创造性的教育途径和学习方式，注重各种教育途径和学习方式的结合，尤其强调教育与劳动、生

---

① 董宝良主编、周洪宇副主编《陶行知教育学说》，湖北教育出版社，1993，第461页。

产相结合，学校教育与家庭教育、社会教育相结合，正规教育与非正规教育、非正式教育相结合。

第二，全民性。也称"全员性"，即指终身教育是面向社区全体成员而不是某一个人或某一部分人的教育，换句话说，就是接受终身教育的人包括所有的人，无论男女老幼、贫富差别、民族性别。在实践中，让一个人甚至一部分人一生坚持不懈地接受教育和学习是比较容易做到的，但如果让全体社区成员都能一生坚持不懈地接受教育和学习却是一件很困难的事情。后石村的"一条龙"终身社区教育体系，正是面向社区内全体居民，开展旨在提高社区全体成员整体素质和生活质量、服务渔村经济和社会发展的教育活动，是综合利用社区内各类教育资源，面向渔村服务的一种手段，它为每一个成员的学习和发展铺平了道路。生活在后石的每一个人，不管是本村人口还是外来打工者，不管是健康人还是残疾人，只要有充分发展自我的愿望和要求，他就可以随时享受社区为其提供的各种学习机会，而不受任何年龄、时空和社会条件的限制，从而在"致富靠发展，发展靠思路，思路靠知识，知识靠学习，学习长能耐"的发展理念指导下，创造"人人享有接受良好教育的机会"，使每一位成员都具有平等的受教育权和自主的教育选择权，从而营造社区内"人人皆学"的良好氛围。

第三，广泛性。也称"全面性"，即在教育内容上既要为社区成员"德"的完善服务，又要为其"才"的提高服务；既要满足社区成员"谋生"的需要，又要满足其"乐生"的需要。终身教育不仅包括家庭教育、学校教育、社会教育，而且包括人生的各个阶段，是一切时间、一切地点、一切场合和一切方面的教育。终身教育扩大了村民的学习路径，为渔村社区教育注入了新的活力。如果将后石村的终身教育体系与台湾地区文化教育委员会于1991年提出的"社区总体营造"理念进行比较，具有许多相似的内涵："社区总体营造"是一项总体性的社会革新运动，它通过教育和文化的手段，去塑造一个新的社会和新的人。这样的社会，是一个健康、祥和、民主、有秩序的社会。这样的新人，是一个具有公民意识的人，是一个工作有品质，生活有品味，为人有品德的人；"社区总体营造"通过吸引社区居民对公共事物的自主参与，提高他们的"社区共同体"意识。通过吸引社区居民参与社区工作的过程，培养他们新的工作态度和工作方法，进而培养其新的生活价值观；"社区总体营造"通过社区终身学习的提倡与实施，使社区民众由意识觉醒、组织参与、社区行为等历程来获得自主能力，以发现、解决社区的问题、促进社区的发展。尽管后石村的实践与台湾的"社区总体营造"有一定的距离，但我们毕竟看到了中国渔村社区教育的一线曙光。

第四，实用性。也称"灵活性"，即旨在营造社区和谐发展氛围、改善人民生活质量、提高社会福利、增进社区成员的最大幸福。后石人深知，如果村民口袋富而脑袋穷，则依然是贫穷，如果缺乏科学的理论指导，社会主义民主就会变味走样，和谐社会还会走向新的不和谐。为了使"一条龙"终身教育体系推动渔村精神文明建设，他们探索出一整套行之有效的教育载体。如开展创建文明家庭活动，1992 年度获大连市"文明家庭普及村"称号。开展创建以"爱国奉献星、遵纪守法星、新风美德星、团结和睦星、优生优育星、科技致富星、卫生健康星"为内容的"七星文明户"活动，每年年终，由各户申报，村民小组评议，最后由村两委班子审议批准。2002年，全村被评为"七星文明户"的占总户数的 73%，"五星"以上的户占97%。再如，开展"一二三四五"活动，即评选 100 位好家长，200 位好婆婆，300 位好媳妇，400 对好妯娌，500 对好邻居。与此同时，为了培育社区成员的民主意识，凡事关百姓切身利益的大事，都让村民知情，参与讨论和决策。例如在经济发展模式的选择上，从 1982 年后石村选择走专业集体承包的路子，到 20 世纪 90 年代中期的变单一的集体经济模式为集体、三资、联营、私营、个体、股份六轮同转的多元经济发展模式，都由村民集体决策。2004 年，在对集体企业产权改制形式的选择上，村领导班子认真学习相关文件，广泛征求村民意见，共同认定村集体企业的产权改制采用股份制是可行方式。村两委以实事求是、顺势发展、稳步运作为原则，坚决不同意把集体产权卖掉，还向上级写了两份报告，61 名村民代表全部庄严地签上了自己的名字，真正行使了当家做主的权利。

而今，后石村已成为驰名中外的村屯美丽、人民幸福、社会安定、祥和的文明社区。十多年来，这里没有一个无业可就的劳动者，没有一户吃穿住用无保障的家庭，没有一个急难重症得不到救治的患者，没有一个因拿不起学费而进不了中专、大学校门的孩子，没有一个假公济私、贪污受贿的党员干部，没有一个上访的村民，没有一对不自觉计划生育的夫妇，没有一个得不到孝敬的老人，没有一个辍学的学生，没有一个不入幼儿园的娃娃。3000多名外来务工者也把后石村看作自己的第二故乡。凡是到后石参观、考察、旅游的国人和外宾，都说后石是难得的一方净土，是一个充满生机活力和人气的好地方。[①] 所有这一切，得益于后石人始终坚持"刻苦学习，求真务实，率先垂范"的村党委集体的坚强领导，得益于后石人在实践中形成的一整套人的社会化强化与认同机制。所谓强化是一种通过奖惩手段来诱发动机行为，使社会规范内化形成习惯的一种社会化机制；而认同是指社会规范的被接受与内化。前者是外在的机制，是一种诱因，而后者则是内在的机制，是一种内化选择，两者有机结合，使社区成员的满意度不断提升，党群关系、干群关系、邻里关系和社区各阶层关系融洽和谐，社会安定祥和。

后石村终身教育的实践充分说明，教育乃是一个人终身的事情，贯穿于人的一生的发展的过程，而非一个阶段。终身教育强调人们在一生中都应当和需要受到各种教育培养，接受教育应该是一个人一生永不休止的事情，教育应当在每个人需要的时候以最好的方式提供必要的知识和技能，应当是培养每个人通过各种形式的自我教育在真正的意义上和充分的程度上发展自己的手段。

终身教育关注的是人的和谐发展。单纯的科学教育与全面的人文关怀对人的成长产生的影响已成为目前很多学者关注和研究的课题。实践证明，以认知发展为唯一追求的教育思想是科学主义时代产生的畸形儿。在科学时代，人们更需要的是具有和谐的人格和更强的和谐能力，人的情感价值更突出地表现出来。联合国教科文组织教育发展委员会在 1972 年 5 月发表的《学会生存》报告书中对教育目的作了如下论述："把一个人在体力、智力、

---

① 陈玉圭：《不断解决村民基本需求，构建社会主义和谐后石》，在第五届全国"村长"论坛上的发言，2005 年 9 月。

情绪、伦理各方面的因素综合起来，使他成为一个完善的人。这就是对教育基本目的的一个广义的界说。"① 一个优秀的现代人应该是知识不断丰富，心理日趋成熟，品德高尚，身体健康，生活态度乐观向上，适应环境变化的能力强，即成长为一个全面发展的人。而这样的全面发展的现代人正是终身教育思想所倡导和所要达到的培育目标。终身教育不仅关注对人的认识能力的培养，同时重视人的情感、道德、身心以及世界观、人生观、价值观的培养，使人保持全面的、持久的、强劲的发展能力，这正是马克思人的全面发展思想的现实表现，是教育思想现代化的产物。终身教育思想为现代人的培养指明了方向。

终身教育思想使教育由阶段化走向人生的全过程。"人永远不会变成一个成人，他的生存是一个无止境的完善过程和学习过程。"② 这句话为终身教育提供了有利的证据。在终身教育思想中，对一个人的教育从人还处于母腹之中，尚是胎儿之时便应该开始，并一直持续到这个人走向死亡。传统的教育主要以青少年为对象，过多地注重入学后和就业前的学校教育。如今，胎教和婴幼儿教育在实现优生优育，开发人的潜能方面发挥的重要作用越来越多的得到了社会的重视和认可。同时，成人教育、各种职业技能的培训、自学考试制度及一部分地区成立的老年人大学等继续教育正如雨后春笋般兴起。教育渗透到人一生的每个成长阶段，这是知识大爆炸时代的必然要求，也是终身教育思想的具体表现。

终身教育是人们实现自身的可持续发展，激发人们自觉主动地不断学习的过程。虽然终身学习的进行要通过终身教育的过程来实现，但有了丰富的可供人们终生学习的教育资源却不一定能完成终身教育的目标。"教育并不是让人去'出席'教育的场合，它必须是让人全身心地投入到教育当中，与教育情境发生有机的联系，这种教育才有发展的意义"。③ 终身教育的发展

---

① 联合国教科文组织国际教育委员会编著《学会生存——教育世界今天和明天》，教育科学出版社，1996，第197页。

② 联合国教科文组织国际教育委员会编著《学会生存——教育世界今天和明天》，教育科学出版社，1996，第196页。

③ 章云珠：《素质教育与学生受教育权的享有》，教育研究网，http：//www.pep.com.cn/200406/ca460837.htm。

意义便在于此。它注重激发人们形成自主学习的兴趣与动力，使人们为实现自身的可持续发展，适应社会与时代的要求而自主接受教育，不断学习，成为教育过程中的主动者，从而大大提高学习的积极性，增强教育的效果，真正实现终身教育的巨大社会价值。

事实上，人的社会化的过程是一个终生不断学习、不断超越的过程，学校教育只是这个过程的一段，人的大部分时间是生长在社区中、生活在社会中，社区教育为其适应社会变革与发展所应进行的自身重构提供了场所和途径，为其个体不同阶段的社会化提供了可能。从理论上讲，人的社会化，是指个体通过学习，掌握社会生活知识、技能和规范，适应社会环境，取得社会成员资格的过程，是个体由自然人成长、发展为社会人的过程。马克思在《费尔巴哈论》中指出：人的本质是社会关系的总和。当一个人初生于世，还只是一个"自然人"，要成为"社会人"，就必须接受社会教化，才能逐步建立起自己的社会本质。人与动物的根本区别在于人具有社会性。后石村的社区终生教育体系，使后石的老百姓终生学习过程中实现人的社会化的持续发展。他们在社区教育中构建成了长、宽、高的立体化终生教育体系，激活了社会化的运行机制，产生"纵向贯通、横向联结、结构耦合"的社区教育效应，促进人的社会化的持续发展。所谓"长"，指社区教育（学习）终生化、全程化。从婴幼儿教育到儿童青少年教育一直延伸到成年人教育、老年教育，持续长远，伴随终生。所谓"宽"，指社区教育的多层次、全方位，从日常琐事，到生活大事，无一不受到影响。所谓"高"，指社区不密闭的高质量、高品位，通过社区教育有效地提高社区成员的生活质量与素质素养，促进人的社会化，全面地提高社区文明程度。

实践证明，只有在终生教育与主客体交互作用过程中，才有可能实现社区成员（老中青、优势群体与弱势群体）的和谐团结、健康向上；才可能促进社区的安定、安全、有序协调的进步。社会发展进步，要求每个人实现社会化。通过社会化，个体获得在社会中进行正常活动所必需的个性品质、价值观念、人生信念以及社会认同的行为方式。

第五章 和谐家庭与文明社区

家庭是社会的细胞，和谐家庭是人类追求的目标，也是和谐社会的基础。建设一个和谐美好的家庭，是每个人的愿望。同样，建设物质富有、精神充实、健康向上、邻里祥和的文明社区，也是人类社会不懈追求的目标。富裕、安居、和谐、文明的后石村的家庭与社区文化建设值得社会学家进行深入的研究。

第一节 家庭结构与生活状况

家庭是以一定的婚姻关系、血缘关系、或收养关系组合起来的社会生活和社会结构的基本单位，是社会的初级群体。家庭是社会的构成细胞，作为社会基本组织形式，对整个社会的影响显而易见。家庭担负着多种社会功能，它既是人口再生产单位，又是物质生产单位，同时还具有教育的职能。家庭是人一生中归属时间最长的社会组织，对一个人的个性发展、品格塑造、人生观、道德观的形成具有基础性作用。后石村作为社会主义新渔村建设的典范，长期开展文明家庭的评选活动，使全村逐步形成了互帮互助、共同致富、诚实守信的良好氛围，也成为渔村营造良好村风、民风的"法宝"以及走向村庄和谐的有效途径。

一 婚姻与家庭结构类型

婚姻通常是指男女依照社会风俗和法律的规定所建立的关系。这种关系体现了人的自然性与社会性的统一。婚姻从表现形式上是男女两性的生理结合，而本质上则是男女之间一种特定的社会结合，是一种社会行为。任何婚姻行为都是在特定的社会中发生的，受特定社会政治、经济和文化的影响。因此，不同的社会，基于政治、经济和文化的不同，婚姻行为模式自然也会不同，并会随着社会政治、经济、文化的变迁而发生相应的变化。在传统中国社会，农民普遍信奉这样一套婚姻行为模式：缔结婚姻必须遵守一套固定的程序；婚姻的目的是生儿育女，传宗接代；婚姻缔结的方式是父母之命，媒妁之言；在婚姻权利方面，推崇男尊女卑，重男轻女。改革开放以来，后石村和其他农村一样，村民婚姻关系发生了深刻变化，村民的婚姻行为开始由传统向现代转变。根据我们对该村 603 户家庭的调查结果表明：26 岁以后结婚的男性青年与 21~25 岁之间结婚的男性青年人数相当，各占 47.1% 和 49.5%；而 21~25 岁之间结婚的女性青年则占样本总数的 70.2%，这说明晚婚青年占有相当的比例。调查结果中自由恋爱者达到 72.2%，而且从认识到结婚有一年以上交往时间的夫妻有 75.7%，由此可见，和城市青年一样，他们对待婚姻的态度自主、认真、慎重，婚前双方在沟通和了解上也花费了一定的时间和精力。村民的婚姻圈不断扩大，来自本村的媳妇占 40.6%，来自外村的媳妇超过一半，占到 53.6%，由于外来人口的增加和村民们外出机会的增多，外省媳妇也占有一定的比例。后石村的通婚圈的范围和开放度都有所提高。尽管婚后半数以上的家庭仍沿袭着与男方家人同住的传统生活方式，但是自己单过的家庭数也占有相当大的比例，达到样本总数的 35.9%，另外还有部分家庭破除传统习俗，与女方家人同住。

婚姻获得社会认可并履行了一定的手续以后，就产生了家庭。而家庭规模，是指家庭拥有的人口数量，家庭规模大小即家庭人口数量的多少。一个家庭拥有的人口数量越多，家庭的规模也就越大，反之，则越小。农村家庭结构是指农村家庭成员的构成及其相互关系。农村家庭结构类型是家庭的重要特征。社会学一般根据家庭基本要素的不同将家庭划分为不同的类型：①单身家庭，指家庭中只有一个人；②夫妻家庭，指家庭中只有夫妻二人；③核心家庭，指一对夫妇与未婚的子女在一起组成的家庭；④单亲家庭，指只有父亲或者母亲与未婚子女共同生活的家庭；⑤主干家庭，指老一代（包括无配偶的老人）与已婚子女及其孩子（或无孩）一起生活的家庭；⑥联合家庭，指同一代中有两对或两对以上夫妻（包括其中有缺损）在一起生活的家庭；⑦隔代家庭，指只有祖辈和孙辈组成的家庭。另外，还有少数特殊类型的家庭。家庭结构类型的大小，关系复杂与否，由家庭拥有的夫妻对数和代际层次多寡决定。家庭结构类型的变化是受两方面因素的影响，一是社会因素的影响，二是家庭生命周期的影响。表 5-1 所反映的是后石村家庭结构、家庭规模的基本情况。

表 5-1 后石村家庭结构及家庭规模分布表

家庭类型	家庭类型	核心家庭	主干家庭	单亲家庭	联合家庭	夫妇家庭	单身家庭	其他家庭	合 计
家庭类型	调查户数	305	98	6	7	161	22	4	603
	百分比	50.6	16.3	1.0	1.2	26.7	3.6	0.7	100
家庭代数	家庭代数	1 代户		2 代户		3 代户		4 代户	合 计
家庭代数	调查户数	180		290		124		9	603
	百分比	29.9		48.1		20.6		1.5	100
家庭人口	家庭人口	1 人户	2 人户	3 人户	4 人户	5 人户	6 人户	7 人以上户	合 计
家庭人口	调查户数	25	175	204	120	58	16	5	603
	百分比	4.1	29.0	33.8	19.9	9.6	2.7	0.9	100

从表 5-1 中可以看出，后石村的家庭结构呈现如下变化。

第一，家庭趋于小型化。家庭小型化包含两层意思，一是家庭结构简单化，即核心家庭所占的比例日益增长，并已成为主流家庭模式，主干家庭和联合家庭所占的比例逐渐下降；二是在每种家庭结构中，其家庭人口容量都向组成这种家庭结构所需的最低限度的人口接近。表 5-1 显示：后石村村民家庭人口有 2 人户的占 29.0%，有 3 人户的占 33.8%，有 4 人户的占 19.9%；家庭只有 1 代户的占 29.9%，有 2 代户的占 48.1%，有 3 代户的占 20.6%；核心家庭占 50.6%，主干家庭占 16.3%，夫妇家庭占 26.7%。这些数据足以说明，在后石村，核心家庭、夫妻家庭比例增长，这也是家庭小型化的具体表现。另外，主干家庭，联合家庭的人口构成，日益减少到最小数量，也是表现之一。家庭结构类型的小型化，是当前农村家庭结构发生的最重要的变迁，它反映了农村家庭人际关系日趋简单。这种趋势有利于增进家庭民主和减少矛盾，是农村社会发展的结果，是同农村实现现代化的过程相适应的。出现这种趋势的原因有两方面：一方面是改革开放以后传统的生育观念发生了转变；另一方面是后石村一直把计划生育作为家庭和社区建设的重点。

第二，家庭权力结构变化。在中国传统乡村社会，"家庭一直不仅被看成道德秩序的基础，还被看成是政治秩序的基本单位。因此，无论纳税、产权的支配、法律和秩序的维护，一直是家庭的责任而不是任何个人的责任"[1]。正因为如此，家庭以及相联系的宗族，一直是观察中国乡村社会政治结构的基本单元。从理论上说，家庭的权力结构，表明的是家庭内部人员相互之间客观存在的影响和制约关系。传统农户的内部人伦关系是一种垂直结构，在处理父与子、兄与弟、夫与妻之间的关系时，以父、兄、夫为上，子、弟、妻为下，而且要求上下有序，依从守规，即以父系、父权、父治为依据，父的身份和权力传于子，子女受父的支配，财产实行长子继承制。这种分配极不均衡的传统家庭权力结构关系，是传统乡村社会的政治结构的基础所在。可以说，正是"在家庭中人们养成权威的观念和服从的习惯"[2]，使家庭成为维系、传递政治权力和地位的宗法系统。改革开放以来，农户在组织方式上发生了很大的变化，其中最突出的表现就是家庭的规模小型化，核心家庭增加，与此相联系的内部权力关系也由专制型向民主型转变。其主要原因是家庭作为生产和生活单位的地位不断加强。其总的特征是，传统的长辈经验性决策让位于年轻人的胆识和知识，家庭的权威结构由垂直"宝塔"形向平行型转移，老人专权式的决策让位于家庭内部协调性决策。

与此相适应，妇女在家庭内的地位有所提高，男女在家庭管理权上趋于平等。传统的家庭分工模式，是"男主外，女主内"，妇女在家庭中的地位很低，即使"妇女解放"运动也未能真正改变妇女的地位。根据我们对后石村的调查，今天农村家庭的人际关系，正在由以父子为中心向以夫妻为中心转移。亲子关系的重要性日益为夫妻关系所取代，夫妻越来越成为家庭一切事务的主宰，妻子在家庭内的地位已得到提高，夫妻之间在处理家庭问题

---

① 于建嵘：《岳村政治：转型期中国乡村政治结构的变迁》第四章，商务印书馆，2004。本书解释"家庭权力结构变化"的理论模型，主要采用于建嵘先生的研究成果。

② 于建嵘：《岳村政治：转型期中国乡村政治结构的变迁》第四章，商务印书馆，2004。

上，权力趋于平等。夫妻关系向民主、平权的方向迈进了一大步。另外，家务劳动分担出现新的变化，现在绝大多数家庭是夫妻共同承担家务劳动，家庭角色模式调整的具体表现，也是反映家庭人际关系的一个重要方面，显示出家庭人际关系民主平等的程度增高。

而且，随着社会不断分化，宗族势力受到了各方面的冲击。特别是新中国建立以来，国家通过合作化和集体化运动，彻底地动摇了乡村宗族势力的基础，阶级划分代替了血缘的亲和力，家庭的社会功能甚至被取消，家庭及宗族基本上退出了中国乡村政治分析的视野。[①] 新时期实行家庭联产承包责任制后，家庭经济利益得到了国家法律的肯定，并赋予了新的内容。而与经济利益相联系的，乡村家庭的法律地位也得到了一定程度的恢复，在许多场合和一定意义上，家庭又成为乡村政治的行动者。一方面，家庭联产承包责任制后，家庭成为具有独立法律人格的经济单元，家庭的经济功能加强。它通过占有生产资料、组织生产劳动和进行产品的分配和交换来维护和实现其经济利益和其他社会功能。从家庭关系的变迁来看，由于后石村经济发达，村民生活富裕，由此导致家庭生产方式、家庭关系、家庭观念发生一系列变化，这些变化使家庭结构类型发生本质性的变化。比如，家庭生产功能的逐渐减弱，就是农村社会转型、生产方式变革的体现，也是农村家庭带有本质性的重大变迁。伴随家庭生产功能的变化，家庭收入大大增加，家庭的其他功能也发生了突出的变化。如家庭耐用消费品的增长，说明家庭消费功能的新变化。此外，村民重视优生优育，家庭的生育功能有所减弱，教育功能相对加强。

二 家庭生活状况

家庭是人们生活、休闲甚至工作的主要场所，也是村落社区社会结构的基本单位。家庭与社区有密切的关系，人们的观念、行为也离不开家庭和社区。在后石村，由于多年坚持实行以生育、抚养、教育、赡养等为主要内容的"一条龙"教育措施，强化了婚姻、家庭、村落共同体的功能。实际上，

---

① 于建嵘：《岳村政治：转型期中国乡村政治结构的变迁》第四章，商务印书馆，2004。

"一条龙"教育措施是把生育、抚养、教育、赡养的功能从家庭向村落社区外移，是把家庭文化与社区文化融合起来，在村民中形成一种共识。这种共识成为一种强大的社会舆论监督，规范了村民的行为，陶冶了村民的心灵，净化了社会的风气，对后石和谐村落社区的共同价值观念和行为规范的形成，对村落社区社会秩序的稳定，有着重要的意义。

新中国成立前的后石村，是一个只有 200 来户人家，800 多村民的小村、穷村。道东的 1000 余亩土地，被日本人霸占称为"官地"，村内的其他土地 40% 集中在地主、富农手里。农民种的是土薄石头多的漫岗地，加之十年九旱，平均每亩地收不上 200 斤粮食。绝大多数农民过着半年糠菜半年粮的困苦生活。穿的衣服是补丁落补丁，住草房、睡土炕，点煤油灯。临海的后石村，除了范家坨子岛内李姓地主家有几条渔船外，村民们是望海兴叹，置办不起网具，更买不起渔船。贫穷的村民没有钱读书，多数是文盲，没钱治病，生老病死靠天。村民们深受日本帝国主义的迫害，很多村民被日本鬼子抓劳工，往往是有去难回。

新中国成立后的后石村，经历了土改、合作化、人民公社、三年自然灾害、十年"文化大革命"的风风雨雨迎来了 1978 年。改革开放后的后石村，村民们在解决了温饱之余，开始购置四大件：自行车、手表、缝纫机、收音机。尽管吃粮还要注意囤尖上省，零花钱还要靠卖几个鸡蛋，主食还要靠地瓜土豆凑，但是毕竟解决了温饱问题，村民们逐步开始改造住房，变草房为瓦房。

随着改革开放的深入，后石村经济逐步发展，村民的生活渐渐富裕起来了。过去是食求饱、衣求暖、住求安，现在是吃求营养、穿要式样、住求舒畅、玩讲高尚。后石村是在 1983 年被辽宁省政府首批授匾的"文明村"，1987 年成为省报宣传的"名副其实的小康村"，1993 年跻身大连市产值超两亿元的"虎村"行列，排为大连市乡镇企业经济实力 18 强村。2005 年，后石村社会总产值 13.8156 亿元，利税和出口供货额 70017 万元，村可支配财力 2658 万元，村民人均收入超过 1.2 万元。除此之外，村里采取措施，在吃、烧、医、住、喜、悲、乐、行方面步步提高。其主要表现在以下几方面。

125

一是穿衣讲究舒适、休闲。据 1997 年农村百户调查统计结果，100 户衣着费支出 15.1 万元，比 1989 年增加了一倍。村民的衣着质量提高，主要根据个人爱好，更加讲究式样和面料。同时，各种休闲服大受欢迎。

二是高档家用电器进一步普及。电脑正在走进农民的家庭。在家庭开支方面，文化用品支出比例明显增加，报刊订阅量大大增加。

三是咸水变甜水，饮食营养化，饮水自来化。由于海水倒灌，后石村地下水严重盐化，不仅人畜不能饮用，连工农业生产也不能用。由于地质上的原因，后石村不适宜修建水库，无法存储自然水，也无客水过境，因此淡水资源短缺是制约村经济发展和村民生活的重大难题。"文革"时期，原大连理工大学校长、著名科学家钱令希教授曾来后石村"改造"，后石村请他帮忙，并按他的指点打成几眼大口井，但使用时间不长，水质变了，因海水倒灌而盐化了。1991 年，后石开始了改水工程。在距本村 9 公里外的刘家村花钱买地，总投资 400 万元，先后打成 3 眼深水机井，安设管道，在村内建六座高位封闭水池，解决了日供水量 1500 吨以上的甜水资源，使后石人真正摆脱了咸涩的食水，从而饮用上合乎标准的自来水。表 5-2 是我们针对后石村 584 位村民对饮用水满意程度的调查数据。

表 5-2　对基本生活设施的满意度（用水）

满意度	人　数	百分比
很满意	377	64.6
较满意	181	31.0
一　般	26	4.4

在饮食方面，村民吃细粮，偶尔吃粗粮是调剂口味。猪大油已被豆油代替，传统的早饭已变成以奶、蛋、豆浆为主的早点。猪肉消费量明显减少，牛、羊、鸡肉日益增加，海产品消费进一步增加。村民的饮食结构有了很大改变，生活质量不断提高。

四是草房变楼房。住房质量是衡量农村富裕程度的重要标志。新中国成立以来，后石的住房大体上经历了四代更新。第一代是草房变瓦房。第二代是过去往下"坐基"的低矮瓦房变为"拔基"的大瓦房。第三代是村民通过"自建公助"的形式建造别墅式居民楼和四合院，红瓦绿树交相辉映。从20世纪80年代中期开建，现有153户村民住进了自建的漂亮楼房里。第四代是从1998年起，村里建了四栋共7200平方米的公寓式居民楼，楼内厨房间、卫生间等设施齐全，水电暖三通，如同城市的居民楼一样，以每平方米650元的成本价出售给本村村民。

后石村民告别了千百年来，住草房、睡土炕的历史，生活上实现了城乡一体化。2000年后石村人均居住面积30平方米，楼房化比例是18%。在住房条件日益改善的同时，装修热也悄悄来到农村，80%以上的农户进行了不同程度的装修。40%的家庭有洗澡间，厨房里大都镶上了瓷砖，院内铺上了甬道，统一建起了漂亮的街门及门楼。过去的低矮天棚不见了，土壤裸露的泥地不见了，村民的家里铺上了地砖、地板甚至地毯。良好的居住条件也促使农户们养成良好的生活习惯，如今进农家也和城市一样，进屋要换拖鞋、保持卫生。在后石村现代化建设规划中，2007年预计达到人均居住面积38平方米，楼房化比例达35%。

村里的招待所是客人的家。前几年，村里投资16万元改造装修了客房，增设了浴池、厕所和上下水道，配备了彩电、沙发和洗漱用具，还开设了上档次的卡拉OK歌舞厅，为外来客人创造了吃、住、娱乐一系列良好的配套服务。

渔村的厕所是备受人们关注的问题。后石村把改善厕所条件作为村卫生工作的重点。凡是建楼和四合院的村民，由村补贴建四合一沼气池，既卫生又节约能源。后石村通过集体集资的办法，帮助西屯23户村民建成三格式无害化厕所，受到农村改厕工作会议与会代表的重视和赞扬，实现了农村厕所的"城市化"。

经过多年努力，后石村实现了"门前五无"，即无草垛、无粪堆、无厕所、无猪禽舍、无乱堆放的杂物等，被评为辽宁省"卫生甲级模范单位"。

五是道路柏油化、交通现代化。后石村过去的路况很不好，刮风一身土，下雨两脚泥。骑自行车从村东到村西，需下车四次，扛起自行车踩着石头跨过小河沟。1987年投资300万元，将贯穿全村的2公里主干道改造为黑色路面，1998年又向西延伸1.2公里。两次扩建主干道，第一次880米，第二次 330 米。扩建后的村主干道东段，路宽 24 米，两边有两条彩色方砖铺成的人行道，还有两条绿化带，地下设管道排水系统，安装了欧式路灯，上了灯箱广告。同时，村内 10 条主要支路总计 4000 延长米一并柏油路化，精品果园主作业道 3000 延长米也柏油路化。道路的柏油路化，方便了工农业生产运输，方便了村民的交通，也成为村内的一道风景线。伴随着旅游业在后石村的兴起，小汽车已经逐渐开进农民家庭。2004 年，课题组成员通过对后石村 589 位村民的调查，村民对交通的满意度见表 5-3。

表 5-3　后石交通满意程度

满意度	人　数	百分比
很满意	371	63.0
较满意	195	33.1
一　般	23	3.9

第二节　和谐而丰富的社区文化

物质生活的富裕并不是后石人追求的最终目标，而是追求精神生活的最高境界，使每一个后石人的物质生活和精神生活同时得到发展，使每一个后石的乡亲都过上日新月异、丰富多彩、健康和谐的好生活。一句话，建设富裕、健康、和谐的现代化新农村，才是后石人所要追求的目标。为了实现这一目标，富有创新精神的后石人，对社区文化同样有着咬定"青山"不放松的精神。多年来，后石的社区文化生活丰富而健康，村民们生活在自己的家园中其乐融融。

一　甘于奉献的社会风气

在后石村，多年来，没有赌博、盗窃的，没有打架斗殴的，没有搞封建迷信的，没有红白喜事大操大办的，没有虐待妇女儿童的，没有不赡养老人的，没有早婚早育和超生的，死人没有土葬的。有的是：心系集体的风气、争作奉献的风气、助人为乐的风气、学知识钻技术的风气。

（1）心系集体的风气。在后石，集体是大家，居户是小家。每个村民，是小家的一员，又是大家的一员。他们深知，大家富了，小家才能富，集体实力雄厚，居户家底才丰厚。正是基于这样一种认识基础，后石人在新型的农村集体中，养成了想集体、奔集体、干集体、为集体的习惯。改革开放以来，村民们可以自由从事正当的个体经营，但实际上，后石村上百名党员无一从事个体经营，甚至全村 1023 户 1657 名劳动力中 98% 以上的居户和 95% 以上的劳动者，都是一心一意从事集体劳动。后石的村民们想集体所想，急集体所急，乐集体所乐，忧集体所忧。"村兴我荣、村衰我耻"，已成为越来越多村民的座右铭。村里利用闭路电视搞全村大教育，通知几点开播，各家各户就几点开机准时收看收听。前些年修虾场，村里掐准落潮时间，在广播里一通知，男女老少就像部队紧急集合那样，很快就到达会战场地。平日，不必干部敲钟、吹哨，每个村民都按各专业厂、队的指定时间到岗，甚至提前上班。遇到特殊情况，不管是吃饭的点，还是休息的点，集体号令一下，村民们都会争先恐后，奔向劳动地点。有一年，渔业队海蜇丰收。每次 10 多条捕捞船驶回，载重都在 7 万多公斤以上，而且必须在海水退潮前的三四个小时之内卸完。否则，渔船搁浅，再次出海捕捞就将受到影响。在渔业队工作的每个劳动者及其家属都明白这个利害关系，因此每次船队驶回，渔业队的劳动者家里凡是能动手出点力的，不分男女老幼一齐出动，连左邻右舍的非渔民户也主动参战。大家搬的搬，抬的抬，推的推，拉的拉，不足 200 米长的码头，150 多人的会战队伍干劲十足，热火朝天。浑身透湿，谁也不理会；有毒的蜇头，触及皮肤引起红肿，谁也不在乎。类似这样的场面，后石人都习以为常，有幸见到的外来者，都为后石人的集体主义精神所赞叹。还有一年，水产加工厂有批急待加工的外贸任务，需要昼夜突击。全厂百十号人，争着加班加点。厂长苏君文白天晚上不离厂，他爱人王连英把两个上小学的孩子留下独自看家，也赶到车间加班。恰巧那天晚上住宅区停电，不少人劝她回去，她怎么也不肯。他们俩口子同全厂职工一起一直加班到突击完成加工任务。而留在家里的两个孩子点蜡烛睡着了，燃尽的蜡头，烧着了炕柜又烧着了炕褥，后来烧醒了两个孩子。幸亏孩子人小机灵，将火扑灭，才免遭了一场大火的劫难。至今提起，这两口子还轻松地说："当时俺们为完成突击任务高兴，没为那点事闹心。孩子又没烧坏，烧坏点东西不在乎。再说，俺们那几间旧平房也不值几个钱，真的烧了，再盖新的。"后石人就是这样，对集体的事特别上心，当集体的事业需要个人作出某种牺牲的时候，毫不吝惜。也就因此，后石村的经济愈来愈发展、巩固，后石的集体事业，愈来愈兴旺发达。

（2）争作奉献的风气。在后石这方土地上，干什么活，挣多少钱，已不再是村民们斤斤计较的事情，为村创业，为民造福，为社会作贡献，已成为人们崇尚的美德。分工劳动在车间、化验室的，不辞艰辛；顶风冒雨在田间果园的，任劳任怨，互不攀比。分配到人均创利税5000多元的工厂，却不拿高工资；对人均创利税不足300元的农业队，村里实行倾斜政策，保证拿中等收入，谁也不计较。在每个劳动者的心里，都有一个共同的追求，这就是：无私奉献。为了奉献，未成家的青年，不愿虚度年华；有了家业的年轻人，可以抛家舍业；拖儿带女的中年人，可以撇下老小；垂暮之年的老人，也不甘闲度晚年。主管育苗室工作的回乡知识青年王寿芳，在他两次高考未中之时，就立志扎根后石，大干一番事业。前些年村里送他去日本学习半年养殖技术，更激发他"生在后石爱集体，干在苗室作奉献"的决心。五年前，他带领全室同志为村里创利税近200万元。第二年育苗期一到，他就搬行李进育苗室，一天24小时不离工作岗位。妻子有事商量，孩子想同爸爸说说话，只能利用电话。春季低温，育苗难度很大。在兄弟苗室一再失败的情况下，他同技术员在一起，优选种贝，降温观察种贝的性线发育，适时升温，优化种贝产卵条件，创造性地使种贝一次产卵成功。正在育苗的节骨眼上，王寿芳的爱人患急性阑尾炎，疼痛难忍。他把爱人送到医院观察室，对医护人员嘱咐几句，就跑回育苗室。医院决定手术，他现赶去签字，手术一结束，就又摸黑回到育苗室。直到扇贝苗都育成了，他才去医院探望妻子。整个育苗期的70多天时间，他身体拖瘦了，眼睛熬红了，也没顾得上陪护住院半月的妻子。王寿芳抛家舍业的苦熬拼争，终于创造了优异的成果：他带领的育苗室，盈利300多万元。在村里半年工作总结时，上下一致，评他为特等劳动模范。年近八旬的村民刘毓政，人老不服老，利用他有知识懂技术的优势，为后石11.2公里范围内的绿化和土地管理，发挥才智、奉献余热，为后石村争得了"全国绿化先进乡村"的荣誉。他说："我现在考虑的不是拿多少工资，是在我有生之年，怎样为后石多作贡献，实现我的人生价值，报答党和后石人对我的关心和信赖。我生在这个世界上，有幸在共产党领导下的后石工作，我要把自己的全部力量都发挥出来，把我的余生全部奉献在后石这方乐土上"。刘老的奉献精神博得了后石村领导者和村民对他的敬重。

（3）助人为乐的风气。后石村民在人与人的关系上，有个很质朴的想法和说法："一个家，谁无一灾二难；一个人，又谁无三病两痛？谁都有需人帮的时候，谁也都有帮人的义务。何况同在一个集体中劳动，同在一个村落内生活，谁也不能在别人有难处时漠不关心，更不能在别人遇到灾害时不闻不问。既然是奔共同富裕，就该互帮互助，大家都得福于社会主义，就该拿出社会主义新农民的样儿来。"后石人讲求表里如一，言行一致。他们这么想，这么说，也就这么做。十多年来，在后石，一人有困难，周围的人都伸手帮助，一家有难处，左邻右舍都前来关照。一位手头不怎么宽裕的退休村民，在集体组织的外出旅游途中，不慎将儿媳的手表丢失，同行的村民不声不响地凑钱为这位村民买了块新手表。几个在后石干活的南方民工，冬天取暖不慎失火，衣被都烧了。就近的村民得知后，你10元，他8元，为他们置了被褥，有的还把自己八成新的衣服送给他们。这些外乡人十分感动，连夸"后石的百姓好，真不愧是文明村的文明人。"有一年冬天，村民王福会家，因房顶电源起火，五间瓦房烧掉了，损失家财6万多元。时值严冬，一家老幼三辈，衣食住用都成问题。村民们知道后，在村领导无私捐助和带动下，有的腾房、有的送粮、有的捐款、有的送衣，纷纷伸出援助之手。几天之内，共捐助大米三四百斤，面粉500多斤，呢绒毛料衣物和毛衣毛裤等上百件，人民币一万多元，生活品一应俱全。第二年开春，村里又拨款18000元，帮王福会盖了新房，使他重建家业。这种一方遭灾八方支援，一家有难千家来帮的喜人景象，是后石村村风民气的典型写照，也是社会主义优越性的生动体现。

（4）学知识钻技术的风气。后石人，尤其是年轻的后石人，酷爱知识和技术。他们从后石崛起、振兴的实践中，切身体验到知识、技术是生产力，是人生最重要的财富。现在越来越多的后石人，把获得知识、掌握技术当作人生第一追求。在校青少年把后石成长起来的 2 名博士生和 1 名硕士生当做榜样，奋力攻读，目标是念中专、考高中、上大学。后石村里老年人看重知识，中年人重视学习，年轻人除积极参加集体组织的各种专业技术培训外，更抓紧一切可利用的时间，进行自学。从 1992 年起，村里投资 20 万元，开办大连财经学校后石分校，开设经济管理课程。计划招生 40 人，每周脱产学 2 天，学期三年，既攻学历，又提高素质。开学时，不少年轻人宁肯白天学习，晚上加班补工作，也不愿错过学习机会，实际招生总人数达 60 人。10 多年来，正是年轻人的勤奋学习、刻苦钻研，使后石成长起来一批自己的化验员、技术员、电话员、闭路电视播映员，成长起来一批会计、出纳和电工。28 岁的变电所所长白克伟，一手过硬的电工技术就是靠自学学来的。他没有专门从师，也未经专门培训，全凭自己从书本上学习，在实践中摸索。业余时间他从不打扑克，也不怎么看电视，更不闲串闲聊。他唯一嗜好，就是看书。他花 600 多元钱买的几百本书，无论是翻开着的，是折叠着的，还是排列在书柜里的，他从不让家里人动，连正常的拾掇，都得由他自己动手。爱书、看书，成了他生活的重要组成部分，成了他的一种娱乐和享受。为了学习，有时他忘了家里早计划好的活计，有时熬到深夜连钟点都不知道。勤学，使他懂得了较深的电工知识；苦钻，使他掌握了让人叫好的电工技术。起初连一台电机 6 个线头都不知道怎么回事的白克伟，如今成了远近闻名的电工"小能人"。现在，他是国家认定的三级电工。以后，他还要报考助理工程师。1992 年 7 月，与后石合资生产保健牙刷的台商章老板，将台湾产的装毛机发运到后石，同时电传：老板不到，不要拆箱，更不得擅自安装。他信不过大陆农民的知识和技术。8 月份，章老板来了，他亲自拆箱，亲自安装。但从上午直到天黑，怎么调试，毛针就是不到位，机器无法使用。章老板急得满头是汗，要回大连宾馆给台湾打电话。自始至终站在机器旁边的白克伟看出了毛病，也有了消除毛病的办法。第二天，他征得厂长同意，在章老板未到之前，只用了半小时，就将装毛机调试成功。章老板赶来后，乐坏了，当即要给白克伟 1500 美元作为酬谢，白克伟谢绝了。章老板又高兴，又感动，一再当着厂长说："没想到大陆农民这么有知识，懂技术，没想到大陆人这么高尚。在台湾地区、在日本，合资人提供的设备不合格，是要包赔一切损失的，谁提供了技术服务，是要给钱的。你们主动、无偿地帮我修好机器，挽回了我的经济损失，我一辈子也忘不了！"还一再表示"要竭尽全力，把合资企业办好"。后石的村民们，则从白克伟长后石人志气，长大陆农民威风的事实中，更加认识到知识、技术的价值。后石村学知识钻技术的风气，也越来越浓。

后石，确实是一方净土。然而，后石这方净土，并不是自然形成的，而是通过人的有意识的净化工作，一点一滴培养起来的。后石人卓有成效的净化工作，主要有四：重点抓党建，用党风带民风，以民风促党风；经常抓教育，用马列主义、毛泽东思想净化人的心灵；制定村规民约，用科学的"民法"规范人的言行；强调领导带头，用领导的示范行动影响带动村民。

对此，后石村的老书记陈玉圭2006年4月在大连市新农村建设宣讲团报告会上的发言中，将后石人的文明风气概括了十条：敬老养老风，党员干部学理论风，村民学用技术风，喜事新办、丧事简办风，邻里团结互助风，众人伸手救济解困风，争先创优风，重视教育投资风，积极参与民主决策、民主监督风，自觉遵守村规民约风，等等。后石人将这种文明风气叫做"文明风气浓"。

如今，后石人正不断总结完善这净土术，强化这净土术。无疑，后石这方土地，将愈来愈纯净，愈来愈生机盎然。

二　健康而丰富的社区文化

在占有比较优越的村社集体文化设施的基础上，后石人民拥有健康、丰富、自由的村社文化生活。过去的后石人吃饭求饱、穿衣求暖、居住求安，文化娱乐活动很少。现在的后石人吃饭讲究卫生营养、穿着讲究时尚样式、居住追求宽敞舒适、文化娱乐活动不仅丰富多彩而且追求健康、高尚、自由。这是经济迅速发展、经济实力雄厚的成就，也是村社精神文明建设的成果。在解决了村民吃水、交通、居住等基本问题之后，1992年，村集体便投资20多万元，为全村家家户户安装了闭路电视系统和有线电视转播站，让村民通过20多个频道的有线电视转播，关心国家、城市和自己身边的大事情，学习政策、知识、科学和文化，了解后石的新变化，观看村子里安排的

新渔村一角

文化教育节目。另外，随着村民文化需求的增长，村里还改造了灯光球场，修建了海水浴场、福清公园、网球场、旱冰场、标准游泳馆、儿童游乐场、歌舞厅、老年人活动中心、村史馆、荣誉馆、档案馆、图书报纸阅览室、棋牌室等，为村民准备了比城市社区还优越的文化娱乐设施，而且这些场所大多免费，少数收费，但很低，有专人管理，没有垃圾、污染，环境优美、舒适、幽静、安全，令来到后石的城市人羡慕不已。

后石村有东北农村第一公园——后石公园。早在 20 世纪 70 年代，就在村中心建起了青年公园，后改名为福清公园。它是以本村村民、抗美援朝特等功臣王福清烈士的名字命名的。占地 45 亩。一进园门就是王福清烈士的半身塑像。1997 年，在园中建起了游泳池和旱冰场，暑假成为中小学生的乐园。在园中建起大型电动小飞机、电动小火车等游乐设施，建成了网球场，成为老少皆宜的娱乐休闲场所。在西屯建起了两座供老年人休闲的凉亭。此外，还有灯光篮球场。村招待所重建后改名为后石滨海酒楼，被大连市旅游局定为"国内旅游定点饭店"，不仅招待来往宾客，为村民家的红白喜事服务，也经常接待外村青年来此举办婚礼。

有了如此完备的文化活动设施和场馆，又有了村党委、村委会的正确引导和广大村民积极向上的生活追求，这些年来后石村老百姓的文化生活始终向着健康、高尚的方向发展。根据调查的情况分析，村民的文化生活主要为以下三个方面。

第一，日常自由休闲文化生活。活动的内容比较广泛，如：体育运动：晨练、打球、游泳；娱乐游戏：唱歌、跳舞、棋牌、少儿游乐、网络游戏；休闲活动：游园、散步、读书看报、看电视、聊天、上网、采购。村民活动地点比较分散，公共场所、庭院居室、其他城镇。形式自由，主要根据个人习惯、爱好和民间风俗。在这些活动中，引人注目的是每天早上福清公园的晨练和晚饭后歌舞厅里的歌声。当接送中学生的班车经过村子的中心广场的时候，三五成群的老人在公园内练习着太极拳、秧歌舞、中老年健身操。当夕阳西下，白日的喧闹声渐次低沉，劳动了一天的村民在公园里休憩的时候，歌舞厅里传出了青年人嘹亮的歌声。这已经成了后石村的一道风景，让人们感受到了生命的意义，充满了对生活的热爱。2004 年，我们在对后石村565 位村民关于"后石业余文化娱乐生活满意度"的调查中发现，有93.1%的村民对后石的文化娱乐生活表示满意或比较满意（见表 5 - 4）。

表 5 - 4　后石业余文化娱乐生活满意程度

满意度	人　数	百分比
很满意	352	62.3
较满意	174	30.8
一　般	39	6.9

至于那些不良的文化生活习惯，如赌博、练习"法轮功"和一些陈旧的游戏娱乐，在后石村已经没有任何踪迹。

第二，体育文化生活。其中最吸引村民的是每年一届体育运动会，全村的男女老少以单位为参赛单元全部参加。运动会上有小学生的团体操表演，有老年舞蹈队的集体舞蹈表演，有村鼓镲队上阵助威。其参赛单位的运动员统一着装，在手持彩旗的仪仗队带领下，列成整齐的方队进入运动场，绕场一周。比赛项目有 100 - 10000 米的赛跑，跳高、跳远、标枪、铁饼、手榴弹和拔河等其他群众性体育竞赛项目。参赛运动员有十几岁的少年，也有60岁以上的老人，57岁的老汉参加万米长跑还拿过第九名的好成绩。这样的大型运动会仿佛村民喜庆的节日，全村人人喜气洋洋，精神倍添、意气风发，每次运动后村民们高涨的热情很久才能平静。另外，村里还经常举办长跑越野赛、篮球赛、老人门球赛。这些体育比赛丰富了村民的文化生活，激发了村民工作热情，还培养了全村人热爱集体，关心集体的思想感情。2004年，根据我们对后石村560位村民调查所获得的数据，后石村民对体育活动的满意度或比较满意度高达93.2%（见表5－5）。

表5－5　后石村民体育活动满意程度

满意度	人　数	百分比
很满意	344	61.4
较满意	178	31.8
一　般	38	6.8

　　除了体育运动，村里组织的鼓镲队、老年妇女舞蹈队、夏日乘凉晚会和青年歌手大奖赛也是村民集体文化生活的重要组成部分。鼓镲队由120名青壮年村民组成，拥有直径23米的东北第一鼓，技艺超群，应邀参加过大连国际服装节、大连会展中心、足球甲A比赛的表演和助威。老年妇女舞蹈队常年坚持训练、活动，丰富了村里老年人的生活，锻炼了身体，还四乡闻名。青年歌手大奖赛和乘凉晚会不定期举行，对于激发青年人的生活热情，培养村文艺活动人才发挥了重要作用。

　　第三，节日文化生活。后石人的节日比较多，也比较丰富。传统节日有春节、元宵节、清明节、端午节、中秋节、重阳节、冬至等；国家规定的节日有元旦、三八妇女节、五一劳动节、六一儿童节、国庆节等。近些年，受外来文化影响和村精神文明建设的需要又增加了母亲节、父亲节、老人节等。其中传统节日，春节除外，大多由村民按照民间文化习惯自发进行喜庆活动。国家规定的节日和新增添的节日一般由村集体组织文化娱乐活动和庆典仪式。活动包括参加市、区组织大型文化活动，全村文艺会演，青年舞会，灯谜晚会，春节团拜会，邀请专业文艺团体专场为村民演出精彩戏曲等文艺节目。这些文化活动，一般都具有纪念、喜庆、审美、娱乐和思想道德教育的多重意义，既丰富了群众的文化生活又寓教于乐，陶冶了村民的道德文化情操，提升了村民文化生活的质量，所以很受大家的喜爱和欢迎。2004年，我们通过对后石村587位村民的调查发现，有94.2%的村民对节日文化生活满意或比较满意（见表5-6）。

表5-6　后石村节日文化生活的满意程度

满意度	人　数	百分比
很满意	372	63.4
较满意	181	30.8
一　般	34	5.8

三　人人做文明村民，家家创文明家庭

作为行政村的村落是现阶段中国农村社会经济文化活动的基本单位；家庭则是组成村落社会的核心细胞。王沪宁教授将村落文化作为研究中国社会现代化的核心内容，他认为，家庭不仅是中国农村社会中的基础单位，而且家族文化从古至今在中国农村乃至整个社会中发挥着至关重要的作用。他援引费正清1948年在《美国与中国》中研究中国社会本质时的论述："中国家庭是自成一体的小天地，是个微型的邦国。社会单位是家庭而不是个人，家庭才是当地政治中负责的成分，村子里中国人直到最近主要还是按家族制组织起来，村子里通常由一群家庭和家族单位组成，他们世代相传，永久居住在那里……"。[①] 这就是说中国农村社会的基础不是个人，而是家庭。在中国农村，家庭主要以家族组织形式存在，从居住规则和财产继承看，扩大家庭是传统社会占主导地位的家族制度，现代社会核心家庭则越来越多，但不同于城市，村庄的核心家庭仍然与家族关系密不可分，家庭以及家族在村落文化中具有重要作用，构建和谐村庄，建设社会主义新渔村必须将家庭这

---

① 王沪宁：《当代中国村落家族文化——对中国现代化的一项探索》，上海人民出版社，1991，第7页。

一集团要素考虑进去。

多年来，后石村民学法、知法、守法、用法，自觉遵守村规民约，学会用法律来维护自己的权益。村里的民事纠纷，办离婚的，都能用法律，通过民事调节的渠道，合理地化解矛盾。某独资企业的职工，通过工会，用《劳动法》保护了自己的利益。为了使每一个村民都能做文明村民，结合本村实际，制定了《关于村政管理的若干规定》，《后石村村民文明守则》、《后石村企业职工文明守则》、《后石村个体户文明守则》，用村规民约来规范村民的行为。后石村村规民约，由村民代表大会审议、通过，维护广大村民的利益。内容包括卫生管理、红白喜事管理、街道管理、村内交通管理、集体财物管理等。有专门的检查处理负责人，并要求党员干部带头遵守。违反村规民约的，罚掉个人年终报酬的 10%。年中、年末召开两次总结表彰大会，评选先进集体、村劳动模范、先进工作者。同时评选文明标兵，给予物质奖励。

后石人总是把精神文明建设落实到实处、进户到人，把基层、基础工作做好。2004 年，我们的课题组就后石村民对村规民约的遵守情况进行了调查，我们的调查涉及村民 421 人，其中，有 317 人认为全村所有村民都能遵守，占被调查者的 75.3%；有 99 人认为大部分村民都能遵守，占被调查人数的 23.5%。

1983 年，后石成为辽宁省首批挂匾的文明村，村民白克铎一家被评为全国"五好家庭"。自 20 世纪 80 年代中期，开始评选"文明家庭"活动，至 1997 年有 85% 以上的家庭，挂上了大连市颁发的"文明户"标牌，先后有 20% 的户成为"文明标兵户"，先后涌现出 400 多名"好婆婆"、"好媳妇"、"好妈妈"、"好妯娌"和 100 多对"好邻居"。并对评选出的文明家庭进行宣传和物质奖励，极大地调动了全村老百姓争创文明家庭的积极性。30% 多的劳动者先后被评为村、镇、区的劳动模范、先进工作者或者先进生产者。20 世纪 80 年末，后石村被评为"文明家庭普及村"。

后石常年开展"七星文明户活动"、"一二三四五"活动，即评选 100 个好家长、200 个好婆婆、300 个好媳妇、400 个好妯娌、500 个好邻居。还开展各种文娱、体育活动，丰富文化娱乐生活。各种知识竞赛活动，购买科技文化书籍，订阅适合各年龄层次人阅读的报纸杂志，增设兼职图书管理人员，提高了全村的文明程度和村民文明素质。

在后石，人人争做文明村民，家家争创文明家庭的社会风气逐渐成为村民的必修课。村集体从关爱村内的弱势群体开始，为村民树立榜样。村民赵明平和妻子都是残疾人，家庭生活十分困难。1989 年福利包装厂建成后，把他们夫妻都安排在厂里工作。到 1993 年，这个家庭就建起四间大瓦房，安装了电话，购买了 28 英寸的彩色电视机、电冰箱、洗衣机，和兄弟们一起承担起赡养老人的义务。到 2000 年，赵明平和妻子的基本工资为 13000 元，福利工资 3000 元，达到了村民家庭收入的中等水平。村民白克峰因患小儿麻痹、妻子智力弱，开了个家庭裁缝店维持全家四口人的生活。可是到了上个世纪 80 年代后期，裁缝店的年收入下降到 1000 多元。村委会为了解决他们的困难，将福利包装厂每年职工的工作服交给他来加工，仅此一项，他的年劳动收入就超过了 5000 元。村民于长富，本人年老体弱，三个儿子均属残疾人，村集体为其盖了 5 间砖瓦房，给其三个儿子安排了合适的工作，使其一家人过上好日子。现在的于家又增添了六间新房，家里新式家具、家用电器样样不缺。

村社生活的基本单位是家庭，家庭内部矛盾比较复杂，这些矛盾处理不好不仅会导致家庭成员的不和睦和精神痛苦，而且会影响到村社生活的不和谐。20 世纪 80 年代初，后石村一个年轻媳妇多次把婆婆骂到大街上，逼得婆婆住到闺女家的事件，引起了陈玉圭同志的深思。他想，后石村婆媳之间、妯娌之间矛盾比较多，根本原因是思想文化落后，只要提高了大家思想文化水平，这些矛盾便会自然化解。于是，他带领党支部狠抓"五好家庭"、"文明家庭"建设，以村民裴淑芝赡养公公、婆婆、大爷三位老人的模范事迹，在全村开展社会主义精神文明教育，评比"五好家庭"、"文明家庭"标兵，评比"好家长"、"好婆婆"、"好妯娌"、"好媳妇"、"好邻居"，发动家家学、家家帮、家家勤、家家富、家家净、家家唱的竞赛活动，并且张榜公布，发给奖金。这些活动不仅解决了大量的家庭矛盾，而且融洽了全村邻里之间、家族之间的关系，提高了村民的思想文化水平，保证了后石村的安定团结，有力地促进了经济发展。

党员干部不仅要做先进生产者和劳动模范，而且要身体力行，以身作则，用实际行动教育村民，保持与群众的鱼水关系，带领大家一条心，建设现代化的后石村。农民群众最讲求实际，由于历史文化原因，眼见为实，耳听为虚成了他们判断、推理问题的基本方式。所以，要做好农民的思想教育工作，党员干部必须身体力行勇于牺牲的精神。以陈玉圭为代表的后石村党员干部深切的体会到了这一点，同时也做到了这一点。最典型的一个例子是20 世纪 80 年代推行计划生育工作中，一群要做结扎手术的妇女把目光集中在陈玉圭的妻子王春梅身上。王春梅当时已经决定做结扎手术，但是手术前的检查结论是她患有较严重的妇科病，不能手术，否则有生命危险。但是村民们不相信，使计划生育工作遇到了很大的阻力。为了做好这项工作，陈玉圭含着眼泪让妻子上手术台，王春梅在手术台上躺了三个半小时，手术后长时间昏迷不醒。对此村民们深受感召，此后计划生育工作在后石村得以顺利开展。

可以说，帮助每一个人，让每一个人都走上集体劳动致富的道路，过上心情舒畅的好日子。用先进的科学文化知识武装人，用感人的典型事迹引导人，用党员干部的行动改变人，就是后石村"一条龙"教育的基本精神和基本形式。同时，为了保证物质文明、精神文明的工作秩序和建设成果，后石村多年来坚持用村规民约来约束规范村民的生活行动，而且不断根据村庄社会的发展对其进行审议、修订，使其成为与时俱进，切合实际，合理完善的村规民约，其中对义务教育、尊老养老、环境卫生、街道管理、社会保险等事关人们生活水平、生活质量的问题都作出了细致、具体的规定，有力地促进了村社生活的和谐以及争做文明家庭、尊重科学知识、热爱教育、尊老爱幼、团结互助的优良风气。

总之，"团结、求实、造福、奉献"的后石精神，逐步成为全村人的行为准则，遵纪守法成为习惯，为他人做好事、邻里和睦、尊老爱幼、移风易俗、追求文明，已成为全体村民的自觉行动。后石人在实践中摸索形成的"一条龙"教育措施，加强了村民对后石的认同和凝聚力。通过教育和文化熏陶，使后石村以家庭为基础的和谐，正在超越家庭，走向社区，以家庭生活与社区文化的融合，创造、追求更高境界的和谐。

长期以来，"五好家庭"的评选活动一直被认为属于开展精神文明的形式，但如何利用"五好家庭"评选活动提高精神文明，并促进物质文明发展却没有任何突破。后石村对"五好家庭"实行精神文明和物质文明双重奖励，并将其看做是社会主义市场条件下精神文明建设的有益探索与创新。在理论上，实行精神文明物质奖，充分体现了马克思主义物质利益观。马克思、恩格斯历来重视物质利益问题，认为物质利益是人们从事一切社会活动的最终目的，是社会历史发展的基本动力。[1] 毛泽东早在民主革命时期，就指出了重视劳动者个人物质利益关系的重要性。他说："一切空话都是无用的，必须给人民以看得见的物质福利"。[2] 实行精神文明建设物质奖，找准了物质文明与精神文明相互促进、协调发展的结合点。物质文明与精神文明是相互依存、相互促进的，没有离开精神形态的物质文明，也没有离开物质形态的精神文明。后石村的"五好家庭"评选活动，以其主题鲜明性、参与的广泛性、手段的多样性走进全村每一个家庭，成为村庄治理过程中历史较长、影响较大的一项活动，为村庄的和谐发展和村民的生活富裕带来了生机和活力。首先，促进了家庭的平等和睦、社会秩序的稳定和社会风气的好转。通过"好家长"、"好婆婆"、"好妯娌"、"好媳妇"、"好邻居"等等的评选，树立了一批先进典型，逐步形成了尊老爱幼、团结和睦、遵纪守法、勤俭持家、邻里互助的良好社会风尚，也使越来越多的家庭营造起民主、平等、温馨、和睦的家庭氛围。家庭的稳定促进了社会的稳定，家风的好转促进村风的好转。现在，"五好家庭"、"好家长""好婆婆""好妯娌""好媳妇""好邻居"的称号已成为后石村村民最想得到而又怕失去的荣誉，村民以评上"五好家庭"为最大光荣，评不上则引以为耻，人人踊跃参与评比活动，促进了全村社会治安和社会风气的好转，先富帮后富，助人为乐的好人好事大量涌现，形成了家家讲文明、户户争先进的浓厚氛围。其次，加强了家庭促进社会生产的积极作用，为经济建设提供了良好的条件。由于家庭的和睦、互敬互爱、邻里间的互助，使一些困难得到一定的缓解，人们不但在家庭中得到休养生息，还可以有更多的业余时间学习提高，在各自岗位上多

---

① 《马克思恩格斯全集》第一卷，第82页。
② 《毛泽东著作选读》下册，第563～564页。

作贡献，促进了集体生产的发展。最有价值的是，后石村在"五好家庭"评选标准中逐渐增加了诸如科技致富、发展集体经济等新的要求，生产搞不好当不上"五好家庭"，不重视子女教育的当不上"五好家庭"，懒惰的也当不上"五好家庭"等等。那些积极生产、勤于经营的家庭户得到鼓励，使广大村民在安居乐业中得到了实实在在的实惠。最后，后石村为中国广大农村有效治理村庄社区，建设社会主义新农（渔）村提供了可借鉴的模式。后石村独具特色又卓有成效的"五好家庭"评选活动是中国农民治理村庄社区的一种创造，它运用乡土智慧把传统的"五好家庭"评比赋予了新的内容和形式，并与村庄经济和民主管理结合起来，把村民、家庭、村庄连接起来，把精神文明建设和物质文明建设融为一体，有效地保证了评比的透明性、公正性和正确性的导向性，起到了引导村民自我约束、自我管理、自我教育、自我发展的积极作用，提高了村民思想道德素质和科技文化素质，优化了儿童和青少年健康成长的环境，树立了文明、民主、向上的村风、民风，增强了村民爱集体、爱社会、爱国家的意识，形成了家家讲文明、户户争先进的社会氛围，推动了各种经济和集体经济的发展，找到了为群众所接受的村庄治理的好形式，为建设新渔村闯出了一条新道路。

第六章　民间习俗与民俗语言

后石村同我国广大农村地区一样，有着祖先崇拜、神灵崇拜以及宗教信仰等民间习俗的深厚基础，这些构成了当地民俗文化的重要组成部分。通过对后石村岁时礼仪习俗、民间信仰、宗教信仰以及民俗语言等方面的调查，可以清晰了解这一民俗文化事象在不同时期、不同民族间传承演化的历史轨迹。本章以其在后石村的具体表现与历史流程为切入点，来分析和解读后石村民间习俗、民俗语言与宗教信仰状况的历史沿革、建构、特征与发展模式。

第一节　民间习俗与宗教信仰

民间习俗是指一定社区中人们社会生活中相沿成习的行为模式或模式化行为。具体内容包括：口头文学、民间医疗、迷信俗信、风俗习惯、民间艺术及其相关的生活用具等。而宗教信仰则是历史上形成的一种意识形态，它作为一个种精神风俗，是极其复杂的。

一　村落共同体中的家族与姓氏

一般说来，村落共同体就是血亲共同体。村落共同体作为一种社会组织，是构成传统社会的基本微观结构。在村落共同体中，居民流动性很弱，劳动分工一般较为稳定，人们的交易内容较为固定和简单，社会生活的不确定性程度较低，土地所有权、宗教力量、宗法关系和道德习惯等因素通常足以维护共同体的安全和秩序。这是因为：①土地是村落共同体的基本生产资料，土地所有者可能凭借对土地的垄断与农民达成不平等的土地租约，并通过他所容易拥有的其他"优势"对农民实行强制。②宗教通过对人们提供终极关怀来控制人们的行为，而传统社会的人们由于知识的限制普遍需要终极关怀。③宗法关系依靠人们对血缘关系的认同制约人们的行为，而对血缘关系的认同是传统社会人们之间交易成本较低的认同方式，因此宗法权威的行使在村社共同体中有很强的有效性。④道德权威制造出一种人们普遍认同的羞耻感，并借此对违抗秩序的机会主义行为进行惩罚，起到了维护秩序的作用。⑤由于交通和信息传播条件的制约，传统社会王权统治的触角要深入到村社共同体，其成本是非常巨大的，因此，王权在较为稳定的村落共同体中往往具有符号化的意义，且这种意义通常与宗法权威和道德权威结合在一起。例如，中国人习惯上把政府官员称为"父母官"，而作为国王或皇帝，人们希望他在"治国、平天下"之前，先应"诚心、正义、修身、齐家"。

后石村的村史从当年满族人口迁入时算起，已有400余年的历史。开创后石村的先民由满族人逐步发展到以汉族人口为主的满汉杂居的村落，属于杂姓村。追溯后石村的人文历史，其实早已远远超过有文字记载的400余年。在后石村北部山梁王宝山上，人们发现了葬有古先人的坟茔，其年代久远，已难以确认。据传唐代曾有一批臣民定居此处，多少代以后，这些臣民的后裔在北山坡上建起了雕梁画栋、肃穆庄严的关公庙，以祈求长久的安定太平，但几百年后这里已是荒无人烟。尽管流逝的岁月带走了昔日的辉煌，但直到19世纪末，人们还能在北山坡上见到这座年代久远的庙宇和厅堂里寂寞的泥塑关公老爷雕像。

满族人口的出现大约始于清王朝建立之初，有四户满民迁居此地，他们跑马占荒，安营扎寨。据后石村村史记载，这四户满民来自长白山麓的八道沟，随清太祖努尔哈赤起兵，成为"八旗"成员，隶属正黄旗和正红旗，清王朝占领北京后，他们随之进入北京，定居在北京的草帽胡同。康熙七年（1668年）满族大移民，这四户"八旗"子弟结伴来到此地，其中一户落脚村西头，三户落脚村东头，成为后石村的首批"占山户"。到道光、咸丰年间，人丁日见兴旺的后石村四户满族人家已繁衍至第六代，为便于与汉族沟通，纷纷改用汉名，属于正红旗的三户改为汉族的唐姓和赵姓，属于正黄旗的一户改为白姓，如今村里退休的副村长白克振，就是白氏家族的第13代后人。这期间，又不断有王姓、刘姓和崔姓等山东人氏相继迁入，分别移居村西头和村南头，村庄在逐年延续扩展。

因社会政治和历史发展等各种因素所至，汉族人口逐渐增多，满族人口优势在清末及民国初年已见势衰，其中赵姓家族中的一支因人口大量迁出，其后人活动踪迹在村中已基本消失。20世纪中期，在政府统筹安排下，有陈姓等家族从隔海相望的荒凉孤岛——蚂蚁岛搬入此地，成为后石村中几大姓氏家族之一，其中包括历任几十年生产队长、村委会主任的陈玉圭及其兄弟。后石村的人口成分日见复杂，人口结构也在日趋多元化，在后石村的几个主要姓氏家族中，按现有人口数量统计，陈姓人口居第一位，唐姓为第二位，王姓为第三位，崔姓、赵姓、白姓则分别列第四、第五、第六位。这使后石村整体上宗族意识不强，村中历代精英集团的组成不仅超越家庭，甚至超越宗族。

人口频繁流动的结果，使村中汉族和满族人口比例发生了不可逆转的变化，到目前为止，后石村民族成分构成为满族、汉族，分别占25%、75%，这就决定了在后石村的传统文化的历史积淀中即带有少数民族文化特点，又融入了其他地域的文化成分，既具有自己的民俗特色，又带有一定的开放性和兼容性。满族人口的生活习惯和传统习俗逐步汉化，一些家族传统的庆典及祭祀活动受到汉族文化影响，除个别地方仍保持了一些满族独有的特点外，大部分已与汉族习俗文化融为一体。

后石村在建国初期人口不足千人，随着人们生活水平的提高和医疗条件的改善，目前人口已增长至3000余人。但如同其他发展较迅速的地区一样，由于社会资源配置方式加速阶层或群体的分化与断裂，社会的职业人口流动也增大，造成村民人口结构上的某些失衡。据2004年的社会调查问卷显示，后石村男女性别分别占总人口的31.8%和68.2%，其性别比为46.63，男性村民仅为女性村民的1/2。在年龄构成上，65岁以上的村民占19.6%，在职业构成上，家务与赋闲占了村民的45.2%。一个由过多的女性和老人构成的村落，在经济水平较为发达的社会环境中，其民间习俗与宗教信仰活动的复苏与发展会呈现出既顽强又迅速的特征，表现在文化层面的变动幅度也随之大大增强。

二 村民的民间信仰活动

后石村村落形成时间较短，虽然根据出土的古墓可以断定，历史上曾有过本地土著居民，但有记载的村史仅为 400 余年，村民先祖大部分属于外来人口，因此极大地削弱了以血缘为基础的宗族制度的建构和作用，代之以村落精英为首的具有现代色彩的社会人际关系网络，民间传统文化及宗教信仰的形成，皆受到村民迁徙流出地文化和村周围地区以及整体社会文化环境的影响，属于村落自己独有的带有民间传统文化特征的民风习俗及宗教信仰不明显，甚至比较周围地区更显式微。

据调查了解到，在后石村的村民家中并不长年专设祖宗牌位，或者根本就没有，但逢年过节有些村民会把祖宗牌位请出来祭拜，或做象征性的祭祀活动。据了解，村中祖先崇拜的模式，与东北其他地区的祖先崇拜大同小异。许多村民认为，一个人可以不信其他神灵，但祖宗是一定要祭拜的。因为人们取得的成就得益于祖先之灵的荫庇，为了使这种功能得到延续，人们就有供奉祖先的义务和责任。祖先崇拜构成后石村传统孝道文化理念中的重要组成部分。

与供奉祖先相比，对其他神灵的态度则要疏远或随意得多，村民在需要时会随时向传说中可提供帮助的神灵祈祷，献上供奉并举行祭祀，祖先之灵在平时却很少受到祭拜，也许是因为缘于亲情的祖先之灵无需恳求、祈祷或物质回报，也会无时无刻不在关注后人以随时提供帮助的，所以与对待其他诸神的态度截然不同。大多数村民对于祖先只有个人感情的投入，而对其他神祇则是承担一定的义务和责任。春节的鞭炮和团圆饭，只是这个全年最重要节日的表象，其本质意义不仅在于现世中人的合家团圆，也是在后人与先人的团圆中显示氏族得以延续与兴旺的庆典。

传统上，后石村的祭祖活动，一般满族是在农历腊月 30 日早上请神，汉族多选在晚上，合家（早先是以宗族为单位，二三十年前规模已缩小到以家庭或某些家庭成员）拉队到祖坟即家族坟茔地请神，有的人家（可能是远离祖坟的人家）则在河套或街门外，按照长辈在前晚辈在后的秩序，排队依次给祖宗磕头，请老祖宗来家过年。回家后把祖宗牌位和香案摆上，点燃香火开始祭拜。晚上要给祖宗"烧包袱"（即祭品），包袱里有金银财宝的替代品，包袱上写着祖先的姓名字号和供品名单及上供人，午夜开始"发纸"（即烧纸）。烧纸时要选用杏树棒子烧火，取意兴旺。鞭炮齐鸣声中迎来老祖宗的神灵，再把给老祖宗吃的"发子"饺子、馒头放到烧纸锅里，之后全家吃饺子，点长明灯，与亲朋好友"守岁"，彻夜不眠。与祖先灵位同受祭拜的还有门神、灶王爷等俗神。

初一晚辈男女分帮去挨家拜年，给族中的长辈磕头。初二本家拜年，外亲走窜。晚上在家中摆好牌位或挂宗谱，上供的供品必须是整猪头或整鸡，烧香祈祷叩头后，把供菜供馒头送到街门外，用米汤水一浇，送神仪式结束。正月初五、正月十五（俗称灯节，制作灯的原料是萝卜或面，后用蜡烛，现在用手电）也要祭祀，要在祖先牌位前摆上饭菜碗筷，供上三碗饺子，傍黑去祖坟"送灯"。这种与祖先象征性的团聚，在清明节还要重复一次。届时，所有家庭成员要为先人扫墓添土（闰年忌添土以防遭灾惹祸），擦洗墓碑，供奉食品，焚香叩头。有人将部分食品留在墓前，有人则在墓前与祖先共进野餐，而在祭祀其他诸神时一般不会出现人与神分享食物的作法，是祖先神灵与其他神灵在祭祀者心理上亲疏界限的划分和子嗣兴旺、家族得以延续这样一传统意义的彰显。

改革开放后，后石村人在经济结构上开始有了一些现代意义上的变革，人口流动及现代文化模式对乡村的影响和冲击也导致一些地方祖先崇拜的相对衰落，村里一些受过教育或有过城市生活经历的人，对祖先崇拜开始有了一些另类思考。反映在表现形式上，最明显的是正月初始的祭祖活动在很大程度上已让位于春节晚会及其他娱乐节目、民间活动，后石村人长期以来形成的较为稳固的祖先崇拜意识仅表化为清明节上坟扫墓活动，但也有人会在不张扬的情况下，依旧按照农历旧习在元月祭祀祖先。七月初七的鬼节烧纸，十月初一送寒衣、上坟等，祭祖等民俗事象在为数不多的老年村民心底仍占有一定位置，并形成观念上的固化。

在后石村民间的神灵崇拜中，除祭祀祖先外，还有村中的渔民在出海时要烧香放鞭炮拜海神娘娘。虽然现在的渔民仅占后石村总人口的5.5%，成为急剧萎缩的行业，但据说早先村里渔业甚为兴旺，海边曾有过龙王庙，20

世纪初龙王庙坍塌，渔民会在出海前的早上到海边，用3块瓦在海滩盖个象征性的庙，焚香放鞭炮，祈祷的内容主要是保佑出海平安，仓满鱼肥，满载而归等。目前在距离后石村约20～30里地的金家屯尚保存有龙王庙，供奉龙王和龙王娘娘两个神，周边地区的信奉者定期举办庙会，后石村也在其辐射影响范围内，据说香火颇盛。后石村的渔民和村民自古有很多禁忌，随时代更迭很多都已消失，但直到现在，村民仍有诸如女人不能上船；不能从捕鱼用的绳子上面跨过；男人不能在晾晒的女人衣服下行走，打井不许女人看等忌讳。

后石村的满族在传统习俗上与汉族有较大差异，如满人向以西为大，在建房时，正房西屋或西厢房的长度和高度要多于其他房间几尺，以供长辈人居住，晚一辈人住东面房屋，院中西面不置猪圈、厕所，屋中西墙不贴画。衣服喜穿黑灰二色，男人可穿红、紫色的衣服，不许戴白帽、穿白鞋。饮食方面和汉族人无大区别，但严禁吃乌鸦和狗。日常见面礼节是请安，男人右腿一跪，女人则是双腿一蹲两手放膝上。遇婚丧大事，妇女有摸鬓礼，以手摸左鬓。满族姑娘出嫁时先梳单辫，到夫家后改梳合式头。遇有丧事，满人在院内用木杆挂起一条红布长幡，约一丈长，出灵后撤去，名鸭绿幡。满族人用的棺木叫"旗材"，规格较汉族棺材高，方形，中间开盖，做时费木料，价钱也贵，后来满族人也改用汉族的棺材。满族儿女为父母戴的孝服需黑帽黑鞋，孝袍小领腰系白布带，与汉族孝服差别很大，但婚丧仪式满族人比汉族人较简。对父母习惯用满语称呼（阿玛谓父、额额谓母），嫂嫂称为姐姐。由于村中满族长久处于和汉族人口杂居状态，又没有自己独特的宗教，加之20世纪满汉通婚，使风俗习惯在许多地方已与汉族融为一体。

但值得一提的是，满族所特有的祭祖仪式与汉族截然不同。每年立冬后春节前，满族人家要用一头生猪进行一次祭祀活动。祭祀时，正房西屋西墙上，用托板悬架木匣一个，名瓦丹匣子，内装黄纸摺子一本，上写死去先人名字。白布画的神像一张，上画三四个着满族服装的男女，木偶一个约四寸大小，此物各家不同。另外还有许多飞禽走兽、石树房屋和人像等。另有一内装持刀木偶的黄布口袋悬在匣旁，名曰萨满口袋，上挂红、蓝二色布条，名曰"他汗"，红条写男人名，蓝条写未婚女子名，已婚妇女没有。祭祀前夕，将活猪宰杀，连头切成八块用大锅煮熟，蒸黄米切糕一大块，切片装盘（不蒸切糕煮黄米饭装盘也可）备用。次日清晨将瓦丹匣子中的布像挂西墙正中，前设桌案香烛及切糕，将木偶用绳串上，隔窗引至院内，系在索拉杆子中间，杆前桌上置糕烧香。白木杆的索拉杆子高一丈五，上有锡圆盘，祭祀时将猪喉骨（连肉）和高粱一升送上杆顶的盘里。家主跪读祭文，眷属跪身后，之后跳萨满舞，祭祀完毕，请亲友吃祭肉。辛亥前后，村中已有很多满族家庭办不起而放弃。目前在后石村只有极个别的满族老年村民家中还零星保留有当年祭祀时所用物品及日渐模糊的记忆，对年青一代满族村民来说早已成为无法触摸的历史记忆。

三　礼仪、岁时等民风习俗

后石村礼仪、岁时等民风习俗的形成，其表现范畴大致包括在以服饰衣着、饮食和居住为主的生活习俗；以年节为主的岁时习俗和以婚配、丧葬和生育为主的礼仪习俗。这些民风习俗的传承与演化，受不同历史时期的政治经济、社会文化等冲击、影响和整合，其内涵所指与外延形式均有了较大改变，其中较为突显的是礼仪习俗。

1. 婚配习俗

后石村在建国之前，和辽南大部分地区一样，实行父母包办婚姻，双方由媒人说合，算八字，下定礼，到金县城隍庙求老道择吉日，俗称"送日子"或"过大礼"。第一天男方乘轿去女家为"走轿"，第二天将新娘娶回家叫"正日"，第三天招待亲家客人叫"打当日"。迎亲有乘花轿，有坐着带铃铛的披红挂彩的马车，请吹鼓手跟随奏乐。新妇到家，面向皇历上指明的喜神方向下轿，以图吉利。新郎家中设供案，夫妻向南行礼为"拜天地"，礼毕新妇入室坐床为"坐帐"，贺喜的来宾各出银钱相赠曰"喜仪"。大户家婚事可操办 2~3 天，贫家只 1 天。清代满族和汉族间禁止通婚，20 世纪初始，界限逐渐被打破。建国后，国家规定婚姻双方以领取结婚证书即为法定婚姻关系，但由于习惯势力根深蒂固，婚事大操大办仍很盛行。

20 世纪 70 年代初，后石村加大改革力度，破旧婚俗，喜事新办。村委会给新婚夫妇赠送《毛泽东选集》和劳动工具，婚假被取消，结婚的仪式改成日常工作，婚宴不准超过 15 桌。村中曾有一位刘姓的团总支书在操办婚事时，违背了村委会的规定，酒席摆了 70 余桌，因此被免去职务，改由白某某担任。这种强制性的规定，一度有效地遏制住婚礼大操大办倾向。随着生活水平的提高，人们开始注重生活质量，为适应发展需求，村委会对婚礼的强制性规定开始松动和改变。村民风行将婚礼定在饭店进行，一般摆上 10 桌 8 桌，请村领导讲话，并共同庆祝新人喜结良缘，突出了村庄权力机构领导，方式更加人性化，但这时村民的婚事仍沿袭 60～70 年代的理念，在仪式进行中始终伴有行政官员的参与和寻求、依赖行政力量的支持。

1982 年根据大连地区总结推广的新式结婚法，村民结婚开始流行去大连金石滩玩两天，回来后在家中再办上几桌。之后发展到自由选择旅游地的旅游结婚方式，也有结婚女方骑车到男方家这种不事张扬的婚嫁方式，伴之而起的还有诸如"情人节"、"金婚"、"银婚"等，对婚事的庆祝活动已扩展到婚前的恋爱男女和拥有漫长婚史的婚姻中人，在肯定婚姻的同时，更加看重两性之间对情感的守望。市场经济与现代文化不仅开拓了村民的眼界，也带来多视角的思维空间，以人为本的理念使后石村的婚配习俗开始以更加私人化、个性化和多元化方式出现在村民生活中。

2. 丧葬习俗

后石村有史以来均以土葬安顿过世之人。在有条件的人家，儿孙早早为老人备下称之为"寿材"的棺木，并选好坟地。老人临终前，儿女至亲要守护身旁，以示送终。人将亡时，抬到堂屋地临时搭好的木床上，穿好寿衣，俗称"上床"，以丝线系碎银置口内俗称"压口银"，手中握麦饼俗称"押手干粮"。气绝后，派人讣告亲友谓之"报丧"。于院内搭灵棚，设灵堂，奏哀乐。各家根据经济情况停灵时间长短不一，一般为 3、5、7 天，贫者甚至仅 1 天。其间有请僧道念经祈祷，请礼殡先生"点主"，晚辈披麻戴孝在灵前守孝，家人当天去土地庙，将纸粘在庙门上谓之"报大庙"。报庙时以纸摇曳招魂，呼喊亡者名，同时以饭水灌地，曰"送浆水"。遗体"入殓"时，大小棉衣外罩红布号衣，用写黄字的红绸盖上。

次日黄昏"接经"，入夜"送盘缠"，在十字路口焚烧纸扎车马（男扎马，女扎牛）和童男童女，同时念叨着"一条西南光明道，好好赶车走，送好别出事"之类的祷告词，寓意灵魂走了。出殡时由长子打灵幡，女婿撒买路钱，一路笙管鸣哀，扬幡招魂，路遇过河或过井，死者亲属要跪下提醒魂灵。表示哀痛的亲朋好友会在出殡队伍路过时，在路边摆上酒菜馒头，谓之"路祭"。落葬时，找阴阳先生把公鸡冠子刺破，将血点在刨坟地的镐头上，以驱邪。送葬回来，把死人枕头衣物在人们常走的路边烧掉，将戴的白布孝巾、孝衫、孝带从火上过一下，表示丧事已过去，叫"过火"。死后 3 日"圆坟添土"，一周后"烧头七"。以后每周祭一次，共祭 7 次。此后"烧百日"，"烧周年"，一般烧 3 周年，多者烧 10 周年，谓之"大周年"。

　　在旧丧葬习俗中，也有其他的表现形式，如年轻人死亡时埋葬在祖坟边缘。婴儿夭亡一般不入土，在野外架火焚烧。渔民因海事遇难尸骨无存，则将其衣物入棺而葬，称为"影葬"。死后葬于两地的夫妻合并时叫"并葬"，一方不能迁移合并也称"影葬"。这些被强化了的丧葬礼仪习俗，受佛教文化影响甚深，强调灵魂不灭以及轮回果报应等思想，使人们安于命运安排。另一方面，葬礼使人们有机会以向死者致哀的方式，把因死亡而造成混乱的各种人际关系网络平衡起来，以维持社会的内聚性并防止社会崩溃。丧葬习俗以人们传统文化观念及思维方式的外化形式而存在于乡土文化之中，成为乡土社会生活中不可或缺的组成部分。

　　1975 年初，为了充分利用土地资源，扩大实际耕地面积，政府号召改土葬为火葬。当国家权力以合法化的模式、对立者的身份进入到丧葬习俗这一本来毫无政治色彩的乡土文化中后，后石村同周边许多地区一样进入到丧葬习俗的强性改革阶段。原来村民各家族茔盘受到清理，在大量的思想动员工作后，石村出现大连地区的第一例响应火葬者，村里为此召开了全村追悼大会，免去挂幡超度，也没有扎纸马纸车，同时定下不许土葬的决定，村中严禁买卖棺材和修坟造墓，为火葬的实施创造条件。

　　1977 年后石村首建大队级祭祀堂，彻底改变了当地村民传统土葬习俗。21 世纪前后，随着生活水平的提高和对丧葬文化的不同理解，许多地区旧丧葬习俗死灰复燃，丧事有复杂化和奢侈化发展趋势。这股新出现的社会风气引起人们的注意，后石村人意识到，原有的村属祭祀堂已不能满足村民对丧事丧礼的需要。为使后石村人文文化与整体经济规模发展建设相协调，经有关部门批准，后石村在祭祀堂的后边，依山建起规模更大的墓地群，在一个以物质为依托的更高的精神层次上显示出后石村人对死者的敬意和对生者的慰藉。

3. 生育习俗

旧时的孕妇被视为不吉利或不祥之人，在后石村一带被称为"四眼人"而横遭歧视。不仅红白喜事不得到场，临产生育时还要卷起炕席，铺上谷草，因此婴儿降生时又称作"落草"。乡间的接生婆用劈开的秫秸秆割掉脐带，待脐带头坏死后自然脱落，如此原始的接生方式使婴儿死亡率很高，村里素有"七天疯"、"八天抽"之说。产妇"坐月子"期间，外人不得入内。由于医疗卫生条件差，许多妇女在产期患下终生不愈的痼疾，落后与愚昧的生产方式使妇孺身心皆备受摧残。

村中旧俗重男轻女，生儿子叫"大喜"，悬弓于门左；生女儿为"小喜"，挂红布于门右，亲戚邻居送红皮鸡蛋曰"看喜欢"。婴儿生 3 天谓之"洗三"，全家吃喜面，婴儿满月、百天时，家中设酒席款待宾朋，谓之"坐满月"、"坐百岁"，来客赠送"长命锁"、手镯、脚镯等以示庆贺。姑姑姨娘多做衣裳，俗称："姑姑裤子姨娘袄，舅母褂子穿到老"。孩子满周岁时，家人以弓箭、书画、农具和粉钗等物置小孩面前，令其随意抓取，以推测其志趣所好，俗曰"抓周儿"或"过生日"。诸多有关生育习俗，展现了一个生命的降临所带来喜庆，生育事象已由生育的当事人扩展到血缘氏族以及乡邻村社，由此可窥见到人们对种群的扩大和延续极端重视的遗风。随着经济水平的提高和生活质量的改善，人口增长的迅猛已成为发展建设中的最大阻力。

1949 年后石村人口数量不足千人，1958 年增至 1889 人，自然增长率为 9%，1969 年已达 2812 人。20 世纪 70 年代初，节制生育和计划生育被提上国家日程。在各项工作走在前面的后石村对人口增长给村民生活、生产和文化素质造成的负面影响感触颇深，决心改变这种无节制生育状况。在当时机械化程度并不高，村民的日常生活在很大程度上仍依赖体力劳动的农村，想改变有着千百年历史的自然生育状况，将"天下第一难事"变为村民的自觉行动绝非容易。已有 4 个孩子的村书记陈玉圭的妻子王春梅带病率先做了结扎手术，推动了后石村计划生育工作的如期进行。

在村领导和妇女主任苍淑英的努力下，到 1980 年已实现全村晚婚、晚育率和有男孩的夫妇只要一个孩的报名率都达到 100%。目前村里 2 个孩子的家庭占 64.4%；独生子女占 35.7%；没有男孩的家庭占 21.9%，千百年来"多子孙多福"的传统生育观念遭到彻底颠覆。根据 2004 年调查问卷表明，后石村人对计划生育工作很满意者达到 81.1%。这一历史性的突破给后石村人带来的不仅是瞩目的经济效益，新的生育观促使后石村的民风习俗出现了在传统到现代性不可逆转的变化，凸显了社会现代化发展在民俗文化传承与沿革中的作用与意义。

4. 岁时习俗

岁时习俗作为一种涉及每家每户每人的社会性极强的民俗事象，在其形成和发展过程中，不同的地域文化诠释出千姿百态的节日风格与庆祝方式，对后石村影响力最大的年节当属举国同庆的传统节日——春节。

在后石村，腊月三十（或二十九）称"除夕"，正月初一至初三称"过年"，是一年中最盛大的节日。节前，家家办年货，除夕日张贴春联（俗称封门）。除夕傍晚主要是"请神"（挂宗谱），供祖先活动。除夕之夜，家家点燃长明灯，到子夜时分，除"发子"外，人们一定要煮饺子，放鞭炮，以示新年的到来。新年之夜，家人团聚一处，饮酒玩乐直至通宵达旦，俗称"守岁"。初一的早晨，穿着新衣透着喜庆的晚辈给长辈拜年唱颂词，接受长辈赠予的压岁钱，街邻乡党相互拜年祝贺。初二是出嫁的媳妇们回娘家的日子，俗称"回门子"，给团聚的家人又增添一道喜庆和热闹，表达村民对姻亲关系的重视。初三，随着傍晚的"送神"活动的结束，预示着一年之中最大的节日——春节已临近尾声。20 世纪 80 年代后，看春节晚会成为守岁的主要内容，受城市新风气影响，村干部也开始以团拜或电话拜年的形式，借春节之际加强人际关系的联络，村中传统的岁时习俗与城里的流行时尚相融会，使后石村节庆文化呈现多元发展趋势。

后石村旧俗中的春节有许多禁忌，如过年期间不得外出（指出远门）；忌扫地和动剪子等。建国以后，一些带有封建色彩的习俗渐被废弃，贴春联、穿新衣、丰饮食、放鞭炮等习俗犹存，但由于生活质量的提高，来自衣食方面的魅力已大为消减，村民常感叹想过年天天都能过，找不到那种蓄积了一年的喜悦在岁终年尾时尽情迸发的感觉。但放鞭炮始终是春节习俗中传承最稳固的一个部分，其意义无论是指旧俗中的驱邪，还是现在的喜庆，都以其独有的表现形式成为春节中最具民族特色的一个亮点。

能使春节突破时空囿限而愈久弥新的是春联，在彰显民族传统文化的同时，疏放自己的情怀和心愿。什么时候去后石村，都可以在街区规划整齐的一家家大门上，看到或新或旧的门联，其横幅有"财源滚滚"，这就可能是经商的；有"一帆风顺"，可能家中有捕鱼人；有"平安出入"、"平安尊福"，或许是跑运输的；更多的是"吉祥如意"、"幸福之家"、"家和万事兴"等祈求家庭和谐字样，家在村民心中的位置跃然纸上。

除了春节，在传统节日中，还有正月十五元宵节；祭扫先人的清明节；五月初五的端午节和八月十五中秋节等为后石村村民所喜爱。至于旧俗中的添囤日、"二月二"、寒食节、中元节（鬼节）、重阳节、腊八、小年等传统节日，像许多历史久远的民间传统岁时习俗一样在村民的记忆中被淡化和忽略。取而代之的是具有时代特征的纪念性节日或国际公认节日，如元旦、三八国际劳动妇女节、五一国际劳动节、五四青年节、六一儿童节、七一中国共产党诞生日、八一建军节、国庆节等带有浓厚政治色彩的节日。改革开放后，又增添了许多带有西方文化特色的洋节，如情人节、圣诞节等，在丰富了岁时习俗文化内涵的同时，也不可避免的对传统节日造成一定的冲击。近年来，随着整个社会对传统文化的关注，一些传统节日在后石村得到重新恢复，村民们自发地进行一些民间传统节日活动也不再受到限制，例如在农历七月初七的鬼节，可以看到后石村的众多村民在墓地或街口烧纸，并留下一堆堆的灰迹。

在后石村的传统民风习俗中，也曾出现过许多类似缠足、吸毒、娼妓和赌博等浇风漓俗和一夫多妻、童养媳等陋俗，守寡和改嫁（俗称跳槽）的女性遭受到更多的凌辱和歧视。此外还有算命卜卦、测风水、日子及信奉巫医、神汉之类的迷信活动，建国后被当地政府和后石村村委会坚决取缔，一些富有民族特色而内容健康的民间风俗得到保留。20世纪60年代爆发的"文化大革命"运动，在意识形态领域表现尤为极端化，一切传统的民间习俗都被作为封建残余而遭到否定，土香土色的岁时节庆活动从人们的社会生活中迅速消失。改革开放后，社会生活及文化生活的多元化，使这些消失久矣的传统节日又程度不同地回到人们生活中来，传统与现代在时空上的融合和发展突出了民俗文化对社会发展的较强的适应性，2004 年的问卷调查显示对当地民风习俗不满意仅为 0.6%（问卷 73 ~ 76 份），说明后石村领导集团在营造后石村人文空间和引导后石村精神文化生活走向上的诸多努力得到了村民的肯定。

四　宗教信仰及其表现

后石村在宗教信仰方面，大多处于自发性的极为松散的无组织状态，其随意性很强。20 世纪 60 年代，在强大的政治压力下，基本消失殆尽。70 年代末，非公有的非农经济发展，交通运输网络的建立，以及后石村出外打工途径的迅速增多，不仅扩张了村民的就业机会，扩张了他们的社会经济独立性，后石村人在知识与信息的获得机遇上明显增加，对精神生活的选择及文化信仰方面的追求多样化起来。在国家宗教信仰自由政策得到逐步落实的大政治环境背景下，宗教信仰整体由式微向复兴发展的特征日益明显，村里又开始恢复了一些宗教或与宗教有关的活动，每个教种恢复的程度各不相同。由于后石村的民族成分构成仅限于汉族和满族，村中历来没有回民人口，所以也不存在伊斯兰教教徒。历史上，天主教的影响在整个金州地区微乎其微，后石村也无人涉及。因此，五大宗教教种在后石村基本只有佛教、道教和基督教。

佛教和道教的信仰形式始终处于一种很微妙的状态。一方面，在后石村从来没有出现过有关的宗教组织。虽然在距离村子大约 20 里和 30 里处分别有座玉皇庙和朝阳寺，村中居民偶尔也有去烧香拜庙者，还有借旅游或赶庙会之时顺便光顾寺庙道观、祈祷许愿，但这些都属于一种临时性的参与活动，并非经常性、宗教性的组织形式。另一方面，佛教和道教对村中居民日常生活的影响却又无处不在。例如在商店、饭店、旅社等有买卖交易的公共场所，都经常可以看见房内供奉袒胸露肚、笑口常开的弥勒佛或秀美端庄的观世音菩萨等。其制作材质视供奉者的财力和重视程度而有所不同，简陋者挂幅画，奢靡些的供奉镀金彩陶的塑像，大多则为陶塑和泥塑，塑像前香烟缭绕并摆放着供品或数量不等的人民币。如此的供奉形式在一些村民家中也可看到，说明此类现象在村中具有一定的普遍性。很多村民即信仰佛教也信仰道教，甚至佛、道教不分，将佛祖道仙一起供，但却并不能因此便视这些供奉者为佛教教徒或道教教徒。

基督教于20世纪90年代初传入后石村，使后石村在宗教信仰方面出现中西宗教并存状况。基督教传入金州地区可追溯到光绪二十六年（1900年），丹麦牧师外德劳与大连教会阎兴纲来金州传教，成立了金州基督教信义会，辖属大连教会。到1949年前，金州地区共有教堂3座，牧师1人，传教士等神职人员17人，信徒550多人，每周日做礼拜。20世纪50~60年代，3处教会陆续停止了宗教活动，教堂改作他用，神职人员被遣散。1984年11月，恢复了金州地区基督教会礼拜堂活动。在大连及金州地区基督教教会影响下，一些社会基层也陆续出现了基督教家庭活动小组，基督教教徒除了去教堂做礼拜外，更多的是在家中祷告，其祷告内容基本上是与家庭成员和现实生活有关的。

后石村参与基督教家庭聚会点的教徒，每周三的下午聚集在村民王春霞家，在十几平方米的屋中，炕上地下都坐满了人，有行动不便的和为数极少的男性坐在一门之隔的外屋地（厨房），教徒们首先唱圣歌，随后自由发言，发言者站到屋中间，面对大家讲自已看圣经的体会，联系生活的实际。虽然教徒对圣经理解的水平非常有限，但感情的真挚和虔诚却具有强烈的感染力。参加基督教家庭聚会点的教徒构成，其特点：一是女性占绝大多数，男性仅占总数的10%；二是年龄偏大，50岁以上的占60%，年龄最大的已经83岁；三是文化水平低，半数以上是文盲和小学文化程度；四是教徒的教龄比较短，一般在5~7年之间，最长的有10余年；五是就业率极为低下，教徒的职业多为家务或赋闲；六是人均生活水平低，老弱病残是造成贫困的主要原因，其中还有约10%的外来人口，主要是因婚姻关系而进入村中的女性，女性因婚姻而融入血亲组织，但在家族人际关系中，一直处于附属于男方血亲势力的地位。

后石村基督教家庭聚会点中最年轻的女性信徒，大约28岁，是由外地嫁入本村的，无业，有一个 5 岁男孩。她在讲述入教原因时说："丈夫跑运输经常不在家，孩子身体不好，总是一夜一夜地哭，哭得我的心都揪揪着，一点办法也没有，入教我心里好过多了。"像她这样感到无助因而入教的，还有几个因寡居或丧偶、生活孤独无靠的老年女性。调查问卷显示村中有33.7%的人享受到村里发放的养老金，虽然与其他农村地区相比其福利待遇的覆盖面已经很大，但仍有 64.3% 的人认为村规定不能保障老人的晚年生活。在这个集会点的教徒，因病痛缠身，无钱医治者所占比重最大，其次是家庭关系紧张，生活压力大，还有忧愁烦恼无处化解，或生活困难无力面对等。

在客观上选择信仰基督教的理由，一是教徒们大部分来自弱势群体，所以在信仰上选择了不需要频繁提供供品和香火钱的基督教，在经济上对拮据的人们有一定的诱惑力；二是对体弱年迈或有家庭拖累的人们来说，不需要跑二三十里路就能达到目的的家庭聚会点，其地缘优势显而易见；三是当佛教或道教的信仰形式，满足不了信徒渴望有交流、心灵沟通和互相帮助的需要，基督教聚会点应运而生。基督教聚会点利用其他宗教在形式上的空缺成为原来信仰的替代品，村民不是从无神论转为有神论，而是找到了原有宗教意识的新归宿，是鬼神观念极为普遍的村民在信仰对象上的一种转移，而不是不同宗教教义间的一种信仰选择。

通过后石村的问卷调查显示，在问卷 11 "村行政"一栏中，村民中参加宗教组织的占8.6%，除中共和共青团组织外，是村民参加其他社会组织中所占比重最高的一个（民主党派 1.4%，其他社会组织 7.1%）。在问卷12 "村经济"一栏中，村民在遇到困难或问题时，找宗教成员的比例，低于血缘亲属网络和村委会，高于自己所在的单位、邻里、朋友、村党组和集体经济组织。问卷的调查结果说明，目前宗教信仰在村民心中已占有一定的地位，尽管村中常有人说，"看谁家地里长得草多，那家里准有信教的"，对信教流露不以为然的态度，但问卷调查显示，对宗教风俗较不满意或很不满意者仅占 0.9%（问卷 77）。

从组织形态来看，后石村村民的信仰活动以家族和个体行为为普遍特征，而非以村或祭祀会众的形式出现，其信仰强调家族与个人价值以及生命意义，信仰圈层的概念基本在于宗教仪式过程，行政村界不具有局限意义。由于其内在因素和历史积淀，有着深厚群众基础的民间习俗及宗教信仰作为一种非主流文化，其形式传承重在实践，与民间生活密不可分，并被认同于传统的信仰体系，这也是民间习俗及宗教信仰在地方社会中的草根性表现。

第二节　民俗、方言、风俗语汇

后石村民俗语言的调查起始于 2003 年 7 月，从那年夏天开始，几次去后石村调查，这里所收集到的词汇条目，大多是那个时候的调查所得。同时，在调查中所收集到的民俗语言的资料可以说还只是停留在方言调查的层面上，主要关注了一些反映当地民俗的词句，并对这些词语背后所折射的当地民俗文化进行一定说明。这样做的目的，是希望从民俗语言学这样一个独特的角度，反映后石村当地的民风民俗，希望调查所得不仅为语言学的研究提供一些有用的资料，还可以为社会学、民俗学、文化学的研究提供一些借鉴。

一　后石村语言特点

语言和民俗都是人类社会的原生文化形态。美国人类学家爱德华·萨丕尔曾说过："语言不脱离文化而存在，就是说，不脱离社会流传下来的、决定我们生活面貌的风俗和信仰的总体……"。无独有偶，现代语言学之父索绪尔也说过："一个民族的风俗习惯常会在它的语言中有所反映，另一方面，在很大程度上构成民族的也正是语言。"从二者的论述中，我们可以看到，无论是人类学家抑或是语言学家，都对语言与民俗的关系给予了充分的注意，并由此出发进行了综合性的研究，生发了各自的学说体系。民俗语言学，就是基于以上两种思想建立的一门以民俗语言和民俗语言现象为研究对象的科学。这篇民俗语言调查报告，就是笔者从自己的学术趣味出发，以一个民俗语言学者的角度切入到后石村的经济社会调查中去。本文主要运用的是民俗语言学最重视的方法——田野调查法，辅之以一定的文献考证，对后石村的方言与风俗进行了综合的考察，试图展现出两种原生文化形态在后石这样一个村庄中所呈现的传承与变异。

后石村所使用的方言——金州方言接近普通话。但由于明清以来境内大批汉族来自山东、河南，满族多来自北京、长白山等地，加之沙俄、日本在此统治半个世纪，造成语言成分比较复杂。有的山东味较浓，有的词汇中夹杂部分满语和外来语。

1. 语音特点

语音多不卷舌，声调上声、去声多，阴平阳平少，阴平调值为312。

（1）普通话中舌尖后音字多读作舌尖前音：比如"纸"（zhi）读成"zi"、"冲"（chong）读成"cong"、"师"（shi）读成"si"等。

（2）普通话中舌尖后音 zh、ch、sh，有时被分别读作舌面音 j、q、x：如"小猪（ju）拉小车（qie），小车（qie）拉八石（xi），八石（xi）掉地砸脚趾（ji）"（八石是石头的意思）；"住宿"大部分都读成"住许（xu）"。

（3）普通话中舌尖后音 r，有时读作 r，有时读作 y：比如"让"（rang）金州话读成"样"（yang），"热"（re）读成"业"（ye），"人"（ren）读成"银"（yin），"肉"（rou）读成"又"（you），等等。

（4）普通话舌尖音 n，有时读作 m：例如，"泥"读成"mi"。

（5）普通话单韵母 e，有时读作 a 或 ie：比如"喝水"读成"哈（ha）水"，"割开"读成"嘎（ga）开"；"这个"读成"jie 个"，"那个"读成"nie 个"。

（6）普通话单韵母 u，有时读作 ü。

（7）普通话复韵母 ei，有时读作单韵母 e：例如，"北"读成"be"，"黑"读成"he"。

（8）普通话复韵母 uei、uen、uan 常被去掉了韵头 u，读作 ei：比如"对"的发音是"dei"，"蹲"的发音是"den"，"酸菜"的发音是"san 菜"，"断"读成 dan，"暖气"读成"nan 气"，等等。

2. 词汇特点

与普通话相比，后石村方言词汇方面有以下特点：

（1）由于与普通话发展不平衡，保留了一部分普通话已不再使用的古语词。如：果子（油条）、镏子（戒指）。

（2）有满语的残留：特勒（不利索）、扎古（治病）、埋汰（脏）。

（3）保留了一部分日俄统治时期的语言痕迹：晚霞子（衬衣）、瓦斯（煤气）、榻榻米（长方形草垫子）、万年笔（自来水笔）等是来自日语的外来词；拉叫子（收音机）、笆篱子（监狱）、骚达子（比喻平民百姓）、瓦罐子（带篷的铁路货车厢）、憋力气（火炉）、布拉吉（裙子）、委得罗（小水桶）、必牙儿（打耳光）等则来自俄语；还有小部分是英语的外来词，如巴斯（小汽车）等。

（4）协和语：自动车（汽车）、万年笔（自来水笔）、便所（厕所）、大扫除（大清扫）、配给（定量或限量供应）、远足（野游）、苦力（工人）、通勤（职员上班），有些协和语已经随着光复自生自灭，而像"通勤"、"便所"、"大扫除"这样的词在民众中广泛使用，有的甚至进入了《现代汉语词典》。

（5）有一部词语是方言区的人自造的。如：取灯儿（火柴）、肥田粉（化肥）、刀梁（螳螂）、毛毛（狗尾巴草）、咪咪嘎（知了）、胰子（香皂）、跑腿子（光棍）、跑堂的（饭店服务员）、站柜子（商店里学徒的）、半拉子（半劳力）、腿子（走狗）。

（6）有部分词语方言和普通话都使用，但含义不同。如：张三（狼，比喻心狠的人）、老疙瘩（对儿女中之末者的昵称）、电棒（手电筒）、猪耳朵（车前草）。

3. 语法方面的特点

金州话里有一个副词很有地方特色——"血"，形容程度很深，非常有意思。如说一个人很傻，就是"血彪"。

后石人在遇到什么受不了的、挺不住的、忍不过的情况时，爱说"没有抗"（měi yǒu káng）。比如说，"饿得没有抗、累的没有抗、疼得没有抗、气得没有抗、难过得没有抗……"这时，一般都愁着眉、苦着脸，有点叫天天不应，叫地地不灵的感觉。但有趣的是，当一件喜事从天而降时，人们也会乐得"没有抗"，可见享受幸福和承受苦难同样需要力量。

形容词的重叠式，也用了与其他地方不同的副词。如焦酸焦酸（非常酸）、巴苦巴苦（非常苦）、稀甜稀甜（非常甜）、齁咸齁咸（非常咸）、墨黑墨黑（非常黑）、希破希破（非常破）、希碎希碎（非常碎）。

二　方言与民俗

《礼记》说：“入国而问俗，入门而问讳。”风俗对人民生活有较大的影响，这必然影响到语言，金州的语言也同样受到民俗的影响。语言是人类最特殊的，也是最重要的文化符号，语言文字是文化的忠实记录者。在长期的发展过程中，人类把自己认识世界的成果和生活本身用语言文字这种特殊的文化符号巩固贮存下来。深入研究这些语言现象的来龙去脉，可能会有助于我们了解金州历史发展演变的情况。后石方言中反映民俗和文化的主要是词语。

不熟悉这里方言的人，如果初到后石村，就会发现这里有一个很与众不同的词语，那就是“俺”。这里的人张口就是“俺”，“俺爸”、“俺哥”、“俺们家”……“俺”是第一人称复数排除式，“我”是与之对应的单数形式，但在这里，与普通话“我爸”、“我妈”、“我家”相对应的却是“俺爸”、“俺妈”、“俺家”；即使是独生子女向别人介绍自己的父母时也要说：“这是俺爸！这是俺妈！”为什么会出现这样的情况呢？吕叔湘先生说过：“在过去的中国封建社会，家族的重要过于个人，因此凡是跟家族有关的事物，都不说我的、你的，而说我们的、你们的（的字通常省略）。”这说明，人们之所以把“我爸”称“俺爸”，与他们的传统文化心理有关。

本书把后石村方言调查到的民俗语汇可以分两大类，一类词语就是直接用于记录某种民俗事象的，这些词语的产生直接源于某种民俗事象，是对该民俗事象的记载；另一类则是在词语记录的现象背后隐含着一种民俗心理及民俗文化传统。这些词语可谓是语言中风俗文化的“风俗化石”，承载着丰富多彩的风俗文化。现就民俗事象的有关方面，列举一些民俗语汇。

1. 有关婚嫁习俗的民俗语汇

算八字：这个民俗语汇记录的是旧时婚姻的一个婚姻习俗。过去讲究很多，男女青年除了要接受“父母之命，媒妁之言”，还要接受“上天”的安排，要请算命先生看双方的“生辰八字”是否适合，合者才有可能谈婚论嫁。今天，这种习俗已少见。

下定礼：即男方给女方送彩礼。女方如果收下彩礼，则表示同意婚事。

连并帖：双方交换媒柬，意味着订婚。

送果子：即已经定亲的男方向女方家"送彩礼"，以"果子"充彩礼，反映的是当时人们的生活水平。

送日子：结婚前，要请人看皇历，择吉日，男方将择定的日子送交女方，叫做"送日子"。

成亲：成亲即结婚，管结婚叫成亲，反映了过去婚姻上的强迫包办，漠视子女利益、漠视个人情感，把家族的利益看得高于一切的特点。

吃四喜丸子：在后石村，如果有人说要"吃四喜丸子"，那么就意味着要有一场婚礼即将举行了。这是因为在北方的婚宴上，都有一道口彩菜，叫"四喜丸子"，南方称之为"狮子头"，反映了人们追求幸福生活的美好心愿。

2. 有关丧葬习俗的民俗语汇

寿材：旧时死人均以棺木成殓土葬。富裕家庭老人健在时，儿孙就给备好棺木，称"寿材"，并选好坟地。老人病危时，儿女至亲不离身边，表示送终。

上床：临终前，在堂屋地搭一木床，将病危之人抬到上面，穿好寿衣，俗称"上床"。

报丧：断气后，则派人讣告亲友，谓之"报丧"。于院内搭灵棚，设灵堂停灵，停灵时间长短不一。富者多是5天或7天，一般平民3天，贫者仅仅1天。其间，富者请僧道念经祈祷，请礼殡先生"点主"，请喇叭匠人奏乐致哀，晚辈披麻戴孝，灵前守孝，焚香烧纸。

送盘缠：人死后当天去土地庙"报庙"，尸体入棺称为"入殓"。次日黄昏时"接经"，入夜"送盘缠"，烧纸扎车马和童男童女。第3天出殡，由长子打灵幡，女婿撒买路钱，一路上笙管鸣哀，扬幡招魂。死后3天"圆坟添土"，第7天"烧头七"。以后每隔7天祭一次，共祭7次，第100天"烧百日"。每年在死者去世那天"烧周年"。一般烧到3周年，多者烧到10周年，才算纪念完毕。

3. 有关居住习俗的民俗语汇

看风水，选宅地，择吉日动土。

上梁：上梁时，亲朋好友来"挂红"（在梁上挂红布）。贴对联，多选"上梁适逢黄道日，立柱正遇紫微星"之类内容，并燃放鞭炮。木匠和瓦匠在房顶向下撒小馒头、杂硬币，念喜歌。

温锅：乔迁新居时，首餐蒸发糕，亲朋好友携带筷子、火柴、鱼、粉条、葱等前来"温锅"，预祝生活富裕兴隆。

4. 有关服饰习俗的民俗语汇

苞米面肚子，萝卜腿裤子：反映了人们追求服饰美，而不计饮食优劣的习俗心理。

姑姑裤子姨娘袄，舅妈褂子穿到老：这是个老的说法，反映了一种诞生礼中有关服饰的习俗。

5. 有关饮食习俗的民俗语汇

饼子：饼子本是北方两种有名的玉米面食品中的一种（另一种是窝头）。饼子的做法很简单。一团和好的玉米面，在双手之间倒来倒去，然后，"啪"地一下贴在锅边。火烧旺，锅一开，饼子就做成了。但后石人所指的"饼子"并不是这个饼子，后石人说的"饼子"常常是指一个人低能、窝囊。比如：这个人真是个"饼子"，或简称，这个人真"饼"。仔细琢磨一下，后石人把饼子这个头衔戴到人的头上，原因大概有两个，一是饼子在制作时可以随便拿捏，再一个就是饼子属于粗粮，它当然不及白面馒头、饺子之类。

搬腾：即吃零食，把吃零食称为搬腾，可见要吃到零食并不像今天的独生子女吃点心巧克力那么容易，从中可以看出当时的生活水平。

6. 有关岁时习俗的民俗语汇

腊月二十七扫灰，二十八包饺子，三十晚上守岁，大年初一挨家拜年。
要正月，闹二月，哩哩啦啦到三月。

7. 有关交际习俗的民俗语汇

章程：此词后石人用得较多，沈阳人、哈尔滨人、长春人也说，估计是从大连"舶"过去的。千万不要将此词简单地从字面意思理解为章法程序，更不要误解为群团组织里的条款。这话也是"海南丢"们丢过来的，最终可理解为能耐本事。试想，肚子里装着大段的规章制度，这个人还没本事吗?!

这几年由于某一类人的活动能量越来越大，因此"章程"已大有向"神通"方面转变的味道。

忽悠：这个词的原意是：晃动。但在后石人眼里，它和"泡"差不多，只不过"忽悠"是"泡"的更高阶段。"泡"是侃大山、摆龙门阵的大连版本，色彩近于中性，而"忽悠"来源于"泡"，且高于"泡"。使你神魂颠倒、忽忽悠悠的，那叫"忽悠"。忽悠的应用范围较广，在社交圈子中用来公关，在生意场上给对方摆迷魂阵。

装灯：这个"装"并非安装，而是指装扮。灯有播撒光明、驱走黑暗的功能，所以向来把知识喻为明灯。而没有真才实学，却偏偏自以为是、好为人师的行为，后石人便一针见血地斥之为装灯。例如，门外汉充作行家里手，没本事的却装腔作势，一知半解就夸夸其谈……大凡装灯者，多是虚假浅薄，属于金玉其外、败絮其内的那种，误人误事也误己。真正素质高的人，总是表里如一 光明磊落，没有必要将自己装扮成电灯泡的。

放声：讲普通话的外地人管这个词叫吱声，也有叫吭声的。后石人绝不说"吱声"，可能是因为"吱"字太柔弱、太纤细了。放声二字多爽呀！多痛快！"嘿，哥们，有事放声。""需要我就放声。"不但男人如此，后石的女人也这样说话，哪怕那女人很娇小，很有气无力，也绝不会说"吱"字。一句放声，张扬了后石人集体性的豪爽，但也可能暴露了某些后石人爱冲动、爱讲大话且不计后果的性格弱点。

8. 有关人的性格描述民俗语汇

轻腚子：后石人评价某些喜欢拍马溜须的轻浮的人，常形象地称之"轻腚子"或"小腚飘轻"，形象地刻画了谄媚、势利眼者的神态，入木三分。腚，臀部也，山东人的方言，由此可知此词的渊源。据说，轻腚子还被人演化成一句较文雅而有现代色彩的词汇"二轻局"，多用于夫妻之间的调侃，而且多指丈夫对妻子的巴结、献殷勤等，此说颇有趣。

惊削削：此话译成普通话就是惊虚虚（后石人总爱将那两个重叠的语气助词读作"削"），其实这个词就是一惊一乍的变异。在什么情况下容易惊削削呢？比如有人谎报军情，谣传有地震将要发生时，许多人就惶惶不可终日。还有过去阶级斗争天天讲的时候，每个人都如同惊弓之鸟，那就是典型的惊削削。

急捞捞：心情迫切，干什么事急不可耐，就是后石人对这句话的诠释。它和急匆匆不尽相同，急捞捞更注重对内心的渴求和火烧火燎般的心境刻画，而急匆匆多擅长描写外在行动。急捞捞属于形容词，但不能用在高雅积极向上的场合，如"他急捞捞地进步"，就不妥，而多用在反讽和中性的气氛中，试举两例："老张一心想发财，整天谈论怎么去赚钱，真是急捞捞的。""小李最羡慕别人出国。到处托人办手续，你看看他也太急捞捞了吧！"

嘎古：后石人说一个人的性格古怪，常人难琢磨，就说这个人"嘎古"。"嘎"有偏的成分，别人难以同他（她）相处；"古"，就是古怪，性格同常人不一样，也包含有不近情理，有点刁蛮的意思。凡被称为"嘎古"的人，一般性格比较内向，不合群或者是孤芳自赏，自我感觉良好，这种性格和大多数后石人的性格恰成天壤之别。

搅牙：后石人一听说要跟"搅牙"的人打交道，一般都会不寒而栗。"搅牙"是形容那种说话办事不痛快，故意找茬，设置障碍，不把你弄得心烦意乱誓不罢休的人。这令人"恐怖"的难缠劲儿有的是天生的，属于江山易改、"搅牙"难移的类型，这种类型多少还可以接受，因为起码他不是故意而为之；而另一种被惯出来的"搅牙"毛病则让人深恶痛绝。手中有点小权，就对"求"到他门上的人百般刁难，极尽"搅牙"之能事，这样人"血"待人恨！

火人：后石人把发怒了、发火了叫"火人"了，让人容易联想到人怒火中烧时心里那团熊熊的火焰，仿佛整个人都着了似的。世上没有无缘无故的爱，没有无缘无故的恨，也没有无缘无故的"火人"。当事人往往是被那些明摆着欺负人的人和事惹得忍无可忍之后才不得不火人的，有点正当防卫的意思，或拍桌子或瞪眼或"动武"，或报以无声的轻蔑、抵抗、不合作。对方见状则有些慌神儿，嘴里嘟哝着：不好，火人了。原来的嚣张气焰随之有所收敛。前一阵美国悍然轰炸我驻南使馆，"中国愤怒了！"翻译成后石话就是"中国火人了！"

晕堂子：过去到老式澡堂子洗澡时，由于池内雾气太多，新鲜空气较少，就偶有浴客发生像晕车晕船那样的不适应症，因此管这种现象叫晕堂子。将此口语流传开来后，主要是用在形容平时的一些人干什么事晕晕乎乎的不够清醒。比如打扑克出错了牌，算错了"步"，可谓之晕堂子，为什么事稀里糊涂总也不利索都可冠以晕塘子这顶尺寸恰当的帽子。

9. 有关称谓的民俗语汇

姑舅亲：兄妹、姐弟之子女间称姑舅亲。民俗有"姑舅亲，辈辈亲，扯断骨头连着筋"之说。是亲属中最被看重的一方。旧时，兄弟分家，多请娘舅主持。

两姨亲：姊妹的子女之间称两姨亲。昔有"两姨亲，不算亲，死了姨娘断了亲"的说法。姊妹的子女通婚称"两姨结亲"，新中国成立前十分普遍，新婚姻法颁布后，已被禁止。

干亲：据一些老人们讲，新中国成立前，金州有结拜"把兄弟"、"干姊妹"，认"干爹"、"干妈"的习俗。结拜是要跪地磕头，对天盟誓。知识界和商界结拜时要写"金兰帖"，即把姓名、年龄、生日、时辰及祖宗三代写在帖子上，互相交换，称"换帖"。民间有"干亲必得水淋"之说，其意思是说，干亲得经常走动，进行馈赠，不然就名存实亡了。但也有的始终保持密切关系，甚至辈辈相传。

掌柜的、当家的、家里的、做饭的：夫妻当中女方称男方为掌柜的、当家的；男方称女方为家里的、做饭的。这反映了夫妻男主外、女主内和在家庭中地位的不平等。

海南丢：首先要申明此海南并非指的是海南岛，而是指山东半岛，即渤海的南面。想当年闯关东的时候，许多山东省籍的人跨黄海、渤海，携妻带子北上，进入了辽东半岛乃至整个东北，所以就有了"海南丢"一说。虽说此话用了倒装句，但只要大家一提起来，就知晓其籍贯了。想一想正是20世纪三四十年代那辈人的举家大迁徙才蜂拥到了大连，是他们及其后裔发展建设了大连，他们丢下的是"海南"，得到的是大连。

秧子：旧时当地百姓称不事生产、游手好闲的有钱人家的子弟。

三 后石方言中的海洋文化

由于后石村处于三面环海的半岛上，渔业发达，因此语言当中也难免夹杂着海的气息，一般词汇中即有丰富的鱼类、贝类、虾蟹类名称。例如：刺锅子（海胆）、海蛎子（牡蛎）、鲛鳓（真鲷）、鲦鱼（弹涂鱼）、笠鱼（乌鱼）、大头鱼（鳙鱼）、水乞食（水虱）、白痣鲨（星鲨）、角螺（海螺），等等，举不胜举。即使在口语语汇中，也有许多熟语与海、与水相关。如"潮"字的使用就是一例，20年以前这个词就已问世了。后石人在说这个字的时候经常带儿化韵，它主要用来指某人某事愚笨得不合群、不得体的行为，譬如"某人真潮"。细想起来，"潮"大概是"搁潮了"的演绎，你想，一条鱼搁潮了，那它还是个什么味道。从字面上看与潮湿相反的意思是干燥，可是如若哪个人做事很得体干练，却没有听到谁说他真干燥。再比如"洼"，这个词在这里的使用率也是极高的。《现代汉语字典》里的意思是，四周高、中间低，凹陷，多用来形容地势：这一带太洼。而这里的人则拿它形容人。和"暖壶上飞机——水瓶（平）高"相对，"水平洼"成了某人读书少、学问低、能力差、分量轻的代名词。说谁水平洼，人们一下子会联想到一个凹下去的坑，即便是身高1.8米的汉子也会登时矮下去半截，一个"洼"字便可以断送他的前程。所以在这里水平"洼"的帽子是不能滥扣的。也正是这种海洋文化的影响，在村里人的口语中也有一些因此而产生的语言禁忌，所谓"入境问禁，入国问俗，入门问讳"，到一个地方要入乡随俗，也要了解当地的禁忌，否则是要犯禁的。在后石的文化中也存在着这样一些有地方特色的"语讳"。比如，饺子破皮露馅，称"挣了"；长辈去世称"老了"；幼儿死亡称"丢了"；渔民称船翻人亡为"遭暴"，忌讳"翻"、"倒"、"扣"等词，言语中涉及此类词时，多称"转"。这些语讳的产生都是由于人们祈吉避凶的心理，其中关于渔民的一些语讳更是反映了其特有的海洋文化。

四　谚语、歇后语选辑

1. 农业谚语

种地不上粪，等于瞎胡混。

庄稼一枝花，全靠粪当家。

土换土，一亩顶两亩。

沙压碱，赛金板。

翻土如翻金。

有收无收在于水，收多收少在于粪。

种地不用问，全靠水和粪。

种地选好地，一垄顶两垄。

好种出好苗，好葫芦开好瓢。

选种多费几个工，来年定有好收成。

稀田打密籽，到老心不死。

十穗顶一穗，外赚九根棍。

吃饭靠牙口，种地靠茬口。

三分种，七分管，十分收成才保险。

杂草除的净，产量加两成。

光锄不趟，三天就荒。

人勤地不懒，人懒地减产。

手巧不如家什妙。

人糊弄地一时，地糊弄人一年。

春天捅一棍，秋天吃一顿。

节气抓不好，一年白拉倒。

杏花开，桃花落，播种大田没失错。

紧赶慢赶，小满开铲。

六月六，看谷秀。

种地不养猪，等于秀才不读书。

养猪不赚钱，回头看看田。

马不吃夜草不肥。

寸草铡三刀，无料也上膘。

吃饭靠牙口，种地讲茬口。

油见油，三年愁；谷后谷，坐着哭。

谷糜不见面，见面瞎一半。

紧赶慢赶，小满开铲。

处暑掐糜子，白露割苞米。

清明种谷子，谷雨种大田。

草饱、料劲、水上膘。

若要富，多栽树。

桃三杏四梨五年。

前人栽树，后人乘凉。

2. 气象谚语

（1）短期天气预报谚语

①关于风的谚语

东北风，雨太公。

雨后生东风，未来雨更凶。

春东风，雨祖宗。

东风雨，北风开，再过三天又回来。

旱刮东风不下雨，涝刮东风不晴天。

南风若过三，不雨就阴天。

日落风不住，刮倒大杨树。

鸡叫起风，刮到掌灯。

伏里北风天有雨。

②关于云雨的谚语

大黑山戴帽，不是下雨就是尿尿。

上钩风，下钩雨。

天上老龙斑，下雨不过三；如其过了三，就有半月干。

乌云接驾，不阴就下。

云乱翻，淋倒山。

日落云里走，雨在半月后。

云往东，一场空；云往西，披蓑衣；云往南，下一湾；云往北，发大水。

亮一亮，下一丈。

关门雨，下一宿。

先下牛毛没大雨，后下牛毛不晴天。

③关于雾霜的谚语

早晨放雾，晌午晒葫芦。

大雾不过晌，过晌随沟淌。

早雾晴，晚雾阴。

大雾不过三，过三十八天。

冬雾阴，夏雾晴，春雾当日晴。

雾下山，地不干。

云吃雾，雨不住；雾吃云，晒死人。

严霜出毒日。

④关于雷电的谚语

闪打天顶，雨水涟涟。

雷轰天顶，虽雨不猛；雷轰天边，大雨连天。

⑤关于寒暖的谚语

春冷秋热，必是有雨。

春寒雨，夏寒晴。

日暖夜寒，盐滩丰年。

⑥关于天象的谚语

东虹雾，西虹雨。

朝看东南，晚看西北。

烧红烧到顶，大雨下满井。

朝霞不出门，晚霞行千里。

太阳起风圈，明天要坏天。

日晕雨，月晕风；晕口朝哪开，风就从哪来。

日晕三更雨，月晕午时风。

月亮打黄伞，三天晴不到晚。

人黄有病，天黄有雨。

天黄有雨，地黄有风。

⑦关于物象的谚语

蚂蚁搬家蛇过道，燕子钻天山戴帽；水缸穿裙有预兆，庄稼人不信拔艾蒿。

　　青蛙哇哇叫，大雨就来到。

　　鸡发愁，雨淋头。

　　小鸡伸腿，天要滴水。

　　夏天傍晚蠓虫聚，当晚天阴要下雨。

　　水缸泛底，天将有雨。

　　⑧关于海况的谚语

　　海水冒泡，大风要到。

　　海水发腥，主雨最灵。

　　无风来长浪，不久狂风降。

　　海鸥飞上船，风雨在眼前。

　　海里鱼探头，大雨在后头。

　　海火现，风雨见。

　　黄海潮汐谚语：

　　初五二十正晌满。

　　十二三正晌午。

　　十八九两头有，初五六两头凑。

　　二十四五潮不离母。

　　十七八大潮汛。

　　渤海潮汐谚语：

　　二十二三正晌午。

　　初一十五两汛潮。

　　初三水十八潮。

　　十七十八一天潮。

　　（2）中长期天气预报谚语

　　除夕晚上阴雪天，来年定是多雨年。

　　一年打两春，过年雨淋淋；一年打两春，黄土变成金。

　　"小雪"雪满天，来年丰收年。

　　涝不过三，旱不过二。

不怕初一阴，就怕初二下。

打春别欢喜，还有四十天冷天气。

冬暖春雨多，冬寒春雨少。

秋干冬冷主春旱，秋涝冬暖主春涝。

立冬刮东风，春天不干旱。

清明冷，好年景。

春季首场风，百日有大雨。

清明刮掉坟头土，哩哩啦啦四十五。

"九"里放雾露，百日有大风。

树挂一百日，大风和大雨。

雷打谷雨前，洼地不种田；雷打谷雨后，涝地种黄豆。

立夏东风摇，麦子坐水牢。

立夏立不住，刮到麦子熟。

芒种火烧天，夏至雨连绵。

淋伏头，晒伏尾。

没有"九"雪，难得伏雨。

处暑雨，立秋涝。

八月十五云遮月，正月十五雪打灯。

前冬不结冰，后冬冻死人。

重阳阴，半冬温。

3. 生活谚语

吃不穷，穿不穷，算计不到要受穷。

细水长流，吃穿不愁。

勤是摇钱树，俭是聚宝盆。

越坐越懒，越吃越馋。

一天省一把，三年买匹马。

丰年要当歉年过，遇上灾年不挨饿。

晴天防雨天，丰年防荒年。

新三年，旧三年，缝缝补补又三年。

家庭不和外人欺。

惯子如杀子。

远亲不如近邻，近邻不如对门。

众人拾柴火焰高。

单丝不成线，独木不成林。

三人一条心，黄土变成金。

轻霜打死独根苗，狂风难毁万木林。

大河有水小河满，大河无水小河干。

单干好比独木桥，走一步摇三摇。

组织起来赛金桥，步步走上阳光道。

大锅饭越吃越穷。

联产如联心，全家都操心。

包干到了户，大家都快富。

人往高处走，水往低处流。

儿行千里母担忧，母行千里儿不愁。

能吃过头饭，不说过头话。

懒汉子听风，越听越凶。

打人不打脸，说话不揭短。

天上有犟云，地上有犟人。

狗不嫌家贫，子不嫌母丑。

十年树木，百年树人。

4. 工作谚语

知识不负有心人。

功到自然成。

只要工夫深，铁杵磨成针。

火要空心，人要虚心。

满瓶不响，半瓶晃荡。

有志不在年高，无志空活百岁。

勤奋长才干，实践出真知。

一年之计在于春，一日之计在于晨。

一寸光阴一寸金，寸金难买寸光阴。

做到老，学到老，到老学不了。

三百六十行，行行出状元。

磨刀不误砍柴工。

村看村，户看户，群众看干部。

三个臭皮匠，赛过诸葛亮。

好花还得绿叶扶。

喝凉酒，花赃钱，早晚是病。

遇事商量错不了，人有拐棍跌不倒。

5. 歇后语

出窑的砖——定型了。

铁路警察——各管一段。

老儿子娶媳妇——完事了。

秋后的蚊子——紧叮（盯）。

多年的花生——老仁（人）。

秋后的蚂蚱——没有几天蹦头了。

黑瞎子叫门——熊到家了。

女婿打丈母娘——打岳母（大约摸）。

"三九"天穿裙子——美丽冻（动）人。

田玉珍打爷爷——公事公办。

王木匠串水桶——仗着人手多。

响水寺的柏栎——穷柞（作）。

正晌午时往南走——没影儿。

肉包子打狗——有去无回。

小葱拌豆腐——一清二白。

狗咬耗子——多管闲事。

耗子舔猫鼻子——胆子大啦。

豁嘴子吃肥肉——肥（谁）也别说肥（谁）。

外甥打灯笼——照舅（旧）。

井里蛤蟆——没见过天。

正月十五贴门神——晚了半月。

横垄地拉碌子——一步一个坎。

凉锅炉饼子——溜了。

李双双死了丈夫——没喜旺（希望）了。

瞎子点灯——白费蜡。

和尚打伞——无发（法）无天。

老公公背儿媳妇过河——出力不讨好。

留种的黄瓜——拴住了。

阎王爷讲故事——鬼话连篇。

黄鼠狼给鸡拜年——没安好心。

泥菩萨过河——自身难保。

做梦娶媳妇——想得美。

墙上贴的马——好看不好骑。

狗皮贴在墙上——不像画（话）。

第七章 社区精英与和谐渔村发展

后石村从昔日连温饱问题都难以解决到如今名震辽宁、蜚声海内外，成为富强、文明、和谐的社会主义新渔村，村庄精英的贡献是巨大的。后石村的巨变离不开社区各类精英的奋斗、引导和影响。本章将研究视角转向后石的村庄精英群体。

第一节 主导渔村发展方向的体制精英

一 中国渔村精英类型

作为一种解读政治和社会的理论与方法，精英理论（Elitism）[①] 的核心内容是，认为社会总是处在少数人的统治之下，这些占社会统治地位的少数人即称为"精英"（Elite），他们在社会中起决定性作用并把权力集中在自己手中。精英理论的思想渊源可以一直追溯到遥远的古代，古希腊哲学家德谟克利特就说过，"按照事物的本性，优秀的人理当进行统治"。中国古代也有"劳心者治人，劳力者治于人"的说法。但是作为一种政治思想史上的理

[①] 精英理论模型的基本内容部分参照文献：叶平生：《精英理论视野下的乡镇企业发展研究》［EB］，http://www.law-times.net/。王丽萍：《精英文化》（二）［EB］，http://blog.leaderweek.com/。左高山：《论拉斯韦尔的精英理论》［J］，《中南大学学报》（社会科学版）2004 年第 5 期。温龙：《精英理论概论》［J］，《山东省经济管理干部学院学报》2002 年 4 期。郑磊：《从帕累托的精英理论到对我国政治文化的反思》［J］，《广西民族学院学报》（哲学社会科学版），2002 年（S1）。关山：《社会精英理论的三位经典作家》［J］，《国外社会科学》1992 年第 6 期。金太军：《政治精英理论》［J］，《科学社会主义》1990 年第 10 期。朱坚劲：《精英理论述评》［J］，《科学社会主义》1989 年第 5 期。特此致谢。

论流派，它的正式出现还是从意大利的政治理论家莫斯卡（Mosca）出版《统治阶级》一书开始的，但是莫斯卡并没有提出"精英"这个术语，提出精英概念并使之广泛传播的是意大利的另一位经济学家和社会学家帕累托（Vilfredo Pareto）。莫斯卡 1896 年指出："最漫不经心的人也能注意到，在一切政治制度共有的、恒常存在的事实和倾向中，有一种极为明显的现象：从最原始的、几乎还未跨入文明世界的社会，到最发达、最强大的社会，一切社会中都存在着两个阶级：统治阶级和被统治阶级。属于统治阶级的永远是少数人，他们行使着各种政治职能，垄断政权并享有政权带来的各种利益。"① 在帕累托那里，"统治精英"的概念取代了"统治阶级"而成为他理论关注的焦点。据他看来，在各自活动领域内获得最高指数的人都可以确定为一个阶级即精英阶级。精英阶级又分为两个部分，统治精英与非统治精英。在莫斯卡和帕累托的精英理论经典作品中，"精英"不仅意味着少数和权力，而且还具有质量层次上的含义：精英必须是"精选的"，是在各自活动领域内能力水平最高的人。他们之所以能够在社会中获得主宰地位，根本的原因在于他们具备社会所推崇的才能、品质与心理素质。但是到了拉斯韦尔那里，"精英"的这层含义消失了，只剩下"政治精英是高层的权力阶层"这一含义了。"精英"的概念被中立化了，精英等同于当权者，精英即是一个集团中最有权的人。不论学者在对精英概念上的界定上有多大程度的不同，精英理论的核心内容总是不变的即精英对于社会的发展总是起着主导性作用的。而且，随着社会的发展，精英循环或精英替代总是不可避免的。② 在所有的社会以及大型组织当中，一直并将继续存在少数强有力的统治精英。不论政府体制和经济制度的性质如何，都是寡头统治或少数人对多数人的统治。群众必须选出精英来统治社区或组织。尽管精英在人口中占有极小的比例，但他们却控制着极大份额的资源。为了统治社会，精英会运用极其广泛的技术手段，包括控制政府、支配经济、使用警察和军事力量、操纵教育体制和大众媒介、惩罚和消灭反对者以及制造意识形态以使自己权力和统

---

① 转引自王丽萍《精英文化》（二）[EB]，http：//blog. leaderweek. com/。
② 叶平生：《精英理论视野下的乡镇企业发展研究》[EB]，http：//www. law-times. net/。

治合法化。精英的统治愈发无处不在，而且愈发有效。精英主义是社会政治结构理论之一，是探讨社会政治发展的一种方法，自 20 世纪 70 年代起受到学界的重视。

村庄精英在社区生活的某一个领域拥有优势资源，并且利用他们的资源优势在一个或若干行动领域中获得个人成功，这种成功使他们的行动或对维持既存社会结构有贡献，或者会推进社会结构发生新的变化。村庄精英因为掌握优势资源，因而在村务决定和村庄生活中，具有比一般村民更大的影响力，陈光金发现成为村庄精英应具备 3 个要件：①比较资源优势，②一定程度的个人成就，③这种成就对乡村社会结构的维持或变化具有一定的社会学意义。只有同时满足这 3 个要件的村庄成员，才能被看做是村庄精英。[①] 贺雪峰和仝志辉从村庄精英在现行组织体制中的位置来看，将村庄精英分为体制内的村组干部，称为体制精英；体制外的村庄精英，称为非体制精英。村庄治理的状况往往为体制精英和非体制精英的关系状况所决定。樊平把体制内精英两分为：代表自上而下的体制性权力的村党支部，特别是村党支部书记；代表自下而上内生性权力的村委会，特别是村委会主任。他认为处理好体制性权力和内生性权力，对于农村发展具有关键性意义。吴毅的研究发现村庄事务的决定权大都掌握在村庄精英手中，金太军则系统考察了体制内和体制外各种类型精英的状况。从村庄精英在村庄发挥影响所主要借重的资源来看，可以分为①经济精英如村中经济能人、个体大户、私营企业老板、种养能手，②非经济精英如宗族头人、宗教领袖。因为总的来讲经济资源更具现代社会的特征，经济精英被称为现代型精英；非经济精英如宗族头人和宗教领袖更多借用传统作为资源，而被称为传统型精英。从村庄精英主要活动的场所来看，可以分为在村精英与不在村精英；从村庄精英与政治的关系来看，可以分为政治性精英与非政治性精英。[②] 根据以上对当前农村村庄精英类型的分析，我们把后石村的社区精英可分为体制精英和非体制精英两类。其中体制精英不仅是村级治理的主体，而且是村庄发展的决策者和领导

①　陈光金：《内发发展的主导力量——社区精英》，陆学艺主编《内发的村庄》，社会科学文献出版社，2001。

②　贺雪峰：《村庄精英的谱系》［EB］，http://www.xschina.org/。

者，当然，后石村的非体制精英也对村庄的治理与发展具有不可忽视的影响。

二 渔村领头羊——理论家与实干家复合型的农民精英陈玉圭

后石村在改革开放之后的社会转型中出现了新的领导角色："党委书记——总经理"、"村长——副总经理"，这成为联结和协调各系统的平衡点。他们是村庄里的体制精英人物，既是村庄"党政企"权力的执掌者，也是协调各系统的中间人。这种角色使他们在领导企业时，不至于使企业的经济行为只遵循经济的原则而偏离社区利益太远；而企业家的角色又使他们不至于完全为了政治或社区的利益，而使企业在经济上损失太大。同时，因为他们既是党政组织在村庄的代表，掌握着村庄与外界的各种关系，又是村民"降任于斯"的村庄带头人，这种双重的角色还使他们实际地维系着村庄各类组织之间以及村庄与村民、村民与外来人、村庄与外部市场体系和地方行政体系之间的关系。在后石村，这类体制精英包括后石村党委（下设 10 个党支部）、后石村村民委员会（下设治安调解、科技经济、社会福利、医疗卫生和计划生育 5 个部门，4 个村民小组）、群团组织（工会、妇联、共青团和民兵等）、后石实业总公司（设 1 名总经理和 4 名副总经理）。其代表人物有：后石村原党委书记、后石村实业总公司总经理陈玉圭，后石村党委书记、后石村实业总公司副总经理陈朝明，后石村村委会副主任、后石村运输公司经理崔德权等。笔者选取后石村体制精英中的几个代表，以观察他们在村庄事务和社区发展中的主导作用。

1. 从渔民到劳模——不懈追求

陈玉圭（1932～），全国劳动模范，大连金州人，1932 年 10 月 30 日出生。1948 年 8 月参加工作，1958 年 12 月加入中国共产党。现任中共辽宁省委、省政府、大连市委、市政府咨询委员会委员，大连市人大代表，大连陆军学院和大连海军政治学院名誉教授，后石村原党委书记，现任后石村党委副书记、大连金州后石实业总公司总经理。陈玉圭近 40 年的创新奋斗，获得 120 多项荣誉；当了 20 年大连市特模、4 年辽宁省劳模、8 年辽宁省特模、两届全国劳模、一届国家劳模特邀代表；荣获"《半月谈》全国思想政治工作创新奖特等奖", 被评为"全国乡镇企业家"、"全国优秀党务工作者"、大连市"学习型个人标兵", 辽宁省委、省纪委授予的"优秀村党委书记标兵"、"勤政廉政先进工作者"、"全面建设小康社会十大改革人物"等。先后受到邓小平、江泽民、胡锦涛、温家宝以及乔石、李鹏、李瑞环、朱镕基等党和国家领导人的 8 次接见, 多次与邓小平、江泽民、胡锦涛等党和国家领导人合影留念。

工作简历:

1948 年 8 月至 1957 年 12 月, 蚂蚁岛渔民村团支委、民兵中队长

1958 年 1 月至 1959 年 12 月, 后石村渔业队队长

1960 年 1 月至 1961 年 12 月, 后石村大队副主任

1962 年 1 月至 1964 年 12 月, 后石村党支部副书记

1965 年 1 月至 1965 年 12 月, 后石村副主任兼渔业队队长

1966 年 1 月至 1968 年 12 月, 后石村党支部书记

1969 年 1 月至 1971 年 12 月, 后石村党支部书记兼革委会主任

1972 年 1 月至 1972 年 12 月, 后石村村委会副主任兼副业队队长

1973 年 1 月至 1987 年 12 月, 后石村党支部书记

1988 年 1 月至 1990 年 4 月, 大魏家镇党委副书记兼后石村党总支书记、后石村实业总公司总经理

1990 年 5 月至 1992 年 4 月, 大魏家镇人大常委会主任兼后石村党委书记兼后石村实业总公司总经理

1992 年 5 月至 2004 年 2 月, 后石村党委书记兼后石村实业总公司总经理

2004 年 3 月至今, 后石村党委副书记兼后石村实业总公司总经理

所获荣誉:

1989～1995 年 "全国劳动模范"

2001 年 "全国党务工作者"

2002 年 "全国第四届乡镇企业家"

1999 年 "《半月谈》思想政治工作创新奖特等奖"

1988 年 "东北三省优秀农民企业家"

1986 年 "辽宁省优秀共产党员"

2002 年"辽宁省优秀党支部（总支、党委）书记标兵"

1987、1990、1992 年"辽宁省特等劳动模范"

1991、1994、1998 年"辽宁省最佳乡镇企业家"、"优秀乡镇企业家"、"明星乡镇企业家"

2002 年"辽宁省勤政廉政先进工作者"

1985、1986、1988、1990、1992、1994、1996、1998、2000、2005 年"大连市特等劳动模范"

2005 年"全面建设小康社会十大改革人物"

2. 理论与实际相结合——求实创新

重视理论学习是陈玉圭的一大特色。他的学习精神和超前意识令人折服。在陈玉圭的案头，摆放着《毛泽东选集》、《周恩来选集》、《邓小平文选》、江泽民《论"三个代表"》等著作。只要有空闲，陈玉圭就会手不释卷，抓紧学习和研究。每一部书中不同颜色的圈圈点点、勾勾画画，都是他刻苦学习的真实记录。他常说，"要想干好党的事业，就得努力学习，不学习就不懂政治，不懂政治就讲不出正气，就不能成为一个好干部。"为了学习的方便，他家中有一部《邓小平文选》，办公室里也有一部《邓小平文选》。他最爱学的是毛主席的《实践论》、《矛盾论》、《人的正确思想是从哪里来的》和《改造我们的学习》；学习次数最多的是邓小平的《南巡谈话要点》。江泽民同志"三个代表"重要思想发表后，他组织两委班子反复学习十多次，请专家教授做了 6 次辅导。胡锦涛同志"七一"重要讲话，他反复学习了 5 遍，并亲自给全村 100 余名党员做学习辅导。1998 年，大连市委常委、原宣传部部长王会全到后石村检查工作，陈玉圭即席汇报了对《南巡谈话要点》6 个方面的学习领会，清晰的思路、独到的见解得到与会领导的好评。1999 年，中宣部《决策参考》刊登了陈玉圭《学习邓小平理论的经验》文章。陈玉圭不仅自己刻苦学习，还注重带动班子成员学习，带动广大党员干部学习，进而带动村民学习。后石村不但两委班子成员及厂（场）队长每月有固定的学习时间，而且村属企业的职工每月也有固定的学习时间。1999 年春，村有关人员正在制订学习计划，陈玉圭送来 1 份推荐学习篇目，从《毛泽东选集》、《周恩来选集》、《邓小平文选》中选出 14 篇文章，每篇文章的发表时间，在原著中的哪一卷哪一页，都列得清清楚楚，没有长期、系统、认真地学习，是做不到这一点的。江泽民的《论"三个代表"》一书，后石村一次购进100本，党员干部人手一册。村民订阅《大连日报》，每份每年村里补贴80元。

陈玉圭认为，要从新的起点上推进社会主义现代化新农村建设，必须不断创新学习，创建活动载体，在提高上下功夫，没有创新就没有提高。①在内容上创新。根据时代发展的需要，先后请有关专家、学者做"入世后的新形势"、"关于农业现代化"、"企业管理"、"市场营销"等专题报告。同时按照20字公民道德建设基本规范，重新修订了《村民文明守则》、《企业职工文明守则》和《个体业户文明守则》。②在形式上创新。着力落实好以下"七个定位"：一是在学习动力上，定位一个"需"字，不图表面装饰，不做应景儿文章，为事业发展和不断充实完善自我的迫切需要而学习。二是在学习内容上，定位一个"精"字，无论是基本理论、市场经济及法律等各方面知识，都要选挑"精"的、"管用"的学。三是在学习方法上，定位一个"活"字，注重从书本上学，从工作实践中学；"请进来"、"走出去"学；更注重层层带头，一级带一级。四是在学习态度上，定位一个"实"字，不搞形式主义，不摆花架子，而是联系实际，入脑入心。五是在学习方针上，定位一个"底"字，将学习永远进行到底，与时俱进，活到老，学到老，永不满足。六是在学习制度上，定位一个"严"字，党员干部学习日"雷打不动"，必须坚持。七是在学习思考上，定位一个"深"字，学邓小平理论，要深在弄清什么是社会主义和怎样建设社会主义的问题；学"三个代表"的重要思想，要深在搞懂建设什么样的党和怎样建设党的问题；学习科学技术，要深在与实际生活联得上和工作中用得上的问题。③在方法上创新。主要做到"三个结合"：创建活动与道德实践活动相结合，在创建活动的同时开展扶贫济困、敬老爱亲、青年志愿者、婚育新风进万家等各种道德实践活动，深化学习成果；创建活动与村民的福利待遇相结合，近年来，已拿出100余万元，重奖外来专家和技术能人，定期奖励品学兼优的农家子弟，考上中专、大专和大学的，分别奖励1000元、2000元、3000元；创建活动与经济建设相结合，聘请果业高级农艺师定期对果农进行培训，为果农增收提供技术支持。陈玉圭还领着干部们走出去学习，全国著名的华西村、大刘庄、韩村河等都留下过后石人学习、考察的足迹。学习，开阔了后石人的视野，为后石村的发展积蓄了动力。

　　被称为农民理论家的陈玉圭，这几年总结出不少耐人寻味的学习格言如"学习，是为了发展"。20 世纪 80 年代初，后石村周边都包产到户了，后石村则在探索着专业集体承包的道路。这样做到底对不对？政治压力、思想困惑一同困扰着陈玉圭和后石人。就在这时，陈玉圭组织大家学起了政治经济学，他们要从理论中找寻答案。他们将大连陆军学院的教授请到了后石村，每周两个半天集中学习。每次听课，陈玉圭总是最先到场，边听边记。在学习了马克思主义生产关系要适合生产力状况的基本原理，学习了邓小平的有关论述之后，后石人认准了自己探索的路子，坚定了自己的选择，也由此真正走上了一条致富之路。从此，学习理论成了陈玉圭和后石人生活中不可或缺的一部分。

　　在后石村，普及率最高的邓小平的名言是"发展才是硬道理"。在这句话的激励下，陈玉圭领着大伙痴心创业，在强村富民的征程上跃上了一个又一个新台阶。20 多年前，后石村是一个地地道道的穷村，人均年收入仅有 167 元。陈玉圭带领后石人选择了专业集体承包的路子，解放思想，开阔思路，把劳动者的积极性调动起来了。他们开发利用本地资源，建起了金州第一个养虾场，尝试搞起了外引内联……不断地实践与探索，至 1991 年，后石村就步入了小康村的行列。1998 年后石村成为辽宁省"小康示范村"。下一步怎么走？陈玉圭和班子成员们学习、研究之后，在 1999 年响亮地提出了新的奋斗目标：拼搏 10 年，把后石村建成社会主义现代化新农村。不久，江泽民同志"三个代表"重要思想发表了，大连市第九次党代会提出了"大连率先基本实现现代化"的奋斗目标。这给陈玉圭和后石人以极大的鼓舞。近两年，后石村经济又有了新的跨越：又引进智达木业等 7 家外引内联企业，引进资金 4000 多万元；农业向精品化、特色化发展，创出一批农业名牌产品；水产业大大增加了海珍品养殖的比重……

　　回顾几十年的发展，陈玉圭最深的体会就是：要不断地解放思想，更新观念。陈玉圭在带领干部村民学习党的十六大报告时，对解放思想、实事求是、与时俱进的论述，理解更为深刻——我们超过前人，后人也会超过我们，不能只满足于"守业"，而是要不断地发展创新。陈玉圭说，现在是市场经济时代了，如果我们不学习科技文化知识，就不能建设好现代化农村。在引导、教育村民创建学习型村组的过程中，陈玉圭注重用事实说话。有一个例子耐人寻味：后石村两个果树队引进第一批富士苹果树苗时，由于不懂果业技术，本应 5 年挂果的红富士，8 年才挂果，品质也不理想，果业员工感受到了缺乏技术知识的恐慌。后石村后来聘请了专攻果业技术的高级农艺师，指导员工学习果树生长规律，钻研病虫害防治知识，实施果树保健、开花坐果到果实成长一系列的科技管理。学科技用科技的艰苦努力，终于使红富士结出硕果：连续几年获得省市金奖以及中国农业国际博览会名牌产品的认定。

3. 开拓共同致富之路——殚精竭虑

邓小平同志有一句名言："发展才是硬道理"。陈玉圭同志对此深有体会，他常说："大发展大出路，小发展小出路，不发展没出路。"作为后石村的带头人，陈玉圭在带领村民集体致富的道路上，呕心沥血，殚精竭虑。1978 年，后石村的可支配财力为 18 万元，人均年收入 167 元；2005 年，后石村的可支配财力为 1900 万元，人均年收入为 12068 元。后石村经济格局由当年的集体经济一轮独转转变为现在的集体、民营、个体、外资、联营、股份制六轮齐转，由昔日一个贫穷落后的小渔村发展到现在远近闻名的小康村。

发展要有好的思路。陈玉圭同志说："一把手有思路，一班人走正路，才能带领群众奔富路。"陈玉圭同志善于依靠班子的集体智慧，在周密研究市场和本村实际情况的基础上，提出不同时期的发展思路：利用本地资源优势，大唱"山海经"的发展思路；发扬"五个千百"精神，大办工业的发展思路；外引内联，大搞外向型经济的发展思路；以及近年来按 6 条标准建设现代化农村的发展思路等。要发展就必须解放思想，不断更新观念。后石村的体会是，从一定意义上讲，经济发展的速度与规模，取决于观念更新的深度与广度。他们通过学习来解放思想，特别是通过反复学习邓小平同志的南方谈话要点，使思想有了一次大的解放。他们通过外出参观学习来解放思想，组织干部到江苏的华西村、北京的韩村河和窦店村、河南的南街村、河北的半壁店村、山东的刘庄村等许多村参观学习。省内去过丹东的大梨树村、海城的东山道村、大石桥的青花峪村、抚顺的毛公村，市内到过旅顺的龙王塘村、大王村等地。干部们反映，跳出后石看后石，才知道天外有天。通过参观学习，不仅进一步促进了思想的解放和观念的更新，也进一步增强了紧迫感，激发了开拓进取的决心。

陈玉圭的可贵之处，就是在发展过程中始终保持旺盛的进取精神，富不自满，富不停步。后石村的果园，在大连市精品果园拉练评比中名列前茅，产品是绿色食品，每年向村里上缴利润近 100 万元。但他们没有停步，前几年又投巨资建成 1000 亩大樱桃园。后石村的滩涂，盛产杂色蛤，近 7 年向村里上缴利润 710 万元，但是他们没有停步，而是确立了建设万亩海珍品科技示范园的雄心，一举建成 2200 延长米的拦海大坝，围成 900 亩海参养殖场。这种不断开拓进取求发展的精神，是后石村最宝贵的经验。

4. 清正廉洁的好公仆——无私奉献

作为后石村的党委书记，陈玉圭工作 30 多年来一直克己奉公，任劳任怨、清正廉洁，深得村民的拥护和爱戴。他说，怕吃苦别当干部，怕吃亏别当党员，共产党员就是要勇于吃苦、甘于吃亏、少讲索取、多讲奉献。他为自己制定了"七不"、"三退避"。所谓"七不"是：在公物面前不张口、不伸手；在村民中不吃请，不受礼；在对外交往中不受贿赂；在贸易往来中不吃回扣；外出学习不借机旅游。所谓"三退避"是：在孩子问题上要退避询亲；在房子问题上要退避官衔；在票子问题上要退避贪欲。他说到做到，在村民中树立了良好的形象。

"孩子"问题，退避询亲。在孩子、房子、票子 3 个问题中，最敏感的是"孩子"问题。做了几十年书记的陈玉圭有 4 个子女，除二女儿大学毕业和二儿子参军转业由国家安排工作外，大儿子和大女儿都扎根后石，立身农村。分配在中学当教师的二女儿，1988 年因遇车祸，身受重伤，康复后，希望父亲出面求人，为其安排一份适合伤后身体状况的工作。心疼女儿的老伴也从旁劝说，陈玉圭就是不吐口。后来，学校组织觉得他女儿确实不宜做站着讲课的工作，直接出面联系，这才调换了工作岗位。在本村当驾驶员多年的大儿子，为人正直厚道，工作有魄力，办事有心计。班子成员一再提议，让他当了一个厂的厂长。区委机关两位老领导到后石村帮助指导工作，建议将其列为班子的接班人选，陈玉圭极力反对。班子成员推荐其参加村民委的换届改选，陈玉圭一口加以否决。陈玉圭对其子女严格要求，不徇亲情，对其他亲属，也毫不例外。现任捕捞场场长的陈玉琢是陈玉圭的胞弟，改革开放初期，他因出海经验丰富、德才兼备而被推荐为捕捞场场长候选人，陈玉圭硬是压了他一年半。陈玉琢出任场长后，捕捞业发展迅速，船长的年工资最高拿到 3 万~6 万元。按规定，场长最少可拿 5 万多元，陈玉圭硬是提议，压低了 2 万元。前几年捕捞业产量下滑，陈玉圭则大会小会点名批评捕捞场，目的是督促弟弟不断开拓进取。运输队队长崔德权是陈玉圭的大姑爷，在提拔崔德权担任队长这件事情上，陈玉圭压了 3 年。崔德权接手运输队以后，后石村的运输业红红火火，可他的工资标准，陈玉圭三番五次往下降。1994 年底，村民委员会换届改选时，前来指导工作的镇领导，根据村民的呼声，提议崔德权作副村长的候选人，陈玉圭不同意。经镇领导一再说服，陈玉圭表示自己不介入。拿到全村选民中去酝酿投票，几乎是全票通过，这才当了不脱产的副村长。

"房子"问题，退避"官"嫌。盖房子，对于农村人来说，是顶重要的大事。普通村民，村屯头头，大凡至此，所有的社会关系都得起用，浑身解数都得使出来。也就是虑及于此，从 20 世纪 80 年代初，后石人把翻盖新房提上日程的时候，村领导班子为确保党员、干部盖房子不侵占集体利益，就形成了 3 条不成文的守则：批房场与村民一样标准，不多一米；备建材，集体不派人采购，村里有的，按市价购买，不侵占集体的一砖一瓦；搞施工，一律对外承包，不动用集体的一兵一卒。10 多年来，班子成员大都翻盖了新房，有的盖起了小楼，没有一个违反这些守则的。20 世纪 80 年代中期，党总支的一名成员，其父盖房，超出规定范围，班子研究决定，罚款 80 元，维护了守则的威严。进入 20 世纪 90 年代，上级组织鉴于后石村的许多村民都住进了现代式的小洋楼，贡献突出的书记、村长（党委委员）还住着小平房，决定由村集体出资，先给陈玉圭在城里买一处住房，陈玉圭不要。3 年过后，区政府奖励超两亿元村的领导，正式行文奖给陈玉圭和唐成国各 1 套价值 15 万元的城内住房，他俩谢绝。这两位后石的一把手，心里十分明确，当主要领导，主要是工作，是奉献，在房子问题上，领导先进超前，不是好事；落点伍，滞点后，既能免去以权谋私的"官"嫌，也能增大说话的号召力、行为的说服力。主要领导也才能带主要的好头。2000 年，陈玉圭开始张罗建自家的楼房。了解内情的人都知道，陈玉圭建楼还是出于公心。原来，后石村作出决定，从 2001 年起，村民建楼，村里按面积给予补贴。陈玉圭抢在补贴政策实施前建楼，为村里省下了 10 多万元的补贴款。

"票子"问题，退避贪欲。"三子"问题的核心，是"票子"。"三子"退避最紧要的也当属"票子"的退避。陈玉圭在"票子"问题上的言与行更是有目共睹。几十年来，陈玉圭没占过集体的大小便宜。可几十次上百次出外开会、办事情，该报领的差旅补助费，他从未报领过。1987 年，陈玉圭正式转为国家干部，兼任过镇党委书记、镇人大主席团主席等职务。1993 年，他从干部职位上退休，享受退休干部待遇，但是，在这期间所有的工资与退休金，他却分文不取，全部归入村集体的账本。他将自己应得的各种奖金，要么送给村里退休有病的老人，要么交给集体，要么就购置纪念品，分发给奋战在生产第一线的厂队干部和辛勤工作的机关人员。他的年报酬，1983 年以前不高于中上等劳力，1984 年起，由镇党委、镇政府按照后石经济社会发展指标统一确定工资标准，开始上调至劳动者平均工资的 2~3 倍。他拿了两年的"高工资"，心里就不自在了。虽说工资与贡献挂钩，鼓励领导干部多动心思，多做工作，体现按劳分配原则，也有利村民收入的提高，但是长此下去，领导干部有偿奉献的成分加大，无私奉献的成分减少，会拉大干群之间的距离，减弱领导干部教育说服群众的力度，1986 年，陈玉圭提出降低镇政府定的工资标准，可降低多少合适是他最费脑筋的问题。拿太高了，会脱离广大村民这个大群众；拿太低了，又会脱离班子成员这个小群众。因为，按镇政府定的原则，班子其他成员的工资是以陈玉圭的工资为基准的，分别按职务和贡献下调 5%~50%，就是说，陈玉圭降得越多，其他成员拿得就更少。陈玉圭是最善于为他人着想的人。他每年在少拿多少工资合适的问题上，想的是最合情合理的。用他的话说："我们这个班子是心齐有合力的班子。我这个书记怎么领头，其他班子成员就会怎么随，村民心里也自有一杆秤。我的子女都独立了，可以尽量少拿。其他同志子女还没完全独立，负担比我大。我少拿多了，就太为难他们了。"出于这样的想法，陈玉圭每年尽量把自己的工资往低压，其他成员的工资，又以各种理由往高维持。11 年来，陈玉圭少拿工资奖金（含奖励住房的折合金）40.4 万元，其他班子成员共计少拿工资奖金 42.2 万元。

降低工资和奖金标准后拿到手的钱，按说该全部用于陈玉圭自己和家庭开销了吧。其实不然，近十多年来，凡社会上组织号召的抗险救灾捐款、教育基金捐款、残疾人福利捐款、扶贫济困捐款、村内各项事业的捐款等，陈玉圭捐得最热心、最慷慨，也最严肃认真。1989 年，他捐助地区教育基金 1300 元，捐助村里建设本村烈士、国家特等功臣王福清雕像 200 元。镇里往上反映时，误说陈玉圭捐助教育基金 1500 元。《辽宁日报》如数加以登载。陈玉圭知道后，为使事实不与报道相背，特又补交 200 元。村里有个小青年，智商较高，学习一直拔尖，就因家里负担重，初中毕业，不念书了，陈玉圭登门，每年给他 300 元，鼓励他读高中，考大学，家里困难，村里帮助解决。1989 年，这个青年果然考上了大学，上大学后，陈玉圭继续每年给他 300 元，有时还和老伴一起拿着钱和衣服去学校看他，一直到他大学毕业。走上工作岗位后，这个年轻人每年的大年初一，都要上门深鞠一躬，感谢陈玉圭及其全家济困助学之恩。类似上述捐助，陈玉圭不下万元。有人说陈玉圭少要工资多捐款，是因为他家不缺钱。岂不知，十几年前，他小儿子参军时，想穿一套像点样儿的制服，家里就是拿不出来。为这事儿，陈玉圭还和老伴干了一仗。如今，村民们富了，他的家底儿也厚实起来。可他家的积蓄，充其量相当于村里的上中等家庭。不知内情的人，可能不会相信，但这是事实，是毫不夸张的事实！

陈玉圭以自己的实际行动树立起共产党人的精英形象。

5. 迈向现代化新渔村——富而思进

作为精英人物的领袖，改革开放以来，陈玉圭领导后石村先后荣获"全国最佳经济效益乡镇企业"、"全国乡镇企业出口创汇先进单位"、"全国绿化造林千佳村"和"辽宁省文化村"等奖励和荣誉。辽宁省政府授予后石村"小康示范村"牌匾，大连市政府授予后石村"大连市乡镇企业村级综合经济实力强村"和"大连市乡镇企业外向型经济强村"称号。2005 年又获"全面建设小康社会百佳名村"称号。村级财力居金州区首位。这些荣誉说明，后石的发展，是比较全面、协调的，符合可持续发展的要求。这些成就充分说明作为精英人物的领袖陈玉圭影响着后石村的经济、政治、文化、生态环境、计划生育等全局和发展方向。

在经济发展上，陈玉圭求真务实，与时俱进，开拓创新，全力推进。1984 年全村解决温饱，1992 年步入小康。至 2007 年，可望初步建成经济兴旺发达、民主法制健全、文化事业繁荣、社会和谐发展、人民生活富有、生态环境优良的现代化新农村。后石村 1993、1994 年被评为"全国出口创汇先进乡镇企业"，1994 年被评为"全国最佳经济效益乡镇企业"，1998 年，被中国农村小康建设促进会和辽宁省政府认定为"小康示范村"。在政治发展上，1981 年，实行村民代表大会制，民主选举村民委员会，每年两次例会讨论决定后石的"大政方针"，2004 年成功试行村委班子的换届"海选"，依法治村，民主管理，后石人的经济、政治、文化权益有可靠保障。后石是辽宁省"依法治理先进村"，村民委员会是"全国模范村民委员会"。在文化发展上，陈玉圭领导的后石村于 1983 年成为辽宁省首挂红匾的"文明村"，是大连市"创建学习型组织先进单位"、辽宁省"先进文化村"、"全国文明村"。通过构建农村社区教育体系，后石人的综合素质与时俱进得以提高。在生态环境建设上，陈玉圭率领后石人于 1973 年开始植树造林，注重水土保持，用 5 年时间将 200 公顷荒山全部绿化，对山水林田路进行综合治理。十一届三中全会以来，后石人更注重生态环境的维护和建设，凡是有害于生态环境的项目，再大也不上；有可能影响生态环境的企业排污，再轻也作好预先治理。现在，后石的森林覆盖率达 67%，人均绿地面积 29 平方米，水土流失控制率达 71%。1989 年的后石林场被评为"全国先进林场"，1995 年后石被评为"全国造林绿化千佳村"，2001 年成为金州区"国家级生态示范区建设先进单位"。在计划生育工作上，陈玉圭领导的后石村从 1970年代初起步，至 1984 年，全村的晚婚、晚育率和一个男孩的妇女只要一孩的报名率，都是 100%，一个女孩的夫妇献出二胎指标的，争先恐后。后石人口的自然增长率，由 20 世纪 60 年代末的 9‰，降至 20 世纪七八十年代的

4.5‰，1995 年降为零。进入 21 世纪，先后两年呈负增长态势。1985 年，后石村就进入"全国计划生育先进集体"的行列。

跨越 27 个年度，陈玉圭领导的后石村全面协调抓发展的客观效果已经显现：建二三十家工厂，占地上千亩；围海近 3000 亩，基本农田没占，生态没破坏，资源未流失，海水、大气、环境未被污染；初步实现工业化，经济不断上台阶；人的素质不断提高，生活质量日渐提升，社会安定祥和；经济总量强劲扩张，人口总量只是微增。百姓切身感受到的是手头越来越宽裕了，人越来越喜气了。他们身处村中，看到的是人文景观多了，村容村貌美了；跳出村外，看到的是绿树环抱、山水呼应、彩墙红瓦的建筑群。

在成绩面前陈玉圭书记没有停步，而是站在科学发展观的高度，重新审视后石村，审视自己所走过的路。1999 年底，村党委提出了"拼搏 10 年，把后石村建成经济兴旺发达，社会全面进步，人民生活富有，民主法制健全，村民素质优化，生态环境优良的社会主义现代化新农村"的奋斗目标，开始了向新的更高目标攀登。按照党中央提出的"五个统筹"，实现后石的全面、协调、可持续发展，后石村必须抓好以下三个统筹：一是统筹经济社会发展，一手抓经济建设，一手抓政治、文化建设。大力发展壮大集体经济，放手发展外引内联经济，不断发展完善后石村专业集体承包责任制，实行集体、联营、三资、个体、私营、股份合作"六轮"联动的创新体制；创新开展"一条龙"思想教育，发展完善"村规民约"的后石村上层建筑，推进生产力和生产关系、经济基础和上层建筑相协调，推进经济、政治、文化建设的各个环节、各个方面相协调。二是统筹经济、人口、资源和环境，一手抓经济发展，一手抓人口控制、资源节约和环境保护。一如既往地确保人口的低生育、零增长、负增长，千方百计使有限资源得到有效的循环利用，争取三五年内再投资千万元，建生态农业，提升绿化、美化水平，从体制、机制上扼制住造成环境污染的"外部不经济"，推进经济与人口、资源、环境相协调，推进人与自然相协调。三是统筹物质、政治、精神、生态四个文明建设和党的执政能力建设，一手抓"四个文明"，一手抓执政能力的建设。借鉴以往经验，创新运行机制，在建设"四个文明"的实践中，提高一班人抓"四个文明"建设的能力，使之与

"四个文明"水准的不断提升相适应，确保"四个文明"建设和党的执政能力建设相互协调，相互促进。

三　"车老板"——崔德权

这是一个暴风雨的夜晚。电闪雷鸣，大雨倾盆。此亥车队队长、人称"车老板"的崔德权躺在床上辗转反侧，不能入睡。他的思绪就像屋外的天空，翻滚不止……

白天，他找到岳父——村党委书记陈玉圭，提出要离开后石到经济技术开发区工作。这是一个太诱人的去处：现代化的楼房，宽敞整洁的林荫大街，"五彩"的商业城，各类新奇的游乐设施。如果说大连是对外开放的现代化城市，那么，经济开发区就是国内外看大连的窗口。更诱人的是邀请他的公司，给他"三室一厅"住房、比现在高得多的工资、一部专用轿车、全家进城落户。这些优惠条件，别说在农村的崔德权，就是大连市内许多有一定级别的干部也是求之不得的。

正在吃饭的陈书记抬起头，满脸不悦，把饭碗一放，厉声说："不行。"一向支持丈夫工作的丈母娘，赶紧过来圆场，"德权，你先回去吧，有话以后再说。"对这位老丈人，崔德权既理解又不理解。人家老丈人都盼着女婿领着闺女到城里，没有条件的还帮着创造条件。现在我有"章程"（有能力、有能耐的意思），不用你操心，你却出来打横。他躺在床上看了一眼身旁熟睡的妻子，听了听隔壁两个孩子已经熟睡的声息，索性披起衣服坐起，抽出一支香烟，点上火，吸了起来。缕缕青烟，把他的思绪带回到18年前……

1976年，一个春暖花开的日子，后石村男女老少欢天喜地迎来了全村第一台汽车——群英牌卡车。开车的小伙子是崔德权。当时的他只有19岁，一张英俊的脸，白皙清秀，身材适中，举止文静，同生人搭话就脸红。看上去，他不像司机，倒像初出茅庐的山村教师。可是只要你注意他那张轮廓分明的嘴，就会感到是一个外柔内刚的男子汉。是的，他开起车来不知道什么是苦累。早上5点多钟就上路，从本村石坑拉石头，送到大连五二三厂，一次往返50多公里，一天往返6趟。晚上，村里干部出去办急事或谁家有病人，这唯一的汽车就派上了用场。白天黑夜除四五个小时睡眠，很少有闲的时候。长相好，人品好，又勤快，又有技术。这在当时的农村，可说是千里挑一的好小伙。姑娘们纷纷向他投来目光，可他仿佛没看见。其实，他是在寻觅，寻觅心目中的她。终于，一位端庄、开朗、能干的姑娘闯进他的心田，这就是陈书记的大女儿陈敏。那时的崔德权追求陈敏，一是对陈敏颇有好感，二是想到陈敏的父亲——陈书记人品正，智慧高，陈敏母亲贤惠又能干，全力支持丈夫工作。孩子随根，一定能好。以后的事实证实了小崔的判断。也正是陈敏的介入，使小崔既享受到人间的温情，又获得了事业的成功。

1985 年春节，当人们还沉浸在新春佳节乐融融的日子中时，村党总支副书记崔德宝叩响了小崔的家门。论年纪，小崔该叫崔书记大叔，可是同姓讲辈分，小崔开门时叫了崔书记一声"大哥"。谁料想，就是这一声大哥，掀开了小崔人生旅途新的一页。崔书记代表党总支找他谈话，让他出任汽车队队长。那时，后石村汽车队有 5 台拖拉机、3 台汽车，先后换了五六任队长，都没把车队搞好。3 年前，几位村领导就提出让小崔任队长。但对亲属一贯严格的陈书记一直不投赞成票。可车队一直不景气，最后支委们从以事业需要和少数服从多数等理由，才迫使陈书记松口。崔德权在车队呆了多年，深知这份担子的沉重。这里有党组织的嘱托，全村 3000 多口人的期望，还有那艰辛的征途……可在老大哥面前，他能说什么呢？他知道崔书记有一万句话在那等着。这不仅因为崔书记是回乡务农的知识分子、全村有名的"文化人"，而且这车队队长的确该换了，再这样下去，用后石人血汗钱买下的几台汽车都得赔进去。他不能眼看大伙的血汗钱白白扔掉。他"认了"。

平日爱琢磨事的崔德权深知车队问题的所在，他上任没两天，就开始"点火"。首先从管理抓起，制定了各项规章制度，实行了单车/吨/公里承包责任制，并从自己做起，带头执行规章制度，带头抢重活、多干活。他要用自己的行动感染大家，带动车队这个小集体。每天天不亮，他第一个上班，挨个车巡察，帮助司机加水启动。天落黑，车辆返回，他又逐个车检查，有毛病，立即修理，直至最后一辆车回来。就这样，他每天最早来，最晚回。宝贝儿子很少能同他见面说说话。家里的一切都由爱人陈敏默默地承担起来。几十年来，她母亲就是这样支持父亲的。没有她母亲的辛劳，不会有她父亲今天的事业。同样，她深知没有她的默默献出，小崔也无法应付车队这个乱摊子。她，像她母亲一样，不言不语地承受家庭生活的压力，尽可能自己解决家庭一切难事，不让丈夫分心。

腊月二十九日，崔德权要和会计出门结账。照理，"车老板"坐车，是没有问题的。可小崔为压缩一切非生产性开支，步行去乘公共汽车。办完公事，天已落黑，最后一班公共汽车早发车开走了。这时只要他给村里拨通一个电话，车队的汽车就会去接他。可他选择的是拿步往家里量。刚出城，天就下起了大雾。漆黑的夜晚，加上浓雾，真应上了"伸手不见五指"，崎岖山路，一步一探地慢慢前挪，时常还被绊倒。8公里路程足足走了4个小时。等他们满头是汗、浑身是泥地推开家门时，时钟快要指向大年三十了。大年初三，正是农村过年热闹的时候，忙乎一年的村民也只有这段时间可以痛痛快快乐呵一番。可这时的小崔，已经带领车队到金州火车站运煤了。春节期间的活，没多少人愿干，小崔他们就抓紧这段时间多揽活。隆冬的车站已被冰雪覆盖，煤堆被冻得梆硬。小崔二话不说，第一个从驾驶室跳出来，抢起镐头刨煤。在他的带动下，司机们也纷纷跳下，同装卸工一起刨煤、装煤。隆冬的寒气，被这热火朝天的劳动驱散殆尽！小崔自身的带动，使整个车队紧张起来。但是也有人并不是很快能转变过来。教育不是万能，得有强制手段，他规定：任何人上班期间不得干与工作无关的任何事；迟到或早退5分钟，提出警告，5～10分钟，扣1天工钱，超过10分钟扣2天工钱；有事不能上班，必须在上班后10分钟内请假，超过10分钟，视为旷工；车队内不允许玩麻将、打扑克，违者罚款。他说到做到，毫不含糊，就是亲戚朋友也不打折扣。有次发现自己的亲戚打扑克，他立即制止，并提出罚款。亲戚没带钱，众人在旁劝他原谅这一次，他坚决不肯，当众自己掏腰包给垫上。从此，没人敢在车队打扑克，涣散作风一扫而光。大家的劲头被调动起来，运输效率大大提高。村里的活不够干了，周围乡村和金州区的活也不够干了。崔德权同村领导商议，决定再添4辆车，打进大连港，搞外贸运输。这谈何容易：大连市内有两个国营大运输公司、几十个集体运输单位，他们还经常"吃不饱"，一个农村小汽车队能打进去吗？确实，他们刚去没人理睬。一天接一天地跑了"空趟"。可小崔想：活再少也有多的时候，机会总会有的。终于，这一天来了。有一批粮食急需装船起航。货主让运输公司和后石同时派车装卸，货物各分一半。这些活虽然只够一天干的，但对等了十多天的后石车队无疑是喜从天降。可是没成想，小崔却让出一部分活给了运输公司。当时，许多人大感不解："咱们抢都抢不到的活，你怎么能让出去了。"小崔只是笑笑说："大家抓紧认真干，把这些活干好干快就是胜利！"在崔德权带领下，司机、装卸工紧张地干了起来。货主规定下午5点钟全部结束，后石车队2点钟就利利索索地完成了任务，而运输公司6点钟还在那里忙乎。两相比较，货主拉着小崔的手动情地说："以后我们的活全由你们包了！"大家这才恍然大悟。崔队长这一市场竞争仗，用的是孙武"以其上驷对其中驷，以其中驷对其下驷"的赛马战术。在双方汽车数量差不多的情况下，少要任务，就是以优势对劣势。大家深深地折服队长的市场谋略，更加拥护他的领导。

从此以后，小崔深谙市场、出奇制胜的经营才干越来越显露出来。他带领的车队迅速在大连打开市场，以至于别的车队没活干，他们却有干不完的活。车队很快一扫亏损、赔本的局面，利润逐年上升。进入1990年代，车队已有30几辆车，每年向村交利润五六十万元。车队不仅搞运输，还靠自己的积累，滚动发展，建起了加油站、液化气站。就在这时，一场考验摆在小崔面前。一天，村里来了两位"不速之客"——某权威部门的办案人，他们说接到检举信，揭发后石车队之所以订单多，是用重金收买了货主的缘故。崔德权笑了笑说："请你们住两天，先看看我们是怎么干活的吧。"于是这两个人在调查中，看到了这样几组场面。

场面一：有3台车在装卸一垛粮食。装完后，还将散落在地的粮食用扫帚一点点扫净，地面无一粒残存。仅这聚积起来就有两三吨重。货主见到后石车队把足斤足两的货送到位，喜上眉梢。粮库见干干净净的库底也惊喜万分。相比另一家车队，他们只管装包，剩下一地散粮，却视而不见，扬长而去。

场面二：天下雨了。别家的车队装的粮食淋湿了，半路还有遗落的粮包。而后石车队，他们每台车都用防雨苫布把粮食封得严严的，不仅免遭雨淋，还确保粮食不丢。

　　场面三：一辆辆卡车向着粮垛前鱼贯而来，靠垛，装车。虽然繁忙紧张，却井然有序。令人惊诧的是，车辆靠垛，车帮既触挨粮包又不伤粮包。要求离粮垛 3 寸而不会是 4 寸。司机驾车技术之高，简直令人难以置信。可知道，每年后石车队用于培训司机驾车技术的费用就有 8 万多元，一辆车两名司机，不达到一定水平是不准进入生产操作的。

　　场面四：货主们常常抱憾于崔德权，说他抽烟、喝酒、跳舞都不会，也没有什么公关应酬。有一次，赶在吃饭时谈生意，简单的几盘菜，饭后跳舞，他安排别人顶名陪客，自己却偷偷地溜了，是运输圈内有名的"小气鬼"。有位同行直言不讳：小崔如果"三会"并用于业务应酬，他们的活源还能多 30%！几天下来，那两个外调人员服了："我如果是货主，也把活送给你们干。"此次考验不仅没有影响崔德权的声誉，反而使他的名声大振。方圆几百里，有登门取经的，有上门联系货运的，还有不少来寻"千里马"的。邀他一起"挣大钱"的那些个体户、小集体都被他拒绝了，唯独开发区这"洋城市"一家大公司的吸引力太大了，不能不使他心动……

　　崔德权坐在床上，回忆着过去，不觉已吸掉 3 支烟了。当他点燃第四支烟时，眼前又浮现出前几天村里派人到汽车队讨论搞股份制的情景：全队几十号人情绪激动，异口同声地说："崔队长能干几年？他不走我们就入股。他要是走，用牛拉，我们也不入！"句句发自肺腑的话语、张张殷切期望的面孔，是那么清晰，那么感人……小崔再次被震撼了。此时，小崔耳边又响起老丈人的话，"你好好想想，你今天这点'能耐'，没有后石集体成吗？现在翅膀硬了，要离开集体，搞个人致富，这哪是咱干的事！"是啊，我崔德权能学会开车，能领导车队，能有今天的名声，一步也离不开组织领导和后石村父老乡亲的培育。现在正是回报乡亲恩德的时候，我却要为个人致富和享受离开大家，说不过去啊。村里几位领导，论本事和知名度，哪个出去都能成富翁，但是他们仍然兢兢业业为村民服务。他们不为个人为集体，我崔德权也不能太自私。想到这，小崔的心平静下来。他很快掐灭烟头，脱掉衣服，躺了下来，安然进入了梦乡。

　　明天，有更多的事情在等着他……

四 "水氏一杰"——苏君文

在金州区提起水产行业的能人，人们会异口同声道："南有沈良伦，北有解宝珍，西有苏君文。"如今已有两杰各奔前程。沈良伦荣升为村党总支书记，在更宽的领域显身手；解宝珍搞了个体生意，逐渐没有了声息；唯有苏君文"涛声依旧"，继续称雄金州水产业，引来了许多人羡慕，许多人探寻。

初到后石村水产加工厂找苏君文厂长，如果没有介绍，你怎么也不会在人群中猜到他。他太"普通"了：中等个子，瘦瘦的身材，一张凹陷两腮的黄褐色脸，使人联想他身体的孱弱。每天穿着工作服同工人一样忙碌操作，让你无法辨出谁是厂长，谁是工人。可当你走近他，看那一双灵活的眼睛，听那充满诚实、有创见的话语，你会由衷信服：真乃"水氏一杰"。苏君文只上过6年学，小学毕业正赶上文化大革命，中学不开课，他只有回家。兄弟姊妹5人，他排行老四。当时只有14岁的苏君文，看到父母支撑家庭不易，没在家玩上两天就来到生产队，要求派工干活。生产队长望着这孩子那充满哀求和责任感的目光，感动了，派他去放小牛，后来跟着饲养员喂猪，一干就是10年。他当饲养班长后，很快就使猪场面貌一新。村领导开始注意到这个年轻人。村办的畜牧场连年亏损，要撤换场长，苏君文被选中了。1983年，他上任头一年，畜牧场收支持平，第二年盈利，后石村党支部认识到了眼前这位年轻人的价值。

1985年的一个晚上，村委会办公室灯火通明。总支委员会已经开了多时，现在正研究水产加工厂厂长的人选。几个人选摆在支委们的面前，有的说张三，有的道李四，但几个回合后，苏君文的名字已占上风，大家的目光投向陈书记，他微笑着点头。水产加工厂的重担落在了苏君文的肩上。由放牛、养猪到办工厂，这是人生轨迹的一个陡变。面对陌生的一切，苏君文有些"发憷"，但生活的磨炼使这个早熟的年轻人很快冷静下来，他思索着加工厂的起步。当时，厂里一无资金，二无原料，白手起家哪能不难。他访遍金州区的水产加工厂，翻阅了不少有关书籍，终于一个闪光的念头冒了出来：搞带料加工，借水行舟，借利生财。上哪找料，没有一定关系，谁肯把料拿来？年轻人困惑了。正在这时，陈玉圭书记来了，他满意地肯定了年轻人的想法，拉着他的手说："咱们走一趟。"苏君文眼前顿时一亮，惊喜地想：对呀！陈书记是大连市著名劳动模范，知名度高，信誉度也高，他出面，指定有成功希望。果然，第一批料进来了，而且是对日本出口的产品。面对一车车进来的新鲜原料，苏君文内心翻腾的不仅是喜悦，更多的是责任！"师傅领进门，修行在个人"，村领导给开了头，能不能干好，把客户笼住，长期合作下去。"就在我苏君文和全厂 70 多名工人了"，年轻人暗下决心。从此，人们看到车间从早到晚都有苏君文的身影。为保证交货时间，他同工人不分昼夜地拼搏。早晨天刚放亮，他就来到车间检查各样备品；晚间收工，他又到办公室思索下一步工作方略。他的妻子也在水产加工厂工作，为激发工人们的劳动热情和奉献精神，他要求妻子同他一样率先垂范，少要报酬，担当重活。每次为抢任务加班加点到深夜，他都和爱人一道坚持最后走出车间。工人们劝他说，家里孩子小，你们俩回去一个照料家。他毅然摇头，继续干活。这一天，为赶一项出口任务，两口子又在夜战。当时只有 14 岁的大儿子，似乎已经习惯了这种"常事"，很懂事地热了饭菜，等着爸爸、妈妈回来。这夜村里停电，他怕爸爸妈妈摸黑回来不方便，就拿出蜡烛点燃，放在饭桌上。那跳跃的火苗照亮了小屋，也映红了孩子那稚嫩的面孔。只见那一双黑亮的大眼睛，出神地望着火苗，默默祈盼着父母快点回来。但是，毕竟是孩子，望着望着火苗，就睡着了。晚上 10 点多钟，快要燃尽的蜡烛，顺着流淌的蜡油，点燃了炕上的被子，着火的被子烧痛了孩子的脚，他猛醒过来。浓烟已经充满了屋子。他一面大声呼喊，一面扑火。好在火势不大，没有蔓延。等苏君文夫妇下班回家，只见满屋烟雾缭绕，一片狼藉。满面黑灰的儿子，一下扑到妈妈怀里大哭起来。

就这样，苏君文和工人们宁愿自己受累受苦，决不让一次交货误期。不仅如此，他还严把质量关，决不让一件次品出厂。苏君文的"严"字，在于自己严格把好质量监督关，在于有健全的质量检查制度和过硬的质量检查人员。更主要是通过教育使全厂 70 名职工自觉行动，人人把好质量关。他以民族气节、厂兴我兴、诚实做人、踏实行事等议题，向职工灌输质量意识，给严控产品质量赋予高层次的内涵，让全厂职工人人重视，自觉达标。产品的高质，同时还得配以足量。他常说：我们的出口货物，不能短秤一斤一两，也不能涨秤一斤一两。短秤失信誉、丢国格，没有人会继续合作下去；长秤是做让人瞧不起的"奉献"，也不会带来平等的合作。严字当头，质量第一，按期付货，从不误时，使工厂赢得信誉。两年后，后石水产加工厂被国家经贸部和农业部正式定为大连仅有的八大水产品出口基地之一。同时第一年盈利 53 万元，第二年盈利 61 万元。就在这时，村里拨来 135 马力和 120 马力两条收购船，这使苏君文如虎添翼，奔向更广阔的海域。他很快迈出第二步，由带料加工型变为系列经营型。自己收购、自己加工、自己销售，让海产品成倍地增值，创出更多的外汇。经营领域拓宽了，苏君文负担更重了。特别是船一出海，仿佛把他的心给带走了。收购船几天几夜在海上，他就几天几夜不离工厂，昼夜守候在传呼机旁，指挥海上收购。饿了啃几口饼干，困了就倒在沙发上睡一会。日复一日，年复一年，胃肠患了疾病，人瘦得"前胸要贴后骨"。工人劝他："家离厂子才几百米远，找个值班的，有事去叫你。"他摇摇头。亲属劝他："你胃口有病，晚上留个人给做顿像样的饭菜，补补身子。"他不吭声。就靠着这股拼劲，几年时间，水产加工厂在全区同行业成为佼佼者，多年被省市评为明星企业，每年的利润都有 50 万元以上。加工厂有钱了，可苏君文的办公室还是老样子。出去办公事，能赶回来吃饭，就不在外面吃；不得不在外面吃饭，也是一菜一汤。认识他的酒店老板，一见他，就笑着说又来吃"工作餐"了。有一回，他到一个外市驻大连办事处结算出口生意账。时至中午，对方请苏君文到酒楼吃庆贺饭，他推辞不过，只让要了简单饭菜。饭后，主人安排跳舞，他执意谢绝，立刻赶回工厂。客户到厂联系业务，不论远近高低，一律"四菜一汤"、"速战速决"。许多工人认为厂长"抠门儿"，苏君文笑着说："做生意的都想赚大钱，能不能同我们合作，决不在一两顿饭的质量，而在我们产品质量和服务质量，只要他们用我们的产品赚的钱超过其他的人，你就是不管饭，他们也照样围着你转。"苏君文在生活上花钱"抠门儿"，而在生产上该投的钱决不吝啬。一开始，同收购船联系用的是电报和电话，很不方便。他及时购进直呼电台，随时与海上联系，快捷、准确。前年有人提议给收购船装上雷达，当时许多人反对，认为这么小的船，不值得用那么贵重仪器。苏君文认真思考后，果断拍板：装！雷达上船时间不长，就碰上一场大雾，接连三四天，许多海上收购船出不了港，而他的收购船，由于装上了"电眼"，照样出港远航。由于竞争少，鱼收得多，价格又低。这一场大雾，不仅帮他们收回雷达钱，还净赚三四万元。时间进入 1989 年，这一年，被水产行业称为"黑色"年。从这年开始，水产资源走下坡路。货源短缺，价格高，许多水产加工厂濒临倒闭。此时的苏君文虽然只有 37 岁，但岁月已过早地把皱纹刻在了他的脸上。工人们明白，这道道皱纹都内含着艰辛和责任。你看，在漆黑的夜晚，他还在办公桌旁冥思苦想，研究新形势下的对策。一个夜晚，又一个夜晚，智慧的闪光终于冲破黑暗，迎来希望的光明。他立下 3 个转变：一是由单渠道经营向多渠道经营转变。不论大客户、小客户，不论国营、集体还是个人，只要能提供货源或销售产品，都合作。二是微利多购、薄利多销。只要能揽住客户，"打平手"也干。三是多种形式经营。在带料加工、自采加工的同时，还做中间商，搞纯买卖经营。从此，苏君文的战线更长了，他走南闯北，四处奔走，调查了大连周围所有冷库和水产加工厂，电话号码记了一大本，经常与这些厂家联系，从中了解行情，掌握产品流通信息。

半壶水倒出一碗水困难，一缸水舀出一碗水，就容易得多。大量准确及时的信息，使他在水产品市场游刃有余，财源滚滚。一次与一位水产同行唠嗑，得知韩国客商需要一批黄花鱼，寻遍辽宁、山东都没找到。可熟知货源的苏君文一听，当即接过并很快做成了这笔生意，购、销两家皆大欢喜，都感谢苏君文从中"作美"。苏君文经营的加工厂也轻松地净赚 12 万元。有一天，一位个体小商贩从海边赶到加工厂卖大"棒鱼"。当时天已经黑了，工厂现有水产原料超过加工负荷，工人们正在加班，保管员没有接受。小商贩正转身要走，被苏君文截住。他让保管员按合理价格收下"棒鱼"，鼓励他以后再来。当晚，苏君文进车间，与工人一起又多加了两个小时的班。1992 年，苏君文从一位水产同行那里得到信息：有海蜇汛情，他决定用厂里的两条收购船，出海作业，并要亲自率船只捕捞。大家都知道苏厂长是"旱鸭子"，劝他在家听消息。他一万个不肯，回家卷起简单的行李，第一个上了船。船行到山东，没有海蜇，行到唐山也没有。整日地航行，大家疲劳了，失望了。有人提出先返航休息，待听准信再说。苏君文此时也因晕船反应，胃翻肠搅，可他咬紧牙关果断地说："继续找！"渔船行到龙山，只见一片海蜇波光，大家兴奋地忘记了疲劳，猛干起来，两条船很快就捞了 20 吨海蜇，满载而归。紧接着又出海一趟，又是 20 吨海蜇。这 40 吨海蜇，加工出厂就是 6 万元。就这样，许多加工厂无活干，后石村加工厂却总是满负荷。1992年总收入 900 万元，利润 58 万元。1994 年总收入达 1400 万元，增长 55%，利润 68 万元，增长 17%。1995 年上半年，金州区有 20 多家水产加工企业倒闭，而后石加工厂照样突破上年同期的收入水平。

"水氏一杰"，当之无愧，社会深知苏君文的价值。前来叩门"求贤"者日渐增多。有的以办城市户口相邀，有的以"三室一厅"、高工资、汽车相许，甚至有的提出，不论户口、房子、老婆工作、报酬等，只要你提出的条件，都尽量满足。这些诱惑，苏君文不是没有动心。他也是有血有肉，有妻子儿女，有七情六欲的人。但是，他更有的是后石集体的事业心！是责任感！在几宿不眠之夜的思索之后，他深情地对周围人说："我从一个放牛娃到加工厂厂长，每迈一步，都是后石村党组织的培养，是后石村父老乡亲给创造的条件。没有后石村集体，哪有我苏君文的今天，现在我长了'能耐'，就丢下后石搞个人致富，良心过不去啊！"苏君文依然是那么质朴，依然是那么"普通"。可这质朴蕴含着令人敬佩的情感和智慧，这普通包容着令人叹服的城府和不凡！

这，也许正是苏君文的事业长盛不衰的原因所在。

五 "纸箱王"——卫作斌

1951 年初夏的一天，一个生命降临到后石村。也许他知道来到这个世界要经受比别人更多的磨难，所以，哭声格外得响。是啊，这孩子的命很苦，3 岁死了父亲，4 岁母亲改嫁。他是卫家老大的长子，卫家要留头苗，不放他走，让他生活在爷爷和叔叔们身边。

他，就是卫作斌。

生活的困苦，使卫作斌小时营养不良，个子矮小。也许正是这种困苦的磨难，使他比别的孩子早熟，并且显示出他那与生俱来的不屈服困难压力的意志和品格。他那一双忽闪的大眼睛总是机敏地观察周围。在小学，他的学习成绩名列第一，上中学也是头名。1965 年，他背着饼子和咸菜离家五六十里，迈进了极少数山村孩子能考进的高中，学习成绩还是名列前茅。教过他的老师都替他惋惜："如果没有那场'革命'，卫作斌肯定是名牌大学的高材生。"可惜，摊上了那场"革命"。1968 年，他回到后石村当了第二生产队会计。两年后，兼任生产队队长，一干就是 14 年。1985 年他在村里搞经营管理，两年后到水产品加工厂当副厂长。困难又在向他招手了。1991 年，村领导班子让他出任纸箱厂厂长，这是村里的一个台柱企业。当时正赶上原料紧缺、涨价，纸箱销路不畅，产品大量积压，即使卖出去了，钱也收不回来。许多纸箱厂纷纷倒闭。前任厂长做了大量工作，才使纸箱厂得以生存，但只能是干半年闲半年。

卫作斌来到纸箱厂，正是骄阳似火的 7 月。他望着一堆堆简直要被太阳烤着了的纸箱，心急如焚。一个个不眠之夜过去了。这夜，窗外繁星点点，小卫的思绪就像天空的星星不时闪烁。几天的考察思索虽还没有理出头绪，可不成形的路子已有了几条。其中，有两条差异很大的路子，最为明显地占据头脑，致使他反反复复地比较着。一条是走现有纸箱厂的发展路子，主要面向水果收获期，80% 生产苹果箱，其余 20% 为金州纺织厂制作包装箱。走这条路，轻车熟路，保险，但是没大发展，而且，忙闲参半、欠款难收的问题将继续存在。另一条路是进军纸箱业的制高点——大连经济技术开发区的外资企业。这里货到钱到，好结算，利润丰厚，可产品的技术层次要求高，质量要求极其严格，现有设备也不适应。选择这条路，急需增加投资，添置新设备。一旦打不进去，前任厂长好不容易攒下的家底就要折腾个精光。这两条路，就是这样有喜有忧地摆在他面前。他不得不"三思而后行。"夜更深了。卫作斌在想：走第一条路，保险，却是在维持。这不符合组织上叫我来创业的期望。况且，维持不能长久，长此下去，势必垮掉，这保险之中有风险。走第二条路，吉凶未卜，然而是创业。要创，就会有风险，但只要闯过风险，就会有稳定的生产和收入。这风险之中有保险。

第二天，卫作斌把自己要走第二条路的想法向陈书记汇报后，受到赞许，并得到不少具体的点拨。小卫的信心更足了。几天后，小卫进入开发区，来到了一家日本独资企业。这是他来到开发区后，探寻的第六家外资企业。前面几家一听卫作斌的来意，不是"no"，就是"いいえ"（英语和日语的"不"）。还好，这家没有立即拒绝，而是说了更吓人的话：已经有十来家纸箱厂试生产这儿要求的产品，但都因为实在达不到标准，自己告退了。你的诚意恐怕也不会有比他们好的结果。一个被屡屡排斥在门外的人，这次虽然受到变相拒绝，但毕竟没有干脆被关在门外。他仿佛看到一个紧闭的门，开了一条缝，虽然缝细得让你几乎看不见，但是他也强烈地感到门有推开的希望。卫作斌没有丝毫含糊，自信地说："请你们等我的样品！"转身迈出了那光洁明亮的办公室。

一个星期后，卫作斌回到了这间办公室。手中拿了一件样品。可是那位日本老板，没等接到手里就摇了头。小卫已做好了准备，他详细地征询了周围中国同胞的意见。以后，又拿了第二件、第三件、第四件，还是不行。等到小卫第五次来到这里的时候，不论是中国同胞还是日本人都着实被这个小个子、大眼睛的乡下人感动了。日本经理亲自接过样品，翻来覆去地看着，敲打，最后动情地望着卫作斌说："できます（可以）。"此刻的卫作斌内心真有找个地方大喊一场、发泄一下的欲望。一个月来，他夜以继日地同工人师傅们攻关、劳作，没有睡过一个囫囵觉，没有吃过一顿安稳饭。今天成功了，而且是比他实力更强的企业没有干成的事，他们一个小山村企业干成了。不是亲身经历的人，是无法体会这种情感的。

但是，卫作斌还是卫作斌。他不仅有企业家那种含而不露的深沉，而且更清醒地认识到，还有实质性的业务谈判在等着他。果然，在敲定产品价格时，熟知中国纸箱市场的日本人把价格压低到使卫作斌几乎不挣钱的地步。几经舌战，卫作斌咬牙签订了下来。日本人得意地笑了，卫作斌也心中有数地笑了。回厂后，卫作斌立即投入了第一批对日本企业的纸箱制作，建立了层层技术指导、质量把关责任制，一道道工序被严密控制，一件件成品被严格检查，第一批纸箱如期送到。日本人想不到产品质量会这么高，生产速度会这么快，高兴地把大量订单都转移到后石纸箱厂。几个月后，后石纸箱厂成了这家日本企业纸箱用货的主要来源地。卫作斌见时机已到，找到了日方经理，斩钉截铁地说："纸箱必须提价，否则我们无法生产，将中断合作。"

日方先是一愣，接着恍然大悟地笑着说："聪明的中国人，我答应。"卫作斌赢得了第一仗的胜利，但他并没有因此满足与停止。他深知市场风云变幻，前途莫测，必须做多种准备，开辟多条途径。为此，他组建了两支队伍。一是购销队伍。产品推销员由原来的 2 人增加到 8 人，每人配备一台 BP 机，广开市场，广揽客户。用他们的话说，"不在一棵树上吊死"。二是质量检测队伍。有专职，有兼职，做到从第一道工序到产品出厂，道道环节都有质检员控制，确保产品在用户中的信誉度。这些人还被送到市商品检验局培训，取得质量检查员的合格证书才让上岗。对这两支队伍，厂里制定了相应的规章制度，使工作效益与个人报酬挂钩，实行上不封顶、下不保底的岗位责任制。抓责任制的同时，卫作斌还经常找工人促膝谈心，做思想工作，谁家有困难，尽力帮助解决。工人到他家不许送东西，他到工人家却经常带礼品。他与工人说笑、劳动在一起，领导与群众融合到了一起。工人们深有感触地说："有的领导像阴天，不是雷就是雨。卫厂长总是晴天，见到他心里就亮堂，苦累烦恼一扫光。"按劳取酬和思想政治工作相结合的激励机制，极大地调动了每个人的积极性，全厂到处是热火朝天的劳动场面。产品随时产出随时销走，市内外客户也越来越多。大家积极性的调动，使卫作斌能腾出精力抓决定企业运营方向、经销策略的大事了。

他四处奔走调查市场，每联系一个合作伙伴，不仅谈纸箱，还详细了解对方的全部情况。对管理混乱的企业，不交货付款，给价再高，也不谈，预测要破产的合作伙伴，就抓紧结账，宁可赔一点，也不等到破产后去讨债。

他在市场调查中，更多的是注意新建企业和新产业的动向。他非常清楚，几乎所有工厂都用得着纸箱，捷足先登，先入为主，是推销产品、发展生产的成功经验。因此，每看到一个厂房建筑工地，他都要走上前，问在先，同厂家领导预约纸箱生意。有一次小卫在饭店吃饭，看到大把大把的卫生筷，便灵机一动，找到饭店老板，探寻来源，顺藤摸瓜，打听到 1994 年以来，全市新开 60 余家加工筷子的工厂，而且来加工的半成品都来自黑龙江、吉林的 12 家木材加工厂。得知这个信息，卫作斌果断北上，先后到佳木斯、塔河、嫩江、宜春、黑河，还有俄罗斯的边境城市。果然，他们生产筷子需要大量纸箱。真乃一个寒冬需暖，一个雪中送炭，购销对路，一拍即合，使后石纸箱厂又增加了400多万元的收入。在此基础上，卫作斌与同行业企业联手合作，互相取长补短。比后石纸箱厂大的企业干大批量活，卫作斌就把小批量活接过来，别人做外壳，他们便做内装。就这样，卫作斌所管的厂，多的少的、大的小的、远的近的、国内国外，各样活都接，品种由原来的20余种增加到80多种，常年客户由原来的16家发展到80多家。纸箱厂一改过去干半年闲半年的状况，一年到头，从早到晚，总是一派热火朝天的生产场面。1991年他接手纸箱厂，产值400万元，利润25万元；1992年产值500万元，利润45万元；1993年产值1000万元，利润100万元；1997年产值2000万元，利润140万元。当年设计兴建纸箱厂的工程师听说纸箱厂产值超千万元，压根不信。因为他设计这个厂的最高生产能力只能达到800万元。他怀着疑惑来到后石村，实地一看，不禁惊呆了。昔日他的设计已面目全非，机械设备、工艺流程已有相当程度的改进，车间生产紧张有序。他敬佩地望着卫作斌，赞誉他是当之无愧的"纸箱王"。

第二节 推动渔村和谐发展的非体制精英

根据村庄精英类型，后石村的非体制精英包括村老年协会、个体劳动者协会、人口和计划生育协会、红白事管理协会以及离退休干部及外聘专家。他们是后石村发展的一支不可忽视的力量。崇尚知识、崇尚学习是后石村文化的一大特点，在此，我们选取两位特殊的知识精英代表。

一 为发展提供理论资源的知识精英——沈火田

沈火田，大连陆军学院教授。就在1982年，一段特殊的经历改变了他的人生，也使他与后石村结下了不解之缘。那年春季，他受学校的指派，前往后石村向这里的村干部讲授《政治经济学》，出乎意料的是，这些村干部听课非常认真，尤其是时任村党支部书记的陈玉圭不但聚精会神地听，还不时地点头、沉思。带着疑惑和好奇，沈教授终于搞清楚了来龙去脉。

原来，后石人在1979年就开始实行承包责任制了，那时，村里的主要业体是8个农业队的种植业，兼有渔业队的捕捞业。承包时，种植业搞"小段包工"、"定额管理"，捕捞业实行的就是不同于种植业的专业承包。从1980年开始，村里先后有了采石的小石坑、搞运输的小车队、出外承包工程的小筑路队，农业队也办起了简易的预制构件场和养猪场。为适应不同业体生产经营的不同特点，村里采取不同的集体承包办法。全村性的专业集体承包责任制就此基本形成。

1982年，同全国、全省一样，大连地区农村普遍推行包干到户责任制。后石村面临着如何贯彻中央1号文件关于"总结完善生产责任制"精神的抉择。市、县组织的会开了，文件也发了。远近村屯都选择包干到户，分了土地，分了车马农具，拉大帮式的劳动变成了一家一户的自主经营。后石村怎么办，是改变集体承包责任制包干到户，还是坚持走集体承包的道路呢？刚刚尝到集体承包甜头的后石人面临着两难选择。在这种情况下，村党支部和陈玉圭陷入从未有过的困惑之中。他想过随大流，那一无风险，二无麻烦。但随之而来的后果，是群众不高兴，是集体经济受损。他也想过，实在顶不住政治压力，暂把土地分了，把集体组织拆散。待势头过去，再折回来搞集体承包。到底该怎么办？陈玉圭在困惑之中形成一个非凡农民的非凡决策：组织学政治经济学，学习《邓小平文选》，从理论中寻找解开困惑之锁的钥匙。他发誓要在理论上搞清后石村承包模式的是或非。

沈教授就是在这个背景下给农民讲授政治经济学的。在讲授中，沈教授尽可能地将理论与后石村实际相结合，他有意识地启发陈玉圭及其一班人，从生产力决定生产关系、生产关系必须适应生产力状况的基本原理，对后石的专业集体承包作了一番严肃而深入的理论探讨。各种生产责任制乃是经济管理体制的不同形式，属于生产关系的范畴。后石村究竟采取什么责任制形式，应从生产力的实际状况中去寻求其客观性。对于后石村的生产力状况，沈教授帮助陈玉圭以及后石村的党员干部明确了4点：一是随着多种经营的发展，生产专业化已具一定水平。村里除种植业、捕捞业、林业、畜牧业外，小工业、小建筑业、小运输业相继出现，各种专业队、组近30个，培养锻炼了一支专业生产队伍。二是村办小企业的经济力量已显优势。至1981年，各类小企业的从业劳动力占全村总劳动力的23%，企业收入占全村总收入的58.9%。三是集体经济实力初具规模。1981年，集体总收入240万元，集体积累 38.5 万元，固定资产 63.7 万元，自有流动资金 20.4 万元，农业机械已达 2415 马力。四是有一个管理能力强、群众信得过的领导班子，他们善组织、会管理，能调动劳动者的生产积极性。这 4 条客观实际，要求集体组织管理生产，而不适宜搞包干到户。生产专业化和小企业显出的优势，要求专业发展。分田到户，势必捆绑大量劳动者的手脚，冲击专业力量，影响多种经营的发展。初具规模的经济实力、有威信有能力的管理班子具有较强的凝聚力和吸引力。拆散集体组织形式，实行包干到户，必然影响群众的情绪，削弱集体经济。

与此同时，沈教授推荐陈书记学习邓小平同志《关于农村政策问题》的重要文章，陈玉圭他们倍感困惑的内心更透亮了。小平同志讲，大包干是一种低水平的集体化。一旦"实现以下四个条件"，"低水平的集体化就会发展到高水平的集体化"。"第一，机械化水平提高了，在一定程度上实现了适合当地自然条件和经济情况的、受到人们欢迎的机械化。第二，管理水平提高了，积累了经验，有了一批具备相当管理能力的干部。第三，多种经营发展了，并随之而来成立了各种专业组或专业队，从而使农村的商品经济大大发展起来。第四，集体收入增加而在整个收入中的比重提高了。具备了这四个条件，目前搞包干到户的地方，形式就会有发展变化。"陈玉圭读到这篇文章，非常高兴。他找到了坚持专业集体承包的理论根据，找到了认准专业集体承包不变的"尚方宝剑"。他那紧锁了多少天的双眉舒展开了，多少天不见的笑模样又写在了他那红润的脸膛上，好多日子没听到的他那洪亮嗓门又重新亮开了："包干到户有一天还要往新的集体化方向发展哩，我们有什么理由不坚持适合后石村情的集体承包呢！"应该说，后石人对理论的渴望深深感染着这位长期从事理论研究的学者，他经过深入调查，发现很多农民想富不敢富，想富不会富。回到家里，他把到南方先富起来的农村搞调查的资料进行了整理，讲给了后石人听。后石人没想到南方的农民兄弟把党的富民政策学得这么透，农村经济发展这么快。村党支部书记陈玉圭动情地说："老沈，我们就认你了，你就是我们的老师，领着我们好好地学一学党的富民政策吧！"这时候，沈教授第一次真切地感受到理论对实际的指导意义，从此，沈教授做出了一个大胆的决策，扎根后石，为后石的发展出谋划策，为后石的兴旺奉献智慧，也许只有这样，才能体现自己的人生价值。就这样，沈火田从黑发到白发，走上了连他自己都没想到的、一干就是 20 年的"播火"历程，他将后石村的发展与自己对事业的追求融为一体，同时又将后石村当成了自己的家。他扎根后石村 20 多年，退休后坚持每天在后石村上班，在后石人的心目中，沈教授早已是后石村的一分子，后石村发展的每一步，都与沈教授在理论上的指点分不开。后石村的每一个荣誉，都凝结着这位无私奉献的外来学者的汗水和智慧。

在实践中，沈教授与后石村结下了不解之缘。一有空就往后石村跑，运用党的政策和科学理论帮助村里的党员干部扫除加速经济发展的思想障碍。后石村很快就确立了"内引外联、招商引资、大干快上"的新思路，在短时间内迅速建起 10 多家"三资"企业。2000 年，江泽民总书记发出"致富思源，富而思进"的号召后，沈火田帮助后石村提出了"富不忘本、富不失德、富不辍学、富不轻教、富不图逸、富不停步"的"六不意识"，并把"六不意识"制成灯箱，立在村里主干路两旁。2000 年底，后石村跨入了全国"小康示范村"的行列。党的十六大胜利召开后，沈火田围绕扎扎实实奔小康，给后石村党员干部做了 4 次专题辅导，并帮助后石村响亮地提出建设社会主义现代化新渔村的新目标。

作为后石村的理论大师，沈教授最大的心愿就是用自己手中的笔，向世人展示后石村的发展模式和经验。20 多年来，经沈教授起草的年终总结、各类发言报告以及理论宣传文章不计其数，文字总数超过 50 万字，他先后为后石村起草了《后石村村规民约》、《后石生态示范村建设总体规划》、《后石村现代化村建设规划》、《后石村精神文明建设规划》、《后石村科技发展规划》等各类规划 20 余个。他组织编写的《后石村·昨天·今天·明天》、《思维节拍：陈玉圭讲话文稿论文辑录》、《辽宁省大连市金州区后石村农村调查长期固定观察点资料汇编 1986～2000》等，真实地记录了后石村改革开放的发展轨迹，为后石村留下了珍贵的历史资料。在他的建议和推动下，后石村富裕之后，先后建起了村史馆、村荣誉馆和村档案馆。沈教授帮助后石村致富不要报酬，但老百姓都在用自己特有的方式感谢他。谁家办喜事都要为他留一包喜糖，谁家杀年猪时都忘不了沈教授，就连孩子的名字也要请沈教授给起。沈火田教授身体不好，大连市农委的一名处长专程给他送来 1 台治疗仪。77 岁的张淑珍老大妈，每年要给沈教授做两双鞋垫。每年开春，村里一些老大妈都要上山挖一些"鲜根菜"送给沈教授，这已成为村民向沈火田教授表达心意的不成文的村规。

大连市农委的领导称赞他说："老沈用科学的理论指导农民转变观念奔小康，从他身上看到了人民军队来自人民、服务人民的精神。"老百姓夸奖他："我们后石村跨入全国小康示范村，沈教授功不可没。"

二　造林治水的技术精英——刘毓政

1973 年初夏，又是一个挑灯夜战。在学大寨的年月里，这是平常事情。何况雨季就要来临，不能让南大河再泛滥，淹没上百亩良田。后石村男女老少在陈玉圭书记的带领下，挖沙疏河，将一锨锨、一筐筐沙土送向河堤。灯光下，小伙子已是汗流浃背，姑娘们也磨出了手泡。突然，一个人扔下铁锹，三步并作两步地奔到陈玉圭跟前，大声说："书记，不能这么干啦！"人们抬起头，惊呆了。眼前这个人，身材矮小板直，一张急红了的面孔布满皱纹。他不是"反革命分子"刘毓政吗？十多年从不在大伙跟前说话，今天怎么敢同"大干"唱反调？是的，来人正是刘毓政。1930 年代老金州农校的高材生，后来留洋，26 岁受聘工程师，是东北知名的林业专家，先后在吉、辽两省从事"三荒"治理。新中国成立后，任辽宁省林业局高级工程师，他当时立下志愿要通过造林治山使千百万人获益。正当他年富力强、踌躇满志地为治理辽宁一座名山奔忙时，一段他非常清楚、可与档案又不一致的历史，使他成为拒不坦白的"历史反革命"，被遣送回乡。纯朴的后石人接纳了他，没有难为他，为发挥他的特长，派他到果园干活。即使在"阶级斗争"最激烈的时期，也没有触及他的"灵魂和皮肉"。可饱经世故的刘毓政深知头上帽子的分量，不敢"乱说乱动"，沉默成为他本能的求生手段。然而，植树造林、治山治水，始终像幽灵般缠绕着他，经常在梦里研究辽河护岸林、间山治水林、四平四旁林……难怪呀，他一辈子学的是林，干的是林，迷的怎能不是林呢！回到家乡，从辽宁大天地落到一方小山村，虽有极大反差，却同是山水，照常勾起他魂牵梦萦的事业。眼下，后石人在干的事情，他再熟悉不过了。河水为泥沙所阻，挖掉泥沙，疏通河道，这似乎是很"顺理"的事情。可是，问一句：泥沙从哪里滚到河床？源头不解决，今天挖走，明天还会来，河水照样泛滥，良田照样被淹。望着一个个汗流满面、沙土遍身的父老乡亲，刘毓政在问自己：说不说呢？一个声音在说，刘毓政，你虽然被定为"反革命"，可后石人对你不薄啊！现在他们在白流汗，你能忍心看着吗？不能忍了！他扔下铁锹，向陈书记奔去。出现了文中开头的一幕。"书记，治水要治本。这河里的沙是从山上下来的。在山上栽树、闸谷坊、修梯田、垒塘坝，截水、截沙，才可保证南大河不再泛滥。""如果我说得不对，你把我送进监狱"，他很怕陈书记不相信而急切地加上这一句。因为他没有常人那么多可选择的"赌注"，只能用这令人生畏的去处来表白自己的赤诚。陈书记边擦着汗水，边思索着刘毓政的话语。仿佛没有听见他最后的表白，就已经转身向身旁一位青年耳语。一会工夫，几位生产队长急匆匆赶来。陈书记让刘毓政把他的想法再说一遍。此刻的刘毓政，已经感到一种"言出水泼"的情势，心里反而踏实、平静了。他详细地谈了固沙治河的道理，边说边在地上画起来。最后，为加重建议的可信度，又操起那句话："如果我说得不对……"。"不要说了。"陈书记一挥手截住他的话头，转身向队长们说："你们看怎么样？"许多科学的东西，其实就像一张窗户纸，一捅就破。何况这些队长都是聪明人，哪能不明白其中的道理，纷纷点头示赞同。"好，就这么办！"陈书记果断挥手，停止夜战，准备向荒山进军！当年，修梯田、闸谷坊、垒塘坝的战斗打响了。陈书记派刘毓政与十几个中老年人组成林业队，由他作技术指导，建苗圃，育树苗，准备大面积植树造林。还郑重地告诉他，写一份详细自传，交给大队党支部。

来到林业队的刘毓政，就像撞滩的鱼重归大海，回到了自己梦想的事业。他走遍后石的荒山沟岔，仔细研究了过去植树成活率低的问题。这里土质瘠薄，十春九旱，还用惯常的"裸根苗"植树法，不耐旱，自然影响成活。他苦思冥想，开始研究"容器苗"试验。将一个个塑料袋装上营养土，放进树种，育出树苗，原封不动地栽进树坑，保土保水，可以抗过春旱，迎来雨季。试验了1年觉得把握不大，又试验了1年。

一个晴朗的早晨，村里来人告诉他，前年他送给陈书记的自传，大队党

209

支部进行了认真研究，又派人进行了调查核实，同有关部门协商复查，政法机关决定给他摘掉"反革命分子"的帽子。刘毓政惊呆了，接着大滴泪珠夺眶而出，哽咽得一句话也说不出来。可他在心里喊："共产党英明啊！陈书记主持公道！感谢党，感谢陈书记，感谢后石的父老乡亲！"刘毓政的脸舒展了，话也多了，腿更勤了。3 年试验，3 年育苗，林业队备齐进山造林的树苗。大队党支部一声令下，植树造林的劳动大军开向了狍子山。

这是后石人第三次到狍子山栽树。1958 年第一次栽树 2000 棵，仅成活 100 棵。1970 年第二次栽树 3000 棵，成活不足 200 棵。1984 年这一次，500 多名社员带着刘毓政培育的 3 万棵黑松、侧柏"容器苗"，登上狍子山，开始了热火朝天的治山造林。刘毓政兴奋地跑这指点，跑那示范。那种追求事业获得的满足，畅所欲言带来的愉悦，使他沉浸在幸福之中，已经不知道什么是劳累，什么叫疲倦。也许正是这种对事业的执著追求，神情高度专一，排除了人生烦恼和忧患，几十年的坎坷，刘毓政竟没有落下什么疾病，身板总是那么硬朗，总是那么充满活力。奇迹产生了，3 万棵黑松、侧柏几乎全部成活，整个金县为之震动。全县学习刘毓政的"容器苗"植树法，大小荒山迅速绿化。后石村更是一马当先，用 5 年时间将 200 多公顷荒山全部绿化。并在刘毓政的规划指导下，进行了山水林田路综合治理。栽植了护岸林、防风林、街道林和住宅四旁林。60 多万棵树苗全在刘毓政和伙伴们的双手培育下苗壮成长。昔日光秃秃的山村，今日已淹没在万绿丛中。

人们谈刘毓政不仅讲林，还讲起那千亩养虾场。那是 1983 年深秋，刘毓政已是 69 岁的老人了，可谁能想到他还站在齐腰深的海水里，测量规划虾场坝址。冰冷的海水拍打着他的脊背，嘴唇已冻得发紫，大家劝他上岸，可他像挺立在海中的航标塔，一动不动，聚精会神地测量。晚上，后石村人已在睡梦中，刘毓政却只身来到海边，一蹲就是大半夜。皓月当空，他在窥视什么？原来，为坝址选得更准确，不让乡亲们白流汗，刘毓政一遍遍地观察、思索，忘记了露水打湿全身的冰冷，忘记了没吃没喝的饥渴，硬是找出了一条最佳施工坝线。只生碱蓬草、毛腿蟹的西海湾被后石的干部和群众开发出来了。106.6 公顷的大虾场，当年施工、当年投产，养殖了 15 多万公斤活蹦乱跳的对虾，当年赚回投资，还剩 42 万元。一位日本人来到后石村，

看到眼前这浩大的虾场工程，询问哪个大公司承建的。当听说是后石人自己干的，惊奇地竖起大拇指说："大したものです（不简单）！"

大海申述，高山作证，刘毓政不是反革命！刘毓政是好人！

党和人民听到了，看到了。1994年，省公安厅做出决定为刘毓政彻底平反，恢复公职，享受离休干部待遇。

此刻的刘毓政已是80岁的老人，他，不激动了。几十年来，他想得到的，后石人已经给予了他。那满山的绿树，金色的海湾，不正是对他人生执著追求的最好回报吗！他又进山了。1995年，81岁的刘毓政身体依然那么健康，步履还是那么坚实。在北山丛林中，他惊喜地发现了一棵黄柏树。这种名贵树种只能在肥水优越的环境里生长，怎么会在肥水两缺的后石山丛中扎根呢？老人激动地思索着。原来，20多年植树造林，封山育林，后石村的瘠薄土地，已被多年落叶形成的厚厚腐殖层所代替。这一发现，使老人兴奋得几宿不眠。渐渐地，一个新的蓝图在脑海中形成：充分发挥资源潜力，把造林从治山治水型向兼有经济效益型转变。引进有药用价值的杜仲树，有食用价值的大枣树，有装饰价值的色树，还有蒙古桑、蒙古杏……老人越想越激动，一口气爬上北山顶，俯瞰后石的山山水水，远眺无垠的大海，仿佛看到了后石村那如诗如画般美好的前景。他久久地矗立在山顶，俨然一棵挺拔的"不老松"。

第八章　阶层分化与外来人口

　　本章根据社会分层和流动理论，以及农民占有和支配村落资源及其与村落公共权力的关系，对后石村处于分化状态的农民群体进行分层研究，并通过对生活在后石村的外来人口的家庭背景、就业与生活状况的调查研究，便于更加准确地把握后石村的阶层结构和社会流动的现状与特征。

第一节　后石村阶层结构

　　中国自 1978 年改革开放以来的社会变化，意义最大、最为根本的莫过于社会结构的变迁，而社会结构的变迁最为核心的表现和直接的结果就是社会分层结构的变迁。改革的本质是将人们对资源的占有重新进行分配，调整人际间的利益关系，因此，分层本质上是人们对资源、利益的占有关系。社会分层制度的核心是为人与人之间、人与资源之间的关系建立起秩序。

一　社会学社会分层理论及现实意义

　　在一般的意义上，社会分层是社会结构中最主要的现象，因而成为社会学研究中最重要的传统领域之一，同时也是社会学区别于其他学科的主要特征之一。所谓分层是借用地质学上的名词，在地质学中它是用以说明地层构造的不同层面。在社会学研究中，社会分层是指社会成员在社会生活中由于获取社会资源的机会和能力不同而呈现出高低有序的不同等级、不同层次的现象和过程。社会学家经常把社会成员按照一定的标准分成若干个经济地位、社会地位不同的社会阶层或不同层次的社会集团。社会分层反映了社会的基本结构秩序，也反映了社会的一种结构性不平等。处于不同层次的社会成员，获取社会资源的能力不同，获得的社会地位和社会评价也不同。社会分层理论的出发点是着眼于社会差别。必须承认，任何社会的人们都存在着差别，这种差别，不仅仅是人们体质形象方面的自然差别，而且还是一种社会差别。这种社会差别，往往表现为：所受教育程度的高低不同，所占有的财产多少不同，所出身的氏族和门第不同，所掌握的权力大小不同，所从事的职业种类不同，所享有的社会声望高低不同等。由于这些差别，人们在社会上所占有的地位高低也不同。在现实生活中，社会地位的高低之别实际上代表了社会资源分配或者占有状况。在这个意义上，获得更高社会地位的过程就是占据社会资源分配优势的过程和占有更多社会资源的过程。不同社会地位的社会成员其心理行为是不相同的。

总之，社会成员不仅依据一定的社会关系形成各种社会群体和组织，而且划分为不同的阶级和阶层，从而形成了社会的分层结构。社会分层结构对社会生活会产生各种各样的影响，主要有如下几点。

第一，相对于个人的社会地位变迁而言，社会分层既有正面的影响，也有负面的影响。分层体系本身是一个不平等的体系，因为它对处于不同位置的人分配给不同的资源，造成了不同的社会地位，造成了社会的不平等。在这个意义上，社会分层是一个制造不平等的过程。但是，由于每个社会成员对社会的贡献大小不同，所获得的报偿也应该有所区别。也正是在这种意义上，社会分层又使社会充满活力，使社会具有前进的希望，否则，整个社会将在平均主义中陷于僵死的状态。

第二，社会分层在有些时候会影响平等竞争。从理论上讲，不论来自上层社会还是下层社会的子女，都有平等的受教育机会、平等的参与社会竞争的机会，但从现实生活来看，来自不同阶层的人在一起竞争时，往往因为所占用资源的不平等，继而妨碍了公平竞争。有时，下层人士须经过比上层人士多得多的努力才能取得与上层人士相同的业绩。这就反映了分层体系本身对平等竞争的影响。

第三，由于分层带来不同的资源分配，结果就使不同层次的成员在行为方式、价值观念、私有财产等方面形成明显的差异，这些差异还导致了利益分配上出现明显的剥削与被剥削的关系。这些差异容易导致群体冲突，造成社会的不稳定。当然，这种冲突不一定表现为政治运动，更多的时候表现为群体心理上的歧视与反抗，以及不文明的言行，等等。

二 后石村的阶层分化

按照马克思主义的基本原理，运用马克思主义关于阶级、阶层的理论，借鉴西方社会学社会分层理论，课题组认为，后石村农民阶层分化，在某种意义上也可称之为农民职业分化，因为阶层分化是通过职业分化去完成的，职业的多样化是农民阶层分化的前提。具体地说，后石村农民的阶层分化包括：一是收入结构的分化。尽管后石村的大多数居民收入在最近几年都有较大幅度增加，但增长的速度并不一样，有些农户家庭收入增加很快，有的多达几万元、几十万元的资产，而有些农户则增加较慢，年收入一直停留在千元左右。收入的分化是导致农村出现不同利益集团现象的经济基础。二是职业结构的分化。改革前农村的职业单一化，农民除了种地别无他业。改革开放为农民变换职业身份提供了政治条件，许多农民从事了各种不同的职业，可以说七十二行，哪一行中都有后石村的村民。职业结构的多样化，使农村社会分层发生了根本变化。三是权力结构的分化。在后石村不仅村党委书记、村委会主任、村实业总公司总经理有决策权力，而且村民代表及非体制精英也积极参与村庄发展与决策，参与公共事务的管理，同时农村中的经营大户在本村的公共事务中也起到越来越重要的作用，并成为农村社会中有影响的力量。

课题组根据 2004 年对后石村进行的问卷调查，后石村村民收入、村民占有村落资源状况以及村民对村落权力的影响程度等综合指标，对后石村村民的阶层结构进行划分，我们认为，目前后石村村民已分化成 8 个阶层。

1. 农业劳动者阶层

农业劳动者阶层包括在农业队、果树队、捕捞场等从事种植业、捕捞业劳动为主的村民，他们全部或大部分依靠农业取得收入作为生活来源。他们在后石村村民中所占的比例为 19.4%。这一阶层的年收入大致在 8000 ~ 13000 元左右，他们绝大多数文化程度较低，传统的价值观念较浓，他们很少拥有权力资源，对村落权力和村庄事务影响相对较小。

2. 农民工人阶层

农民工人阶层包括在村集体企业、合资企业、民营企业等从事生产、加工、包装、运输、建筑等劳动的村民，他们每天按时上下班，其全部生活来源就是他们的工资收入。据统计，这一阶层在后石村村民中所占的比例已达59.1%。这一阶层的年收入大致在8000~15000元之间。他们绝大多数是身强力壮的年轻人，文化程度也基本上在初中以上。这一阶层是后石村的主要劳动者，他们虽很少拥有村落权力，但因其人数众多而在村庄事务中有一定的影响。

3. 农民知识分子阶层

农民知识分子阶层指在后石村从事教育、科技、医药、文化、艺术等智力型职业的村民，如乡村医生、各行各业的技术人员等。他们绝大多数都是高中学历，由于他们占有文化资源，有一定的技术，其收入相对较高。据调查，这一阶层在后石村村民中所占的比例大致为7.2%，他们的年收入大致在15000~20000元之间。这一阶层与村落权力有相对密切的关系，在村庄事务决策中具有比较大的影响力。

4. 个体劳动者和个体工商户阶层

个体劳动者和个体工商户阶层是拥有某项专门技术或经营能力，自己拥有生产资料或资金，从事某项专业劳动或经营某类小型工、商、服务行业的劳动者和经营者，他们大多是后石村的能工巧匠。我国法律对个体劳动者和个体工商户的界定不同，前者一般散居在农村，后者多集中在集镇和公路、道口、码头等适于营业的地方；前者主要靠自己劳动，后者除了自己参加劳动经营外，还雇有不超过7个人的帮工。据统计，这一阶层在后石村村民中所占的比例为5.2%，他们的年收入差别较大，一般的个体劳动者年收入在10000元左右，而个体工商户则在20000元以上。由于这一阶层的收入较高，因而在村庄事务中也具有一定的影响力。

5. 私营企业主阶层

私营企业主阶层是指企业的生产资料私有、自主经营、以营利为目标且雇工在8人以上的企业主。在后石村，这一阶层的人不多，约占后石村村民的 0.2% 左右。他们具有很强的商品经济经营意识，有冒险创业精神，有较强的组织管理能力，有数十万甚至数百万的财产，雇佣数十至数百人。为了巩固已取得的经济地位并获得进一步发展，他们凭借其经济优势与村落权力建立了相互影响的互动关系，在村庄事务以及村庄发展中具有比较大的影响力。

6. 企业管理者阶层

企业管理者阶层是指村集体所有制企业的经理、厂长以及主要科室领导和供销人员。他们有集体企业的经营权、决策权，是村集体企业的管理者。据统计，这一阶层在后石村村民中所占的比例为 4.2%，他们的年收入一般在 20000～30000 元之间。这一部分人大多是村庄的经济能人，拥有比较多的经济资源，并与村落权力相结合，因而在村庄发展中具有决策的作用。

7. 农村管理者阶层

农村管理者阶层指后石村党委、村委会成员，包括村团支部书记、妇联主任、民兵连长、治保和调解委员会主任以及村民小组长等村干部。他们是后石村政治、经济、社会生活的组织者、管理者。这一阶层在后石村民中所占的比例大致是 1% 左右，他们的年收入一般在 15000～30000 元之间。由于他们是村庄的体制精英，拥有村庄的权力资源，因而对村庄的发展方向起决定作用。

8. 其他阶层

其他阶层是指已经退休的村民以及其他赋闲人员，由于后石村很早就实行了村民退休制度，凡是年龄在 50 岁以上的女性村民和 55 岁以上的男性村民，皆可退休在家，并领取一定的退休金。这一阶层在后石村村民中所占的比例大约为 3.7%，他们中的绝大多数生活安定，衣食无忧，对村庄事务以及公共事业表现出极大的关注。

三 后石村阶层分化的特点

从以上分析可以看出，市场经济的冲击以及非农企业的迅速发展，农村工业化以及后石村经济结构的不断调整，促使后石村村民的职业结构与社会分层发生了急剧的变化。与全国其他农村相比，后石村的阶层结构呈现如下特征。

第一，后石村阶层分化更多地呈现出以职业分化为主的特征，阶层之间贫富差距较小。这是因为，后石村实事求是地落实家庭联产承包责任制，形成独具特色的生产经营管理体制。在当时，后石村的集体经济基础比较好，专业化、机械化的程度也比较高，再加之后石村的自然条件兼具海滨和丘陵山地的特点，如果分到一家一户去经营，既不利于集体优势的发挥，也不利于海上和山上资源的利用和开发。他们在创造性地贯彻落实家庭联产承包责任制的过程中，既吸收家庭联产承包责任制的长处，又保留了村级经济实体，走出了一条统一经营、分工协作、专业承包、包干分配、定额上交的新路子。从此，后石村坚定了专业集体承包的选择，大力发展集体经济，实事求是地走自己的发展道路。在后石村，集体企业占全村资产总额的57.1%，76%的劳动者实行按劳分配，且年收入水平大大高于24%的非按劳分配所得的劳动者，集体企业为后石村贡献了近亿元的可支配财力，占全村可支配财力的89%。在发展集体经济的同时，后石村也注重发展其他经济成分。20世纪90年代初，后石村大搞外引内联，变公有制"一轮独转"为公有制为主体，多种所有制经济共同发展的"六轮同转"，集体经济也在"混合经济"中发展壮大，广大村民也由共同富裕走向共同富有。正因如此，后石村各阶层之间的贫富差距较小，阶层之间的利益冲突也较小。根据课题组对后石村村民的问卷调查，有53.3%的村民认为只有部分阶层之间存在利益冲突，40.0%的村民认为后石村所有阶层之间没有任何利益冲突，只有6.7%的村民认为各阶层之间存在利益冲突。由此可见，由于后石村选择了共同富裕的致富之路，村民各阶层之间贫富差距较小，利益矛盾冲突也较小。

　　第二，村民自述性分层与实际分层基本接近。在社会分层中，研究者除了按照分层理论对后石村进行分层以外，还应该了解村民自己对阶层的主观评价。在调查中有关研究人员发现，后石村村民可以依据经济收入、社会地位及拥有权力大小对村内居民进行综合排序，尽管这只是农民的主观感觉，但却反映出村民对各阶层地位的主观评价和认识。通过问卷统计分析，90.8%的村民认为金钱、社会地位、权力是进行阶层划分的三个主要指标，并根据这三项指标，对村民的社会分层进行了主观分析和判断。调查数据显示，6.7%的被调查者认为自己属于党政干部阶层，6.7%的被调查者认为自己属于农村知识分子阶层，6.0%的村民认为自己属于个体劳动者阶层，

6.4%的人认为自己属于乡村管理者阶层，7.5%的村民认为自己属于其他阶层，66.7%的村民认为自己属于农业劳动者和农民工人阶层；与此同时，5.9%的村民认为自己属于上层，17.6%的村民认为自己属于中上层，70.6%的村民认为自己属于中等阶层，5.9%的村民认为自己属于中下阶层，在被调查对象中，没有一个村民认为自己属于下层。由此可见，后石村村民对自己在本村的社会地位比较满意，这也从一个侧面反映出后石村的阶层分化与农民的心理预期基本一致。

第三，后石村阶层结构分化既具有我国农村阶层分化的普遍特征，又具有不同于其他农村的特征。由于后石村非农产业发展迅速，所以农业劳动者的比例较小，不但如此，后石村的农业劳动者阶层都是农业工人，他们和其他村民一样，只有分工不同，而没有身份的差异。与此同时，后石村各种云集的企业为后石村民提供了广阔的就业空间，这一点从后石村农民工人所占的比例就可以看出。在后石，59.1%的村民都在村内做工，并依靠工资收入维持生活，这说明，后石村村民的职业结构已经发生了很大的变化，大多数农民已经成为产业工人。另外，由于后石村实行了村民退休制度，在后石村出现了一个新的阶层，即退休者阶层，他们多以老年人为主，虽说他们在村里领取的退休金并不能完全维持生活，但是由于他们已经享受到类似于城市人口的待遇，因而其生活方式多以体育锻炼、休闲娱乐为主，应该说，这是后石阶层分化的新特征。再者，由于后石村有大小26个企业，所以对于企业管理者阶层而言，除了尽快提高自身素质外，还必须继续扩大这一阶层的人数，以适应快速发展的形势。

总之，后石村村民的阶层分化，反映了我国农村社会的积极发展进程，尤其是后石村多数农民从本质上去掉了农民身份，彻底地实现了职业转变，这对后石村现代化的实现具有重要意义。

第二节　外来人口与渔村发展

在改革开放的大背景下，仍以集体经济为主的后石村富了起来，大大小小的村办集体企业，红红火火、有声有色地先后建立起来，吸引了大量的外来人口前来务工。后石村的外来人口容纳量已由 1998 年的 400 人左右发展到现在的 3000 多人，几乎与全村人口相当（全村人口为 3123 人）。作为一个村庄，在保证本村劳动力充分就业的情况下，又安置了这么多外来剩余劳动力，结合当前农村剩余劳动力的转移方向，可以说这是后石在向现代化探索和迈进过程中取得伟大成绩的缩影和见证。

一 后石村外来人口的基本状况

后石村在经济发展过程中较早地走上了外向型发展道路，后石实业总公司有各类企业 26 家，另有外资企业 10 余家。在后石，工业已成为主导产业，特别是一些劳动力密集的企业在后石落户，这为吸引外来人口就业提供了最基本的条件。目前，在后石村就业的外来人口已经超过 3000 人。为了了解生活在后石村的外来人口，课题组专门设计了一份"关于后石村外来人口的调查问卷"，这份调查问卷中的 36 个问题涉及外来流动人口的个人自然状况、工作情况、社会保障以及他们对后石的感受和评价，与此同时，问卷还涉及外来人口的婚姻、子女等方面的内容。

为了保证调查资料的真实性和准确性，课题组对调查员进行了严格挑选和培训。首先，要求所有调查员都必须在后石村住一周时间，使调查员对后石村的基本状况，包括村史、村貌，有一个感性认识；其次，要求所有调查人员都必须参与问卷的设计，必须参加调查培训。本次对于后石村外来人口的调查，从调查问卷的设计、调查对象的选择、调查问卷数据处理，到调查报告的分析、整理，都相当严格和规范。在调查方法上，本次调查我们选择了随机抽样的方法，在后石村 8 个企业（厂）的外来人口中选取了 100 人作为样本，实际发放问卷 100 份，回收有效问卷 98 份，回收率为 98%。我们随机选取的 8 个企业（厂）分别为：大连天宇药业有限公司 15 人；大连元泉食品有限公司 10 人；大连金和产业有限公司 14 人；大连喜来登包装有限公司 20 人；智达木业大连有限公司 20 人；苹鹤食品 9 人；佳景纸业 4 人；润通木业有限公司 6 人。

通过对回收问卷的分析整理，我们可以粗略地看出在后石村的流动群体的基本就业生活状况，从中了解这些流动群体的共性，发掘当地流动的特性，发现其存在的问题，为下一步的研究提供思路。

调查显示，外来务工人员就业于后石村的多家企业单位。这些单位有的隶属于后石村实业总公司，村实业总公司拥有第一、第二、第三产业企业26家；有的属于外引内联企业（如与韩国、日本等合资），如后石果业公司、后石水产公司、后石福利包装材料厂、后石纸模包装有限公司、后石金刚石厂、后石运输公司、大连喜来登包装有限公司、大连金和产业有限公司、润通木业有限公司、智达木业大连有限公司、大连明珠玻璃钢船艇有限公司、大连天宇药业有限公司、大连元泉食品有限公司，等等。通过公司名称可以看出，后石村的企业以产品加工和包装为主，如水产公司、多家食品有限公司、制药厂、包装公司等。此种类型的企业多为流水线操作，劳动强度不大，但是劳动时间相对较长。因此，对这些企业的从业人员调查显示，样本的人口特征从性别上看，女性占样本总数的85%，男性占15%，男女比例为3∶17；从年龄结构看，样本年龄普遍偏轻，其中18～24岁年龄段的人占样本总数的81%，在这81%的人中，年龄在19岁的有16人，21岁的有25人。

外来打工人员年龄年轻化是当今社会的一种令人担忧的现象。年轻化从侧面显示了他们受教育的程度。调查结果表明，来后石的打工者群体受教育程度普遍较低，初中学历的人占样本大多数，约为66%；高中（中专）学历的占18%；大学（大专）学历的仅占总人数的12%。通过相关变量分析可以看出，学历较高、年龄稍大的打工者的收入也较高，月收入多集中在900～1200元之间，还有3%的人月收入高于1300元。但是，结构年龄轻，经验资本少，优势少，势必促进一些年轻人勤奋上进，快快学技术，从而转劣势为优势。当问到"是否有机会在自己的单位升职或提高收入"时，89%的人在此做了毫不犹豫的肯定回答，这种年轻人的自信，印证了"年轻就是资本"，表明了年龄并不是阻碍打工者提高收入的唯一因素。而收入较高的这部分人多在企业或工厂中做管理人员或技术工人。在被调查者中，技术工人所占比例为27%，而体力工人的比例高达73%。由此看来，单纯凭借出卖劳动力增加收入具有很大的困难，对于后石村的外来打工者来说，文化程度的偏低成为其增收的最大障碍。对此，应引起有关方面的重视，而通过职业培训的方式提高他们的素质，应该是一条不错的途径。

在我国，多数地区的农村剩余劳动力选择在大中城市就业。但是随着东部沿海地区农村工业的发展，有的村庄已经不再是农村，而成为"工村"，在这些村庄中，工业成为主导产业，特别是许多劳动密集型的企业为外来人口提供了最基本的条件。在后石村，外来打工者的人数已经超过 3000 人，据统计，他们当中有 36% 来自于黑龙江、吉林、内蒙古、四川、河南等省份，有 45% 来自于辽宁本省，多为辽宁省的本溪、朝阳等较为贫困的市区，而其余的 19% 均来自大连地区的瓦房店等地。

现阶段，我国农村流动人口外出方式多种多样，有的是经家庭成员、亲戚或本村村民带出，有的是自己出去闯，有的是通过企业单位招工，有一些人依靠中介单位，还有的人由村集体或乡以上行政单位介绍外出，等等。据调查，在我国多数地区，外出农民工通过亲朋好友介绍的占 39%，自己找的占 51.7%，政府组织的占 3.8%，用工单位招工的占 3.0%。[1] 以上数据说明，我国农村社会劳动力转移的渠道主要是以人际关系网为依托。这是因为长期的计划经济下的条块分割及城乡壁垒，割断了地区之间、乡村农民与城市企业之间的联系，在这种条件下农民只能依靠在异地生活或打工的亲友在城市中寻找一份工作。如今，政府正式的职业介绍、职业技能培训作用十分有限，惠及人数比例甚小，此项工程建设还未形成规模。[2] 而后石村的外来打工者多数是通过招工方式来到这里的，在我们调查的 100 名外来打工者中，其中有 88% 的外来人口是通过招工这种方式进来的，而通过其他方式来后石村的人数相对很少，其中，由"别人介绍"的占 2%，"自己找的"占 3%，"随家人来的"占 2%，通过"其他"途径来的占 5%。这说明，向后石村流动的外来打工者与当前农村剩余劳动力向外流动方式的主体趋势有所不同。造成这种现象是因为，与城市相比，后石村所能提供的就业空间相当有限，加之信息渠道少、宣传力度不够，所以来后石村打工的外来人口大多是后石村企业自己在外地招聘来的。

---

① 李培林主编《农民工——中国进城农民的经济社会分析》，社会科学文献出版社，2003，第 48 页。

② 邓鸿勋、陆百甫主编《走出二元结构——农民就业创业研究》，中国发展出版社，2004，第 343 页。

国家可以以降低存款利率鼓励投资，刺激人们的消费等手段来扩大内需，作为一个时期内拉动经济增长的策略方针。但是就目前的情况看，绝大多数人还是愿意把钱积蓄起来以备将来之用，尤其是传统观念比较强的农民以及他们的外延——农民工。在"收入主要用来做什么"中，100%的人表示要把"开支外的余额积蓄起来"，而对于"寄回家"、"生活消费"却无人问津。这说明，"小富即安"的传统意识在中国老百姓的头脑中已经根深蒂固，即使在多数人收入得到很大程度提高的基础上，物质商品已经极为丰富的情况下，这种观念和意识一时也不会加以改变。

在这个村庄中，大量的外来人口形成了一个新的工作和生活环境。不过，外来人与本地人虽然同居一村，日常相遇，相互沟通和交流却很少，形成了两个不同的生活世界：一个是本地人的世界，一个是外来人的世界。本地人沉浸于自己的富裕安乐世界，忙于自己的生意往来，对于外来人的世界并不了解，也不太关心；而外来人租住在本村人闲置的老房子中，不能参与本地的社会政治事务，处于人生地疏、乏人同情的境地，形同过客一般。这两个世界不相往来的现象，说明了在劳动力普遍流动的情况下，如何做好外来人口与本地人口之间的融合，成了一个关系到经济社会可持续发展的新问题。

总之，当我们对后石村进行分析时发现，作为单独的村民个体，具有比较强的开放性，但作为国家建构的村庄，却是封闭的。外来人员增加以后，后石村的村民与外来人员的交往在不断增加，但是外来人员是不能介入村庄事务的，外来人员的进入并没有改变村庄原有的结构。

二 外来人眼中的后石

后石村的企业在社会上享有良好的信誉，对待工人比较公平，而且极少有拖欠工资的事件发生，打工者对后石及其企业也比较满意。在后石，流动人口与地方企业、村级组织之间呈现出平等、有序、和谐的发展状况。

在这一部分我们通过7个问题来了解后石在外来打工者心中的形象，由此可以看出后石为外来人创造的生活工作环境。

在"对后石村的感觉"中，我们又通过表8-1中的7个小问题让打工者直接说出他们的感受。

表 8 – 1　外来人口眼中的后石调查问卷

单位：%

序　号	项　目　内　容	很满意	比较满意	一　般	合　计
1	对企业的管理	9	88	3	100
2	对工资待遇	8	91	1	100
3	对外来人口子女的教育	29	67	1	100
4	对外来人口的安置情况	31	65	4	100
5	对本地的风俗习惯	26	67	7	100
6	对本地的文明程度	26	68	6	100
7	对工资发放的按时程度	63	37		100

　　值得注意的是，虽然有占样本总数（98 人）29% 的人对"外来人口子女的教育"回答"很满意"，67% 的人回答"比较满意"，但是在这 98 名被调查者中，有 84 人对"是否结婚"做的是否定回答，只有 14 人做"已结婚"的肯定回答。对于没有结婚的人，他们对"外来人口子女的教育"的看法我们持保留态度。据笔者曾经到后石村做调查的过程中了解到，后石对外来人在本地上学的子女仍收取一定的额外费用。在调查时，一位在后石农户家租住的外来女工，愤愤不平地告诉笔者，你们给反映反映吧，我们孩子在这上学，每年要多交好几百块钱呢。

　　但是，后石村对外来人口的管理有自己的规则和方式，在《辽宁省大连市金州区后石村农村调查长期规定观察点资料汇编（二〇〇一年度）》中有这样一条："对外来民工有严格管理。外来民工必须遵守本村'村规民约'。"后石村的外来民工是比较固定的，已婚者大都带家属来。外来家属约260 人，外来民工必须三证齐全。村治保、卫生、计划生育等部门，每季度责成固定的负责人进行一次检查，发现问题，用人单位要负责，本人要受处罚。这种看似限制的规定，实则对企业和政府、对当地社会秩序，特别是对外来人的安全都有一定的好处。村里对外来民工的生活很关心，原小学校舍经全面改造，两间一户，租给公司的扒蚬工居住；为方便外来民工出车，运输队也在院内为外来民工建了家属宿舍，并免费供应一顿早餐。

　　虽然当地政府对外来打工人员的生活及工作都很关心，但是为了保障本村村民充分、良好就业，后石村对外来人口的就业也有一定的限制。《辽宁省大连市金州区后石村农村调查长期规定观察点资料汇编（一九九八年度）》第49页中关于劳动力管理有一条："严格控制外来民工数量，除运输队装卸工，管养公司扒蚬工外，其他单位除工作多年表现较好、有技术专长者外，原则上不准聘用外来民工，以保证本村劳动力充分就业。"如此规定，似乎给外来人员在就业工种方面设下一道关卡。但是近几年来，随着后石村各单位生产规模的扩大，本村劳动力已呈不足态势。因此，后石村也鼓励并吸收一些外来人口加入本村的劳动。有能力、有技术专长者，学历、文化水平高者，工资水平由800元左右提高到1300元左右。但多数流水线上的女工、运输队装卸工、滩涂扒蚬工的工资水平还很低。被调查者中，由于73%的人干的是体力活，因此他（她）们的劳动时间长，劳动强度相对较大，而月收入却在600～800元之间。

无论是收入较低者，还是收入相对高的人，被调查者在问及"您的单位是否给您交社会保险"时，84人的回答为"否"，9人的回答为"是"，还有5人未回答此问题。如此高的否定率反映了当前中国农民工流动中普遍存在的一个问题，即城镇（民工输入地）社会保障制度没有考虑进城农民工的需要。由于多数农民工从事的工作性质和所处的工作环境，伤亡、病害事故时有发生，但就目前来说，对于从事危险行业的农民工，几乎没有享受到满足生活需要的最基本的社会保障。危险的行业已经如此了，一般性的工作就更不会为此提供一定的保障了。但是值得注意的问题是，既然有的单位给外来务工者交了保险，这些人如果是同一个单位的，那么这个单位的所有外来人口是否都给交了保险呢？据统计，对"您的单位是否给您交社会保险"回答"是"的9个人中，有4人隶属于"制药厂"，4人隶属于"佳景纸业"，1人隶属于"润通木业"。未回答此问题的5个人中，有4人是"制药厂"的，1人是元泉食品公司的。从这里可以看出只有"佳景纸业"的4个人全部回答"是"，而其他单位，象"制药厂"、"润通木业"，虽然有人回答"是"，却不是全部的人，至于其余的5个单位，是单位给他们交纳了保险金而他们不知情，还是单位从来就没有给他们交纳过保险金呢？如果单位已交保险金或在工人工资中扣除应该通知当事人，所以"不知情"的可能性很少，因此，多数外来人口在后石的单位仍然是不能享受到各种社会保险。原因之一是这些人并未与用人单位签订劳动合同，没有一份正式的用工合同作保证，单位自然是能省则省，不会给工人交纳保险；另一个原因是这些外来民工没有这方面的法律意识，大多数人的想法是能在这里找到一份工作，安安稳稳地干活挣钱就已经不错了，没有更高的"奢望"，没有对单位提出签订合同并为他们交纳保险金的要求。

在问及"打工是为了什么"时，仅有 3 人表示是为了"实现人生价值"，1 人主要是为了"过上富裕的日子"，还有 1 人是为了"儿女上学"，而 93 人有"其他"目的，没有人回答"攒钱防老"。这与学术界以往研究形成的共识有些出入。学术界的研究共识认为，农民工社会群体特征以寻找就业、增加收入为目的。但是后石被调查的 98 人中，直接表示打工是为了这一目的的仅有一人，如果说为"儿女上学"也有这一目的，总共才两人，相比有"其他"目的的 93 人来说，这实在是一个小数目。那么，"其他"目的是什么呢，为什么会是"其他"目的呢？看了表 8-2 的数据和下文的分析，我们就会有所了解。

表 8-2　后石村外来人口年龄结构与婚姻状况调查表

单位：人，%

年龄段	18~24 岁	25~31 岁	32~38 岁	39~45 岁	46~52 岁	合　计
人　数	79	12	4	2	1	98
百分比	81	12	4	2	1	100
已婚人数	—	7	4	2	1	14

普遍的分析认为，没有结婚的人挣钱的意识和对钱的需求远小于已结婚的人，甚至小于正准备结婚等钱急用的人。而从已婚群体的人数构成来看，已婚者共 14 人，仅占样本总数的 14%，未婚者占绝大多数。

从已婚人员的年龄构成来看，据调查，已婚最小年龄为 27 岁，除 3 个 27 岁外，其他 11 人都为 30 岁及其以上者。反过来看，未婚者大多数集中在 18~24 岁之间。再看他们的学历，有 69% 的人是"初中"学历，19% 是"高中"学历，此两项的人数已经占了总人数的 88%。值得关注的是，在我国，初高中是一个求学的基础阶段，这个阶段的学习特点是以积累基础知识，亦即积累基础理论为主，素质教育的成果还不够有影响力，特别在农村，在上学已经很困难的情况下，实践和技术学习上的欠缺，使得这部分人初高中毕业后，在很大程度上无能力就业，他们没有从事某项工作的专业知识和技能，他们之所以在应该继续受教育的阶段出来打工，主要有以下几个方面的原因：①虽然成绩不至于达到没有学上的地步，但迫于家庭经济困难，没有办法而出来打工，但是并没有把挣钱作为自己的生活目标；②成绩不好，考不上自己可以接受的学校，出来打工成为他们今后的一种生活方式；③中学毕业后，作为新生代的农村务工者，不愿从事祖辈的农耕生活，而向往丰富的城市生活；④打工在当地农村已经成为一种潮流，来来去去的打工者给他们带去了新奇和刺激，好奇心驱使他们决定走出自己生活的狭小天地。

也就是说，这些人的年龄、学历、经历等总体特征，决定了他们对"提高收入"、"过上富裕的日子"作为自己主要的打工目的成为不可能的事实。

对于他们选择"其他"目的，本研究认为，这个"其他"指的是"开阔眼界，更新观念"。调查人员曾深入到打工者中，与他们生活了一年多的时间，对此有深刻的体会，此外，表 8 - 3 中对"您来后石打工最大的收获"的回答也可以很清楚地表明这一观点。

表 8 - 3　外来人口对于来后石打工的收获调查表

单位：人

收　获	能多挣钱	开阔眼界,更新观念	学习技术	结识有用的人	其他	总计
人　数	9	83	4	2	2	100

从表 8 - 3 的数据可以看出，来后石务工者的目的与收获在主要方面基本吻合，再一次证明了本研究的观点。

调查显示，如果有机会选择职业，想要"经商"的占样本总数的 42%，"办厂"的占 8%，"打工"的占 35%，"其他"的占 14%，对"规规矩矩务农"和"从事挣钱多的特色农业"等与农业有关系的职业，却没有人愿意做。这也反映了一方面农村的困难使他们对自身以前所生活的环境很失望，他们不愿意像祖辈那样继续与土地打交道；另一方面，工业社会为人们提供了多领域的就业环境，打破了农民"没有土地，就无法生存"的困境。而42%的人选择"经商"，35%的人选择"打工"，说明我国由村民转向城市居民的意识正在逐步增强，这也印证了城乡二元结构逐渐被打破。

在后石村，外来务工人员遇到劳务纠纷，没有人表示会"自己解决"，而"忍着不解决"的仅占2%，"找厂领导的"占22%，"找村级组织"的占76%。这从侧面显示了后石企业单位和村级组织确实为打工人员办了一些实事，在打工者中形成了良好的信誉，也显示了外来人员对厂领导和后石村组织的信任。尽管如此，本村居民和外来务工人员之间明显存在一定的隔阂，多数外来人员希望得到后石村组织与村民的关心，希望更多地参与村庄事务，希望赋予他们一定的权利。这种现象说明，我国南方"超级村庄"出现的本村村民与外来务工者之间的"二元"结构，在后石村同样存在，这种现象给学术研究提出了新问题。

后石村外来打工者认为在后石打工的最大苦恼是，"没有亲友可以依靠"的占样本总数的94%，"想回家又不愿回家"的占1%，而除了"被本地人瞧不起"的有5%外，其他的人均表示在这里打工的苦恼不包括"找不到合适的活干"、"在后石的生活质量（吃的）差"、"受人欺负没人管"。我们认为，受封建社会几千年历史渊源的影响，农民对乡土的眷恋，不仅因为他们根植、繁衍于家乡，还因为在家乡他们能理直气壮、扬眉吐气，受到身边人的尊重、亲人的照顾，他们往往对客居他乡讳忌极深，觉得那是"寄人篱下"，是一份同情施舍和无可奈何的委曲求全。作为农民，他们本身就很敏感；而作为农民工，他们不但要远离家乡，"客居"他乡，还要忍受做工的艰辛，因而这种事实上的社会角色和地位使他们对自身的处境更加敏感，如果本地人对他们稍加轻视，也会引起他们的苦恼，但这里的调查却显示"被本地人瞧不起"并不是他们来后石打工的最大苦恼，说明本地人并没有给外来人很大的排斥和压力。

在后石，94%的外来人对自己能在本单位升职或提高收入有很大的信心。

三　外来人口的婚姻与子女

对于未婚的外来人口，女性普遍表示，她们心目中的丈夫是英俊、有上进心的，而男性对心目中的妻子的期待仍以温柔、体贴为主，并且对于未来的丈夫或妻子是哪里人均表示"无所谓"。

对于在后石村生活的已婚人口来说，孩子能否健康成长是他们最关心的问题。通过调查发现，他们大多数人表示，自己的孩子在这里生活得"一般"，而不是"很习惯"或"比较习惯"，也不是"不习惯"或"很不习惯"，但当说到他们的孩子能否在后石受到比家里更好的教育时，有73%的人回答"能"。生活和受教育在同一地方，环境相同，人们对此的反应按常理应该一致，但在这里却相反，我们分析的结果是：孩子在这里的生活，除了教育情况，还涉及多方面的问题，比如大人上班后，孩子有没有人看护；除了吃住的习惯外，是否有伙伴在一起游戏、学习，等等，面对这么多的问题，总有这方面的如意和那方面的不如意，而父母在打工已经很艰难的情况下，还把孩子带在身边，主要是基于对孩子的成长考虑。如果把孩子放在家里，孩子的吃住好解决，但成长中所面临的缺少父母的关爱、无人好好管教却是让每一个为人父母者担忧的。如果把孩子带在身边，虽说也有这样那样的困难，但对一个做父母的人来说，能够亲眼看着自己的孩子成长，确实心里放心了不少。

四 一个"外来后石人"的经历

1992年，从庄河市明阳镇高山村前来后石打工的李金平得了风湿性心脏病，心跳气喘连活都不能干了，到医院一检查，大夫告诉他要马上做心脏手术，否则活不上几年。李金平急得要哭。家里有70高龄的老父亲和患病的妻子，两个孩子大的15岁，小的13岁。"我死了，扔下老少四口可怎么过？"万般无奈，李金平找到了后石村陈玉圭书记。陈玉圭二话没说，找到大连陆军学院的吕志政委，用面包车把李金平送到了沈阳军区陆军总院，但住院得先交押金25000元。李金平一听吓了一跳："天哪，我上哪去弄这么多钱啊！即使弄着了，我这辈子也还不上这笔债啊！"李金平决定回去等死。陈玉圭听说后，对李金平说："天无绝人之路，治病要紧，只要人在，钱你就不管了。"就这样，医院决定在1992年6月26日给李金平做手术。手术前，李金平心情久久不能平静，对这个吃苦耐劳、性格刚强的中年男人来说，他不是怕手术万一不成功死在手术台上——死已置之度外，而是被后石人热心相助的精神感动了。为了给自己治病，陈玉圭四次到沈阳打听治疗方案，亲自把缺少的 14000 元押金送到医院，陈书记对待自己的儿子也不过如此了吧。想到此，李金平把妻子叫到跟前，嘱咐妻子：“我一旦死在手术台上，后事要从俭，但后石村的钱一定要想法子还上，不能难为书记。和爹说一下，一旦我死了，让家里四个兄弟到后石村打工，用我们的汗水来报答后石村对咱们的深情厚爱。”

经过两次手术，李金平终于得以康复。出院后，李金平重返后石村，他逢人便讲：“陈书记是我的救命恩人，后石村是我的第二故乡，我要把毕生精力奉献给后石这块热土。”李金平说到做到，他带领的工程队，每天天刚亮就上工地，天黑到看不见干活才收工。正常 8 个月才能建完的农业队的猪舍和运输队的车库、办公楼，6 个月就高质量地交付使用，还少要工钱 5 万多元。李金平和他的工友们把后石的事业看做是自己的事业。陈玉圭及其一班人，则把李金平和他的工友们看成后石的村民。村民们亲昵地称他们“外来后石人”。

如今，生活在后石的外来人已经成为后石村这个大家庭中不可缺少的成员。他们离不开后石村，后石村也离不开他们。

从以上分析可以看出，后石村村民与在后石村务工的外来人口之间呈现出整体的和谐。中国海洋大学王书明教授在对后石村进行了深入研究后认为，后石村的特征是整体和谐，无论村民之间、村民与外来人员之间表现得都很和谐。他又把后石与其他的类似的现代化农村作了比较：初去某某村之时，给人很强烈的印象就是，那里的人确实富了，但这种富呈现的是一种暴富，家家楼房、轿车，很阔绰。尤其是本地人有一种高高在上的优越感，他们与外地人有很大的区别，那种雇主和雇佣的关系也很明显；而后石虽然也很富有，但那里的人们，无论老人与小孩，干活的与不干活的，特别是本地人和外地人之间没有明显的差异，社区之内人们之间呈现出一种人人平等的和谐。①

后石村是在改革开放和市场经济条件下走向富裕之路的，但在某些方面

---

① 王书明：《和谐的后石村》，“和谐大连论坛 2004”研讨会论文。

又保留了毛泽东时代的经济特征，在这样双重背景下稳步发展，并且出现了本村村民之间，村民与外来人口之间，以及外来人口与村级组织之间、企业之间呈现出和谐景象。这同样是一个值得研究的社会现象。随着后石村现代化程度的日益提高，越来越多的人将会到后石务工，而后石也越来越明显地依靠外来务工者，这种相互的需要、相互的吸引，将促使后石村民与外来务工者，为着自身的利益和发展而不断改善、调整相关政策。

第九章　渔村公共事业

渔村的公共事业和公益事业一般是指涉及村民的公有、公用和公共利益的事业。它的内容主要包括：①公共设施的建设。如村（镇）规划和建设，农村道路的规划、修建和维护，公共水利设施的建设和维修，各种文化设施的建设等。②社会优抚工作。如开展拥军优属活动，优待军烈属；救灾救济和扶贫工作；渔村养老保险和社会保险工作。③实行义务教育和扫盲教育。如办好渔村小学、托儿所、幼儿园和扫盲夜校等；搞好公共卫生，整顿村容村貌，建立合作医疗制度，实行计划生育；保护生态环境，保护资源。④开展各种健康有益的文化娱乐活动。渔村公共事业和公益事业与村民的生产、生活息息相关。做好这些工作对于促进渔村政治稳定、经济繁荣、社会全面发展具有十分重要的意义。

第一节　公共基础设施建设

"三农"问题目前已成为我国的经济工作重心，而农村公共基础设施建设更是"三农"问题的重中之重。要在"十一五"期间完成建设社会主义新农村的重大历史任务，必须解决我国农村公共产品供给总量严重不足、城乡差距不断扩大的现实问题。为此，加强农村公共产品供给问题的研究，对推进我国社会主义新农村的建设具有重要的理论和现实意义。后石村地处东北，经济上远不如苏南农村发达，但对于公共基础设施的供给却相当有成效，这就为我们在农村基础设施供给方面提供了可参考的案例。

一　我国农村现存的公共基础设施建设模式

1. 我国农村基础设施建设的发展历程

第一阶段：新中国成立初期。新中国成立初期，在国民经济的社会主义改造初步完成以后，中国便开始了以工业化为中心的大规模的经济建设，实施了一系列优先发展工业的倾斜政策。在工业倾斜政策下，政府通过农业税和工农业新产品的不等价交换（"剪刀差"）等方式实现了农业剩余向工业和城镇的大规模转移，逐渐形成了中国城乡二元社会经济结构。这期间农村的基础设施建设处于停滞期。

第二阶段：十一届三中全会到"九五"计划前期。改革开放之后，随着家庭联产承包责任制的展开，所谓"重工轻农"的状况有所缓解，各地为了恢复生产，加强了对基础设施建设的投入。但这种状况并没有发生实质性的改变，而"取农补工"的国民收入分配倾向反而得到进一步的强化。因此，这一阶段是农村基础设施建设的萌芽期。

第三阶段："九五"计划到"十一五"计划。"九五"以后，国家开始认识到农业和农村投入不足的问题，并逐步加大了对农业和农村的投入力度。国家政策的倾斜使得农村基础设施建设取得了长足的发展，农业生产性基础设施建设和村民生活条件得到了根本性的改善。这一阶段是农村基础设施的发展阶段。但在这一阶段内，非生产性基础设施和居民生活的软件条件并没有太大发展。

第四阶段："十一五"规划以来。国家加强了农村基础设施建设的力度，着手改善农民生活软件条件。这一阶段是农村基础设施的强化阶段。

2. 我国农村现存的公共基础设施建设模式

资金方面：在中国，各级政府的职能有时是交叉的，这也体现在公共基础设施建设方面。比如，世界上大多数国家的中央政府承担了农业研究和发展以及农村教育项目投资的责任，然而在中国，省和省级以下政府负担了大部分农业技术、农业发展和教师聘用的开支。为此，需要对中国农村公共基础设施建设的资金来源及其分散化程度进行研究。

通过把项目分成 3 种类型，即完全由上级投资的项目、完全由村自筹资金的项目和由两者共同投资的项目。可以发现，大约18%的项目是完全由村自筹资金的，完全由上级投资的项目仅占35.6%，同时，几乎一半（46.5%）的项目需要村里提供相应的配套资金。

从项目数量的区域分布看，在富裕的江苏省，完全由村自筹资金的项目数的比例（23.8%）远远高于贫困的甘肃省的比例（6.2%），而完全由上级投资的项目数的比例（26.5%）远小于甘肃省的比例（44.3%）。从项目投资额的区域分布看，在富裕的江苏省，有74%的项目投资是由村一级提供的，而在贫困的甘肃省，这一比例仅为23.1%。

从资金方面来看，我国农村现存的公共基础设施建设模式大致分为3种：村财政与国家财政共同建设，国家财政建设，村、企和中央资金共同建设。

劳动力方面：对于劳动力投入，在所有项目中，有56.2%的项目需要由村里提供义务工。在所有需要村里提供义务工的项目中，平均每个项目需要1121个工日的义务工（也就是说平均每户5个工日）。从劳动力方面来看，基础设施建设可分为村自主建设和村与国家共同建设。

3. 公共基础设施建设的国际经验

（1）发展中国家的农村公共产品供给。大多数发展中国家是以农业为主，农民占总人口的绝大多数，农村的经济发展远远落后于城市，和中国同样呈现二元经济的特点。

泰国是一个典型的农业国。泰国政府很注重兴建大中型水利工程，架设输电线路，修筑乡村公路，解决山区交通运输、农田灌溉以及生活用电等问题，使农业生产条件大为改善，旱涝保收面积逐步增加。政府还重视对农村文化福利方面公共产品的供给，如加强农村学校、医院建设等；为农民提供卫生设备、清除污水、废物等；改善公共卫生服务。这些都有效增强了农民自力更生的能力，促进了农村经济和各项社会事业的发展。泰国政府为了发展农业、农村经济，不仅建立了比较完善的市场体系，而且为解决资金问题，泰国政府还建立了农业银行，农业合作社也开始正式向农民发放贷款。

印度是世界主要农业国之一。这就决定了政府无论是为增强农业的发展后劲，还是为改善农民的生活，农村基础设施建设对此类公共产品都要有较大比例的投入，因此印度乡村各种基础设施不断增加。如加强建设蓄水设施和提水设施，建立粮食缓冲储备，建立乡村电网和乡村公路等。印度政府还把提供电信普遍服务作为政府的重要职责，把提供普遍服务作为电信服务与电信监管的主要目标之一，因此，农村的电信服务也在逐步得到加强。不仅如此，印度政府更是通过发展农村教育事业，提高农业劳动力的素质和科学文化水平，从而促进了农业的科技进步。

（2）发达国家的农村公共产品供给。日本政府对农业的支持力度和保护程度在所有发达国家中是最高的。日本政府的农业投入主要用于土地改良、农业基础设施建设和发展农业科学技术等农村公共产品方面。他们对科研推广、动植物防疫、农业灾害赔偿、农业劳动者补助和农业金融补贴等"绿箱政策"的投入有较大幅度的增加。同时，还加强了生活环境方面的公共设施的建设，建设多功能集会设施等，以增加农村村落的活力，方便农民生活。

美国是个农业高度发达的国家。美国的农村公共产品是由政府和社会组织共同来提供的，并形成了发达和完善的农业社会化服务体系。美国政府对农业的服务首先体现在农业政策上。重视农田水利等乡村基础设施的建设。提供农业保险对农业实施保护。组织和完善了农业教育—科研—推广体系。对农村义务教育和农村社会保障也给予了很高的重视。美国的农村义务教育经费是由联邦、州和学区三级政府共同分担的，其中，州政府的投资占绝大部分。在社会保障方面，美国建立了包括农民在内的社会保障制度。

欧盟国家的农村发展水平较高，已经实现了城乡一体化和工农的融合，这得益于欧盟国家对农村发展的重视。在欧盟，纵横交错、四通八达的高速公路网已经扩展到广大农村，村镇几乎都有高等级的公路与高速公路相联结。欧盟国家对农业基础设施的投入还包括水利工程、土地改良、自来水、农村用电等设施的建设。为了保证农村公共产品的供给，促进农村经济的发展，欧盟建立了农业指导与保证基金、地区发展基金、社会基金等。

二 后石村公共基础设施经济效果分析

1. 公共财政分析

后石村在改革开放以来，实现了社会主义物质文明和精神文明共同发展。在农村改革中，后石村选择了集体统一经营、分业管理、专业承包等多种责任经营模式。他们利用公共收入开山植树，围海养虾，使后石村的经济上了一个大台阶。随着集体经济的发展，后石村不断加大村屯建设的力度，做到了精神文明建设硬件软件一起上，改善了全村的生态环境，提高了村民的生活质量。那么后石村的公共财政是如何发挥作用的呢？

（1）公共收入。公共收入即村集体财务收入。1986～2000 年 15 年间村公共收入总体上呈不断增长趋势（见图 9-1）。

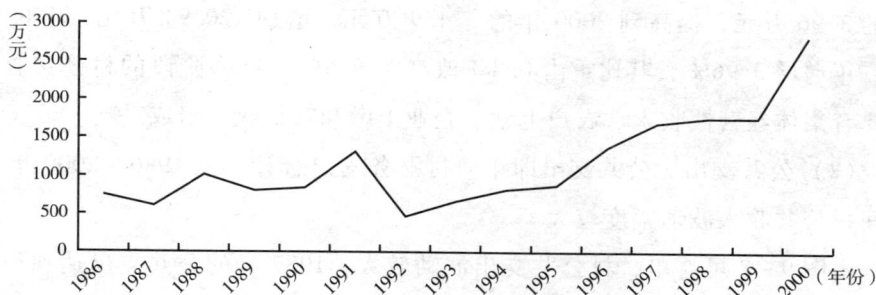

图 9-1 1986～2000 年后石村公共收入情况

1986 年村公共收入为 752.86 万元，2000 年达到 2836 万元，2000 年比 1986 年增加 2083.14 万元，增长 2.8 倍，年均递增 9.9%。后石村公共收入按增长速度分为 3 个阶段。第一阶段：1986～1988 年，村公共收入呈现小幅度回落，1986 年为 752.86 万元，1987 年为 605.65 万元，1988 年出现回升为 1017.66 万元；第二阶段：1989～1991 年，继上年小幅度回升后呈稳态上升趋势，1989 年为 810.74 万元，1991 年为 1312.40 万元，比 1989 年增加 501.66 万元，增长 61.9%，年递增 20.6%；第三阶段：继上阶段稳定增长后出现大幅度回落，1992 年仅为 469.40 万元，后继续稳定增长，2000 年增长到 2836 万元，比 1992 年增长 2366.6 万元，增长 5.04 倍。

　　1986～1991 年，村公共收入结构主要由村统一经营纯收入、合伙经营或个体企业上交、农户上交和其他收入 4 个部分构成。1986 年集体统一经营收入占公共收入的 89.2%，合伙经营或个体企业上交占 1.5%，农户上交占 3.9%，其他收入占 5.4%。1991 年相应改变为 80.0%、0.5%、5.6%、7.9%，但变化不大。1992～2000 年，村公共收入主要由集体经营性收入、农户上交收入、农民积累工、义务工"以资代劳"收入、各种企业上交收入、上级有关部门拨款和其他收入 6 个部分组成。在这个阶段，集体经营性收入仍然是公共收入的主要来源，行业和部门上缴的比重变化也比较大。如农户上缴部分由 1992 年的 119.12 万元提高到 2000 年的 1146.10 万元，增加了 1026.98 万元，增长了 8.6 倍，年递增 28.6%，其比重也由 1992 年的 13.07%，改变为 33.5%，上升了 20.5 个百分点；企业上缴收入也由 1992 年的 3.96 万元，提高到 2000 年的 324.9 万元，增加 320.94 万元，增长 81 倍，年递增 3.96%，其比重由 0.4% 改变为 9.5%。这一阶段的村公共收入主要有集体经营性收入、农户上缴、企业上缴和其他收入组成。

　　（2）公共支出。公共支出即年内村财务支出合计。从 1986～2000 年 15 年间村公共收入波动幅度较大。

　　由图 9-2 可看出，村公共支出波动较大：1987 年的公共支出达到最低点，为 276.83 万元，1991 年达到最高点，为 1309.76 万元，1996 年达到第二次高峰，为 1304.00 万元，仍未超过 1991 年。

　　1986～1991 年，公共支出由村统一经营扩大再生产支出、上缴统筹支出、公益事业支出、干部补贴支出、行政管理费支出、退休金支出、以工补

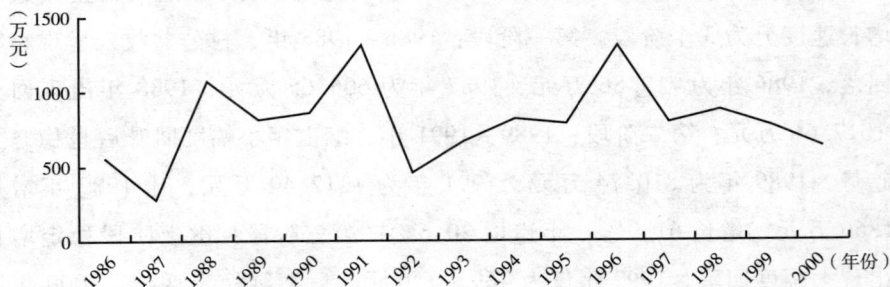

图 9-2　1986～2000 年后石村公共支出情况

农支出、上缴国家税金支出、其他支出等 9 个部分构成。在公共支出构成中，村统一经营扩大再生产、上缴国家税金、兴办公益事业和其他支出 4 项指标占据绝大多数，1991 年占支出总额的 92.9%，比 1986 年的 89.9% 上升 3 个百分点。其中，扩大再生产支出比重为 13.5%，下降 15.2 个百分点；上缴国家税金支出比重为 0.9%，增长 4.3 个百分点；公益事业支出比重为 13.8%，增长 9.6 个百分点；其他支出比重为 54.7%，增长 4.2 个百分点。其他指标有增有降，变化也比较明显。

饮水自来化。由于海水倒灌，后石村地下水严重盐化，不仅人畜不能饮用，工农业生产也不宜使用。为此，村里在 9 公里外的刘家村买地，并打了 3 眼深水机井，铺设管道，村内建起 6 座高位封闭水池，使村民用上标准的自来水。多年来，全村使用安全饮用水的人口一直保持在 100%，同时工农业生产用水的需要也得以满足了。

道路柏油化。在 1987 年，后石村投资 300 万元，将贯穿全村的 2 公里主干道路铺设了柏油。到 1998 年，村里又将主干道东段由原来的 14 米宽改造为 24 米宽，在路两边铺设 2 条彩色方砖的人行道，道内有两条 2 米宽的绿化带，人行道安装庭院式路灯，地下设管道排水系统，沿路设灯箱广告和公用电话亭。同时，主干道又向西延伸 1200 米直达后石码头，村内 6 条主要支路一并柏油化，仅 1998 年，全村新上柏油路面 40000 平方米。接着，又完成了后养公路后石段的柏油化工程，主干道扩建工程向西延伸至西屯居民点，至此，村内支路已有 20 条实现柏油化，连精品果园的主作业道也实现柏油化，全村人均占有柏油路的面积达到 40 平方米。

2. 非生产性基础设施概况

电视闭路化。1992 年，村里投资 70 多万元，安装了闭路电视系统和有线电视系统，村里的重大新闻、外地的先进经验、文艺演出盛况等，都可以通过闭路电视直接传输到村民家里，村民可以收视 20 多个频道的电视节目。

电话程控化。村里程控电话装机容量为 1000 门，现已安装近 800 门，村民家庭电话基本普及。

住房宽敞化。后石全村人均住房面积超过 30 平方米，有近 170 户村民建起了漂亮的别墅式居民楼和四合房。1998 年，村里又在村东建起 4 座 4 层商品楼，卫生间、厨房间设施一应俱全，仅以每平方米650元的价格售给本村村民。新一代后石村民，将告别千百年来住平房的历史，阔步走向城市化。

公益设施标准化。后石村投资建设的村小学、村幼儿园都是几十年不落后的标准楼房。村中心有占地51亩的福清公园。园内有老年活动中心、游泳馆、旱冰场、门球场及室外健身器材等，有45米长的苏州式长廊，有电动小火车、小飞机等大型游艺设施，建有假山景点。西屯还建有两处凉亭，村办公楼内建有村史馆、荣誉馆、产品陈列馆。

村屯园林化。后石村周围大小20个山头，近466.7公顷荒山，经多年植树造林、封山育林，这些荒山全部绿化。结合退耕还林，在西海旅游区内还栽植了一批观赏树木。全村森林覆盖率高达67%。

村屯卫生化。2户有机动车的村民承包了全村主干道的清扫及垃圾清运工作。此外，村里还建立了企业包街、户包门前的卫生责任制。党员通过义务奉献日清除卫生死角，基本上做到了街门前无猪舍、无草垛、无粪堆、无厕所，屋顶无堆积物。因此，整个村屯整齐、洁净，给人以清新的感觉。

在抓好物质文明建设的同时，后石村也十分重视精神文明建设，尤其是在教育方面的建设。早在1983年，村里就把村幼儿园建成600平方米的两层教学楼；各类教学、玩具设施齐全，达到大连市一级幼儿园标准，为此，大连市教委曾在此召开农村村级幼儿园建设现场会。建园后，村幼儿园曾担负大魏家镇中心幼儿园的责任长达10年之久。2000年，村又投资100万元，易地新建了890平方米新幼儿园。新幼儿园设计新颖，造型别致，功能齐全，成为全区村级幼儿园的一个新窗口。西屯的幼儿路途较远，村里大客车早接晚送，不但保护了幼儿，还方便了家长。村幼儿园教师均接受过专门培训，按照国家幼儿教育教学大纲，科学地实施幼儿教育，使幼儿在体智德美诸方面全面健康发展。

在中小学教育方面，《义务教育法》颁布后，村里投资170万元，为后石小学建起了2600平方米的教学设施齐全的太阳能教学楼。同时，《村规民约》制定了严格制止中小学辍学的措施，使小学、初中学生入学率、巩固率达到两个100%。另外村里还专门配备一辆大客车，负责接送到镇里读初中的学生。对于在学校表现突出的"三好"学生，村里年终总结表彰大会上予以奖励，对于考上大学的学生村里发放一定数额的奖学金。

三　后石公共基础设施发展的经验和问题

1. 公共基础设施建设的经验

后石村的经济模式采取专业化集体承包模式，实行公司制管理，下设多个部门，各部门各司其职，取得利润后与村里按比例分成，各部门将剩余利润按村民劳动绩效分到个人手中。

因此，在这种生产组织形式下，后石的公共基础设施建设模式是，公司的决策层负责进行项目规划并投资实施，项目工程由下设部门承包，而下设部门则组织劳动力进行建设，项目建成后，也是按劳动者绩效发放工资。

（1）集中财力。农村公共基础设施的溢出效益十分显著，在有溢出效益的条件下，私人边际收益始终小于边际成本。因此，农村公共基础设施应由政府和农村集体组织投资兴建。因为政府和集体组织能够用税或费来支付建造农村基础设施的成本，并且政府和集体组织具有足够的权力和能力来管理这些设施。

而大多数集体组织都采用家庭联产责任制即农户自负盈亏，收入归个人所有。集体财政主要靠国家财政和提留进行基础设施投资。随着农业税的减免，虽然国家加大了对农村基础设施建设的投资，但提留费的减少使得村财政并未得到实质性提高。因此，家庭联产承包责任制下的村级财政会变得更加紧张，对基础设施建设的投入也会相应减少。而且资金一旦分散到农民手中，想要再集中起来就会很困难，想通过集资进行基础设施建设，这种投资方式也不具有可行性。这种形式的集体组织想进行大规模的公共基础设施建设只能依靠国家补贴，所以建设进展缓慢。

后石村经济运行模式属于生产高度集中化的生产模式。这种模式的好处是可以集中财力进行大规模基础设施建设投资。在这种情况下，村里就掌握了资金的主动权，筹建项目时可以拿出大批资金，打破公共基础设施建设的资金瓶颈。

（2）劳动力。上面也提到了后石村的基建工程大部分承包给公司的各下设部门，由下设部门组织劳动力进行建设，最后下设部门按劳动者的劳动绩效来发放工资。这种形式实质上是为劳动者提供了工作岗位，不但实现了劳动者的劳动价值，而且提高了劳动者的积极性。

由于采用其他模式的农村进行基础设施建设时，农田生产同时进行，村民不愿放弃家里的农业生产。与参加建设所取得的工资相比，进行自家农田生产经济效益要好一些；并且参加建设要在固定时间进行，与在自家农田工作的自由化相比，村民在工作时间所得到的非经济效用也要低。

与其他模式相比，后石村进行的是专业化集体生产，各部门各司其职，也就是在进行基础建设的人不用参加农田生产，而且采用工资制消除了劳动者在经济上的差距。公司制的管理统一了各部门的工作时间，这也就消除了劳动者在非经济效用上的差距，提高了劳动者的积极性。

（3）管理模式。后石村的公共基础设施管理也采用公司制管理，由专人负责，进行日常的维修和护理。

2. 后石村公共基础设施建设中存在的问题

第一，由于是村财政集中财力进行投入，所以一旦决策失误，会使村民对村两委失去信任。

第二，由于是集中生产模式，在这种模式下，往往会出现一位领袖人物引导村民生产致富。一旦领袖人物所建立起来的威信丧失或进行村干部改选，这种投资模式就不具有可持续性。

第三，村公共基础设施投资变动的幅度大，偶然性大，而且波动非常频繁。

根据研究结论，我们的政策建议如下：

（1）农村公共基础设施作为公共物品的效益具有外部性。这种较强的外部性决定了大中型农村公共基础设施不可能由农户单个投资兴建以及维护，而必须由集体经济组织投资建造。在实际工作中，应主要由政府和集体经济组织投资建造大中型的农村公共基础设施，由政府、集体经济组织和农户等采取股份制的形式建造中小型农村公共基础设施。

（2）尽管农村公共基础设施投资的经济效益呈现下降的趋势，但依然具有相当的总体效益。投资农村公共基础设施既能取得一定的经济效益，更重要的还是可以获得不可替代的社会效益。

（3）由于投资在农村公共基础设施有较高的总体效益，既有利于提高农户的收入，又增加农户的福利，所以政府和集体经济组织应该采取可行的措施，进一步加大对生产性和非生产性农村公共基础设施投资的力度，特别是要高度重视发展非生产性农村公共基础设施。

后石村经济的飞速发展见证了后石村公共基础设施建设模式的可行性。后石村公共基础设施建设模式不但适用于采用集中式生产的农村，而且也为非集中生产的农村改制提供了一个成功的模型。

第二节　社会保障现状

建立农村社会保障体系是我国社会主义制度的本质要求，是农村经济和社会发展的客观需要，也是广大农民群众的迫切要求。为了推进这一制度的建设，国家民政部于 1996 年 12 月下发了《关于加快农村社会保障体系建设的意见》。从 1997 年起，民政部陆续选定一些经济比较发达的农村社区，进行了以养老为主的农村社会保障的探索。辽宁省大连市金州区作为农村社会养老保险的试点单位之一，后石村社会保障运作状况如何，从中可以得到哪些启示？课题组通过对后石村社会保障状况的调查研究，试图对上述问题进行回答和解释。

一　后石村社会保障现状

农村社会保障是社会保障体系的重要组成部分。它的基本制度包括 6 个方面：①社会救济制度。包括农村生活保障和灾民救助，对家庭人均收入低于最低生活保障标准的农村贫困人员按最低生活保障标准实行差额补助，对因自然灾害造成的生活困难的居民实施临时性生活救济。②养老保险制度。养老保险采取个人账户、基金预筹的方式。③优抚安置制度。包括抚恤补助、群众优待、医疗减免、退伍兵安置等。这是一种褒扬和补偿性质的特殊社会保障，保障对象是对革命事业和保卫国家安全有贡献的特殊社会群体。④社会福利制度。包括"五保"户供养、残疾人福利、集体福利和公益福利事业。以老年人、残疾人、优抚对象等特殊社会群体为主要对象。⑤社会互助制度。在政府倡导和组织下，开展社会团体和社会成员自愿参与的扶弱济困活动。包括社会捐赠、社会帮扶、邻里互助等。⑥与上述制度相配套的社会保障服务网络。包括各种服务组织、服务实体、服务设施，等等。

后石村的行政区划属于大连市金州区大魏家镇，现有近 1023 户，3123 口人。在长期的经济发展中，后石村形成了集体、国营、三资、个体、私营和股份合作制"六轮联动"的所有制结构，其中起决定作用的仍然是集体经济，村可支配财力可达 1500 万元。从 1982 年开始，村委会开始在全村范围内实行以养老为主的社会保障制度，对年满 65 周岁的男性村民和年满 60 周岁的女性居民发放退休金，受到村民的普遍称赞。1989 年，后石村被确立为农村社会养老保险试点单位之一。为了保证社会保障工作的顺利进行，后石村专门制定了社会养老保险实施办法，确定了养老保险的原则：个人投保、集体补贴、国家扶助；乡（镇）、村办企业职工个人负担部分不低于保险费的 1/2，企业在税前列支中的负担部分不超过个人工资总额的 20%，其他年满 16 周岁至 60 周岁或 55 周岁的男女村民所需缴纳的保险费由集体在税前列支承担 1/2。与此同时，后石村还根据经济发展状况，适时提高村民的退休金标准。

在实际运作中，后石村社会保障的范围和内容涉及养老保障、人身意外伤害保险、财产保险、优抚保障和社会救助等 5 个方面，并以养老保障为主体，形成了一个较详细的社会福利和社会保障规划，这也是该村对原有社会福利措施的拓展。

总体说来，后石村的社会保障体制具有以下几个特点。

第一，社会保障（特别是养老保障）起步较早，发展较稳定，保障标准逐步提高。

从 1982 年开始，后石村给年满 65 周岁的男性村民和年满 60 周岁的女性村民发放退休金，具体标准为：每人每年 60 元加农龄每年 3 元。1989 年，将退休金标准调整为 120 元加农龄每年 3 元。

1992 年，后石村将退休金标准提高为 200 元加农龄每年 5 元，80 岁以上高龄老人为每年 300 元并加 1 袋面。1999 年起，将基本退休金调整为每年

100 元加农龄每年 10 元（1997 年后退休的，不发基本退休金，农龄每年 15 元）；80 岁以上的老人为每年 400 元加农龄每年 5 元。

2004 年，又将基本退休金调整为 100 元加农龄每年 20 元（1997 年后退休的，基本退休金不发，按农龄每年 25 元发）；80 岁以上老人每年 400 元加农龄每年 15 元。

由此可见，后石村的社会保障是以养老保障为先导，20 余年来一直稳步发展，总体保障标准在经常性的调整中逐渐提高。

第二，在养老保障方面，已形成以家庭保障为主体，村队保障为辅助的制度，并得以长期坚持和发展。

后石村村规民约对养老保障作了专门规定：老年人生活费标准不得低于上级有关规定。具体来说，要求老年人生活费至少应占其家庭收入的 1/3，只能高于而不能低于这个标准，从而保证每位老人的基本生活需要。也就是说，老人日常生活所必需的主食、副食、燃料、水电费、衣着费、垃圾费、电视费等及基本生活费由子女或其他赡养人缴纳。各老年小组对子女供养老人情况每年一次张榜公布。如果子女或其他赡养人中有不按规定上缴者是党团员、干部、管理人员、技术人员等，要结合其职务和经济利益对其进行处罚。

与此同时，达到退休年龄的老人可获得村里发放的规定数额的退休金。仅 1992 年，就有 316 名老人获得此待遇。至 1998 年，全村已有 331 名老人享受退休金待遇，累计发放退休金 85 万余元。2003 年，村里向 424 人发放退休金 28.1 万元，人均享受退休金标准由 2002 年的 384 元增加到 662 元，提高了 72.4%；享受退休待遇人数从 316 人增加到 424 人，发放范围扩大了 34.2%；退休金总额从 2002 年的 12.6 万元增加到 28.1 万元，增长 122.9%。

值得关注的是，由于人口老龄化速度的加快，享受退休金的人数越来越多，发放养老金的负担必然越来越重。因此，后石村采用了以老有所为促进养老的方法：让有劳动能力的老人参加力所能及的劳动，以减轻集体和家庭的负担。全村 500 名老人，其中有 $\frac{1}{4}$ 的老人在达到退休年龄后仍然参加劳动，自食其力，形成了农村养老保障机制中的特色。

除幼儿园、中小学生按村规自费参加二全保险外，村里还为一胎孩和献指标户投养老保险。据 2003 年的统计，1990~1996 年，为 240 个独生子女和 38 个独生子女户夫妇办理养老保险。

另外，村里还先后为市级以上劳动模范和厂（场）队以上干部办理养老保险，为镇人大代表办理人身意外伤害保险（2002 年）。从 2004 年开始，对义务兵实行养老保险，保险金从 1999 年起发放的 6000 元优待费（补贴）中支出。

第三，针对不同群体的实际需要，拓展险种，扩大社会保障的覆盖面。

从 1998 年起，村里和各企业（包括福利包装厂）为全村 800 余名集体劳动者投保养老保险、住院医疗保险、重大疾病保险。2004 年村规民约进一步明确规定，集体劳动力参加医疗保险和人身安全保险，其中后者由所在单位出资。集体财产由集体参加保险；动员并支持个人参加家庭财产保险。

第四，重视社会救助、社会福利和优抚安置工作，保障弱势群体的基本需求。

一方面，村里对身边无子女的老人实行"五保"，妥善解决其衣、食、住、行和冬季取暖问题，村里委托敬老院照顾或代养这些老人，并且保障分散供养的老人生活水平不低于一般村民。1993 年村里缴纳敬老院民人均费用 800 元并按村民人数缴纳 6000 余元，1996 年缴纳院民人均费用 1000 元并按村民人数缴纳 6000 余元，2001 年缴纳院民人均费用 1700 元并按村民人数缴纳 6000 余元，2002 年和 2003 年，缴纳院民人均费用 2000 元并按村民人数缴纳 6000 余元。

另一方面，村里不但统一将有劳动能力的残疾人安排在福利包装厂，在保证其基本生活需要的基础上每年发放福利 1200~1300 元，而且落实对生活不能自理的残疾人的扶助责任，对其中生活、工作较困难的残疾人发放补贴费。

第五，近期规划现实合理，发展目标明确可行。

村委会已做出规划，在 2000 年社会保险覆盖率达 56% 的基础上，于 2007 年提高到 90%，以接近国家和大连市规定的指标。2005 年，村里出资 10 万元，为全村人开办了新型合作医疗。现在，村委会正筹划投资 1200 万元，解决退休村民的养老保险，再投资 2000 多万元，解决在岗劳动者的养老保险，以彻底解决后石村民的后顾之忧。

二　后石村社会保障的问题

严格地说，后石村在 20 余年内所做的上述工作，并不都是真正意义上的以国家为责任主体、由政府财政提供资金来源的社会保障，而在很大程度上具有农民自我保障或社区保障的性质。根据课题组成员 2004 年 8 月对后石村社会保障的调查显示，后石村存在不同程度的社会保障覆盖面较小、保障种类相对较少、保障标准偏低等问题，这些都使后石村在社会保障覆盖面的扩大、保障种类的拓展和保障标准的提高等方面受到很大的限制，因此，后石的社会保障也存在一些亟待解决的问题。

第一，参保者比例偏小，村民受保障程度较低。在本次调查的 604 份有效问卷涉及的 1882 人中，参加各种社会保险的人数为 512 人，占被调查总人数的 27.2%。其中，参加医疗保险者的为 53 人，占参保总人数的 10.3%；参加人身安全保险的为 35 人，占参保总人数的 6.8%；参加财产保险和其他保险的为 38 人，占参保总人数的 7.4%。就开始参保的时间看，只有 2 人于 1980 年代前开始参加人身安全保险和医疗保险；只有 5 人在 1980 年代开始参加人身安全保险和其他保险。进入 1990 年代后，有 66 人开始参加各种保险，占问卷涉及总人数的 3.5%。即使 2000 年以后，也还只有 54 人开始参加各种社会保险，占问卷涉及总人数的 2.9%。参保村民每年获得医疗保险额 500 元以下的为 9 人，获 500 元至 2000 元的为 17 人，获 2000 元至 5000 元的为 3 人，获 5000 元以上的为 24 人；获得人身安全保险额 500 元以下的为 5 人，获 500 元至 2000 元的为 6 人，获 2000 元至 5000 元的为 4 人，获 5000 元以上的为 5 人；获得财产保险额和其他保险额 500 元以下的为 7 人，获 500 元至 2000 元的为 13 人，获 2000 元至 5000 元的为 2 人，获 5000 元以上的为 4 人。被调查者中有 7 人认为自己已 "从参加的社会保险中获得很大收益"，73 人认为自己只能 "从参保中获得一定收益"，13 人认为自己 "并未从所参加的社会保险中获得任何收益"。因此，有 21 人认为社会保险能在很大程度上对其生活起到保障作用，76 人认为社会保险只能对其生活起到一定的保障作用,18 人认为社会保险对其生活根本起不到保障作用。与此同时,就被调查者的家人参加的社会保险对生活的保障作用而言,42 人认为社会保险能在很大程度上对其家人的生活起到保障作用,135 人认为社会保险只能对其家人的生活起到一定的保障作用,16 人认为社会保险对其家人的生活根本起不到保障作用。

第二,养老保障标准不统一,保障作用较弱。在本次调查所涉及的村民中,有 319 人获得村里发放的养老费。其中有 13 人按基本退休金加上农龄的标准领取,223 人按农龄领取,9 人按其他标准领取。由此可见,按照村规民约的规定,村民们领取养老费的标准有所不同。对此标准的合理性,村民们认识不一。122 人认为村里确定的发放养老费的标准合理,205 人认为该标准基本合理,63 人认为不太合理,7 人认为现行标准毫无合理之处。另外,对于现行村规民约中相关规定的遵守情况,被调查者中有 317 人认为所有村民都能遵守,99 人认为大部分村民能够遵守,1 人认为一部分村民能够遵守,4 人认为没有村民遵守这些规定。就养老保障规定对老年人晚年生活的保障作用而言,23 人认为完全能够保障,25 人认为在很大程度上能够保障,101 人认为基本上能够保障,268 人认为不能保障。这也充分说明了后石村现行养老保障机制的保障现况。

三 完善农村社会保障的对策

我们认为,后石村在实现经济、政治、文化和环境全面发展的同时,今后应更多地致力于发展广大村民的社会福利事业,应进一步完善保障体系,并采取积极措施和相应对策,尽快扩大村民的社会保障面,提高保障金额。根据课题组对后石村社会保障现状的调查分析,结合后石村经济社会发展实际,我们认为应从以下几个方面着手。

第一,后石村经济发达,村集体经济壮大,因而要全面建立各项社会保障制度,并逐步完善,要努力扩大社会保障覆盖面,应将所有公民都纳入社会保障体系之中。在近几年内,应初步建立起以社会救济、社会养老保险、优抚安置、社会福利和社会互助为主要内容的层次不同、标准有别的社会保障制度以及与之相配套的社会保障服务网络。

第二，逐步建立灵活多样的养老保险制度。一是养老保险的形式可以多样化，主要有基本养老保险、补充养老保险、商业养老保险等。在参加基本养老保险之外，鼓励农民个人按照自愿原则，缴纳补充养老保险费和购买商业养老保险。二是缴费方式应有别于城市。即由个人和用工单位按一定标准灵活缴费，计入个人通用账户。缴费时间也可灵活确定，每年年终个人可查询、核对、补缴，逐年积累，到期、定期支取。三是规范养老保险基金管理。在确保基金安全性的前提下，努力提高基金的使用效益，实现基金的保值增值。

第三，大力推行新型农村合作医疗制度。以合作医疗、大病住院统筹等形式，发展和完善农村合作医疗制度，使村民享受大病救治报销部分医疗费的待遇。

第四，应在大力发展集体经济的基础上，扩大资金来源，进一步提高社会保障待遇标准。保障资金由个人、集体、国家共同负担，多渠道筹集，以个人和集体为主。同时，应加大保费收缴力度，设立个人账户并使其保值增值，保证受保范围相对稳定。

第三节　渔村档案管理

农业和农村的档案是国家档案的重要组成部分，是农村广大农民建设中国特色社会主义实践活动的真实写照和原始记录。对于一个村庄来说，村级档案是该村党支部、村民委员会、村办企事业单位以及其他村级组织在政治、经济、科学技术、文化、教育等活动中直接形成的有保存价值的各种文字、图表、声像等不同形式的历史纪录。做好村级档案工作对于发展农村经济，贯彻落实党在农村的各项方针政策，实行村务公开、财务公开、维护农民的利益和合法权益，加强农村两个文明建设，具有十分重要的意义。在此，让我们走进"辽宁省档案管理特级先进单位"后石村，挖掘村级档案所蕴涵的效益。

一　重视档案建设，规范档案管理

后石村是闻名全国的繁荣、富强、文明、进步的社会主义新农村。在

1979 年后石村仅有 134 万元社会总产值、22 万元利税和出口供货额、18 万元村可支配财力、167 元人均收入。至 2005 年底，分别达到 138158 万元社会总产值、8480 万元利税和 70170 万元出口供货额、1900 万元村可支配财力、12068 元人均收入。

一个昔日连温饱都难以解决的渔村，经过辛勤努力，发生了翻天覆地的变化。1983 年后石村荣获"辽宁省首批文明村"称号，1983 年荣获全国出口创汇先进乡镇企业，1995 年荣获"全国模范村民委"、"全国造林绿化千佳村"称号，还荣获"中国农业精品村"及"全国文明村镇建设工作先进单位"称号。村党委多次被评为省、市先进党委标兵。党委书记陈玉圭于 1989 年和 1995 年两次被评为"全国劳动模范"，多次受到党和国家领导人的接见；2001 年被评为"全国优秀党务工作者"，并荣获"全国优秀乡镇企业家"称号；2002 年荣获"新华社《半月谈》杂志思想政治工作创新奖特别奖"。2003 年，辽宁省档案室授予后石档案室"档案管理一级先进单位"；2005 年，全国全面建设小康社会科学论坛组委会授予后石村"全面建设小康社会百佳村"。早在 1986 年，后石村就被中共中央政策研究室、农业部确定为全国农村固定观察点，并多次被评为先进观察点。后石村从 1982 年进入省级先进行列，至 2005 年的 23 年间，村集体共获得市、省、全国性荣誉 101 次。

后石村农村发展事业的成功，引起党和国家领导人的关注，吸引国内外客人到后石村参观考察。自 20 世纪 80 年代至今，全国除澳门、西藏以外的各省市自治区和世界 40 多个国家政要、民间友人 70 多万人次，到后石村参观调查。

20 多年来，随着改革开放和经济建设的日新月异，后石村在政治、经济、科技、文化等各个方面都发生了深刻的变化，同时也积累了大量的档案资料，为指导干部群众进行社会实践发挥着不可估量的作用。在市、区档案部门的指导下，后石村的档案工作不断取得新的成绩，主要体现在以下几个方面。

1. 领导重视，把档案工作纳入全村发展计划之中

后石村两委班子对档案工作的重视既有连续性，又有前瞻性，既有长远

目标，又有近期安排，始终将档案工作纳入到议事日程，从人、财、物诸方面为档案工作解决实际问题，保证档案事业发展的需要。

1987 年《档案法》公布实施后，村里就组织人员对积存的档案材料进行整理，并将原设在综合办公楼楼后的档案室迁至办公楼内，改善了档案管理条件，同时方便了管理与利用，到 1992 年就使档案管理达到省级标准。后石档案馆制度完善、管理规范，所以近年来村办公楼虽几经搬迁，档案管理人员多次调换，但档案材料的保管依然完好无损。

2001 年，村里提出档案管理要达到省一级先进单位标准，并尽快实现省特级的目标。为此村里多次召开党委会议专门学习了《档案法》和《辽宁省档案管理条例》，研究解决实际问题，成立了以村党委书记为组长的档案领导小组和管理体系。在年度管理方案中，又提出把档案管理工作纳入全村的经济发展和规划中来统筹安排。

党委书记陈玉圭更是以身作则，率先垂范，将手中积累的资料整理归档，还派专人到辽宁省特级档案管理先进单位参观学习，借鉴先进经验，弥补工作中的不足。村里配备了专职档案管理人员和微机操作人员，还聘请了3 位既具有丰富经验又对本村情况非常熟悉的同志常年坚持档案的整理和编研工作。经过努力，档案室于 2002 年末通过验收，晋升为辽宁省一级档案管理先进单位。

2. 统筹规划，为档案的保管利用奠定坚实基础

后石村通过学习贯彻《档案法》，不断提高档案意识和法制观念，加强档案资源建设，强化各项基础性工作，全面提高档案管理水平。

第一，加强档案规范化整理。为了使档案工作科学规范，村里制定了《档案收集制度》、《档案整理制度》、《文书处理立卷归档制度》、《档案保管制度》、《档案统计制度》、《档案利用制度》等一系列规章制度。村里投资近 5 万元，为档案室安装防盗门，购置全新的档案装具，在防潮、防火、防光等方面都购置了相应设备。建立了阅档室和档案管理办公室，做到了库室分立。经过耐心细致的工作，后石村把合作化初期至今历时 50 余年的文字资料、财务资料全部系统化整理完毕，并分门别类归档，共计 3600 卷，其中党务类 64 卷，行政类 161 卷，财务类 3322 卷，科技类 39 卷，录像档案 3

本，照片档案 300 余张。

第二，加强基地建设。为集中展示并真实记录后石村在经济建设和社会事业发展中所创造的光辉业绩，村里结合档案升级达标工作，投入 20 多万元建立了高标准的 280 平方米的村史展览馆、产品展室、荣誉展室，使之成为展示档案成果和进行爱党爱祖国爱家乡教育的基地。村史展览馆展出村史沿革、外宾来访、领导视察、英模人物等照片 300 余张，荣誉室展出历年来获得的各种锦旗、奖状、牌匾等 113 种，产品室展出村内企业 100 种产品的样品和标本。各馆室运用了声、光、电等新技术，使文字、图片、实物相映生辉，不仅丰富了档案内容，而且提高了后石村的知名度，中外来宾参观后对后石村的历史文化、环境资源等有了更直观、形象的了解。辽宁省委副书记、大连市委书记孙春兰 2002 年 11 月到后石村调研，参观展室和村史馆后给予了高度评价。

第三，加强现代化管理。在档案管理工作中，后石村没有受到村级组织的局限，而是立足于现实，着眼于长远，将档案管理现代化纳入本村信息化建设当中。实行计算机辅助管理农村档案，开展信息化创建工作，争取上级部门支持，积极创造条件，设立数字服务中心。努力构建档案信息资源共享平台，为促进农业和农村经济发展，提高文明程度，推进村务公开等方面发挥积极的作用，为不断推进农业和农村现代化建设奠定基础。为了保持档案管理与经济建设和社会各项事业同步发展，与农业现代化同步发展，村里为档案管理配备了微机，应用机关文档一体化档案管理信息系统软件，开展计算机辅助档案管理。同时还购置摄像机、照相机、VCD 机等，使档案管理具备了良好的硬件条件。由于有了先进完备的设施，使档案管理出现质的飞跃，所有档案的案卷目录及卷内目录全部输入微机，打印后装订成册的卷内目录、检索目录等检索工具簿册既整齐划一又美观实用，案卷整理实现标准化、规范化。在查阅档案时通过微机调阅目录，可在短时间完成，省时省力、效率极佳。微机的应用，使管理手段更加科学、先进，利用起来更加方便、快捷。此外档案管理还充分运用先进技术，对部分照片档案进行了扫描处理。在规划中，村里还准备通过微机联网，实现档案管理的网络化，达到资源共享的目的。

二 树立服务观念，创新管理途径

江泽民同志指出："创新是一个民族进步的灵魂，是一个国家兴旺发达的不竭动力。"档案工作只有不断创新、勇于创新，才能发展进步。后石村在村级档案管理工作中，结合本村农业和农村的实际，就农村档案工作的新方法、新途径进行了有益的探索。

20多年来，村里无论事务大小都要备录记载，留下原始资料，为村级档案管理做好准备。在全面加强档案管理的同时，后石村不断增强为农业、农村和农民服务的自觉性，更新服务观念，改进服务手段，突出围绕农业和农村中心工作开展档案工作。

1. 开发档案信息，为农业经济发展服务

以农科教结合为重点，增强农村档案工作的实力。农业和农村档案具有一定的科技信息含量，在指导监督档案工作中，必须注重发挥档案的科技信息作用，指导农民科学生产，增加收入，形成科技与生产紧密结合的体制和旨在提高农民科技文化素质的农业教育，增强农村档案业务培训体系，真正发挥档案科学管理的作用，使农业和农村档案工作呈良性循环的局面。

在推进科技兴农，传播农村实用的科学技术，促进农业产业化，大力开发和建设生态农业、绿色农业、契约农业，加速农业现代化进程等方面，后石村十分重视发挥档案的价值和作用。在做好档案整理和保管的基础上，积极开发和利用档案信息资源，把"死"档案变成"活"信息。村里建立农业科技档案信息网络，与区、镇建立的档案信息网络互相联系，有效地推广先进的农业科技成果，促进了科技成果尽快转化为现实生产力。为了增强档案服务工作的敏锐性、主动性，后石人多渠道搜集档案信息资源并进行加工，然后通过开展咨询、讲座、广播等形式提供便利服务。

经济发展过程中会出现一些经济纠纷，因当事人不断变化，知情人越来越少，一时难以解决，村里就从档案中查找依据，使很多难题得到解决。村内有驻军和靶场，涉及军地双方土地方面的事情较多，双方曾为地域不明有过争议。由于档案资料齐全，查阅双方换地协议，解决了争议，并加大了军

地共建力度。大连某企业曾诉讼后石村一合资企业欠运输费，法院在合资企业缺席的情况下判决其败诉。村里负责司法工作的于荣海查阅双方往来账目等档案资料之后，搜集整理了相关证据。后经辽宁省人民检察院批准，此案由大连市人民检察院抗诉后，认为原告事实不清、证据不足，宣布原审无效，为企业挽回经济损失 80 余万元。

由于实行集体经济体制，需要定期调整各项指标，村里依据历年产值、利税、人均收入等数据资料，科学制定目标责任制。2002 年 2 月，村党委在进行机构改革时，根据土地变化，将全村种植单位合并，经查阅土地、劳动力、收支、粮食产量等档案资料作出决议，既精简了机构，减轻了农民负担，又有利于统一规划发展生产。

在进行发展规划和结构调整中，后石村也充分发挥档案的重要作用。1992 年，为落实金州区委、区政府建设"海上金州"战略，开发利用滩涂资源，通过档案查阅到十年前在海上投放沙蚬子、杂色蛤、牡蛎等海产品养殖资料，明确了海域界线，制定了《后石村滩涂养殖发展规划》。1993 年，申请成立"后石经济开发小区"，党支部副书记崔德宝查阅了有关档案资料，编写了《投资指南》，当年后石村就有 3 家外商前来建厂投资，为后石村发展外向型经济发挥重要作用。1994 年 3 月，果树生产进行更新换代，农业公司经理王寿升查阅了果树档案，规划逐年砍掉旧品种，更新栽植新品种，新品种"后石"牌红富士苹果被国家评为"绿色食品"。

1998 年 1 月，为了加强小城镇建设，村里查找到 1985 年设计的《后石村规划图》，于是确定了新的村屯建设规划，建设了 4 栋共 51.1 万平方米住宅楼，并且当年设计当年竣工。1998 年 12 月，村党委从财务档案中查阅了水文气象资料，制定《后石生态示范村总体规划》，数据可靠、措施可行，获得村民代表大会全票通过。2002 年 12 月，后石村就退耕还林，建设旅游度假区等问题与省林业部门及金州区旅游开发部门合作，在科技档案中找到规划图纸，为制定招商开发方案提供了大量详实有用的数据。

2. 发掘史料资源，为农村精神文明建设服务

后石村领导班子认为，无论是健全民主选举制度、实行政务公开和村务公开，还是落实党在农村的各项基本政策，维护稳定，化解矛盾，做好社会治安综合治理；无论是加强爱国主义、社会主义和集体主义教育，全面提高农民的素质，还是搞好家庭美德和社会公德教育，都离不开档案，档案工作在农村精神文明建设中大有用武之地。

据档案资料记载，后石村 1960 年人均口粮 68 斤，一天不足二两，这无疑是一部艰苦奋斗的历史教科书。改革开放前村里经济单一，人们只在土地里刨食。十一届三中全会后，后石村在党的富民政策和邓小平理论指引下，沐浴着改革开放的春风，因地制宜地走出了一条适合本村发展之路。档案资料在记录各个时期的历史进程中的地位和作用越来越突出，为农村全面实现小康的目标，提供了强大的精神动力。

村里还根据大量的史实档案资料，组织专人编写了《组织沿革》、《各业发展简史》、《基础数字汇编》、《大事记》、《获奖汇编》、《村委会资料汇编》、《历年工作总结汇编》等材料，计 30 万字。与历年来编撰的《后石村 昨天、今天、明天》、《金州湾畔——辽宁省大连市后石村》、《思维节拍》等书籍一起，成为对村民进行爱祖国、爱家乡教育的乡土教材。抗美援朝特等功臣王福清是土生土长的后石村人，在一次战役中因敌机轰炸，为掩护战友而光荣牺牲。为了搞好对子孙后代的爱国主义教育，纪念和学习先烈的英雄业绩，1986 年 4 月，后石村党支部作出决议并报上级批准，修建一座王福清塑像，经过查阅档案将其生平事迹镌刻在雕像基座上，为后人留下一笔宝贵财富。

在建国 50 周年之际，村里依据档案资料，撰写了《后石村 50 年来的十五大变化》，被农村固定观察点资料汇编收录。2001 年在纪念建党 80 周年活动中，村里通过查阅党建档案及经济档案，以翔实的史料总结了后石村发生的巨大变化和取得的辉煌成就，据此撰写的稿件在村广播站广播宣传，起到激励村民奋发向上的作用。

3. 建立村民档案，为农民社会养老保险服务

提高农村的社会档案意识，除了利用各种形式宣传档案法规，增强干部群众的档案法制意识，加强依法治档的工作力度以外，还要让农民切身感受到档案给他们带来的效益和实惠。1983 年 6 月，后石村村委会主任白克振查阅历年精神文明建设有关的档案资料，总结了"迎接好生的，培育好小的，引导好少的，教育好大的，照顾好残的，敬养好老的，安置好死的""一条龙"经验，并撰写文章在《中国健康报》上刊载，其经验迅速向全国推广。多年来，在实施"一条龙"服务的过程中，每一个环节都离不开档案的作用。

村里对退休的农民很早就实行了养老金发放，1992 年 7 月，为进一步摸清村民在集体的劳动工龄，村经管员于荣海、统计员廉萍查阅合作化以后的大量财会档案，确保退休金发放计算具有充分的依据。1998 年 10 月，在办理村级所属企业领导养老保险时，会计主任董文章多方查找本村劳动力档案，为完成工作提供准确依据。2000 年 3 月，村里办理老年退休人员 21 名，为使工龄年限准确无误，村统计员廉萍查阅工分台账，使工作准确无误地进行。2001 年 6 月，为了调整提高退休老人待遇，会计主任董文章查阅了过去制定的退休待遇规定的档案，做到依据充分。

2002 年，在区档案局专业人员指导下，依据村民档案的有关规定和要求，后石村对村民逐户登记造册，建立村民农户档案。农户档案是以户为单位，一户一档。内容分为固定情况和动态管理两部分。固定情况包括农户家庭成员基本情况和家庭经济来源等方面；动态管理为近期发生的重大事件、群众的要求、意见和问题反映等方面。通过建立农户档案，进一步做好农村工作，提高工作效率。一方面可以解决驻村干部的频繁调动造成前后工作脱节的问题；另一方面可以掌握基层第一手资料，便于做好为民利民服务。

后石村的农户档案，既为准确统计退休工龄提供可靠材料依据，也对村民的管理起到重要的参考作用。与此同时，村里还结合村民档案，对低收入家庭、残疾人家庭、子女上大学家庭等建立了档案，确保各种补贴及时准确予以发放。近年来，外来打工人员不断增多，一些人还在村里落户，村里正准备结合村民档案的建立，为外来人口建立档案，进行统一集中保管，切实加强对外来人口的管理。

现在，后石村成为与时俱进的农村档案管理工作的典型，但是村两委班子不满足已取得的成绩，决心贯彻"三个代表"重要思想，乘势而上，加快发展，努力实现档案工作的新发展、新突破，为全面建设小康社会和率先基本实现现代化作出贡献。

总之，后石村在村级档案管理方面，结合自己实际情况推动农业、农村档案工作从管理走向积极的服务，挖掘档案所蕴涵的效益，发挥档案的作用，采取有效的措施，提供主动服务，对规范村务管理、维护农民利益、保持农村稳定、促进农村经济可持续发展、提高农村人文素质等具有重大而深远的现实意义。

第十章 走向和谐文明的 现代化新渔村

和谐文明的新渔村，应当是指在渔村建立和睦、协调、融洽、有序的人与人之间的社会关系。现代化的新渔村，则应该包括农业机械化、经营产业化、结构非农化、乡村城镇化、生活现代化、管理科学化、保障社会化、农民知识化、社会文明化等。建设和谐文明的现代化新渔村，必须尊重劳动，尊重劳动权；在承认经济差别基础上追求共同富裕；在公正与效率的关系上公正优先；为全体渔民提供更多更好的社会公共福利等。作为社会主义新渔村的典型，后石村坚持统分结合的双层经营体制，坚持发展集体经济，渔民走上了致富的道路。然而，按照高标准、高起点建设新渔村，后石村同样面临着体制与观念上的危机，只有深刻认识制约渔村现代化的障碍因素，才能建设一个真正富裕、文明、民主、和谐的现代化新渔村。

第一节 和谐渔村的"和谐"之源

所谓"和谐"，从字面上理解，就是和睦、协调的意思。"和谐"，既是古老的社会理想，也是我们的现实选择。和谐渔村，应当指在渔村建立和睦、协调、融洽、有序的人与人之间的社会关系。"和谐"，作为一种调节社会矛盾使之达到适度、适时、适当的和谐状态的深刻哲理，为和谐渔村带来了稳定和祥和。"和谐"，作为一种理念创新，应成为建设和谐文明的现代化新渔村的理论基础。

一 中外文化中的"和谐"理念

中国传统文化提倡的"和谐"理论是十分深刻的。"和"是中国传统文化的重要特征，也是中国文化的宝贵遗产，其内涵十分丰富，充满了大智大慧的深刻哲理。一是主张多样，二是主张平衡，"同归而殊途，一致而百虑"①，提倡宽厚之德，发扬包容万物，兼收并蓄，淳厚中和的"厚德载物"的博大精神。聚集不同的事物而得其平衡，叫做"和"。"和"能产生新事物，五声和，则可听；五色和，则成文；五味和，则可食。推及施政，则必须协调各种利益，综合不同意见，化解复杂矛盾。如果只是把相同的事物叠加起来，那么就不可能产生新事物，就不可能生机勃勃，相反会出现"同则不继"的现象。②

通观古典哲学关于"和谐"的理念，所涉及的领域，从人类主体的角度看，可以依次划分为以下四个方面：

1. 身心和谐

即关于人自身的形体与精神之间的和谐，我们可以从中国古代哲学家庄子的一则寓言说起。根据庄子的描述，越国有一位美女名叫西施。她经常患心痛的毛病，病时总是用手按住胸口，紧紧地皱着眉头。人家看到她这副病态的表情，觉得比平日另有一种妩媚的风姿，显得可爱。邻居有一位东施，虽然长得很丑，却不甘示弱，她模仿西施的病态表情：用手按住胸口，紧紧地皱着眉头，自以为像西施一样美丽。可是看见东施这副怪模样的人，却没有一个不作呕的。

对此，庄子评论道："东施只知道西施皱眉头的动作美，却不知道这个动作为什么美。"其实，西施的动作之所以美，就在于她的一举手一投足都是发自内心的自然流露，从而使形体动作与精神状态达到了完美的和谐。而东施之所以令人作呕，就是因为她不顾自身的条件而对别人的行为生搬硬套，弄巧成拙，是为不美；弄虚作假，是为不善；装模作样，是为不真。这就破坏了和谐，也就无所谓美了。由此看来，美就是和谐，善就是和谐，真就是和谐；也可以反过来说，和谐就是真善美的内在统一。

那么，如何达到身心和谐，实现真善美呢？中西思想家对此有不同的思

---

① 《易·系辞下》。

② 冯之浚：《"和谐"的哲理》，《人民日报》（海外版），2005 年 3 月 23 日，第 1 版。

路。主张"预定和谐"的德国哲学家莱布尼茨，把实现身心和谐的关键诉之于上帝。莱布尼茨把灵魂与形体这两个对立的存在物比喻成两座钟，它们由上帝拨在同一个钟点上，以同样的方式行走着。这样，"思维界的运动就按照规定向目的进行着，而形体界的进程也按照普遍的因果联系与思维界的运动吻合一致"①。在这里，只有上帝才是灵魂与形体相吻合的根本原因；作为现实世界中的人，要想实现自己身心的和谐，只有信奉上帝，听凭上帝的安排，从而使灵魂与形体得到统一。显然，这里走的是"外在超越"的路子。

而中国的哲学家走的是"内在超越"的路子。儒家提出"安身立命"的主张，强调个人通过自身坚持不懈、持之以恒的道德修养，即可以达到"善"的境界，实现身心的和谐。因此，儒家十分重视"修身"的作用，认为普天下的人，无论是管理者还是普通老百姓，都应该以"修身"为本。其中，对于"君子"即儒家心目中的理想人格形象，更是提出了修养的具体要求。

仅以孔子为例，他提出："君子有三戒：少之时，血气未定，戒之在色；及其壮也，血气方刚，戒之在斗；及其老也，血气既衰，戒之在得。"② 即年轻时不要迷恋女色，壮年时不要争强好胜，老年时不要贪求无厌。又，君子有"三乐"："益者三乐，损者三乐。乐节礼乐，乐道人之善，乐多贤友，益矣。乐骄乐，乐佚游，乐宴乐，损矣。"③ 即以得到礼乐的调节为乐，以宣扬别人的好处为乐，以结交众多贤明的朋友为乐，便有益了；以骄傲为乐，以浪荡飘游为乐，以大吃大喝为乐，便有害了。又，君子有四绝："毋意、毋必、毋固、毋我"④。即不凭空猜测，不绝对肯定，不拘泥固执，不自以为是。又，君子有"五行"："恭、宽、信、敏、惠"⑤。即庄重就不致遭受侮辱，宽厚就会得到大众的拥护，诚实就会得到别人的任用，勤勉就会

① 马来西亚人的博客：http://tjoo0219.bokee.com/viewdiary.11601906。
② 《论语·季氏》。
③ 《论语·季氏》。
④ 《论语·子罕》。
⑤ 《论语·阳货》。

工作效率高，慈惠就能使用别人。又，君子有"五美"："君子惠而不费，劳而不怨，欲而不贪，泰而不骄，威而不猛。"即给别人以好处，自己却无所耗费；使用别人，却不使他们怨恨；有所欲求，却不贪婪；安泰矜持却不骄傲；威严却不凶猛。又，君子有"九思"："君子有九思：视思明，听思聪，色思温，貌思恭，言思忠，事思敬，疑思问，忿思难，见得思义。"①即看的时候，考虑看明白了没有；听的时候，考虑听清楚了没有；脸上的颜色，考虑是否温和；容貌态度，考虑是否庄重；说话的言语，考虑是否忠诚老实；对待工作，考虑是否严肃认真；遇到问题，考虑怎样请教别人；将要发怒，考虑有什么后果；看见可得的，考虑自己该不该获得。

除了上述的具体修养规范之外，孔子更进一步提出最高的思想行为规范——"中庸"。"中庸"作为一种思维方式，就是孔子所说的"叩其两端"：对于一件事物，要了解其方方面面，尤其是最极端的两种情况（如"最好"与"最坏"），然后根据具体情形而确定应对的方法。"中庸"作为一种行为准则，就是孔子所说的"无过无不及"：一个人的行为，不能走极端，既不要过分，也不要不及，"过犹不及"。符合"中庸"精神的行为，孔子称之为"中行"。中行者善于协调各方面的关系，既勇于进取而又考虑全局，为人耿直而又善于与人合作。正是本着这种"中庸"的精神，儒家要求人们正确处理修养中所遇到的各种矛盾，如表与里、知与行、情与理、理与欲、义与利、得与失、穷与达、屈与伸、进与退、动与静、虚与实、质与文，等等，从而真正达到身心和谐的状态。明朝的四朝元老洪应明的《菜根谭》中的一副对联："宠辱不惊，任庭前花开花落；去留随意，似天上云卷云舒"，正是这种身心和谐状态的一种写照。

2. 人际和谐

即关于人与人之间相互关系的和谐。阿拉伯有句谚语："无人的地方荒凉，有人的地方麻烦。"人是群居的动物，既然聚集在一起，相互之间就必然要发生各种各样错综复杂的关系。如何处理这些关系，确实是一个"麻烦"而人们又不得不面对的现实问题。

---

① 《论语·季氏》。

中国儒家的"仁学"就是一种专门处理人际关系的学说。儒家所说的"仁",据《说文解字》,应该是一个复合字,由"人"与"二"两个单字组成,其本意是指人与人之间的相互关系。儒家的创始人孔子把"仁"作为自己哲学的核心范畴,并把"仁"的本质解释为"爱人",即对他人的关心与尊重,其目的就是要正确处理人与人之间的关系,从而实现人际的和谐。

为此,孔子提出了两条基本原则,一条是"忠",即"己欲立而立人,己欲达而达人"①;另一条是"恕",即"己所不欲,勿施于人"②。前者从相对积极的意义上立论,意思是说自己希望达到和实现的,也希望别人达到和实现;这就需要具有宽广无私的胸怀、助人为乐的精神和强烈的社会责任感,因而是处理人际关系的理想境界。后者则是从相对消极的意义上立论,意思是说自己不希望得到的,也不要施加给别人;这就需要将心比心、设身处地,既为自己着想也要为别人着想,因而是处理人际关系的起码原则,也是做人的底线。

从"忠恕之道"出发,儒家具体提出了按当时社会结构所需要处理的五种人际关系,包括父子关系、君臣关系、夫妇关系、长幼关系和朋友关系等,即所谓"五伦"。这里值得注意的是,先秦儒家所说的"五伦",是一种相互对应的关系,它具体规定了每一种社会角色的权利与义务,而不是像汉代以后那样只是要求一方绝对服从另一方。例如,关于君臣关系,先秦儒家的立场是:君主认为正确的,而其中可能有错误的成分,做臣子的就应该指出其错误以成全其正确;君主认为错误的,而其中可能有正确的成分,做臣子的就应该指出其正确的所在以清除其错误。又如,关于朋友关系,先秦儒家的态度是:批评我的人,如果他批评得正确,那就是我的老师;肯定我的人,如果他肯定得恰当,那就是我的朋友;奉承我的人,是害我的人。所以君子应当尊重老师,亲近朋友,而远离那些阿谀奉承之徒。这里,体现了儒家所反复倡导的"君子和而不同"的精神。

这种"和而不同"的精神,与古希腊哲学家赫拉克利特的"对立和谐

---

① 《论语·雍也》。
② 《论语·颜渊》。

观"有异曲同工之妙。现代美国管理哲学家芙丽特（Mary Parker Follett），引用了赫拉克利特的话，"自然界热切地渴望对立，正是通过对立，而不是通过相似，才取得了完美的和谐统一"，并进一步发挥道：社会过程的核心不是相似性，而是通过相互渗透取得的分歧的和谐统一，"共同思想的根本特征并不是大家共同拥有的思想意志，而是大家通过分歧的融合统一而得到的。"①

在芙丽特看来，处理人与人之间的矛盾冲突，主要有三种方法：支配控制、妥协退让以及融合统一。支配控制，就是一方战胜一方，这是解决矛盾的最简单的方法；但从长远来看，并不总是成功的。妥协退让，就是双方各做出一些让步，这是结束争端的为众人所接受和认同的办法；但事实上没有一个人真的愿意妥协退让，因为，那毕竟意味着对某些东西的放弃。那么，有什么办法可以解决矛盾呢？至少，从现在开始，我们就可以认识一种新的方法了，有机会的话，甚至不妨试一试这种方法，当两种愿望融合统一的时候，就意味着我们找到了一种解决矛盾的新方法。这种方法可以使双方的愿望都得以实现，而没有任何一方需要被迫做出任何牺牲。②

芙丽特举了一个她亲身经历的例子：有一天，在哈佛图书馆的一间比较小的房间里，有个人想打开窗户，而我则希望窗子关闭着。于是，我们打开邻近的一个房间的窗户，那间房子里没有人坐。这不是妥协退让，因为没有哪个人掩盖压抑了自己的愿望；我们都得到了我们真正想要的东西，因为我也不愿意要一个紧闭憋闷的房间，我只是不希望呼啸的北风毫无遮挡地直接吹到我身上；同样，对方也不希望那个窗子洞开着，他只是想让房间里的空气更加清新一些罢了。

在这里，芙丽特企图说明，在处理人际关系的矛盾中，对立的双方大可不必剑拔弩张，斗个你死我活；也不必压抑自己，妥协退让；而只要双方都秉持相互理解、相互支持的态度，总是可以找到双方都可以接受而又不会牺牲任何一方利益的解决办法。求同存异，融合统一，这才是真正的和谐。

---

① 东西方文化发展中心主编《人类管理之道》，商务印书馆，2000，第474页。
② 格雷汉姆主编《玛丽·帕克·芙丽特——管理学的先知》，经济日报出版社，1998，第43页。

3. 群己和谐

即关于人与社会之间相互关系的和谐，社会群体与个体之间的和谐。根据不同时代人们的认识，这一和谐可以区分为三种类型：

第一种类型是以群体为本位的和谐。古代哲学家，包括古希腊时期的哲学家和中国先秦时期的荀子，都明确提出"人是合群的动物"的论断。荀子更进一步论证了"合群"与"和谐"的关系。在荀子看来，合群是人类的自觉行为。人类之所以能够合群，就在于人类有等级名分和组织结构；等级名分和组织结构之所以能够推行，就在于人类有礼仪制度来协调彼此之间的关系。荀子进一步指出：有了礼仪制度的协调，社会群体就能够实现和谐；社会群体和谐，人类的意志就能够得到统一；人类意志统一，人类整体的力量就能够得到增强；人类整体力量增强，就能够战胜万物。

由此，儒家十分强调群体的地位和作用，认为，只有群体才能够保证人类的生存与发展，任何个体离开群体的力量都无法自给、自卫和自存。因此，只有把个体的力量融入群体的力量之中，才能获得强大的力量；只有把个体的利益融入群体的利益之中，才能获得真正的利益；只有把个体的权力融入群体的权力之中，才能获得广泛的权力；只有把个体的存在融入群体的存在之中，才能获得永恒的存在；只有把个体的发展融入群体的发展之中，才能获得不断的发展。总之一句话，只有把个体完全融入群体之中，才能实现个人与社会的和谐。

第二种类型是以个体为本位的和谐。近代以来，经过文艺复兴和启蒙运动，个人主义和自由主义的思想得到了广泛的传播，人们对于个人与社会的关系，转向了以个体为本位的思考。

在政治方面，洛克与卢梭等人鼓吹"天赋人权"，在他们看来，每一个人生来就具有平等和自由的权利，并且这一权利是不可剥夺、不可转让的，不受文化、种族、性别、阶级或其他因素的影响。在此基础上，人们结成"社会契约"，从而使得"我们每个人都以其自身及其全部的力量共同置于公意的最高指导之下，并且我们在共同体中接纳每一个成员作为全体之不可分割的一部分"。通过这种个人与社会相互结合的形式，它能够以全部共同的力量来维护和保障每个结合者的人身和财富权利，并且个人仍然像以往一样地自由。换句话说，通过"社会契约"的缔结，个体与群体在政治权利上达到了一致，实现了和谐。

在经济方面，亚当·斯密主张"人是经济的动物"，每个人生来首先和主要关心自己，而且，因为他比任何其他人都更适合关心自己，所以他这样做的话是适当和正确的。斯密认为，正是这种对于个人利益的追求，最终却带来有利于社会利益的结果。其奥秘就在于，人们受着一只"看不见的手"的指导，去尽力达到一个并非他本意想要达到的目的。结果，"他追求自己的利益，往往使他能比在真正出于本意的情况下更有效地促进社会的利益。"换句话说，通过"看不见的手"的作用，个体与群体在经济利益上达到了一致，实现了和谐。

第三种类型是群体与个体的辩证和谐。在当代社会，人们认识到，无论是"群体本位"还是"个体本位"，都不能全面地体现个人与社会的关系，都不能完美地实现群体与个体的和谐。前者"只见森林，不见树木"，容易压抑个体的创造性，不利于社会的进步；后者则"只见树木，不见森林"，容易诱发极端个人主义，不利于社会的安定。而只有辩证地看待和处理个人与社会的关系，才能真正实现群体与个体之间的和谐。

从辩证的观点看，个人与社会是一个矛盾的统一体。就人的本质而言，一方面，人是自然的产物，具有自然性，因而必然具有生存的欲望、求利的倾向、自由的向往、独立的渴望，社会应该创造条件以满足个人的种种需求；另一方面，人又是社会的动物，具有社会性，只有在社会中才能实现个人的生存、利益、自由和独立，个人应该服从社会的规范、约束甚至改造。就人的利益而言，一方面，组成社会的每一个个人都具有他自身的利益和价值，"小河有水大河满"，没有正当个人利益的集体不是真正意义上的集体；另一方面，社会的集体利益作为个人利益的"共性部分"，是个人利益得以满足的前提和保证，"大河无水小河干"，违背集体利益的个人利益是不正当的利益。就权利和义务而言，一方面，个人作为社会的一分子，有义务为社会作出自己的贡献，并同时享受相应的权利；另一方面，社会作为个人的集合体，也有义务为其成员服务，努力满足他们日益增长的物质文化生活的需要。就人的发展而言，一方面，个人的创造力是社会活力的必要基础，"每个人的自由发展是一切人的自由发展的前提";另一方面，良好的社会环境是个人发展的必要条件，特别是在当代的信息化和知识化社会，离开了社会所提供的各种物质条件和交换手段，个人连生存都成问题，更不要说发展了。

4. 天人和谐

用中国哲学的语言来说，关于人与自然之间相互关系的和谐即"天人和谐"。在中国古代，"天"具有自然、本体、规律、伦理、道德等多种含义，甚至还带有"至上神"的意味；但其最基本的内涵，还是指人类生长于其中的自然界。"天人关系"主要指的是人与自然的关系。

在先秦时期，对于天人关系，主要有以下三种观点。一是"天人为一"说。庄子主张"天地与我并生，而万物与我为一"。在他看来，自然与人类原本是统一和谐的，只是由于人们放纵自己的欲望，并且出于对知识和理性的盲目乐观而任意行事，才破坏了这种天与人的和谐统一。因此，他主张人们顺应自然，消除一切人为的努力，重新回归自然的怀抱，恢复天人之间的和谐。二是"天人相分"说。荀子主张"明于天人之分"，即从职责上把人类与自然区分开来。在荀子看来，天有天的职分，人有人的职分，二者不可混淆；天人各司其职，才能实现自然与社会的和谐发展。三是"天人相参"说。《易传》提出"天人合德"的思想，认为天地之德在于生育万物，而人类之德则在于保障万物的生生不息；人类参与自然界的变化，自然界也参与人类社会的变化。二者相互影响，相互作用，相互和谐。

北宋哲学家张载，综合了上述思想，明确提出"天人合一"的命题。根据王夫之的解释，"天人合一"的意思是说：天与人本来是统一的，这就是"合"的前提；天与人又是有区别的，二者相辅相成，从而构成"合"的过程。正是从这种辩证和谐的观点出发，张载进一步提出"民胞物与"的命题，对人与自然界的关系做了生动的描述："乾称父，坤称母；予兹藐焉，乃混然中处。故天地之塞，吾其体；天地之帅，吾其性。民，吾同胞，物，吾与也。"①

---

① 《正蒙·乾称篇》。

在这里，张载把自然界看做是人类的父母，人类则是自然界的儿女。在这个意义上，可以说人类与自然界中的万物都是同根同源的，它们虽然各属其种，各行其道，但相互之间应该亲密无间，共存共荣，而不能彼此敌视，互相残害。这样，一个人的小生命就融入整个宇宙大生命的洪流之中，所有的人都是他的同胞，世界万物都是他的朋友。所以，他对天地间的一切生命都毫无例外地予以珍惜，对宇宙中的一切事物都一视同二地予以尊重。这里，表现出一种可贵的生态和谐的伦理思想。

与中国哲学的"天人和谐"思想相比，西方文化传统的主流是人与自然的对立。在那里，自然只是一个无情的物，是供人类征服和索取的对象。特别是近代以来，发轫于西方的现代科学技术和工业革命，逐步向全球推进。人们向自然开战，与自然为敌，发展到今天，已经造成了十分严重的生态环境问题，直接影响到人类自身的生存。在这种情况下，人们痛定思痛，古老的"天人和谐"思想引起了有识之士的重视，并在当代历史条件下得到新的补充和发展。

1972 年，英国著名历史学家汤因比（Arnold J. Toynbee）与日本学者池田大作两度聚首伦敦，对当代人类面临的问题进行了深入的交谈。其交谈记录分别以英文和日文出版，英文版的题目是《选择生命》（Choose Life），日文版的题目是《面向 21 世纪的对话》。确实，面向 21 世纪，究竟是选择生命还是选择死亡，是人类必须做出的重要抉择。而选择生命，就是选择和谐，选择人类与自然的共存。这是整个人类智慧，包括东方智慧与西方智慧在当代的交汇与共识。在书中，汤因比和池田大作明确指出：人类如果想使自然正常地存续下去，自身也要在必需的自然环境中生存下去的话，归根结底必须得和自然共存。①

他们看到，在当代，人类的力量影响到环境，已经达到了会导致人类自我灭亡的程度。而为了避免这一结果的发生，人们就必须在伦理上做出艰难的努力。有人认为，现在的灾害在科学进一步发达后，都是可以防止的。而在汤因比和池田大作看来，这是过于相信科学的力量了。科学对于伦理来

---

① 汤因比、池田大作著《展望二十一世纪》，国际文化出版社，1985，第 40 页。

说，是属于中立的一种智力工作。所以，无论科学怎样发达，从伦理的角度来看，问题仍在于科学是被善用还是被恶用。"科学所造成的各种恶果，不能用科学本身来根治"。

这里的关键在于建立"天人和谐"的生命伦理观。如果我们认为自然是为人而存在的，在这个假想的基础上去行动的话，科学就会被用于破坏性的目的。这种"集体性的自我中心主义的假想"，必须加以克服。在汤因比和池田大作看来，科学技术是不应该被用来征服和统治包括各种生物在内的自然界这一目的的，"科学应该是用来使人类与自然的节奏协调，使其有规律的活动最大限度的发挥效用"。这就把科学技术的发展纳入了"天人和谐"的体系，从而在当代的高度上，高扬了人与自然共生共存、和谐发展的理念。

二 "和谐"渔村的内在品质

众所周知，自从党的十六届四中全会提出"和谐社会"一词，与此相关的民主、法制、公平、正义、共享、文明进步、协调等词语相继成为和谐社会的关键词。对于后石村的老百姓而言，"家和万事兴"，安定有序的工作生活、诚信公平的社会风气、文明健康的文化娱乐就是和谐的具体表现。而关注民生，确保后石村所有的老百姓都能享受基本的教育，都能够充分就业，都能够共享经济发展的成果，都能够老有所养、病有所医，都能够安居乐业，则是后石村的领导者长期以来的不懈追求，也是和谐渔村的内在品质。用后石村老书记陈玉圭的话说，就是"后石村没有一个无业可就的劳动者，没有一个吃穿住用无保障的家庭，没有一个急难重症得不到救治的患者，没有一个因拿不起学费而进不了中专、大学的孩子，没有一个假公济私、贪污受贿的党员干部，没有一个中途辍学的学生，没有一个不入幼儿园的娃娃。"[①] 总结后石村在构建和谐渔村，关注民生方面的经验，不难得出如下结论。

第一，享受教育是和谐之基。教育是人类特有的一种有目的的影响他人、改变他人的活动。教育可以促进人的自身和谐，可以提高人与组织、人

---

① 陈玉圭：《在大连市社会主义新农村建设宣讲团报告会上的发言》，2006 年 4 月。

与自然、人与社会相适应的能力，促进人与人、人与组织、人与自然、人与社会趋于并达到和谐相处的状态。教育之于人的作用，具体地讲，是提高人的综合素质，使人具备某种职业技术或职业能力，获得某种谋生的手段，促进人的自我实现。所以说，教育是每个人发展的基本前提，人人应该享受教育，也应该接受教育。1981年，后石村总结经验教训，创新地提出了涵盖后石村村民全体成员和人生全程的"一条龙"终身教育体系，使生活在后石村的每一个人都能够享受教育。在带领全体村民探索集体共同富裕的历程中，他们结合实际，融理论、政策、技术、法律、先进典型学习为一体，扎实开展各项学习教育活动。村两委会成员首先以身作则，20多年来始终坚持每两周坐下来学习半天理论知识，一心一意同村民探索共同致富之路。不同时期学习不同的理论知识，有针对性地学，抓重点地学。他们采取"请进来，走出去"的办法，请高等院校的教授作报告、市区领导机关的负责人搞辅导、先进同志谈体会，到中国香港、日本等地进行考察学习，充实后石村人的头脑，扩大知识领域。他们还广泛开展岗位技术大练兵活动，提倡"干什么产业，爱什么岗位，学什么技术"，使企业员工岗位技术水平得到了普遍提高，培育和造就了一批又一批适应社会主义市场经济发展要求的新型农民。

第二，充分就业是和谐之本。根据党的十六届四中全会通过的《关于加强党的执政能力建设的决定》的有关论述，社会主义和谐社会是全体人民各尽其能、充满创造活力的社会，是全体人民各得其所和利益关系得到有效协调的社会，是稳定有序、安定团结、各种矛盾得到妥善处理的社会。由于各尽其能是社会充满创造活力的前提，各得其所是社会利益关系得到有效协调的基础，也只有利益关系得到有效协调才能实现社会的稳定有序、安定团结，社会的各种矛盾才能得到妥善处理，因此，全体人民的"各尽其能、各得其所"是社会主义和谐社会的基本特点。而按照一般的理解和解释，"全体人民各尽其能、各得其所"就是全体社会成员人尽其才、才尽其用、能位相适、按劳取酬。因此可以这样说，构建和谐社会是一个庞大的系统工程，需要社会的政治、经济、文化等各方面的协调和配合，其中，实现充分就业是构建和谐社会的基本要求之一。充分就业包括两层含义，一个是从数量上看，每个人都有一份工作；另一个是从质量上看，每个人在其工作岗位上都能充分发挥自己的才能。这是有机联系的两个方面。改革开放以后，由于后石村创造性地走出了一条成功的集体共同致富的路子，所以在后石村，全体村民都能够人尽其才、才尽其用。每个人都可以选择适合自己、最能充分发挥自己才能的职业和行业，十多年来后石村没有一个无业可就的劳动者，真正实现了全体村民"各尽其能，各得其所"的理想追求。

第三，合理的收入分配是和谐之源。从经济学的角度来说，和谐社会就是人与人之间利益关系的平衡。利益关系问题是一个涉及社会全体成员和社会生活各个方面的全局性问题，无论国家和地方、部门、单位，还是群体、个人，都有自己的利益。可以说，利益问题无处不在、人人关心，利益关系错综复杂、人人涉及。利益是与人们日常生活息息相关的社会现象，它反映了特定的个人、集体或社会的某种需要。正是这种需要，构成了人们之间的利益关系。在现实生活中，人的需要是无止境的，但人的需要的满足程度却是有限的，这就造成需要对象的匮乏。此外，人们体力和智力的差别，在人与人之间形成了需要的满足程度的不平等，从而出现了利益分配的不平等，即利益差别。利益差别是社会发展与进步所必需的，以利益需求来调节人们的积极性也是必要的。一个社会需要运用利益来调动人们的积极性，通过让人们获得的利益产生差别，形成和促进不同利益的追求者之间的竞争，推动社会充满更多的生机和活力。社会主义社会的和谐在本质上有别于人类历史上其他一切社会形态中的和谐，它"是在保持社会主义基本制度的前提下，社会系统中的各个部分、各种要素处于一种相互协调、其功能处于最大优化状态的社会。"在这种和谐的状态下，利益关系得到最大限度的协调，每一个群体、每一个人都各得其所，各得其利；人们的积极性和创造性得到了充分保护和释放，生产力也将会得到前所未有的发展，社会进步的速度越来越快。后石村20多年的经验，集中到一点，就是比较好地调整了各种利益关系，尤其是在分配制度方面，后石村一贯坚持"效率优先，兼顾公平"的原则，倡导劳动者之间的平等、公平。在后石村，劳动者无论是在集体企业就业，还是在私营企业就业，或者是从事个体劳动，都能够相互学习、相互促进，和谐相处。后石村各阶层之间融洽和谐，全村充满生机与活力。

第四，社会保障是和谐的安全网。按照十六届四中全会精神，我们所要建设的和谐社会，应该是民主法治、公平正义、诚信友爱、充满活力、安定有序、人与自然和谐相处的社会。让居者有其所、百姓乐其业，老有所养、少有所教，这些美好愿景的实现，需要化解现实中各种社会问题，而要化解各种社会问题又离不开完备的社会保障制度。因为社会保障制度所具有的调节收入分配、维护社会公平、保障社会成员的基本人权和社会权利、促进社会团结与和谐等方面的作用，是其他制度所难以替代的，所以社会保障通常被称为社会的安全网，其核心功能就是保障人民群众在年老、失业、患病、工伤、生育时的基本收入和基本医疗不受影响；无收入、低收入以及遭受各种意外灾害的人民群众有生活来源；保障他们的基本生存权，从而减少贫困、消除后顾之忧。后石村依托集体经济的力量，切实为村民集体办实事、办好事。从 20 世纪 80 年代初开始，就着手改变后石村祖祖辈辈吃"咸涩井水"的历史，圆满实施和完成了让村民吃自来水的"甜水工程"；1990 年代逐步扩展到解决烧柴草、住房、丧事简办、文化娱乐、外出交通、医疗保险、鼓励和保障初高中学生继续上学等"吃、烧、医、学、住、喜、悲、乐、保、行"十个方面。1995 年，在后石村建立了未婚青年赴日研修培训和护照代办基地，全村有 396 人赴日参加学习和劳务，不仅增长了见识，学到本领，还拓展了致富创收渠道。截至 2005 年 5 月，后石村围绕上述十个方面为民办实事，累计投资 3000 多万元。2005 年下半年，村里又出资近 10 万元，为全村百姓办理新型合作医疗，同时办理了一对夫妇只要一个孩子的养老保险。目前，退休村民每人每年可以得到 1000 多元的退休费。后石村 2006 年又投入 2000 多万元，解决了 562 名退休村民从社保机构领取保险金的问题。目前，村里正在考虑为在岗劳动者投保，以解决他们的后顾之忧。

总之，后石村在推进新渔村建设中，立足于解决渔村实际问题，把和谐理念贯穿始终，努力推进人与自然、人与人之间的和谐。倡导和谐的价值取向，推动渔村产业和谐，实现产业科学、健康、有序地发展；倡导和谐的心理结构，促进人际关系和谐，引导人们克服自私自利、宗族思想，确立互惠互利、合作共赢等新观念；倡导和谐的建设理念，促进村容村貌和谐，谋求生活质量及生态持续协调发展的村庄建设。以此推进产业、人际关系和村庄建设的健康发展，营造出社会繁荣和谐、渔村发展稳定的新局面。

第二节　走向和谐文明的现代化新渔村

追求现代化是人类整体进化的原动力，它与不断满足人的需求、不断提高人的素质、不断培育人的能力、不断实现人的理想在本质上是一个事物在不同侧面的集合表现。由此出发，在人类整体进化的长河中，物质文明与精神文明的创造与积累、国家富强与人民福祉的提高与巩固、先进文化与思想价值的发扬与延续、政治制度与人文规则的演进与创新，往往被视为是现代化的内涵本质与外在特征的总反映。后石村在改革开放以后，走上了一条依靠发展集体经济、实现共同富裕的正确道路，被誉为"全面建设小康社会百佳名村"、"全国创建文明村镇工作先进单位"、"中国农业精品村"、"全国计划生育先进集体"、"全国模范村民委员会"、"全国小康示范村"、"全国绿化造林千佳村"……如此众多的"国家级"荣誉，使它成为远近闻名的建设社会主义新渔村的典范。然而，要建设高起点、高标准、和谐、富裕、文明的现代化新渔村，还有很长的路要走。

一　现代化的本质特征与新渔村的核心目标

中国网 2003 年 1 月 21 日有一篇《国家现代化与人类文明进程的透视》的文章，这篇文章是作者所看到的关于现代化本质的最有价值的描述。该篇文章认为，现代化是人类长河中不断更新自己的连续进程，具有正方向矢量演化的动态特征。现代化的阶段目标不是一成不变的，而是在前进中逐步提升的，也就是说，实现现代化的程度和要求是与时俱进的。江泽民总书记在 2001 年 3 月 14 日参加九届全国人大四次会议江苏代表团全体会议上时的讲话指出："现代化是一个全面发展的概念"，深刻地触及了现代化的理论本质。纵观人类历史整个情景的连续演进，以及对世界发展总体进程的特质抽象，现代化实际上是在统一基础上对如下 8 项内容的基本追求。

（1）现代化总是意味着去扩大"对时间和空间的压缩能力"。从古代到现代，人的活动半径扩大（空间压缩能力）与人的行动速度增加（时间压缩能力），有着连续和显著的提高。现代化的过程代表了人类在获取物质、获取能量、获取信息的能力上，总是随着对时空压缩程度的提高而提高。

（2）现代化总是意味着去扩大"对物质、能量和信息的支配能力"。人不仅要具有获取物质、能量和信息的能力，还必须进一步提高对所获取的初始资源的萃取能力、支配能力和使用能力。现代化的过程，事实上表现了这种支配能力的不断提高。

（3）现代化总是意味着去寻求"对科学技术发展具有革命性提升的创新能力"。科学技术的革命性进步本质上是时空压缩能力和物质、能量和信息支配能力的基本手段和工具。现代化的过程，应当把科技创新能力的持续性进步，作为推动现代化进程的手柄和动力。

（4）现代化总是意味着去寻求"配置生产力要素的优化能力"。无论是传统的工业化时代，还是进入 21 世纪的知识经济时代，生产力要素优化配置将会在不同组合、不同水平、不同广度和深度上的结构性优化与功能性提高。现代化的过程，可以合理地归纳为此类生产力要素在层次上和台阶上的优化。

（5）现代化总是意味着去寻求"对社会公正的实现能力"。毋庸置疑，社会公正程度及消除贫富之间的不均衡、消除区域之间的不平衡与消除国家之间的不平等是社会中人际关系、代际关系和区际关系中的最高准则，是保障社会稳定与有序运行的基础。现代化的过程，必然体现出以公理完善、道德完善、制度完善、法律完善去支持社会公正性的提高和最终公正社会的实现。

（6）现代化总是意味着去寻求"对物质文明与精神文明的协调能力"。一个现代化的社会，不能只是满足对物质财富的积聚和扩大，它同时还应当满足对精神追求和文明进步的整体响应。现代化的过程，同时也是物质财富创造能力与精神财富集聚程度的和谐统一。

（7）现代化总是意味着去寻求"提高制度的整合能力和规范社会的有序能力"。在健康的哲学理念和积极的价值取向导引下，制度的、法律的、道德的不断完善和与之相应的政治体制、民主方式与社会关怀的适宜性选择，是构成现代化人文环境的基本主题，也是提高现代化组织程度与认同能力的保证。

（8）现代化总是意味着去寻求"对可持续发展目标的实现能力"。最大限度地追求"人与自然"和"人与人"两大关系的平衡与和谐是可持续发展的本质，它与现代化所追求的理想目标是完全一致的，因此，现代化的过程就是对可持续发展的能力建设不断提高的过程。

这 8 项基本追求意味着：凡是符合其规定方向的，就是沿着现代化方向前进的，就是为现代化内容扩大积累的，也就是为人类进化添加原动力的。现代化过程只能是一个正向的、积极的、动态的和非线性的过程，是任何一个国家、任何发展时段都不会停止的过程。现代化代表了人类整体发展的价值取向和理性追求。

如果按照上述 8 个方面的追求建设现代化新渔村，我们认为，新渔村建设的核心就是要建设一种"低消费、高福利"的生活方式，是要在温饱问题已经解决的前提下，通过改善人与人、人与自然环境、人与自己内心世界的关系，通过发掘中国传统中"天人合一"的智慧，通过提高生活质量而非提高消费数量的办法，建立以人为本的新的生活方式。在这个意义上，新渔村建设前面的"社会主义"这个关键词，可以为建设"低消费、高福利"的生活方式提供巨大的想象空间。换句话说，现代化新渔村建设本身将可能成为最具中国特色的，以人与人、人与自然和人与自己内心世界和谐的，以人为本的，讲究生活质量的"低消费、高福利"的现代化的目标。

具体地说，现代化新渔村跟小康社会不完全一样，应该有以下五个方面的内容：一是渔村经济和社会管理运行体制与机制的现代化。市场经济的体制应该是现代的一种经济体制，市场经济的运行机制应该是现代的一种社会和经济的运行机制。二是渔村人口素质的现代化。如果渔村人口素质不能符合现代化要求，文盲、半文盲、科盲、法盲不减少，就永远也建不成现代化渔村。三是渔村集体经济实力和基础设施的现代化。包括道路、通讯、电力、防汛、抗旱的基础设施现代化。如果村一级没有集体经济，没有财力来支持和保障，那么村一级的执政是软弱的，就执不好政。四是大多数农户家庭生活水平质量达到全面小康。我们讲的全面小康，不是全部农户达到全面小康，是大多数。五是人与人、人与自然、农村与城市和谐相处，共同发展。现代化的新渔村，主要就是这五方面要求。在这五项内容当中，前两项是至关重要的，决定渔村的现代化。

总之，新渔村建设的目的在于改善居民的生产、生活和生态环境，提高村民的生活福利水平和持续的自我发展能力，以新渔民、新风尚、新房舍、新设施、新环境的"五新"为标志，以加强村庄道路、水电、水利等生产生活设施建设，促进渔村教育、卫生等社会事业发展，为村民提供最基本的公共服务为手段，最终将目前已经实现小康的后石村建设成"经济兴旺发达，民主法制健全，文化事业繁荣，社会和谐发展，人民生活富有，生态环境优良"的现代化新渔村。这一宏伟目标内容丰富，内涵深刻，它既要求发展渔村生产力，又要求完善渔村生产关系；既要求加快渔村经济发展，又要求加快渔村社会事业发展；既要求加强渔村社会主义物质文明建设、精神文明建设、政治文明建设，又要求加强渔村社会主义生态文明建设与和谐社会建设；既要求推进渔村生产方式的现代化，又要求推进村民生活方式、思维方式和价值观念的现代化。这充分表明，新渔村建设是一个大课题、一篇大文章，可以涵盖"三农"工作的主要方面，包含渔村现代化的核心内容，是渔村全部工作的龙头和主线。抓住了这个龙头，就抓住了渔村改革发展的关键；把握住了这条主线，就把握住了渔村改革发展的全局。

二　全面建设现代化新渔村的危机与出路

建设现代化的社会主义新渔村，必须尊重劳动，尊重劳动权；在承认经济差别基础上追求共同富裕；在公正与效率的关系上公正优先；社会为全体公民提供更多更好的社会公共福利；反对贫困、消除贫困。作为新时期社会主义新渔村的典型，后石村坚持统分结合的双层经营体制，坚持发展集体经济，农民走上了致富的道路。1999 年 10 月，后石村就提出建设现代化新渔村的六条标准：经济兴旺发达，社会全面进步，人民生活富裕，民主法制健全，村民素质提高，生态环境良好。而今，与时俱进的后石人以科学发展观和构建和谐社会的理论为指导，重新提出了建设现代化新渔村的新六条标准：经济兴旺发达，民主法制健全，文化事业繁荣，社会和谐发展，人民生活富有，生态环境优良。然而，要建设高标准的现代化新渔村，后石村同样面临着体制与观念上的危机，只有深刻认识制约村庄现代化的障碍因素，才能建设一个真正富裕、文明、民主、和谐的现代化新渔村。

1. 村庄集体经济面临的危机与出路

后石村实行以集体经济为主体，个体、私营、三资、联营、股份制共同发展的经济体制。全村劳动者，70% 在集体企业工作，12% 从事个体经营，13% 在非公有制企业上班，5% 搞私营企业。这种以公有制经济为主体、各种所有制经济共同发展的经济运行格局曾使后石村的经济发展步入快车道。然而，随着市场的深化，后石村集体经济及其组织正面临着一系列的挑战。具体表现在：法人地位不明、产权模糊、机制不活、主体缺位、政企不分，等等。

面对新的问题和挑战，应在坚持家庭承包经营的基础上，按照十六届三中全会"农村集体经济组织要推进制度创新，增强服务功能"的要求，建立与市场经济接轨的产权明晰、权责明确、政企分开、管理科学的新型集体经济组织。目前重要的是要对现在的集体经济组织进行改造，使其成为一种新型的集体资本控股或劳动群众有控制权的混合所有制经济。这种新型集体经济具有把劳动群众的个人资本融合为公有资本的功能，可以把个人资本组织到全面建设小康社会的进程中，使劳动群众在现代化建设的成果中得到实惠，向着共同富裕的目标迈进。在这个过程中，实际上是使劳动者占有一定的生产资料和资本，成为有产者；使劳动者与生产资料、生产资本结合起来，劳动群众既能取得工资收入，又可通过财产和股权取得资本收入，有利于实现劳动群众的共同富裕。

新型集体经济实行自主经营，自负盈亏，坚持把提高经济效益作为实现社会公平的基础。一方面，新型集体经济有独立的资产、明确的产权，形成了自我发展的内在动力，能够坚持以提高经济效益为中心，不断创造共同富裕的物质基础。另一方面，在新型集体经济组织中，由于劳动者与资产所有者的一致性，在制度上消除了不公正的根源。职工共同劳动，经济上实行民主管理，收益与风险由全体职工分享和共担，职工既有民主管理的权利和参加劳动按劳分配的权力，又有入股分红享受资产收益的权利，职工的劳动积极性和创造性得到最大限度发挥，有利于实现社会公平和共同富裕，推进小康社会进程。

新型集体经济实行"共同共有与按份共有相结合"及"个人所有，集体占有"的产权制度，其财产在价值形态上可以量化到劳动者个人，但在实物形态上不由个人支配，而由集体占有和支配。这就是在共同占有的基础上，重建劳动者个人所有制，将企业共同共有与劳动者按份共有结合起来。这样的产权制度使所有者真正到位，解决了传统集体企业终极产权不到位的问题。

在具体操作中应注意：第一，明确股权设置。将集体资产按人口、劳动年限折股量化到人，建立以产权关系为纽带的股份经济合作社。第二，重申和明确原村办集体企业的性质。原村集体兴办的各类企业已经形成的股份合作、承包、租赁等经营形式不变。第三，明确改革后的经营管理主体。改革后的集体经济组织称"股份经济合作社"，继续依法行使对原村集体资产的所有权和经营管理权。第四，明确资产量化的比例。股份制改革实行"民主、公正、稳定"的原则，以股权的形式明确社员在集体资产中的份额。第五，明确改革后集体经济的组织形式。改制后的股份经济合作社要重新制定章程，选举产生股东代表、董事会和监事会，实行社务公开和民主管理。

总之，必须将集体经济的发展融入整个市场经济体系中，探索集体经济的多种实现形式，坚持因地制宜，走多元化、多空间、多层次、多门类、多途径发展的路子。

2. 渔村社会管理面临的危机和出路

所谓社会管理指政府与其他公共管理主体对社会领域和社会事务的共同管理。具体而言，就是通过制定社会政策和法规，依法管理和规范社会组织、社会事务，协调社会矛盾，调节收入分配，保证社会公平，维护社会秩序和社会稳定。村庄社会管理是农村基层组织按照有关政策，运用正确的手段，使社会成员的行为在规定的社会生活与社会关系的范围内有序进行，保障农村社会稳定，完成社会发展任务，争取最佳的社会效益。就村庄社会管理来说，主要涉及如何建立农村基层政府依法行政和村民依法自治相结合的基层民主管理体制问题。从管理体制上看，后石村的村庄管理控制体系健全，村庄管理有序。这主要表现在：后石村有一个团结向上的村两委领导班子，这个领导班子得到了全体村民的认同，并且有创造力、凝聚力、战斗力；班子内部有一套运转灵敏的运行机制，实行民主管理、依法治村。然而，如果站在高起点、用高标准来看后石村的村庄管理，同样面临着亟待解决的问题。

第一，村庄社会管理的老龄化、家族化。建设富裕、文明、民主、和谐的现代化新农村，必须培养和造就一支高素质的村庄社会管理队伍。后石村之所以能成为社会主义新农村的典型，一条根本的经验就是在后石村聚集着一群以陈玉圭书记为代表的优秀的党员带头人，有一个团结向上、富有创新意识的领导集体，这也正是后石村跨越发展的动力和源泉。然而，我们必须清醒地认识到，后石村村级组织管理者整体年龄偏大、文化程度偏低，与市场经济相适应的创新意识、竞争观念及现代管理理念缺乏，传统的小农意识、家族观念还在一定范围内存在。具体地说，后石村在现代化进程中，遇到了和华西村同样的问题，那就是村级组织的家族化倾向。其主要表现在：家族在农村工业化中的一个重要作用是利用家族关系网络获取各种资源，从而使乡村企业家族化。其表现形式之一是指原集体企业由于家族成员凭借各种关系长期承包而逐渐丧失其集体企业的特点，淡化与集体的责、权、利关系，并伴随出现集体资产流向家族成员个人或家族的现象；其表现形式之二是指家族成员利用家族关系调动家族资源建立起新型的个体企业和联办企业。这种企业实际上就是家族成员个人或家族的企业，其管理方式也是家族式的，所以，这些企业从建立伊始就表现出鲜明的家族特点。如何在现代化新农村建设中打破传统的家族观念，建立与市场经济相适应的现代企业管理制度，这对于已经跨入现代化门槛的后石村是一个严峻的挑战。

第二，村庄草根民主精神、民主意识缺乏。中国自扛上"五四"革命的大旗，就鲜明地打出"民主"的旗号，并且一直呐喊到今天都没有停歇，可是民主政策的落实却始终存在形式主义的"假象"。在堪称中国东北第一村的后石村，也存在着类似的问题。在这里，我们确实看到了以民主管理为主的村级制度被写成了条文，也看到了后石村制定的村民自治章程。同其他的村庄相比，后石在某些制度的制定上确实是先他人之行，这是一种进步，一种觉悟上的象征。但就其落实程度来看却不太尽如人意。当然，这也是中国农村普遍存在的问题。这是因为，我国的乡村社会还很缺乏民主，缺乏民主精神、民主意识、民主习惯。所以，要在积极推进农村民主化进程中，切实做到民主选举中反映民意、民主决策中集中民智、民主管理中实现民愿、民主监督中凝聚民心，还有很长的路程要走。党中央提出的"党委领导、政府负责、社会协同、公众参与"的社会管理格局和模式，体现了由国家力量和社会力量，公共部门与私人部门，政府、社会组织与公民共同来治理社会。管理主体多样化了，他们之间就必须民主协商。总之，要真正使农民当家做主，就必须下大力气创新工作方法，改变工作作风，使村务公开、民主管理真正落到实处。

第三，村庄农民专业协会发展缓慢。《中共中央、国务院关于做好农业和农村工作的意见》（2003年1月16日）第十七部分："农产品行业协会和各种专业合作组织，是联结农户、企业和市场的纽带，对于提高农民的组织化程度，转变政府职能，增强农业竞争力，具有重要作用。农产品行业协会是独立的社团法人，实行自主决策，民主管理。协会成员可以是加工企业，可以是流通企业，也可以包括农民的专业合作组织。已有的农产品行业协会要适应新的要求，进行合理调整和改组、改造。要加强行业自律，搞好信息服务，维护成员权益。为推动农产品行业协会的发展，政府应赋予协会必要的职能和手段。要抓紧组建重要出口农产品的行业协会。加快制定有关法律法规，引导农民在自愿的基础上，按照民办、民管、民受益的原则，发展各种新型的、农民专业合作组织。"然而，我们在后石村进行调查时却发现，后石村农民专业协会寥寥无几，且发展缓慢。这种现象的存在不利于农村现代化的实现，不利于有效改善农村治理结构，不利于农民的利益表达。因此，要通过发展和创新农民专业组织，把先进的生产方式、现代化的管理手段、可持续发展的理念运用于农村社会管理，从而实现农村社会的经济效益、社会效益、生态效益的高度统一，进而推动农村的现代化的实现。

第四，村庄社会保障体系有待完善。后石村从1982年开始在全村范围内实行以养老为主的社会保障制度。其社会保障的范围和内容涉及养老保障、人身意外伤害保险、财产保险、优抚保障和社会救助五个方面，并以养老保障为主体，形成了一个较详细的社会福利和保障规划。但是总的说来，后石村的社会保障覆盖面较小，保障种类相对较少，保障标准偏低。对此，村两委已经着手解决，2005年，村里出资10万元，为全村村民办了新型医疗合作。与此同时，村里还决定先投入 1200 万元，解决退休村民的养老保险，再投入 2000 万元，解决在岗劳动者的养老保险，以彻底解除后石村民的后顾之忧。尽管如此，我们认为，要建设现代化新农村，应更多地致力于发展广大村民的社会福利事业，应进一步完善保障体系，并采取积极措施和相应对策，逐步完善并努力扩大社会保障覆盖面，应将所有公民都纳入社会保障体系之中；应逐步建立灵活多样的养老保险制度；应大力推行新型农村合作医疗制度，以合作医疗、大病住院统筹等形式，发展和完善农村合作医疗制度，使村民享受大病救治，报销部分医疗费的待遇；应在大力发展集体经济的基础上，扩大资金来源，进一步提高社会保障待遇标准。保障资金由个人、集体、国家共同负担，多渠道筹集，以个人和集体为主。同时，应加大保费收缴力度，设立个人账户并使其保值增值，保证受保范围相对稳定。

3. 培养现代化新型农民面临的危机和出路

建设社会主义新渔村，不仅包括经济发展，还应提高农民素质，培育有文化、懂技术、会经营、讲文明、守法制的新型农民。建设现代社会主义新渔村，最终必然落实到造就新型农民上。人是经济活动的主体，是农村社会现代化的出发点与归宿点。在建设现代化新农村的过程中，如果不能实现渔民自身的转变，没有现代意义的新型渔民出现，那新渔村的建设只能是一句空话。那么，什么是现代化的新型渔民？所谓现代化新型渔民，就是现代市场经济中的新型"渔商"。而新渔村建设同时也是一个从传统渔夫到现代渔商的培育过程。国际著名农业经济学家拉南·威茨在《从农夫到农民》中，分析了从小农经济条件下的农夫向现代化农民或者农场主的转化过程。这一过程，实际上是包含了两个主要转化内容：一是随着生产力的提高，农业生产工具的现代化，科技在农业上的应用，小农经济、产品经济向规模经济、商品经济的转化；二是基于上述基础之上的传统农民向现代农商的转化。传统农民或者农夫，是面向黄土背朝天的小农生产方式下的农业劳动者，他们的主要经营意识是自给自足。资源配置也是传统的、以小块土地需要为依据的，物物交换、以工换工是通行规则。现代农民却是真正的农商，是一个以市场为背景、遵循价值规律、从事商品生产的经济人。农商，是一个新的范畴，它是现代农民的经济学意义表述。农商反映了一种新的经济关系，一个以通过市场配置资源，以需求指导农业生产又以新产品引导市场，并以商业活动为舞台的新生产者。①

作为社会主义新渔村的先进典型，后石村劳动力整体素质普遍偏低，绝大多数村民还只有初中文化程度，这已成为建设新渔村的主要障碍。而要实现渔村现代化，就必须培养造就一支高素质的新型渔民队伍。只有不断提高渔民的综合素质，增强渔民的发展意识、效率意识、竞争意识，才能使渔民谋发展、思创业，进而形成良好的道德规范和社会风尚。培育和造就新型渔民，是一个长期的过程。除了依托产业发展，广泛开展各种形式的实用技术培训、职业培训和劳动力转移培训，发展渔村基础教育，还应开展形式多样的道德教育，开展争创文明村镇、文明户等多种多样的活动，促进渔村形成团结互助、扶贫济困、平等友爱、融洽和谐的良好风尚。完善乡村文化设施，扶持发展各种文化团体，充实、丰富和活跃村民群众的文化生活，引导村民崇尚科学，抵制迷信，移风易俗，破除陋习，着力刹住迷信风、浪费风，倡导科学健康的生活方式。同时，深入开展法制宣传教育，让广大村民学法懂法，守法护法。总之，通过现代化新型农民的培育，使全体村民真正成为后石村建设现代化新渔村的主体和力量源泉。

三　率先实现渔村社会现代化的路径

在中国广大农村中，像后石村这样真正实现小康，并在经济、政治、文化、生态以及社会发展方面比较和谐的村庄毕竟还是少数，作为社会主义新渔村的典范，后石村如今正在为一个并不遥远的目标——2007 年实现利税8000 万元，村可支配财力 2300 万元，人均收入 15000 元，60% 的农户住进别墅小楼，40% 的家庭拥有电脑，30% 的家庭拥有小轿车，基本建成"经济兴旺发达、民主法制健全、文化事业繁荣、社会和谐发展、人民生活富有、生态环境优良"的现代化新渔村。应该说，实现这个目标对于后石村来说并不是一件难事，但是，要真正把后石村建设成为富裕、文明、民主、和谐的

---

① 巫继学：《建设社会主义新农村：从三农困境到坦途》，中国农业信息网（http://www.agri.gov.cn/jjps/t20060314_569802.htm）。

现代化新渔村，还需要按照新农村"生产发展、生活宽裕、乡风文明、村容整洁、管理民主"的目标，在"新"字上做文章。

第一，产业发展要形成"新格局"。加快建设现代农业，繁荣农村经济，提高农村生产力水平，是建设现代化新渔村的首要任务。后石村从 1992 年开始启动了非公有制经济，扭转了集体经济一轮独转的旧格局，形成了集体、联营、三资、个体、私营、股份合作制六轮联动的各种所有制经济共同发展的优化体制。1993 年将二一三的产业结构调整为二三一的产业结构，至 2003 年底，在经济总量中，第二产业占 63%，第三产业占 30%，第一产业占 7%。目前，后石村的产业结构应向第三产业倾斜，要下大力气推进。松源集团投资 30 亿元，充分利用依山傍海的自然资源开发休闲旅游产业，拉动旅游产业发展；应充分利用后石村这块靓丽的名片，发展庭院旅游经济，吸引中外客户在后石村投资、旅游、度假，使后石村的经济发展再上一个新台阶。

第二，村民生活水平要实现"新提高"。千方百计增加村民收入，改善消费结构，提高村民生活质量，是现代化新渔村建设的根本目标。后石村依靠集体经济的优越性，1984 年解决了温饱，1992 年实现人均收入 2760 元的高标准小康。1993～2005 年的 13 年间，村经济总量翻了 4 番，村可支配财力净增 1520 万元，人均收入净增 8827 元，百姓生活进入了吃讲营养、穿讲式样、住讲漂亮、用讲高档、行讲快便、信息讲现代、娱乐讲高尚的新时期。然而，村民红红火火的日子、富有情调的生活，不仅体现在"钱袋"有多鼓、吃穿有多好、房子有多大、福利有多高，还体现在其思想道德素质、科学文化素质和健康素质的不断提高。这也是建设现代化新渔村的题中之意。今后一个时期，后石村应在提高村民生活质量上做文章，其眼光不应只盯在提高村民的纯收入上，而应做到"以人为本"，注重村民的全面发展，使他们过得有情有趣，文明祥和，健康向上，早日搭上"提前基本实现现代化"这辆满载美好生活愿望的时代列车。

第三，乡风民俗要倡导"新风尚"。加强渔村精神文明建设，发展渔村社会事业，培养造就新型渔民，是现代化新渔村建设的重要内容。它包括文化、风俗、社会治安等诸多方面。文化具有凝聚、整合、同化、规范社会群体行为和心理的功能，是其他社会要素无法取代的。减小农村与城市的贫富差距，促进渔村、渔业、渔民的发展和进步，需要先进科学与文化的提升；建设和谐的小康社会，离不开广袤农村土地上人们的安居乐业，同样也离不开优秀文化的浸润与影响。自 20 世纪 90 年代以来，后石村盛行着十种风气，即敬老养老风，党员干部学理论风，村民学用技术风，喜事新办、丧事简办风，邻里团结互助风，众人伸手救济解困风，争先创优风，重视教育投资风，积极参与民主决策、民主监督风，自觉遵守村规民约风，等等。用后石人自己的话说这叫"文明风气浓"。在率先建成现代化新渔村过程中，后石村要在文化产品的"创新"上下功夫。要结合当地实际，贴近农民生活习俗和当地风土人情，挖掘和整合资源，创造出农民喜闻乐见的文化产品，不断提升后石村的文化"品牌"效应。

第四，乡村面貌要呈现"新变化"。搞好乡村建设规划，加强渔村基础设施建设，改善渔村人居环境，是现代化新渔村建设的关键环节。后石村用村规民约规范村民的行为，把一个脏、乱、差的村庄，逐步治理改造成房屋规整、街巷洁净、环境幽雅的村庄；把曾经弯弯曲曲、坑坑洼洼、雨天骑车还得扛车趟泥潭的村街，逐步拓宽、改造成街巷宽敞、路面光亮、路灯时尚的现代化村庄。20 世纪 70 年代，后石村村民大多住草房，且人均住房面积不足 18 平方米。到了 20 世纪 80 年代变成了捣制平房，20 世纪 90 年代有30% 的村民住上了别墅楼和集体住宅，人均住房面积超过 33 平方米。现在的后石村，村街不次于县城，住宅超过普通市民，环境优于都市，绿树鲜花环抱后石人，后石人自己说这是"如画美村容"。今后 3～5 年，新一轮的村庄规划、建设完成，后石村将以崭新的村容展示一个现代化的新渔村：在那里，60% 的村民住上风格别异的别墅楼，30% 的家庭拥有小汽车，40% 的家庭拥有电脑；在那里，山清水秀，天蓝地绿，交通方便，灌溉畅通，耕地平整，品种繁多，景象繁荣，六畜兴旺；在那里，村民饮干净水，住宽敞房，穿漂亮衣，睡舒适床，看多频道电视，享受多种娱乐生活，没有贫穷，没有落后。

第五，乡村治理要健全"新机制"。深化渔村各项改革，加强基层民主和基层组织建设，创建平安渔村、和谐渔村，是现代化新渔村建设的有力保障。改革开放以后的后石村，本着治村先治人，治人先治党，治党先治班子，治班子先治思想的理念，围绕"勤政以敬业，廉政以服人，当好公仆以报民"的问题做好乡村治理工作，赢得了广大村民的信赖和支持。但是，如果按照高标准的要求建设现代化新渔村，后石村的村庄管理者除了一如既往解决老百姓"吃、烧、医、住、喜、悲、乐、保、行"九个方面的实际问题，让老百姓腰包一年比一年鼓，日子一年比一年好，与此同时，还必须彻底转变发展观念，将重"两手"转变到追求全面、协调发展上来。具体地说，就是发展工业，要注意对环境和耕地的保护；促进经济发展，还要促进村民素质的提高；强化激励机制，还要保护好弱势群体的利益；追求了眼前的利益，还要照顾到未来的发展；建设开放的后石村，还要做好社会的稳定工作，等等。

我们坚信，勤劳的后石人一定能在新的起点上，建设一个"民主法治、公平正义、诚信友爱、充满活力、安定有序、人与自然和谐相处"的新后石，建设一个经济与社会、人口与资源、生态与环境协调发展的和谐的新后石，建设一个"经济兴旺发达，民主法制健全，文化事业繁荣，社会和谐发展，人民生活富有，生态环境优良"的社会主义现代化新后石。

附　　录

一　后石村村规民约

村规民约是村民自己制定，大家共同遵守的规章制度，它维护全体村民的合法权益，制止危害集体和村民切身利益的各种行为。我村制定村规民约已有多年，并且在实践中不断完善与健全。1999 年 2 月 4 日，村六届三次村民代表大会，对历年来制定的村规民约进行了审议，提出了修改补充意见，最后经大会表决通过。

现将六届三次村民代表大会通过的村规民约公布如下，希望全体村民及在后石从业的外来人员严格遵守。

1. 教育管理规定

（1）严格实施九年义务教育，适龄儿童不入学或小学、初中学生辍学者，对家长或监护人罚款 1000 元（特殊情况另行研究）。中、小学生在校期间品德劣迹者，家长不享受荣誉称号。

（2）对考入高中、中专的学生发给奖学金 200 元，考入大专者发给奖学金 400 元，考入重点大学的发给奖学金 600 元。对在各级各类学校中获三好学生标兵称号的学生，村里予以表彰奖励。

（3）适龄幼儿入幼儿园，每个儿童年交管理费 100 元；大客车接送中学生上学，每人每年交 100 元。户口不在本村者，收费加一倍。

（4）各厂队要有教育阵地、设备，保证每月 4 小时教育时间，有上下结合的教育内容，村党委、村民委的各项规定及会议精神应及时传达，并有教育记录。

2. 卫生管理规定

（1）村民生活垃圾，在居住地附近指定地点排放，由村卫生队统一清理外运，每户每年交 10 元卫生管理费，但建筑垃圾、土豆蔓子、白菜叶子等大宗垃圾，应自理自清自运。

（2）坚持门前四无：无草垛、无厕所、无猪禽舍、无杂物，屋顶无堆积物。

（3）村民家庭污水，应自建沉井，不得随意沿街排放，违者罚款 100 元。

（4）鸡鸭鹅狗不得散放，经教育不改正一次罚款 50 元。

（5）提倡村民自建"四合一"沼气池，每建一个给予 500 元补助。

（6）个体、集体饭店及医疗点，每年应交纳卫生管理费 500 元。

（7）路边个体摊贩，在指定地点设摊，不论水果、水产品、服装、烧烤，各自负责摊点周围卫生，如经教育不改，取消在本村设摊资格。

（8）在村民住宅区内不准经营畜禽饲养场，在村指定地点建场经营（西屯在原七队畜舍后，南屯在原一队畜舍旁）。

（9）实行场队包街道的卫生管理办法，实行厂队、工人和卫生员挂钩负责制。

3. 街道管理

（1）村主干道及主要支路。禁止在路边长时间停车，妨碍交通，来饭店就餐的宾客车辆，在指定停车场停放，营业性汽车在村指定地点停车。

（2）临街居民建筑施工材料占道，事先应报村委会批准，说明占用面积及时间，并缴纳使用金，用后迅速清理，否则造成交通事故，占道者负全部责任。

（3）村内公路限速 30 公里，严禁超速行车、酒后驾车，要加强对机动车尤其是摩托车驾驶员的教育和管理。

（4）行人走人行道、非机动车走侧道，畜力车走村主干道应带粪筐。

（5）不准占道设各种广告、招牌。

（6）沿主街两侧村民，不得在临街院墙上开门设窗。

（7）村民自发组织的文娱活动不准占道。

4. 管道排水系统维护管理

（1）沿街用户欲使用地下排水管道，需向村委会提出申请，每接一支收费 300 元，由村统一建筑、建沉井、安装滤网。

（2）人人爱护地下地上排水系统，不得随意破坏、占用，村规划的主街两旁、排水沟、预留地、绿化地，不得私自开垦种植。

5. 劳动力管理

（1）本村劳动力，男年满 60 岁、女年满 50 实行退休（特殊需要经村委会批准可返聘），干部男年满 55 岁、女年满 50 岁离岗（经上级批准者例外），但残疾人劳动力不受此限制。

（2）严格控制外来民工数量，除运输队装卸工、管养公司扒蚬工以及在其他单位除工作多年、表现较好、有技术专长者外，原则上不准聘用外来民工，以保证本村劳动力充分就业。

（3）积极动员本村 45 周岁以下青壮年劳动力参加集体劳动，特别是青年妇女，有劳动能力无特殊理由不参加劳动者，每年应交纳半价（150 元）公益负担费。

（4）加强对外来人口管理。村治安办负责外来劳务人员及家属管理，三证齐全者方可办理暂住手续，在村就业。同时每人交纳 50 元保证金，年终走时，全年若无严重违纪行为，退还本人。村治安办会同计生专干、卫生管理人员，至少每季度对外来人员居住地进行一次检查，检查计划生育、卫生、治安、防火等各方面情况，发现重大问题，要同时追究用工单位和房东的责任。

6. 红白事管理

（1）村成立红白事管理协会，提倡勤俭办事，厚养薄葬，反对大操大办，铺张浪费。

（2）婚宴不超 15 桌，白丧事不超 10 桌，原则上只招待至亲，不收"朋情"，车辆不超 8 辆。

（3）老人病故村免费出一台拉灵车，反对办丧事中的迷信活动和陈规陋习，不准双戴孝，不准撒纸钱，不准扎纸制牛马等迷信品，取缔村内扎制、出售迷信品，提倡丧事、忌日送鲜花而不烧纸，放哀乐早 4 点后、晚 10 点前，尽量不影响左邻右舍休息。

7. 治安管理

（1）偷果、偷玉米、偷地瓜，每个罚款 10 元，夜间带工具加一倍罚款。

（2）偷集体和村民财物加三倍罚款，并追回赃物。

（3）故意损坏他人财物、生产设施，破坏公物（包括树木），加 3～5 倍罚款，去掉文明奖金。监守自盗加倍处理。

（4）严禁赌博，违犯者两委干部罚款 3000 元，党员干部 2000 元，普通村民 500 元，设赌户 1000 元。

（5）打架斗殴、公共场所闹事、虐待妇女儿童、破坏他人家庭、制造邻里纠纷、刁难村屯规划进程、妨碍执行公务者等，去掉文明奖，并视情节轻重罚款。

（6）更夫值班员擅离职守，发生事故适当包赔当事人经济损失。

8. 防火规定

（1）有易燃物品厂点必须有防火设施，防火组织和责任人。

（2）草垛、仓库要严加防火。有防火设备和看护员，打更室要严防烟火和煤气中毒。

（3）每年 10 月 1 日至次年 5 月 1 日期间内为山林禁火期，若因上坟烧纸引起火灾，一切损失由当事人负责。

（4）集体炼荒烧地格子必须与有关领导请示。

9. 关于收取公益负担费的规定

根据国务院关于按人均纯收入 5% 收取乡统筹和村提留的规定及省政府关于每个劳动力每年 5～10 个义务工和劳动积累 10～20 个工的规定，为进一步办好村公益事业，增加村公益支出费来源，决定收取公益负担费，参加集体劳动的由集体收入缴纳公积金、公益金，个体劳动者按下列标准收取。

（1）个体养羊户、个体运输户、个体养船户年交费 700 元。

（2）一般个体人员年交费 600 元。

（3）共产党员年交费 1000 元。

（4）开发区女工年交 300 元。

（5）到日本劳务者年交费 5000 元。

（6）在本村三资企业工作的，年交义务工 100 元。

对拒交公益负担费的处理办法。

（1）党员干部子女欠交的，从党员工资中扣除；非党群众欠交的，从其配偶或同居的其他家庭成员工资中扣除。

（2）一年不交费用者，退休后扣三年工龄。

（3）停发家庭养老退休费。

（4）停发一胎孩保健费。

（5）不分配口粮和农副产品（包括家庭父母）。

（6）幼儿园管理费、初中生大客车费加一倍收费。

（7）不提供事物性介绍信和票据。

（8）村集体停止供水。

10. 养老规定

（1）老年人生活费标准是人均收入的三分之一，每个老年人生活费不得低于 1500 元。

（2）村发给八十岁以上的老人退休金每年 400 元，外加农龄每年 5 元。男 65 周岁、女 60 周岁，基本退休金年 100 元，外加农龄每年 10 元。1997年后退休基本退休金不发，农龄每年 15 元，干部退休加倍。

（3）子女及赡养人不纳赡养费者，是党团员、干部、管理人员、技术员等，要同其职务和经济利益结合处罚。

（4）村老年活动中心每月活动 4 次（南、西屯各两次），西屯由村大客车接送，每次活动给组长 10 元。

11. 社会保险规定

（1）幼儿园、中小学生自费参加二全保险。

（2）集体劳动力参加医疗保险和人身安全保险。安全保险由所在单位出资。

（3）集体财产由集体参加保险，不得不保，动员并支持个人参加家庭财产保险。

12. 集体资源管理规定

（1）水产资源。后石村沿海滩涂、马路港、范家砣子周围为放养水产资源养殖区，不准赶海和滥捕。按照上级政府有关规定，由管养公司监督执行。个体船只按指定地点停港和上坞。

（2）渔港管理。①外来渔船和个体船只进港必须登记，出港交费，20马力以上船只进出港一次交费100元，19马力以下船只进出港一次50元。②所有船只在港停泊每小时收站港费5元。③在港装卸货船只按货占港面积1平方米收费20元，到港装卸货车每辆收费5元。④渔港内不准钓鱼，违者一次罚款10元。

（3）集体动力、电源、广播、电话、电视、水管等线路，不准私挂乱拉，违者一次罚款100～300元，水费每人每月用量不超一吨，按每吨1.50元收费。若超过标准，按水表显示实际用水量收费。

13. 计划生育管理规定

（1）按育龄妇女的人数，给每个计划生育宣传员5元的宣传检查补助费，由生产单位付，外来人口由用人单位付给。

（2）育龄妇女检查补助费由村付。

（3）漏检一人造成大月份引产的，罚款300元。造成计划外怀孕扣掉访视费的10%～20%。

（4）育龄妇女不按规定接受检查者扣掉文明奖金。

（5）上环补助30元，二胎上环由村付。适应上环而没有上环造成流产的罚款100元。

（6）不适应上环采取其他措施造成流产，不付补助费。哺育期流产的不付流产补助费。

（7）上环后造成流产的付给100元的补助费。

（8）外来人口造成计划生育损失的，由房主人付50%，用人单位付50%。

（9）抢生、早育、婚前怀孕、计划外生育的，按上级文件精神规定处理。

（10）献二胎指标户，全家享受养老保险。独子户孩子享受保险。

14. 建筑管理规定

（1）改建门楼、院墙、门房、厢房，必须取得邻居同意，村委会批准，缴纳建筑保证金，签订协议后方可动工，改建的门房、厢房均属临时建筑。老房后占地1米，新房按建房标准，房后1米以外不准占用。

（2）办理建房手续每栋手续费 100 元。

15. **其他有关规定**

（1）对义务兵实行养老保险，保险金从优待费支出，优待费每年每人 6000 元。

（2）未经批准私自迁入本村居住者，每人每年收取管理费 50 元，结婚到外地不迁走者，交押金 1000 元，户口走后返给本人。

（3）村民在室外放卡拉 OK，晚间不超过 9 点。

（4）依法保护合法宗教活动，但不准以传教为名搞封建迷信活动，愚弄和欺骗群众。

（5）村民使用集体车辆，大客车一次 150 元（金州区内），面包车及轿车一次 200 元（50 公里以内）。

文明奖金标准为年初下达各单位人均基本工资 10%，年终若超过年初规定数，按实际工资的 10%，每半年处理一次文明奖。

为保证村规民约的实施，村成立以治保主任裘常勤同志为首的督察队，对违犯者进行批评教育，逾期不改正者，按村规民约规定处罚。

本村规民约的修改权属村民代表大会，上述规定自 1999 年 2 月 4 日村民代表大会通过起生效。

本规定若与上级法律法规不符，以上级规定为准。

后石村民委员会

1999 年 2 月 10 日

二　后石村 2001 ～ 2007 年社会主义精神文明建设规划

（2001 年 10 月 19 日两委成员通过初稿，11 月 11 日定稿公布）

2001 ～ 2007 年，是后石村按照经济兴旺发达、社会全面进步、人民生活富有、民主法制健全、村民素质优化、生态环境优良等 6 条标准，基本实现现代化的重要历史时期。在村开展"三个代表"学教活动的整改阶段，两委成员就精神文明建设在建设社会主义现代化村中所处的重要地位、负有的重要历史使命，针对现实问题必须采取的相应措施，深入地调查研究，制定出如下规划。

1. 精神文明建设的指导思想和奋斗目标

（1）在由较高标准的小康村向现代化村迈进的重要历史时期，精神文明建设的指导思想是：坚持马列主义、毛泽东思想、邓小平理论的指导，全面贯彻江泽民同志"三个代表"重要思想，认真贯彻执行《公民道德建设纲要》，紧紧围绕江泽民同志指出的"促进全民族思想道德素质和科学文化素质的不断提高，为我国经济发展和社会进步提供精神动力和智力支持"，"没有坚定的理想信念和强大的精神支柱不行，没有深厚的凝聚力和丰富的创造力不行，没有顽强的斗志和一致的步调不行"的总体要求，加强针对性，增强主动性，突出创新性，注重实效性，着力培育"四有"新人，把精神文明建设提高到与现代化村相适应的新水平。

（2）2007 年前精神文明建设的奋斗目标，是深入学习实践"三个代表"，充分发挥党员干部先锋模范作用；强化思想建设，提升村民的思想素质；强化道德建设，提升村民的道德素质；强化科技文化教育，提升村民的科技文化素质；不断推出创新举措，使精神文明的创建活动充满生机活力，以不竭的精神动力和强力的智力支持，确保 2007 年基本实现后石村的社会主义现代化。

2. 深入学习实践"三个代表"，充分发挥党员干部的先锋模范作用

（3）党员干部要以与时俱进、永无止境的精神姿态，以这次学教活动受到的教育为起点，以全面加强和改进党的作风建设为重点，以"知民意，识民情；拜民师，为民友；谋民利，增民富；排民忧，解民难；取民信，得民心"为座右铭，以党员干部尤其是领导干部不断"受教育"、群众不断"得实惠"、工作不断"上台阶"为标准，不断推动"三个代表"的深入学习和实践，不断检验"三个代表"的学习成果，使群众在党员干部模范实践"三个代表"的行动中受到教育，使村民在党员干部工作不断上台阶中受到鼓舞。

3. 强化思想建设，提升村民的思想素质

（4）搞好马克思主义指导地位的教育，坚定不移地用马列主义、毛泽东思想、邓小平理论指导思想和行动。我国是以中国共产党为领导核心的社会主义国家，是以公有制为主体、多种所有制共同发展的基本经济制度，必须坚持和巩固马克思主义的指导地位。要教育村民抵制那些迷信、愚昧、颓废、庸俗等色彩的落后文化的影响，抵御那些腐蚀人们精神境界、危害社会主义事业的腐朽文化的侵袭，批判社会上不时泛起的指导思想"多元化"的错误思潮，用中国化的马克思主义理论武装头脑，指导行动。

（5）搞好爱国主义、集体主义、社会主义的教育，使其成为村民的坚强精神支柱。要不断用国家建设的伟大成就教育村民，让他们感受祖国的兴旺发达，激发爱国热情；用国家不断强大、国际地位不断提高的事实教育村民，坚定社会主义信念，热爱社会主义事业；用快速发展变化的后石实际教育村民，引导他们增强爱祖国就要爱社会主义，爱社会主义就要爱后石的家乡情怀，发扬后石人的求实、创业、造福、奉献精神。

（6）搞好世界观、人生观和价值观教育，引导村民做毛主席教导、江泽民推崇的"五种人"。后石村民不是生活在真空中。西方敌对势力对我国实施的"西化"和"分化"，对后石村民不会没有冲击。在对外开放过程中，西方资产阶级的价值观念和生活方式也必然乘隙而入。我国社会经济成分、组织形式、物质利益和就业方式的多样化，必然给村民的思想观念、价值取向、文化生活带来多样性。随着市场经济的发展，商品交换的法则也容易侵蚀人们的精神领域，引发见利忘义、权钱交易，导致集体意识和互助精神、奉献精神的减弱。要主动地、有针对性地对村民进行形式多样、生动活泼的"三观"教育，启发村民牢固树立建设有中国特色社会主义的共同理想和正确的世界观、人生观、价值观，正确处理个人与社会、竞争与协作、先富与共富、经济效益与社会效益的关系，提倡尊重人、理解人、关心人、发挥社会主义人道主义精神，反对拜金主义、享乐主义和极端个人主义，努力做一个高尚的人，一个纯粹的人，一个有道德的人，一个脱离低级趣味的人，一个有益于人民的人。

（7）搞好"致富思源、富而思进"的教育，永远做到富不忘本，富不失德，富不辍学，富不轻教，富不图逸，富不停步。

（8）搞好人民群众是先进生产力和先进文化创造主体的教育，激发村民发展经济和建设精神文明的积极性、主动性、创造性。加快发展，增加实惠，建设精神文明，关键在班子，根本在广大劳动者。要教育村民充分发挥创造主体的作用，实现经济发展的跨越和精神文明建设水平的提升。

（9）搞好"五种精神"的教育，引导村民大力弘扬为实现现代化而不懈奋斗的解放思想、实事求是，紧跟时代，勇于创新，知难而进、一往无前，艰苦奋斗、务求实效，淡泊名利、无私奉献的精神，打造一个有坚强时代精神的现代化村。

（10）搞好中国入世的教育，引导村民正确认识入世带来的利弊，抓住机遇，迎接挑战，而且要善于把挑战变成机遇，把机遇变成现实，调整经济结构，提高后石经济的整体素质，大步闯入国际大市场。

（11）从 2002 年年末起，还要搞好党的"十六大"精神的教育，引导村民用"十六大"的基本精神统一思想、统一意志、统一行动，加快现代化村的建设步伐。

4. 强化道德教育，提升村民的道德素质

（12）坚持以为人民服务为核心，以集体主义为原则，以爱祖国、爱人民、爱劳动、爱科学、爱社会主义为基本要求，以社会公德、职业道德、家庭美德为着力点，大力倡导"爱国守法、明礼诚信、团结友善、勤俭自强、敬业奉献"的基本道德规范，努力提升村民道德素质。

（13）搞好家庭美德教育，夯实基础道德素质。要用后石人身边的典型材料，引导村民发挥后石文明优势，进一步弘扬家庭和睦、邻里团结、尊老爱幼，积极进取的优良风尚。

（14）搞好职业道德教育，突出爱岗敬业的道德重点。各公司、企业、场（厂）队要有突出的特点，立足岗位实际，深入开展"党领我们走富路，我要为党增光辉"、"集体为我们增实惠，我为集体作贡献"的教育活动，引导员工实践爱岗敬业、诚实守信、办事公道、服务群众、奉献社会为主要内容的职业道德，干一行爱一行，定岗一行就干好一行，牢固确立市场意识、质量意识、竞争意识、效益意识，以自己优异的在岗表现，维护企业的形象，播撒后石的社会声誉。

（15）搞好社会公德教育，营造一个优良的人际社会环境。按照社会公德的群众性和公共性特征，公德教育要从幼儿抓起，着重于青少年的启蒙塑造和成年人的修养提高。通过各种宣传教育和社会舆论，引导后石人诚实守信，礼貌待人，遵纪守法，见义勇为，自觉遵守公共秩序，履行国家和社会义务，爱护公共财物，维护公共卫生，保护环境资源。

（16）搞好法制教育，把村规民约等法制建设和道德建设紧密结合起来，把依法治村同以德治村紧密结合起来，引导后石人养成喜事新办、丧事简办、根绝赌博，形成自重自强、追求高尚的时代风尚。

5. 强化科技文化教育，提升村民的科技文化素质

（17）搞好科技是第一生产力的教育，引导村民把世代靠体力劳动吃饭的传统观念，转变到靠智力劳动吃饭的现代观念上来。

（18）不断用高新技术改造和提升企业素质，激发企业员工的"本领恐慌"，提高学习和使用先进科技的自觉性。根据实际需要，深入开展"岗位科技大练兵"活动，干什么学什么，学什么用什么，让每个企业员工实实在在掌握一门应用技术。

（19）搞好幼儿和小学教育，努力提高教学质量。2001 年底以前，投资 50 万元建设成 21 世纪新型幼儿园，装备幼儿电脑，全村适龄幼儿统一入园，实行规范教育。对西屯幼儿早晚专车接送，免除家长后顾之忧。适度投资，配合区教委为小学校完善语音室和微机室的教学设施，充分发挥辅助孩子们学好外语、掌握微机操作知识的功能作用。

（20）提倡和鼓励青少年接受九年义务教育后，继续读高中、上中专、考大学。至 2007 年，劳动者平均受教育年限，要由现在的 8 年提高到 10 年。35 岁以下的青年，受完高中阶段教育的比例要达到 90%。从事农业的员工，普遍实行绿色证书制度，加工业和服务业员工要实行技术等级制。

（21）在有线广播、闭路电视网辐射的基础上，要在福清公园内建图书馆，藏书上万册，为村民提供良好的学习阅读条件，充分发挥"大报村"的育人作用。

（22）开展丰富多彩的文体活动，高品质地满足村民精神文化生活的需求。充分利用现有的具备一定思想文化素质的业余演出队、鼓镲表演队和秧歌队，每年排练演出 5 台以上歌颂身边好人新事、群众喜闻乐见的文艺节目；充分利用现有的网球场、门球场、灯光球场、旱冰场、淡水游泳馆和少儿游乐场等体育游艺设施，举办各种比赛；办好一年一次的春季运动会，用健康的文体生活陶冶情操。

（23）搞好科学知识、科学方法、科学思想、科学精神的教育，引导村民信奉唯物，崇尚科学，根除愚昧，反对封建，远离反人类、反科学、灭人性、害人命的"法轮功"邪教组织。要用历史事实教育村民，敬神拜佛带不来所谓"好运"，也保不了一生平安。党的路线方针政策才是农民致富的根本，科学锻炼、科学医病才能确保健康。

6. 不断推出创新举措，使精神文明建设充满生机活力

（24）举措创新，水准提升。这是后石村 20 多年精神文明建设成功实践的诀窍。以往实践已有的创新成果"一条龙"教育载体、"三从一体化"运作思路、"五个一起"和"软硬一起上"运行机制等，要继承发展和完善。今后新的实践，要针对厂队学习教育领导乏力、集体组织内员工学习自学性不强、个体劳动者阶层学习教育"盲区"等薄弱点，推出改厂队长兼支书为支书兼厂队长的责任举措，强化一把手抓学习教育的责任感；实行自学、辅导、研讨、竞赛、考试、诫勉、奖惩七位一体的机制举措，强化厂队员工的学习热情；村民委加力抓好个体协会自觉抓相结合的互动举措，催化个体劳动者阶层的学习热情，以此把后石学习型村组创建活动和整个精神文明建设，推进到新的水平。

7. 完善规章制度，靠制度保障新时期的精神文明建设

（25）坚持"雷打不动"学习日制度。村领导班子每两周集中学习半天，无故缺席者，点名批评，外加罚款，公司厂（场）队员工每月集中学习 8 小时，缺课不补的，要罚公司经理或厂（场）队长。

（26）坚持基本理论学习辅导制度。学习邓小平理论，学习"三个代表"重要思想，学习党的重要会议精神和其他新的知识，凡重点难点，村党委要预先计划，请市区有关部门领导和军、地高校的专家教授作辅导报告，力求学懂弄通。

（27）建立"四会"制度。村定期、不定期召开思想情况汇报会，了解干部群众的思想反映，明确教育应解决的主要问题；召开教育准备会，布置教育内容，培训教育骨干；召开思想政治教育分析会，找准主要问题，评估教育质量；召开总结表彰会，表彰先进，使精神文明创建活动深入扎实有成效。

（28）严格实行奖惩制。继续开展党员干部精神文明百分赛，从全村干部工资总额中提取$\frac{1}{3}$，作为奖励基金。抓思想政治工作好的干部，奖励年工资的 10%；无故教育缺席，1 次罚 5 元；参加赌博的，群众罚 500 元，党员罚 1000 元，干部罚 2000 元；有 1 人赌博或刑事犯罪，罚所有单位主管 2000 元，并取消评先进资格。

（29）确保资金投入制度。村以每年投资总量的$\frac{1}{3}$，用于精神文明建设，以健全教育设施，完善教育阵地，更新教育手段，逐步实现社区教育的现代化。

8. 加强领导，为精神文明建设提供有力的组织保证

（30）村成立党委领导下的精神文明建设领导小组，由党委副书记、宣传委员和常务副总经理等 5 人组成。公司、厂（场）队设政治辅导员，由支部书记或经理，厂（场）队长兼任。

（31）村党委研究作出精神文明建设决策；领导小组制订教育计划，组织实施村抓的大教育，检查指导下层组织实施小教育；各政治辅导员实施公司、厂（场）队的小教育，收集汇报情况；车间主任或班组长掌握车间、班组成员的思想情况，巩固发展教育成果，形成级级有人管、层层有人抓的工作网络。

（32）本规划在实行中，要根据形势和实践发展，不断调整完善。

三　后石村现代化村建设规划

金州区大魏家镇后石村，按照国家标准，1984 年底解决温饱，1991 年实现小康，1998 年省委、省政府授予"小康示范村"称号。1999 年，在辽宁省合作经济协会"现代化村研究组"第一次年会上，后石村党委提出了"拼搏十年，把后石村建成社会主义现代化新农村"的奋斗目标，规划时段为 2000~2009 年这十年。现在实施已近两年。在江泽民总书记"三个代表"重要思想指引下，在大连市第九次党代会提出率先基本实现现代化的奋斗目标鼓舞下，后石村党委决心率领广大的村民努力拼搏，争取提前两年，于 2007 年基本实现现代化村的目标，具体规划如下。

1. 指导思想

高举邓小平理论伟大旗帜，以江泽民同志"三个代表"重要思想为指导，坚持党的基本路线，坚持"两手抓两手都要硬"的方针，以发展为主体，以调整为主线，以改革和科技进步为动力，以强村富民为目标，抓住建设"大大连"的良好机遇，把精品果业做强做大，把海产养殖业做强做大，把外向型经济做强做大，内挖潜力，外求拓展，努力培育新的经济增长点，再经过 6 年的拼搏，把后石建成经济兴旺发达，社会全面进步，人民生活富有，村民素质优化，民主法制健全，生态环境良好的社会主义现代化新农村。

2. 奋斗目标和具体任务

（1）经济兴旺发达。总体要求是，经过 6 年的奋斗使全村的经济有一个较大发展，即

——社会总产值，从 1999 年的 6.5 亿元增加至 2007 年的 12 亿元。

——利税，从 1999 年的 4081 万元增至 2007 年的 8000 万元。

——外贸出口供货额，从 1999 年的 30213 万元增至 2007 年的 52000 万元。

——村级可支配财力，从 1999 年的 800 万元增至 2007 年的 1500 万元。

——农民人均收入，从 1999 年的 6889 元增至 2007 年的 15000 元。

——第一、第二、第三产业比重从 1999 年的 4∶65∶31 变化至 2007 年的 4∶56∶40。

具体来说，种植业，一要实现水利化，果树灌溉面积达 100%，粮谷作物达到 40%，而且以节水灌溉为主。二要实现机械化，播种、收割、运输、脱粒、翻地等主要作业全部机械化，种地不再用牲口。三要良种化，果树要

从以苹果为主向以杂果为主方向发展，全部栽种名优新品种；大田要以订单农业为主，加大新品种引入力度。四要加大科技推广和应用，发展精品农业，创造名牌产品，红富士苹果今年将获"绿标"。

水产业是我村最有潜力的产业之一。要从捕捞资源日益萎缩的实际出发，以发展养殖业为重点，实行工厂化养殖、港养和滩涂养殖三路出击，并将调整养殖品种，增加海珍品的养殖比重，做到常年有鲜活海产品向市场提供，有自己的拳头产品。

第二产业是我村的骨干产业，其所创造产值和利税均占2/3。今后几年，要根据入世后的新形势，瞄准市场，要本着科技含量高、耗能低、污染低的原则，以农产品深加工企业为重点，带动整个产业的发展，逐步提高产业化程度。对村内现有企业，要有计划、有步骤地加大技改力度，提高科技含量，使之适应市场经济的需要。当前，一要全面启动餐盒厂，再增半条生产线，实现年利润150万元；纸箱厂新上流水线要尽快投产，每年新增利润200万元；增加海参养殖力度，确保年增利润150万元。

第三产业要进一步开发。传统的运输业，要进一步扩大规模，提高效益。商业要有一个突破性发展，在水果、水产品经营上大做文章，向俄罗斯和东南亚开拓发展。滨海旅游和餐饮业也要积极发展，要建成大连市条件较好的海水浴场，发展有后石特色的餐饮业。

发展外向型经济是我们坚定不移的经济发展战略，要外引内联并举，发挥大连近郊的优势，在加工、贮运、外销方面培育新的经济增长点。

（2）社会全面进步。现代化村的重要特点，不仅是经济要发达，而且社会要全面进步。要在经济发展的基础上，有发达的社会事业，如便捷的交通、通讯、医疗、保险等，稳定的社会秩序，使人们享受高质量的生活。

参照国家及广东省、浙江省、江苏省、深圳市和大连市现代化指标体系，我们规划了6项具体指标：

——获得安全饮用水人口比重，继续保持100%。老百姓能否吃上合乎标准的安全用水，是社会进步的重要标志之一。我村在这方面早已达到100%。

——人均柏油路面积，从1999年的20平方米增至2007年的35平方米。

人均柏油路面反映交通事业发达情况。2000 年，我村人均柏油路面 30 平方米，规划 2007 年达到 35 平方米。

——电话普及率，从 1999 年的 56% 增至 2007 年的 85%。电话普及率反映通讯事业的发达程度。2000 年，我村电话普及率 60%，计划 2007 年达到 85%，基本上做到户户有电话。

——每千人拥有医生人数，从 1999 年的 1.3 人增至 2007 年的 2.6 人。每千人拥有医生数反映卫生事业发达程度。我村 2000 年为 1.3 人，计划到 2007 年达到 2.6 人，相当于国家现代化要求的 2.6 人标准。

——社会保险覆盖率，从 1999 年的 56% 增至 2007 年的 85%。社会保险事业发达与否，也是社会进步的一个重要方面。我村 2000 年社会保险覆盖率为 56%，到 2007 年，要达到 85%，接近国家和大连市规定的指标。

——治安案件立案数，从 1999 年 2 件/年减至 1 件/年。良好的治安秩序，关系到人们的生活安全，也是社会进步的标志，我们规划，到 2007 年，治安案件每年不能多于 1 件。通过这些指标的实现，体现我们后石社会事业的全面进步。

（3）人民生活富有。到 2007 年，人均收入要达到 11500 元，一般的家庭年收入都要达到 3 万~4 万元。除此之外，我们还有如下具体指标：

——恩格尔系数，从 1999 年的 35% 降至 2007 年的 30%。根据百户调查统计数据显示，2001 年为 35%，计划 2007 年降为 30%，接近目前发达国家水平。

——人均居住面积，从 1999 年的 30 平方米增至 2007 年的 40 平方米。我村 2000 年人均居住面积 30 平方米，计划 2007 年达到 40 平方米。

——楼房化比率，从 1999 年的 18% 增至 2007 年的 40%。不仅居住要宽敞，而且要舒适。1999 年，我村楼房化比例为 18%，计划 2007 年达到 40%。

——人均文化教育支出费用，从 1999 年的 997 元增至 2007 年的 1600 元。

——人均衣着费用支出，从 1999 年的 441 元增至 2007 年的 700 元。

此外，2007 年家庭拥有电脑率达到 40%，家庭拥有私人汽车率达到 30%。

（4）民主法制健全。我们要不断完善以德治村和依法治村。广大人民在

《宪法》的保障下，享有充分的民主权利，实行民主选举、民主决策、民主管理、民主监督。同时，村规民约将得到进一步完善和落实。具体包括：

——村民代表大会制度健全。

——村务八公开制度健全。

——村规民约不断完善。

（5）村民素质优化。现代化村要有现代化素质的村民。我们要坚持和发展"一条龙"教育，把提高村民的政治觉悟和道德水准放在首位，坚持不懈进行"三个主义"、"三观"和"三德"教育，使村民有较高的政治素质。具体指标如下：

——劳动力平均受教育年限，从 1999 年的 8 年提高到 2007 年的 10 年。这意味着，后石的新一代，将全部受完高中阶段（包括普通高中、职业高中、中专、技校等）教育，在后石普及 12 年教育，劳动力的文化素质进一步提高。

——同龄人大学在校人数，由 1999 年的 10‰增至 2007 年的 17‰。

——人口自然增长率，1999 年为 0.33‰，2007 年保持 1‰以下。

——人均期望寿命，从 1999 年的 67.5 岁提高到 2007 年的 75 岁。人均期望寿命是村民健康素质的体现。2000 年，我村的人均寿命是 67.5 岁，到 2007 年，应该达到 75 岁以上。

——人均拥有图书数，从 1999 年 0.83 册增至 2007 年的 3 册。图书拥有数是文化素质的表现之一。目前我村人均图书 0.83 册，计划到 2007 年达到人均 3 册，即村图书馆拥有各类图书 10000 余册，供居民借阅。

——劳动力中有技术职称的人数，从 1999 年的 8% 提高到 2007 年的 22%。经济的发展，必须要走依靠科技进步和提高劳动者素质的道路。目前，我村科技对农业的贡献率为 40%，计划到 2007 年达到 50% 以上，有职称的农民，从现在的 8% 提高到 2007 年的 22%，将来，逐步做到不论干工业的、种地的、搞旅游服务的，都有技术等级称号，并和工资报酬挂钩。

（6）生态环境良好。保持良好的生态环境，贯彻可持续发展原则，也是我们的基本国策。我们要为后人留下足够的发展空间。要使当代人和后代人生活在良好的生态环境中。具体指标如下：

——人均森林覆盖率由 1999 年的 63% 增加到 2007 年的 67%。

——太阳能、沼气利用户，由 1999 年的 220 户增至 2007 年的 500 户。

——粪便无害化处理率由 1999 年的 29% 提高到 2007 年的 90%。

——水土流失控制率，从 1999 年的 71% 提高到 2007 年的 80%。

这样，我们就可以使村民和子孙后代生活在美丽的花园式村庄之中，个个健康、幸福。

3. 实现规划的基本措施

（1）以江泽民同志"三个代表"重要思想和十五届六中全会精神为指针，进一步抓好党的建设，重点是抓好领导班子建设。江泽民同志在"十五大"政治报告中指出，把有中国特色的社会主义事业全面推向二十一世纪，关键在坚持、加强和改善党的领导，把党建设好。建设现代化村这一宏伟的任务，历史地落在我们这一代人身上，落在我们这一届领导班子的肩上，我们要不负历史的重托和人民的期望，努力实践"三个代表"，切实转变作风，拿出一种豁出去的拼搏精神，率领广大党员和群众，齐心协力奔向现代化。

（2）坚持以发展为主题，调整为主线。后石多年来的发展经验告诉我们，大发展大出路，小发展小出路，不发展没出路。6 条标准的全面实现，经济发展是基础，是保证，我们要紧紧抓住发展这一主题不放松。要根据"入世"后的新形势，市场变化的新需求，认真抓好经济领域的调整，看准了就要下决心及时调整，早调整早受益。

（3）要继续坚持"两手抓两手都要硬"的方针。现代化村，不仅需要经济的发达，更需要社会的全面进步。我们要从全面实践"三个代表"的高度，对抓好精神文明建设的重要意义进行再认识，更加自觉地坚持和完善我村的"一条龙"教育，不断赋予其新的内容，使其与时俱进。这样，我们才能真正做到用先进文化教育村民，用马克思主义占领农村思想文化阵地，进而为全村的经济发展提供强大的智力支持和精神保证。

（4）坚持科教兴村战略，广招人才。依靠科技进步，不断提高劳动者素质，是经济发展的必由之路。为此，总公司内将设立科技发展部，加大科技开发的力度。一要依靠地处大城市近郊、高校和科研单位对我村辐射方便的有利条件，注重引进高科技新项目、新品种。二要广泛吸收先进的科学技术成果为我所用，加强对现有从业人员的岗位技术培训，不断提高科技对经济发展的支持比重。

要实行广招人才的新观念，在通过送出去等办法加紧培训现有人才外，要关注人才市场信息，注重引进高层次经济管理、科技开发、市场开拓等方面的专门人才，以适应经济快速发展的需要。

（5）加强领导

建设现代化村，是我村今后一个时期的中心任务，是全村工作的大局。全村各项工作都要围绕和服务于这个中心。

为了加强对现代化村建设工作的领导，统筹协调各方面的工作，村成立现代化村建设领导小组。

组长：陈玉圭，负责全面工作。

副组长：王寿恒，负责村屯建设与管理，村民教育，生态环境建设与民主法制建设。

组员：单春娟，负责精神文明建设，村民教育。

　　　陈朝明，负责经济建设。

　　　董文章，负责财务管理。

　　　崔德权，负责经济建设。

　　　唐士远，负责协调。

后石村党委

后石村民委

2001 年 10 月 21 日

四　后石村 2001～2005 年科技发展规划（草稿）

邓小平同志曾明确指出："科学技术是第一生产力。"江泽民同志在"七一"讲话中指出："科学技术是第一生产力，而且是先进生产力的集中体现和主要标志。"后石村要建成社会主义现代化新农村，依靠科技是必由之路，真正使经济建设转移到依靠科技进步和提高劳动者素质的轨道上来。为此，特制定《后石村 2001～2005 年科技发展规划》。

1. 基本情况

后石村面积 11.22 平方公里，人口 3132 人。有粮田 900 亩，果园 2300 亩，各种果树 7.8 万株。海岸线长 6 公里，滩涂养殖面积 2500 亩，对虾养殖场 1500 亩。后石村以集体为主，村实业总公司拥有第一、第二、第三产业企业 26 家，另有外引内联企业 18 家。2000 年，全村社会总产值 73218 万元，利税 4382 万元，外贸出口供货额 33815 万元，人均收入 7234 元，村级可支配财力 800 万元。是两个文明协调发展的先进村，多次荣获国家、省、市表彰。

后石村的第一产业以水果、水产为主。

后石村 2300 亩果园，共有各类水果品种 51 个。苹果以红富士系列为主，桃子以无毛甜油桃为主，梨为优质的山水梨，其中 360 亩为精品果园，在大连市精品农业拉练中获果园项目奖。后石果树在管理中，推行了套袋、铺反光膜、磁铁防腐、生物和人工结合授粉、刻剥拉等一系列新技术。红富士苹果 1998 年获"辽宁省金奖"，1999 年获中国国际农业博览会"名牌产品"，今年获国家"绿色食品"标志。

后石水产业，初步形成了育苗、养殖、捕捞、加工"一条龙"作业。村海珍品育苗室，2000 年被辽宁省海洋与渔业厅定为"辽宁省水产养殖产业化项目墨西哥湾扇贝育苗及养殖示范基地"。1997 年，村建起拥有 3000 平方米面积的牙鲆鱼养殖场，实行工厂化养鱼，1998 年试养成功、1999 年自行育苗获得成功，现在以出售牙鲆鱼苗为主。2500 亩滩涂，盛产杂色蛤。从去年冬开始，扩大海参养殖面积，增加海珍品养殖比重。1500 亩虾池，也有近 1/3 的面积改养海参，以提高虾场效益。

通过上述努力，后石村于 2000 年底，被评为"中国农业精品村"。

第二产业是后石村的骨干产业，产值、利税均占 2/3。其中科技含量较高的企业有大连后石纸模包装有限公司，生产纸模餐具，设备及工艺先进。后石福利包装材料厂今年新上一条瓦楞纸生产线，使企业素质有很大提高。金刚石厂通过提高强体，进一步提高了产品质量。

第三产业是后石的新兴产业。以运输业和滨海旅游、餐饮业为主，发展前景广阔。全村第一、第二、第三产业劳动力之比为1∶1.98∶0.910。全村青壮年中无文盲。本村人口中具有大专以上学历的4人，中专以上22人，获各种技术职称80人。

按国家规定标准，后石村1984年实现温饱，1991年达到小康。1999年，村党委提出了"拼搏十年，把后石建成社会主义现代化新农村"的奋斗目标，共6条标准、30个具体指标。在江泽民同志"三个代表"重要思想指引下，在大连市第九次党代会提出的"率先基本实现现代化"宏伟目标鼓舞下，村党委正率领全体村民奋力拼搏，力争提前两年，于2007年实现现代化村的建设目标。

2. 指导思想

高举马列主义、毛泽东思想、邓小平理论伟大旗帜，以江泽民同志"三个代表"重要思想为指针，坚定不移地贯彻执行科技兴农、科技强村的发展战略，以抓组织、抓规划、抓投入、抓人才、抓阵地为主要内容，以科技为动力，为提前建成社会主义现代化新农村而努力奋斗。

3. 目标与任务

总体目标：

通过提高认识、健全组织、科学规划、加大投入、广招人才等措施，在广大党员、干部和群众中深扎"科技是第一生产力"的根子，加速科技强村的步伐，做到企业年年有科技新项目，职工年年掌握实用新技术，争取在5年内，使科技对后石经济的贡献率由现在的40%提高到50%。

具体任务：

（1）以科技为先导，推动农业现代化的早日实现。

①加大种植业品种更新的力度。大田基本上实现订单农业，引进高效益新品种，玉米、地瓜面积降至5%。

②果树由苹果为主向以杂果为主发展，早、中、晚熟品种合理搭配，开展保鲜贮藏业务，做到四季有鲜果上市。同时，推广系列新技术，使各类果品全面达到"绿标"标准，增加效益，打开国内外市场。

③水产业要依靠科技，调整养殖品种，在海产养殖上取得新的突破。

滩涂养殖，要完成品种改造和优化，努力增加海珍品养殖比重。同时做到水体物质和能量的输入、输出代谢达到平衡，实现可持续发展。

工厂化养殖，一要增加新的海珍品品种（如工厂化养殖鲍鱼），二要提高单位水体的载鱼量，增加养殖效益。

港养要从品种调整上形成突破。重振虾场雄风，成为我村水产养殖业的新经济增长点。

深海网箱养鱼被称为养殖业的第四次浪潮。要在总结过去近海网箱养鱼经验的基础上，有步骤地开展深海网箱养鱼试点。

④发展保护地作业。在现在少量大棚温室花卉栽培的基础上，5年内达到150亩。

⑤加快农业机械化进程。5年内实现播种、中耕、收获、脱粒、翻地、运输机械化，种地不再用牲口。

⑥发展生态农业。一是加大农家肥使用量，逐步减少化肥使用量。二是依靠科技提高生物防治比例，2005年达到20%，禁用剧毒、高残留农药。

（2）加大技改力度，努力提高工业企业素质，形成带动产业化发展的"龙头"企业。质量是工业企业的生命线，高质量的产品来自于科技水平的不断提高和严格的企业管理。因此，加大企业技改力度，是今后5年工业企业的主攻目标。

①大连后石纸模包装有限公司要在高起点开局的基础上，继续保持优势，扩大市场占领份额。5年内，面碗要增一条生产线，餐盒要努力增加规格品种，全面走向市场。

②福利包装材料厂继续完成技改配套，实现由一般包装向多规格精包装方向转化。

③水产品加工厂通过技术嫁接实现转产。

④充分利用本地资源，围绕农产品深加工建成龙头企业，带动本村及周边地区农业产业发展，增长加工增值链条。

⑤在对市场需求做好充分调研的基础上，抓住机遇，组建科技含量高、低污染、适销对路的新企业。

⑥继续坚持外向牵动战略，引进规模大、科技含量高、无污染的新项目。

（3）大量发展第三产业，着力培育新的经济增长点。

①抓住入世机遇，大力发展商贸业，充分利用后石品牌优势，努力拓展水果、水产品的外销渠道。

②在搞好市场调研的前提下，有计划、有步骤地发展我村运输业。在科学运筹中进一步提高效益，使之成为本地区运输业的骨干企业。

③通过科学规划，进一步发展我村旅游业，建成大连市近郊条件较好的海滨浴场，开展"后石一日游"综合旅游项目，发展农家旅游业务。5 年内，第三产业在全村经济中所占百分比要增加七个百分点。

4. 主要措施

（1）提高认识，加强领导。村党委将组织两委班子和厂队长，进一步学习和领会"科技是第一生产力"的有关论述，进一步增强科技意识，强化依靠科技发展经济的观念。改革开放和依靠科技两个主动轮同时加力，推动后石经济的跨越式发展。

在村党委领导下，总公司内增设"科技发展部"，其主要职责是：①按照村党委要求，制定并负责实施本村科技发展规划。②为村党委发展科技事业的有关决策当好参谋，提出具体实施意见。③利用大城市近郊高校与科研单位较多的地域优势，主动联系，采取多种形式，争取高校和科研单位的支持，吸收并运用更多的科技成果。④组织科技讲座及科普宣传活动，把学好科技作为建设学习型村组的重要内容之一。⑤指导并考核各企业职工岗位培训、实施技术培训情况。

（2）增加科技投入，促进科技事业发展。村科技专项经费，力争数额达到村级可支配财力的 10% 即每年有 100 万元经费，用于科技开发、科学实验、科技设备仪器购置、科普宣传教育活动。

（3）努力建设一支适应科技事业发展的人才队伍。现代化科技由各种专门人才来掌握。人力资源是第一资源。在今后 5 年内，要千方百计培养一支基本上与科技事业发展相适应的人才队伍。一是聘请有实践经验的高级技术人员，要选准选精。二是要利用开放人才市场的契机，招聘外地大学生，要专业对口，安心在后石工作，经过实践锻炼成为专门技术人才。三要努力培养本村人才，从青壮年知识农民中，选拔有事业心、有培养前途的人，送往大中院校进行委托培养。四要大力搞好劳动力岗位培训，学习本企业实用技术，努力提高吸收、消化和掌握一定实用技术的劳动者。5 年内，有职称的劳动力要从目前的 8% 增加到 18%，并把职工的职称和技术等级同报酬挂起钩来。当前，首要的是对财会人员进行微机操作培训，两年内实现财会管理微机化。

（4）加强科技阵地建设。要把科技阵地建设作为全村精神文明建设的重要内容，在村屯建设中优先加以考虑。5 年内，在村内建成科技中心楼（含图书馆），成为科技培训、科技信息、科技资料、科技活动的中心，形成一个全村人人学科技、讲科技、用科技、靠科技致富的新局面。

后石村党委

后石村民委

2001 年 10 月 31 日

五 后石村村民文明守则

1. 爱党爱国，为人之本，热爱集体，勇于奉献。
2. 遵纪守法，遵守公德，自尊自爱，自律自重。
3. 爱岗敬业，诚实守信，开拓进取，崇尚先进。
4. 敬老爱幼，扶贫帮困，家庭和睦，邻里团结。
5. 移风易俗，计划生育，勤俭节约，文明持家。
6. 与人为善，敬重宾客，礼貌待人，用语文明。
7. 爱护公物，保护绿地，讲究卫生，维持秩序。
8. 弘扬正气，爱憎分明，见义勇为，祛恶扬善。

六 后石村企业职工文明守则

1. 爱党爱国，爱厂如家，诚实劳动，甘于奉献。
2. 敬业爱岗，不断进取，学好科技，当好主人。

㊸2005 年，辽宁省发展研究中心授予后石村"农村先进观察点"

3. 全国性荣誉

①1986 年，后石村党支部作为先进党支部，出席全国先进党支部经验交流会

②1986 年，国家计生委授予后石村"全国计划生育先进集体"

③1989 年，国家林业部授予后石村林场"先进乡村林场"

④1992 年，在全国农民运动会上，农业部、体委评定后石村"全国农民体育运动先进村"

⑤1994 年，农业部授予后石村"全国最佳经济效益乡镇企业"

⑥1995 年，民政部授予后石村民委员会"全国模范村民委"

⑦1995 年，农业部、外经贸部授予后石村"全国出口创汇先进乡镇企业"

⑧1995 年，全国绿化委员会授予后石村"造林绿化千佳村"

⑨1995 年，中共中央政策研究室、农业部授予后石村"全国农村先进观察点"

⑩1996 年，中国小康村促进会授予后石村"小康示范村"

⑪1997 年，中共中央政策研究室、农业部授予后石村"全国农村先进观察点"

⑫1999 年，中央文明委授予后石村"全国创建文明村镇工作先进单位"

⑬2000 年，中国村社发展促进会授予后石村"中国农业精品村"

⑭2000 年，中央政策研究室、农业部授予后石村"全国先进农村固定观察点"

⑮2002 年，中央政策研究室、农业部授予后石村"全国先进农村固定观察点"

⑯2003 年，省市区档案局通知，后石村档案室被国家档案局定为全国农村档案工作联系点

⑰2005 年，全国全面建设小康社会科学论坛组委会授予后石村"全面建设小康社会百佳名村"

此外，后石村事业的成功，引起党和国家领导人的关注，吸引国内外客

人到后石村参观调查。20世纪80年代，中央政治局书记处书记邓力群、中顾委常委伍修权、中央政治局常委宋平，先后到后石村考察；孟加拉国总统艾尔萨德、联合国人口基金会主席罗米，先后来这里访问。1990年代，中央政治局常委、全国人大常委会委员长乔石，原全国人大副委员长费孝通，先后到后石村视察；在大连召开的全国计生工作会议，与会人员到后石村参观调研；43国驻华武官到后石村访问。进入21世纪，亚欧美17国40多位研究女性文化的专家学者，聚会后石村，调研后石村女性文化。自1980年代至今，全国除澳门、西藏之外的各省、市、自治区和世界40多个国家的政要、民间友人70多万人，到后石村参观调查。这虽不是荣誉，但同样令后石人荣耀。

（二）陈玉圭改革开放以来所获市级以上荣誉

1. 市级荣誉

①1982年，大连市委授予"优秀共产党员"

②1985年，大连市政府授予"市特等劳动模范"

③1986年，大连市政府授予"市特等劳动模范"

④1986年，大连市委授予"市优秀共产党员"

⑤1988年，大连市政府授予"市特等劳动模范"

⑥1988年，大连市委授予"市优秀党总支书记"

⑦1988年，大连市政府授予"市优秀乡镇企业家"

⑧1990年，大连市政府授予"市特等劳动模范"

⑨1990年，大连市政府授予"市优秀乡镇企业家"

⑩1990年，大连市委授予"市优秀共产党员"

⑪1992年，大连市政府授予"市特等劳动模范"

⑫1992年，大连市政府授予"市第四届最佳乡镇企业家"

⑬1994年，大连市政府授予"市特等劳动模范"

⑭1994年，大连市政府授予"市第五届最佳乡镇企业家"

⑮1995年，大连市委授予"市优秀党务工作者"

⑯1996年，大连市政府授予"市特等劳动模范"

⑰1998年，大连市政府授予"市明星乡镇企业家"

⑱1998 年，大连市政府授予"市特等劳动模范"

⑲2000 年，大连市政府授予"市特等劳动模范"

⑳2002 年，大连市政府授予"市特等劳动模范"

㉑2003 年，大连市市委宣传部授予"大连市基层学习型个人标兵"

㉒2003 年，大连市委宣传部、市思想政治工作研究会授予 2002～2003 年"优秀思想政治工作者"荣誉称号

㉓2003、2004 年，大连市政府授予"市特等劳动模范"

2. 省级荣誉

①1986 年，辽宁省委授予"优秀共产党员"

②1987 年，辽宁省委授予"百名优秀党支部书记"

③1987 年，辽宁省政府授予"特等劳动模范"

④1989 年，辽宁省政府授予"劳动模范"

⑤1990 年，辽宁省政府授予"特等劳动模范"

⑥1991 年，辽宁省政府授予"优秀乡镇企业家"

⑦1992 年，辽宁省政府授予"特等劳动模范"

⑧1994 年，辽宁省政府授予"最佳乡镇企业家"

⑨1996 年，辽宁省政府授予"省优秀乡镇企业家"

⑩1997 年，辽宁省总工会、辽宁职工报社授予"省十大新闻人物"

⑪1998 年，辽宁省政府授予"省明星企业家"

⑫1999 年，辽宁省政府授予"省特等劳动模范"

⑬2002 年，辽宁省委授予"优秀村党委书记标兵"

⑭2002 年，辽宁省纪委授予"勤政廉政标兵"

3. 东北三省荣誉

1988 年，东北三省企业家组织授予"东北三省优秀农民企业家"

4. 全国性荣誉

①1986 年，作为优秀共产党员和先进党支部代表，出席全国先进党支部和优秀党员事迹经验交流会，受到邓小平等党和国家领导人接见，并合影留念

②1989 年，国务院授予"全国劳动模范"

③1992 年，作为"全国农民体育运动先进村"的代表，出席在湖北孝

感市召开的全国农民运动会，从田纪云副总理手中接过"先进村"奖状

④1995 年，国务院授予"全国劳动模范"

⑤1999 年，作为全国计划生育工作先进集体代表，出席"党中央提倡一对夫妇只生一个孩子，给共产党员、共青团员的一封信发表十周年"座谈会，在会上发言，受到江泽民等党和国家领导人接见，并合影留念

⑥2000 年，国务院授予"全国劳动模范特邀代表"

⑦2000 年，新华社《半月谈》杂志社授予"1999 年度《半月谈》思想政治工作创新奖特等奖"

⑧2001 年，中组部授予"全国优秀党务工作者"

⑨2001 年，农业部授予"第四届全国乡镇企业家"

⑩2003 年，农业部主管的中国村社发展促进会授予"全国优秀村官"

⑪2004 年，农业部授予"全国优秀企业家"

⑫2004 年，由中国九大文化组织和中国市长协会联合组成的第四届中国世纪大采风活动组委会授予"中华优秀人物"

⑬2004 年，经中国企业家协会研究审定，自 2 月 2 日起，正式选入中国优秀企业家数据库

⑭2005 年，全国全面建设小康社会科学论坛组委会授予"全面建设小康社会十大改革人物"

此外，陈玉圭任过一届市委候补委员、一届市委咨询委员、两届省委咨询委员，当过一届省人大代表，是连续 20 年的市人大代表，被大连地区十所军地院校邀请为名誉教授，出国访问过美、日、朝、韩、俄、英、法、德、加蓬、西班牙等十国，进京参加过十多次全国性会议，八次受到邓小平、江泽民、胡锦涛和乔石、李鹏、李瑞环、朱镕基、温家宝接见，六次与邓小平、江泽民、胡锦涛和乔石、温家宝等党和国家领导人合影留念。

附：

统计悟语

后石村 1982 年进入省先进行列，至 2005 年的 23 年间，村集体共获得市、省、全国性荣誉 101 次，给人以诸多感悟。

　　第一，1979 年起，中国农村沐浴党的十一届三中全会路线方针政策的阳光雨露，后石村 1982 年喜获省市荣誉。荣誉是对前几年工作的认可。后石人奋斗 3 年多就获取省市 3 项大奖，说明村两委班子和广大村民，自改革开放之日起，就有一等的工作姿态，作出了一等的工作努力，才取得了一等的工作业绩。

　　第二，后石村荣誉统计，舍弃了区镇两级授予后石村集体近百次荣誉，授予陈玉圭 80 多次荣誉。一来显示荣誉量的规模，二来突出所获荣誉的层次。后石村 1979 年起做改革开放工作，第四年即进入省市先进行列，第六年就荣获两项国家级桂冠。此后 19 年，又先后获得 14 次全国性荣誉，可见层次之高。

　　第三，后石村荣誉涉及方方面面，由此可见后石村发展的全面性。村集体 101 次获奖中，经济建设 20 次，政治建设 5 次，文化建设 24 次，社会建设 5 次，党的建设 16 次，计划生育 4 次，生态环境建设 4 次，综合性工作 21 次。奖项分类表明，后石村发展，是经济、政治、文化、社会四位一体全面发展，体现了以人为本，全面、协调、可持续发展的科学发展观。

　　第四，后石村 1982 年起获得省市荣誉，此后的 20 多年，除 1985 年外，每一年都有新的荣誉。这说明后石村事业具有兴旺发展的连续性。

　　第五，一个知名的先进村，必有一个知名的杰出领头人。历任后石村党支部、党总支、党委书记 38 年，现任党委副书记、总公司总经理的陈玉圭，就是集大连市、辽宁省乃至全国性百余项荣誉于一身的后石村模范领头人。他的 52 次市、省、全国性荣誉，充分展示他在集体荣誉中的重要贡献。可以说，没有陈玉圭个人的显耀荣誉所蕴涵的创造性工作，就难有集体的百多殊荣。

　　第六，后石村荣誉，是党和国家、地方各级党委政府对后石村领导班子和广大村民的鼓舞、激励和鞭策。从村荣誉室"成就荣誉昭过去，创业登攀塑未来"、"与时俱进求发展，开拓创新再建功"的主题语里，使人感悟到这种鼓舞、激励和鞭策，对村领导班子来说，已经不断鼓舞起新的高昂斗志，激励起新的进取精神，鞭策成"不用扬鞭自奋蹄"的精神状态。由此想见，后石村的未来，一定会获得更多的荣誉！

参 考 文 献

黄宗智主编《中国乡村研究》，社会科学文献出版社，2005。

A. 恰亚诺夫：《农民经济组织》，中央编译出版社，1996。

费孝通：《乡土中国》，三联书店，1985。

费孝通：《江村经济：中国农民的生活》，江苏人民出版社，1986。

中央政策研究室、农业部农村固定观察点办公室主编《金州湾畔——辽宁省大连市后石村》，中国农业科技出版社，1998。

柳中权：《建设"大大连" 推进城乡一体化》，《大连日报》2003 年 5 月 19 日。

辽宁省/大连市/金州区农村固定观察点办公室：《思维节拍——陈玉圭讲话文稿论文辑录》，2001。

沈火田、乔兴义主编《后石村 昨天，今天，明天》，大连理工大学出版社，1992。

大连市农村固定观察点办公室、金州区固定观察点办公室：《辽宁省大连市金州区后石村农村调查长期固定观察点资料汇编（一九九八年度）》，1999。

大连市农村固定观察点办公室、金州区固定观察点办公室：《辽宁省大连市金州区后石村农村调查长期固定观察点资料汇编（一九九九年度）》，2000。

大连市农村固定观察点办公室、金州区固定观察点办公室：《辽宁省大连市金州区后石村农村调查长期固定观察点资料汇编（二零零一年度）》，2002。

中共大连市委宣传部：《1999 年度"〈半月谈〉思想政治工作创新奖"候选人陈玉圭同志的推荐材料》，2000。

孙兆霞等著《屯堡乡民社会》，社会科学文献出版社，2005。

陆学艺主编《内发的村庄》，社会科学文献出版社，2001。

邓鸿勋、陆百甫：《走出二元结构——农民就业创业研究》，中国发展出版社，2004。

李培林：《农民工——中国进城农民工的经济社会分析》，社会科学文献出版社，2003。

刘怀廉：《农村剩余劳动力转移新论》，中国经济出版社，2004。

王沪宁：《当代中国村落家族文化》，上海人民出版社，1999。

王铭铭：《村落视野中的文化与权力》，生活·读书·新知三联书店，1997。

梁景之：《清代民间宗教与乡土社会》，社会科学文献出版社，2004。

毛育刚：《中国农业演变之探索》，社会科学文献出版社，2001。

吴大华：《民国乡村建设运动》，社会科学文献出版社，2000。

曹锦清等：《当代浙北乡村的社会文化变迁》，上海远东出版社，2001。

〔美〕施坚雅：《中国农村的市场和社会结构》，中国社会科学出版社，1998。

〔美〕弗里曼等：《中国乡村，社会主义国家》，社会科学文献出版社，2002。

黄树民：《林村的故事》，生活·读书·新知三联书店，2002。

〔美〕黄宗智：《华北的小农经济与社会变迁》，中华书局，2000。

〔美〕黄宗智：《长江三角洲小农家庭与乡村发展》，中华书局，2000。

徐勇：《乡村治理与中国政治》，中国社会科学出版社，2003。

中国社会科学院农村发展研究所组织与制度研究室：《中国村庄的工业化模式》，社会科学文献出版社，2002。

侯建新：《农民、市场与社会变迁》，社会科学文献出版社，2002。

吴毅：《村治变迁中的权威与秩序》，中国社会科学出版社，2002。

周晓虹：《传统与变迁》，生活·读书·新知三联书店，1998。

张静：《基层政权》，浙江人民出版社，2000。

程同顺：《中国农民组织化研究初探》，天津人民出版社，2003。

曹锦清：《黄河边的中国》，上海文艺出版社，2000。

唐军：《蛰伏与绵延》，中国社会科学出版社，2001。

肖唐镖：《村治中的宗族》，上海远东出版社，2001。

中国社会科学院农村发展研究所、国家统计局农村社会经济调查总队：《2003～2004 年：中国农村经济形势分析与预测》，社会科学文献出版社，2004。

唐鸣：《村委会选举问题研究》，中国社会科学出版社，2004。

贺雪峰：《乡村治理的社会基础》，中国社会科学出版社，2003。

陈桂棣、春桃：《中国农民调查》，人民文学出版社，2004。

张晓山等：《联结农户与市场》，中国社会科学出版社，2002。

王春光：《中国农村社会变迁》，云南人民出版社，1997。

于建嵘：《岳村政治》，商务印书馆，2001。

程贵铭、束启臻主编《当代中国农民社会心理研究》，首都师范大学出版社，2000。

中国农村发展问题研究组编《农村·经济·社会》（第二卷），知识出版社，1985。

中国农村发展问题研究组编《农村·经济·社会》（第三卷），知识出版社，1985。

中国农村发展问题研究组编《农村·经济·社会》（第四卷），知识出版社，1985。

中国农村发展问题研究组：《农村经济变革的系统考察》，中国社会科学出版社，1984。

邓志伟：《家庭社会学》，中国社会科学出版社，2001。

李桂海：《家庭文化概论》，湖南师范大学出版社，1998。

王铭铭：《走在乡土上》，中国人民大学出版社，2003。

陆学艺主编《当代中国社会阶层研究报告》，社会科学文献出版社，2002。

〔美〕詹姆斯·C. 斯科特：《农民的道义经济学》，译林出版社，2001。

〔俄〕恰亚洛夫：《农民经济组织》，中央编译出版社，1996。

杜润生：《中国农村制度变迁》，四川人民出版社，2003。

〔英〕安东尼·吉登斯：《社会的构成》，生活·读书·新知三联书店，1998。

邓正来：《国家与市民社会》，中央编译出版社，1999。

王新生：《市民社会论》，广西人民出版社，2003。

陆学艺等：《社会结构的变迁》，中国社会科学出版社，1997。

郭于华：《"道义经济"还是"理性小农"》，《读书》2002年5月。

姚洋：《村庄民主与全球化》，《读书》2002年4月。

新望：《透析苏南·田野札记》，《读书》2001年3月。

杜赞奇：《文化、权力与国家》，江苏人民出版社，1994。

费孝通、张之毅：《云南三村》，天津人民出版社，1990。

富永健一：《社会学原理》，岩波书店，1986。

李国庆：《日本农村的社会变迁》，中国社会科学出版社，1999。

陆学艺主编《改革中的农村与农民——对大寨、华西等13个村庄的实证研究》，中共中央党校出版社，1992。

石田浩：《中国农村的历史与经济——农村变革实录》，关西大学出版社，1991。

王颖：《新集体主义：乡村社会的再组织》，经济管理出版社，1996。

折晓叶：《村庄的再造》，中国社会科学出版社，1997。

T. B. 巴特摩尔：《精英与社会》，尤卫军译，社会理论出版社，1990。

蔡宏进：《乡村社会学》，台北：三民书局，1989。

王荣武、王思斌：《乡村干部之间的交往结构分析——河南省一乡三村调查》，《社会学研究》1995年第3期。

王荣武：《乡村干部与农村政策运行——河南省花乡的实地研究》，北京大学社会学系硕士论文，1996。

庞树奇、范明林：《普通社会学理论》，上海大学出版社，1998。

王宽让、贾生华：《传统农民向现代农民的转化》，贵州人民出版社，1994。

中国社会科学院农村发展研究所组织与制度研究室：《大变革中的乡土中国》，社会科学文献出版社，1999。

朱玉湘：《中国近代农民问题与农村社会》，山东大学出版社，1997。

〔美〕阿列克斯·英克尔斯：《从传统人到现代人》，顾昕译，中国人民大学出版社，1992。

〔美〕埃弗里特·M. 罗吉斯、拉伯尔·J. 伯德格：《乡村社会变迁》，王晓毅、王地宁译，浙江人民出版社，1988。

王少哲：《中国农村社会学》，学苑出版社，1990。

贾德裕、朱兴农：《现代化进程中的中国农民》，南京大学出版社，1998。

邹农俭：《中国农村城市化研究》，广西人民出版社，1998。

中国社会科学院农村发展研究所、国家统计局农村社会经济调查总队：《1998～1999 年：中国农村经济形势分析与预测》，社会科学文献出版社，1999。

郑杭生：《当代中国农村社会转型的实证研究》，中国人民大学出版社，1996。

孙嘉明：《观念代差——转型社会的背景》，上海社会科学院出版社，1997。

陆学艺：《中国社会学年鉴》（1989～1993），中国大百科全书出版社，1994。

中国大百科全书总编辑委员会《社会学》编辑委员会编《中国大百科全书·社会学》，中国大百科全书出版社，1991。

〔美〕尼尔斯梅尔瑟：《经济社会学》，方明译，华夏出版社，1989。

〔法〕莫里斯·迪韦尔热：《政治社会学》，杨祖功、王大东译，华夏出版社，1987。

〔英〕安德鲁·韦伯斯特：《发展社会学》，陈一筠译，华夏出版社，1987。

吴寒光：《社会发展与社会指标》，中国社会出版社，1991。

陈光金：《中国乡村现代化的回顾与前瞻》，湖南出版社，1996。

陈吉元：《中国农村社会经济变迁》（1949～1989），山西经济出版社。

郭庆：《现代中的农村剩余劳动力转换》，中国社会科学出版社，1993。

周如昌：《农村发展社会学》，蓝天出版社，1989。

龚永林、张业清：《当代中国农村社会发展大趋势：农村社会学研究》，广西师范大学出版社，1992。

李路路、王奋宇：《当代中国现代化进程中的社会结构及其变革》，浙江人民出版社，1992。

〔法〕H. 孟德拉斯：《农民的终结》，李培林译，社会科学文献出版社，2005。

秦晖：《秦晖文选：问题与主义》，长春出版社，1999。

陆学艺主编《中国社会发展报告》，辽宁人民出版社，1982。

同春芬：《中国农村社会结构转型问题研究》，三秦出版社，2001。

王瑞璞：《中国改革报告》下卷，中国经济出版社，1997。

李培文：《中国现代化进程中农民身份转化面临的困境和出路》，《农业现代化研究》2001 年第 5 期。

郭书田：《再话当今的中国农民问题》，《农业经济问题》1995 年第 10 期。

吴忠民：《论社会结构的优化》，《江流论坛》1991 年第 6 期。

庄平：《对我国农村发展不平衡的几点认识》，《文史哲》1996 年第 4 期。

邹农俭：《社会结构的重组、矛盾及其调整》，《社会科学》1991 年第 8 期。

温家宝：《关于新时期的农民问题》，《求是》1995 年第 24 期。

李路路：《社会结构的转型：结构主体和结构规则的变革》，《社会学研究》1992 年第 5 期。

张宛丽：《非制度因素与地位获得——并论现阶段中国社会分层结构》，《社会学研究》1996 年第 1 期。

〔美〕赖特·米尔斯：《社会学与社会组织》，浙江人民出版社，1986。

〔德〕得特勒夫·霍尔斯特：《哈贝马斯传》，章国锋译，东方出版中心，2000。

郭书田、刘纯彬：《失衡的中国》，河北人民出版社，1990。

〔日〕田岛俊雄著《中国农业的结构与变动》，李毅等译，经济科学出版社，1998。

徐勇：《中国农村村民自治》，华中师范大学出版社，1997。

〔美〕塞缪尔·P. 亨廷顿：《变化社会中的政治秩序》，王冠华等译，三联书店，1989。

后　　记

　　第一次走进辽南"第一村"后石村是在 2004 年 3 月 12 日。那天，当我们驱车到达后石的时候，首先映入眼帘的是一片整齐而又气派的颇具现代化风格的建筑群，抬眼远眺，前方便是青山相抱、绿水环绕的后石果园、近海养殖场……，缓慢行驶在宽阔的柏油路上，尽情地观赏着周围的自然、人文美景。一座座农家生态庭院掩映在绿树丛中，一个个农民公园、农村文化广场亮丽夺目，一片片工业园区建设场面热火朝天……幽雅宁静的自然环境、天然生态的绿色屏障，和工厂里热火朝天的工作场面以及堆积如山的产品交相辉映，给人一种以前从未体验过的、惊奇的感觉。或许大多走在田野进行人类学、社会学研究工作的人在初次与自己的被研究对象接触时都有如此的体会吧。

　　之后，我们用一个月的时间对后石进行考察，在对本课题做了大量前期论证的前提下，向总课题组递交了立项报告。令人深受鼓舞的是，"中国百村经济社会调查"总课题组很快批准了我们选择后石村作为子课题的立项。课题组的全体同仁众志成城，凭借团结、协作、奉献的探索精神，在对后石进行了两年零八个月的调查、访问后，如期完成了摆放在读者面前的这部"和谐渔村"的撰著。

　　现在看来，当初在立项时所确定的从村庄的历史事实入手，运用社会学、人类学、民俗学等学科研究方法分析村庄其固有的人情网络与社区文化圈是符合实际的，也是本课题后来顺利进行参与观察与田野调查的一个重要的序幕。但是不可否认的是这个过程要花去相当长的一段时间来取得村民们的理解，博得村民们的信任。因为在某一确定的区域社会情境中，主位与客位达到一种和谐的共处并非易事。正如马林诺斯基所言："研究者和他的研究对象，在生活上必须打成一片，在同一个屋顶下居住，在同一张餐桌上一起吃饭，用当地的语言交流，对当地的日常生活细节以及影响整个当地社会的重大事件，做细腻的观察和记录，体会当地人在意识上的差异和冲突。"实际上就是要求研究者深入到被研究对象的日常生活、生产过程之中，与他们建立起社会联系，进行行为、情感上的沟通和交流，以获取丰富翔实的原始资料。也许最为重要的就是在面临一种环境时，更多地应该从研究者，即客位的角度来做出调整适应已有的被研究者，即主体文化。因为前者往往是被动的，后者则是主动的。就所处的村庄社会事实和文化变迁而言，要融入主体文化的生活，研究者自身必须在村民的视野里忘掉自我研究者的角色，努力去承担新的角色，不断地进行移情体验，才可能缩短与村民及其文化事实的距离直至最后成为被研究对象的一分子。也就是说在进行人类学、社会学的田野调查时必须得充分体现出主我对客我，即研究者于被研究者的切合实际情况的理性关怀来。目前仍在持续进行的调查与研究中，对村庄的社会事实的关注与付出已经证明了我们做法的有效性。

应该说，本书的顺理成章，凝结着课题组全体同仁的务实作风和审慎学风。为了获得第一手资料，辽宁省社科院民俗研究所的徐海燕老师不辞辛劳，多次自费往返在沈阳和大连之间，挖掘了许多珍贵的第一手资料；大连大学经济与社会发展研究中心的徐世玲主任自始至终为课题的顺利完成提供物质上的帮助；大连大学的舒红霞博士、郑燕博士、何燕侠博士、阎保平教授、于传玲副教授、张玉霞副教授、王晓莱副教授、温向丽硕士、大连民族学院的师颖新博士、大连市社科院的祁咏梅等，都能在经费紧张、交通不便的现实困难面前，坚持深入村庄实际考察，并为课题顺利地结题付出了艰辛的劳动和汗水。

特别值得一提的是后石村的老书记陈玉圭。从课题开始的第一天起，陈书记就给予极大的支持和关怀，他多次指示办公室全力配合课题组的工作。尤其是当课题进展到中期阶段遇到经费困难时，陈书记毫不犹豫地解了燃眉之急，使课题得以顺利完成。在此对陈老书记表示诚挚的谢意。

在课题组的调研过程中，最应该感谢的是大连陆军学院的沈火田教授，他不仅自己二十年如一日地坚守着后石这块阵地，为后石村的发展呕心沥血、默默奉献，而且在课题组开展工作时，为课题组提供了很多无私的帮助。两年多来，不管什么时候，只要课题组成员下去调查、访问，沈教授总是不厌其烦、任劳任怨地给大家提供各方面的需要，尤其是他为课题组提供了一些鲜为人知的宝贵资料。

衷心感谢辽宁社会科学院前任院长彭定安先生的悉心教诲，本项目从选题到最后定稿的全部过程，都倾注了老院长热情的关怀，尤其是在本书统稿的关键时刻，彭先生对书稿的结构提出了许多建设性的建议，作者深表谢意。

特别感谢大连理工大学的柳中权教授，感谢中国管理科学研究院农业经济技术研究所所长郭书田先生、大连大学的葛志毅教授，在本书的撰著过程中，他们给予作者以热情的鼓励与帮助。

感谢后石村所有的村民和外来务工者，应该说，在我们调查的两年多时间里，热情好客的后石人给了我们最大的关爱和支持。作者十分感谢！

感谢大连大学文秘专业2001级的同学们，他们贡献了暑假，与村民们同吃同住，帮我们完成了604份问卷的访问工作。尤其是侯小娟、杜小丽、张宇等同学，他们不仅撰写了调查报告，而且还参与了大量问卷的整理和数据分析工作。

感谢大连大学女子学院院长单艺斌教授，有关后石村的调查数据的分析、处理，凝结着她无私的劳动！

感谢中国海洋大学海洋发展研究院的韩立民副院长、庞玉珍副院长、法政学院徐祥民院长的鼎力支持！中国海洋大学"985工程哲学社会科学创新基地"、中国海洋大学"教育部人文社会科学重点研究基地"、中国海洋大学海洋发展研究院为本书提供了出版资助！

感谢所有的学术前辈和同行专家，他们在此领域中的研究成果都是本书的重要参考，在此不能一一举例，一并表示谢意。

作　者

2006 年 12 月

图书在版编目(CIP)数据

和谐渔村/同春芬等著．－北京:社会科学文献出版社,2003.2
(中国百村调查丛书·后石村)
ISBN 978 - 7 - 5097 - 0051 - 8

Ⅰ. 和... Ⅱ. 同... Ⅲ. 乡村 - 社会调查 - 大连市
Ⅳ. D668

中国版本图书馆 CIP 数据核字(2008)第 010878 号

和谐渔村 　　　　·中国百村调查丛书·**后石村**·

著　　者／同春芬　　王书明　　曲彦斌等

出 版 人／谢寿光
总 编 辑／邹东涛
出 版 者／社会科学文献出版社
地　　址／北京市东城区先晓胡同 10 号
邮政编码／100005　网址／http://www.ssap.com.cn
网站支持／(010) 65269967
责任部门／皮书出版中心　(010) 85117872
电子信箱／pishubu@ ssap.cn
项目负责人／范广伟
责任编辑／丁　凡
责任校对／李　慧
责任印制／盖永东

总 经 销／社会科学文献出版社发行部
　　　　　(010) 65139961　65139963
经　　销／各地书店
读者服务／市场部 (010) 65285539
整体设计／孙元明
排　　版／北京中文天地文化艺术有限公司
印　　刷／北京季蜂印刷有限公司

开　　本／787×1092 毫米　1/16
印　　张／21.25
插图印张／0.5
字　　数／321 千字
版　　次／2008 年 2 月第 1 版　印次／2008 年 2 月第 1 次印刷

书　　号／ISBN 978 - 7 - 5097 - 0051 - 8/D·0023
定　　价／49.00 元